中国高铁国际工程承包
知识产权风险与对策研究

Research on Intellectual Property Risks and
Countermeasures of
China's High-speed Railway
International Project Contracting

陈家宏 著

社会科学文献出版社
SOCIAL SCIENCES ACADEMIC PRESS (CHINA)

序　言

中国高铁作为基础设施建设和中国制造中的优势项目，势必成为"一带一路"建设的"开路先锋"。中国高铁企业知识产权风险的预防与应对逐步成为其"走出去"过程中"走得稳""走得远"的重大问题，而且其集中体现为中国高铁国际工程承包及其产品（高铁车体、设备及其零部件）国际贸易中的知识产权风险与应对。

"中国高铁国际工程承包知识产权风险与对策研究"，是在风险管理、法律风险文献综述的基础上，通过对风险管理与法律风险理论的进一步探讨，初步构建了知识产权风险理论并界定了中国高铁国际工程承包知识产权风险及其内涵；运用知识产权风险理论，主要采用情形分析法、问卷调查法，对中国高铁企业知识产权态势、国际工程承包过程（工程招投标、勘察设计、工程施工）、高铁产品国际贸易，以及知识产权国际争议中的知识产权风险展开了知识产权风险因素分析；进而通过专家问卷调查，借助费尔德法、IMS法，识别并分析国际工程承包知识产权风险因子及其层次和相互作用关系，以此构建了国际工程承包知识产权风险模型。

研究认为：知识产权风险主要是知识产权法律风险，是指主体在技术创新、作品创作、商标和商业秘密形成等知识产权确权、使用与保护过程中，因知识产权法律及其变动、知识产权运营管理，以及知识产权司法、执法与行政管理等导致损失、损害的可能性；知识产权风险具有知识产权客体的技术性、法律的变动性、保护的国际性和发展的政策性等特点。中国高铁国际工程承包知识产权风险，是指中国高铁企业在进行国际工程承包实施及其高铁产品贸易过程中，不可避免地会遇到知识产权尤其是专利确权、运行、保护和管理相关的分歧、争议（争端、纠纷），因此有可能受到不同程度的影响甚至承担责任、损失、损害。中国高铁国际工程承包知识产权风险是中国高铁企业"走出去"风险的重要内容，研究、识别、预防和处置（控制）好国际工程承包知识产权风险有利于保障和促进中国高铁企业"走出去"。

研究的主要结论：中国高铁国际工程承包知识产权风险因子结构体系主要由19个因子构成，分为知识产权权利、知识产权权利行使与执法、知识产权权利救济三个层次，分别属于基础性知识产权风险、高发性知识产权风险和救济性知识产权风险，因子数为5、9、5；ISM关键因子群为"申请授权—专利权—标准专利"构成"高铁技术体系"，"改进成果""职务成果"构成"高铁特点特色"，"法院管辖""替代机构"构成"权利保护特征"；以绿色专利为代表的知识产权政策风险尤其值得关注。

项目研究提出的针对性对策：拥有更多更高质量的高铁知识产权，是中国高铁企业国际工程承包预防和控制知识产权风险的基础；加强高发性知识产权风险的监控和应对，提升中国高铁国际工程承包知识产权风险应对能力；通过识别"高铁技术体系"因子形成高铁国际工程承包核心竞争力，识别"高铁特点特色"因子打造国际工程承包知识产权优势，识别"权利保护特征"因子提升国际工程承包知识产权风险控制能力；把握目标市场知识产权的政策方向，精准定位与处置中国高铁国际工程承包知识产权风险。

需要特别说明的是，本书是国家社会科学基金项目（项目编号：16XFX026）和国家知识产权局软科学研究项目（项目编号：SS16-B-12）的结项成果，现经修改、补充成书，受作者水平所限，其中定有诸多不足，敬请指正。

陈家宏
于交大东苑
2020年5月6日

目 录

1 中国高铁国际工程承包知识产权风险研究概述 …………………… 1
  1.1 研究背景和课题来源 ……………………………………………… 1
  1.2 国内外研究述评 …………………………………………………… 8
  1.3 研究内容与研究目标 ……………………………………………… 22
  1.4 研究框架与研究方法 ……………………………………………… 24

2 中国高铁国际工程承包知识产权风险基础研究 …………………… 28
  2.1 风险与法律风险理论 ……………………………………………… 28
  2.2 知识产权风险理论探讨 …………………………………………… 42
  2.3 中国高铁国际工程承包知识产权风险及其类型 ………………… 71

3 中国高铁企业知识产权态势与风险分析 …………………………… 81
  3.1 中国高铁企业知识产权的界定 …………………………………… 81
  3.2 中国高铁企业知识产权态势 ……………………………………… 83
  3.3 中国高铁企业专利态势 …………………………………………… 97
  3.4 中外高铁企业知识产权（专利）态势比较 ……………………… 117
  3.5 中国高铁企业知识产权态势风险因素 …………………………… 129

1

4 中国高铁国际工程承包知识产权风险分析 ················ 134
4.1 国际工程承包（过程）知识产权风险概述 ············ 134
4.2 招投标知识产权风险 ···························· 140
4.3 勘察设计知识产权风险 ·························· 155
4.4 工程建设知识产权风险 ·························· 166

5 中国高铁产品国际贸易知识产权风险分析 ·············· 184
5.1 高铁产品国际贸易知识产权风险概述 ·············· 184
5.2 高铁产品国际贸易知识产权执法风险 ·············· 188
5.3 CISG 知识产权担保风险 ························ 192
5.4 中国高铁产品国际贸易知识产权专门风险 ·········· 206

6 中国高铁国际工程承包知识产权争议解决风险分析 ······ 223
6.1 知识产权国际争议解决风险概述 ·················· 223
6.2 知识产权国际争端 WTO 解决风险 ················ 226
6.3 知识产权国际纠纷非诉解决（ADR）风险 ·········· 234
6.4 知识产权国际纠纷诉讼解决风险 ·················· 247

7 中国高铁国际工程承包知识产权风险模型分析 ·········· 265
7.1 知识产权风险评估方法及模型 ···················· 265
7.2 中国高铁国际工程承包知识产权风险因子提炼 ······ 267
7.3 知识产权风险因子解释结构模型（ISM）分析 ······ 281

8 中国高铁国际工程承包知识产权风险研究结论与对策 ···· 292
8.1 中国高铁国际工程承包知识产权风险研究结论 ······ 292
8.2 中国高铁国际工程承包知识产权风险对策 ·········· 296

参考文献 ·· 302

附录 1　初步检索检索式 ·· 305

附录 2　100 家中国高铁企业名录 ·· 306

附录 3　专利总量检索式 ·· 310

附录 4　文献检索式 ·· 312

附录 5　标准检索式 ·· 313

附录 6　科研机构专利检索式 ··· 314

附录 7　制造企业专利检索式 ··· 315

附录 8　建造企业专利检索式 ··· 317

附录 9　营运企业专利检索式 ··· 318

附录 10　国外高铁制造企业检索式 ··· 319

附录 11　国外高铁建造企业检索式 ··· 321

附录 12　结构模型调查专家问卷 ··· 322

附录 13　结构模型打分专家统计表 ………………………………… 326

附录 14　国际公约、国内法律法规条款索引 ………………………… 327

后　　记 ……………………………………………………………………… 335

1 中国高铁国际工程承包知识产权风险研究概述

本章将对课题的研究背景、课题来源作出交代,进而在对中国高铁国际工程承包知识产权风险的国内外研究文献进行梳理、述评的基础上,概括本课题的主要研究内容并明确研究目标、研究框架与研究方法。

1.1 研究背景和课题来源

1.1.1 中国高铁国际工程承包知识产权风险研究背景[①]

20世纪末以来,中国高铁取得举世瞩目的成就。中国高铁拥有适应高原高寒、重载等不同环境条件的成套工程技术和完善的技术标准体系,具有从勘察设计、工程施工、装备制造到运营维护,乃至其中的规划咨询、投资融资、教育培训等全产业链集成优势,尤其是以高速铁路、高原高寒铁路、重载铁路为代表的技术创新成果,标志着中国高铁

[①] 本节数据、图表参见孙有福《中国铁路"走出去"发展战略研究》,第五届中国高铁走出去战略高峰论坛,西南交通大学、北京外国语大学、《每日经济新闻》等单位联合主办,2017年12月9日。

技术水平整体上已走在世界前列，为促进中国高铁"走出去"奠定了良好基础。[①] 以科技为主导的现代文明给中国带来了前所未有的创新成果。但与此同时，随着现代化进程的推进，风险具有转化为现实危险的可能性。高铁这张"中国名片"承载着中国企业"走出去"的重任，中国高铁国际工程承包及其产品（高铁车体、设备及其零部件）跨境贸易中，对知识产权风险的认识、识别、预防与控制也就成为当前学界以及实务界关注的重要问题。这便是中国高铁国际工程承包知识产权风险研究选题缘由与背景。

1.1.1.1 中国高铁"走出去"[②]的提出与前景

1. 中国铁路援外到高铁"走出去"

中国高铁"走出去"，至今大致经历了几个阶段。

第一阶段，对外援助。新中国成立后，抗美援朝、抗美援越时期曾抢修、建设各种铁路设施。我国对许多亚非发展中国家提供经济技术援助，帮助修建铁路、桥梁、站场等工程项目，受到国际社会称赞。援建坦赞铁路在世界上引起巨大反响，铸成中非友谊丰碑。

第二阶段，劳务输出、低端工程承包与装备出口。改革开放初期，铁路"走出去"主要形式为劳务输出。以中国土木工程公司为代表的外经企业，先后进行了多类型劳务输出。20世纪90年代至21世纪初，我国铁路企业开拓了东南亚、南亚、非洲等海外工程承包业务，我国铁路机车车辆制造企业积极拓展从亚洲、非洲到欧美发达国家的海外市场。

第三阶段，转型升级与重大进展。随着中国铁路高质量高速度发展，铁路"走出去"进入新的发展阶段，从传统低端输出向高端装备制造出口和项目建设等全面合作转变，进而迈入重大进展新阶段。首先，中国铁路装备

[①] 孙永福、何华武、郑健等：《中国铁路"走出去"发展战略研究》，《中国工程科学》2017年第5期。

[②] 有的文献称为"中国铁路走出去"，其较"中国高铁走出去"历史更早且内容更为宽泛，可参见后文阐述；"中国铁路走出去""中国高铁走出去""中国高铁企业走出去"某种意义上是同一语义；为凸显"走出去"的重要意义，文献一般会将其加用引号，本研究为方便表述，原则上不再专门加用引号；"中国高铁走出去"其实质是中国高铁企业进行国际工程承包及其高铁产品"走出去"，本研究将在第二章对相关概念及其关系做专门界定。

制造出口取得巨大进展。中国中车在"十二五"期间出口机车1796台，动车组1458辆，客车（含地铁）7017辆，货车34196辆。2014年以来，中国中车在美国、南非、阿根廷、马其顿，以及法国、白俄罗斯获得各类机车订单，成功打开欧洲市场。中国中车在巴西、澳大利亚、新加坡获得各类车辆、地铁订单。仅在2016年，中国中车新签订单80.92亿美元，比上年增长40%，国际收入190.5亿元。

其次，中国境外铁路建设项目取得重大进展。其中，2011~2015年，中国企业海外铁路新签合同额累计554.97亿美元。例如土耳其的安伊高铁项目，安卡拉—伊斯坦布尔高速铁路采用欧洲标准建设，全长158公里，合同金额12.7亿美元，设计速度250公里/小时。由中土构建合包集团，中方是中国铁建股份有限公司，2014年7月25日建成通车。又如尼日利亚铁路现代化项目首段的阿卡铁路项目，由中铁二院设计、中土公司承建，2016年7月建成通车。

需要特别提出的是，采用中国标准承建或重新建造的项目。如安哥拉的本格拉铁路项目，全长1344公里，由中国铁建采用中国标准重新建造，2014年8月13日该铁路重建工程全线完工，2015年2月14日建成通车。如埃塞俄比亚的亚吉铁路项目，全长770公里，由中国中铁（中铁二局）、中国铁建（中土公司）采用中国标准建设，2016年10月5日建成通车。又如肯尼亚的蒙内铁路项目，全长472公里，由中国路桥采用中国标准承建，2017年5月31日建成通车。

另外，中欧班列实现常态化运行。自2011年3月重庆开行首趟"渝新欧"班列以来，截至2017年11月17日，已经累计开行6000列中欧班列。2017年已开行3000列，为2011~2016年开行之和。

2. 中国高铁"走出去"的机遇与意义

中国高铁"走出去"具有千载难逢的机遇。经济全球化、区域经济一体化需要铁路支撑，世界各国为了在这一体化进程中获利争相发展铁路，其目的在于以下几方面：第三次技术革命给铁路行业注入新活力，高铁成为振兴铁路市场的新动力；铁路建设有效促进物资流、人才流和信息流；铁路建

3

设有效拉动区域经济、城镇化与就业率；铁路建设有利于环保低碳和生态保护。据经济合作与发展组织（OECD）预测，2013~2030年全球基础设施建设规模年均增长速度约4.9%。预计2020年全球基础设施建设规模将达到12.7万亿美元，2030年将达到55万亿美元，相当于每年全球GDP的2.5%。

根据各国铁路网规划信息，未来20~25年世界铁路建设需求为12万~15万公里。其中，高速铁路建设需求为1.5万~3万公里（不含中国），投资总额预计为0.6万亿~1万亿美元。2020年轨道交通装备新造市场和维修市场容量约为1330亿美元，其中新造市场654亿美元、维修市场676亿美元，市场容量分布见图1-1。

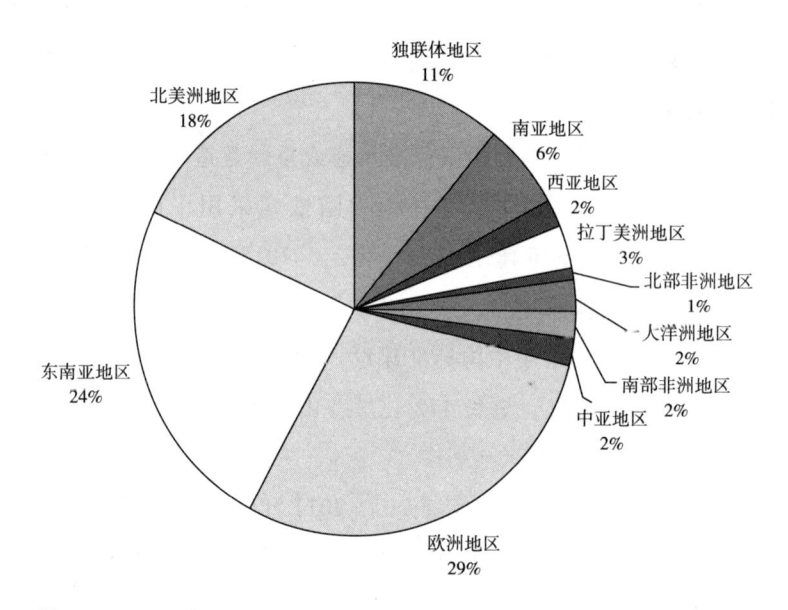

图1-1　2020年世界各地区（不含中国）轨道交通装备市场容量分布

同时，中国高铁"走出去"具有重大意义。

中国高铁"走出去"，首先有利于整体推进交通强国战略，是实施国家发展战略的重要支撑。以加快国内及相关铁路互联互通、构建大能力铁路运输通道、"一带一路"建设为先导，促进共建"一带一路"国家实现运输市场一体化、提升运输效率、降低运输成本,推进交通强国战略的实施。同时,实施境外铁路项目,可带动我国铁路建设的全方位输出,带动相关产业发展,促进我国与相关国家经济、文化等领域的交流和合作,改善东道国经济发展和人民生活条件。

要特别提出的是,中国高铁"走出去"不仅仅是中国经济社会进一步发展的需要,也是促进国际社会分享重大科技进步成果、促进国际区域和平和谐发展与社会文明进步的重要方式。同时,中国高铁具有技术先进、安全可靠、污染少、节省能源等优点,中国高铁"走出去",实际上是把中国自主创新的重大技术成果用于促进处在发展中的东道国科技进步、经济发展和社会进步。泰国国家广播电台资深记者颂颇占法认为,引进中国高铁,泰国可以利用其在整个中南半岛的地理中心位置连接南北、贯通东西,成为地区交通枢纽进而成为东南亚的中心,贸易往来和人员交流将会更加便利。[1] 国际社会分享与保护中国高铁技术重大进步成果,高铁技术进步驱动国际(区域)和谐发展与社会文明进步,必将成为国际社会的普遍共识。[2]

1.1.1.2 中国高铁"走出去"的战略布局

1. 指导思想

中国高铁"走出去"的指导思想是,贯彻实施"一带一路"建设,结合中国高铁行业优势与国外发展需求,推进互利共赢、务实合作,同时全面提升高铁企业国际化水平与核心竞争力,促进高铁规划咨询、勘察设计、工程施工、装备制造等产业链、价值链全方位"走出去"。

同时,中国高铁实施"走出去"战略必须坚持政府引导、企业主导、市场导向;坚持统筹协调、分步推进;坚持稳中求进、规避风险,以及与东道国共商共建、互利共赢、共同发展的方针。

2. 战略目标

中国高铁"走出去"的战略目标为:①2020年基本形成国家支持高铁

---

[1] 参见 http://world.huanqiu.com/article/2014-12/5267745.html,2014年12月20日。
[2] 陈家宏等:《中国高铁企业知识产权能力发展报告(1990~2016)》,社会科学文献出版社,2018。

"走出去"的政策体系与协调推进机制；②建立健全中国高铁"走出去"的合作机制与风险防范机制；③铁路技术标准国际化初见成效。具体地说，围绕"一带一路"经济合作走廊，在周边国家和共建"一带一路"国家构筑六大铁路通道，实现铁路互联互通，即中国—中南半岛、孟中印缅、中巴、中国—中亚—西亚，以及中国—中亚—欧洲和中蒙俄。

中国高铁"走出去"在总体布局下实施五大重点工程：①周边国家互联互通；②共建"一带一路"国家铁路项目建设；③非洲及拉美地区铁路联运网络建设；④欧美发达地区铁路项目建设；⑤装备制造合作。我国轨道交通装备"走出去"，包括新线装备和既有线段装备更新换代。

由此可见，中国高铁作为基础设施建设和中国制造中的优势项目，是实施中国企业"走出去"战略、"一带一路"建设的"开路先锋"；中国高铁"走出去"又集中体现为中国高铁企业开展国际工程承包及其产品（高铁车体、设备及其零部件）的跨境贸易。为此，中国高铁国际工程承包知识产权风险逐步成为中国高铁企业"走出去"的重大问题。

1.1.2　中国高铁国际工程承包知识产权风险研究的课题来源

1.1.2.1　中国高铁国际工程承包知识产权法律风险的提出

世界上最早的高铁诞生于1964年10月1日的日本东海道新干线"子弹头列车"，其平均运营时速达到210公里。自此以后，高铁因速度、安全性能、正点率等优势而在全世界范围内得到发展。截止到2006年，来自20个国家的166个高铁项目中，有40个项目已经投入运营，41个项目正在建造，还有85个项目正处于筹划阶段，等待有关部门批准或者筹集资金。[①]目前已经有16个国家或者地区建成运营高速铁路。[②] 由于修建或者运营高

---

① Campos, J., Rus, G.D., "Some Stylized Facts about High-speed Rail: A Review of HSR Experiences around the World", *Transport Policy*, 2009, 16 (1)：20.

② 比如中国、西班牙、日本、德国、法国、瑞典、英国、意大利、俄罗斯、土耳其、韩国、比利时、荷兰、瑞士等16个国家或地区。参见中国高速铁路网，http：//www.nra.gov.cn/zggstlzt/，2017年9月3日。

铁对技术条件的要求较高，而大多数国家或者地区都需要借助全球公开招标的方式才能完成高铁的修建和运营，这使得中国高铁的国际工程承包及其高铁产品的销售具有良好的市场发展前景。

同时，"一带一路"建设的重心在于基础设施建设，中国高铁作为基础设施建设和中国制造中的优势项目，势必成为实施"一带一路"建设的"开路先锋"。根据中国对外工程承包商会相关统计，我国铁路企业2014年与埃塞俄比亚、阿根廷、刚果（金）、南非、菲律宾、澳大利亚、马来西亚、新加坡和印度等，签订高铁相关机车、车辆、配件销售及其培训和服务合同；2014~2015年与土耳其、俄罗斯、泰国、老挝、印度尼西亚、美国等，签订高铁合资、高铁勘察与测量和设计，以及铁路新建与改造等协议；同时，还与印度、英国、新加坡等，协商高铁新建与改造等重大项目。中国高铁已然走出了国门。中国高铁企业通过主动承揽国外高铁、铁路新建和改进项目，以项目带动中国高铁装备出口和技术推广，带动中国高铁技术标准国际化，带动中国高铁产业发展。

中国高铁"走出去"具有良好机遇的同时也面临各类挑战。中国高铁"走出去"从发展规划到项目计划，再到项目实施是一个复杂的过程，存在许多不确定性。其面临的挑战主要在于：国际地缘政治、宗教信仰和社会制度风险上升；各国市场准入和技术壁垒复杂；国际高铁市场竞争激烈；中国高铁企业竞争能力特别是技术创新能力有待提升。

与此同时，高铁技术拥有不计其数的知识产权，知识产权的产生、运行、救济阶段都有可能出现风险因素。中国高铁在"走出去"的过程中，因知识产权问题频繁遭遇国外高铁竞争对手的非难，沙特项目的严重亏损更是提醒我们，知识产权法律风险将成为中国高铁"走出去"过程中"走得稳""走得远"的重大问题。因此，中国企业要在对外高铁工程承包或者高铁产品跨境贸易中击败日本、德国、法国等高铁强国企业，并在市场中占领一席之地，就需要对风险因子进行识别及控制，以避开、减轻、转移风险。

1.1.2.2　中国高铁国际工程承包知识产权风险研究的课题

"中国高铁国际工程承包知识产权风险与对策研究",是以中国高铁企业知识产权为例,运用法社会学、风险管理理论,主要采用情形分析法、解释结构模型（Interpretative Structural Modeling, IMS）进行国际工程承包知识产权法律风险因素识别、因子提炼、结构分析与对策措施研究。选题依据是《国家社会科学基金项目2016年度课题指南》中的"'中国制造2025'知识产权战略实施问题研究""'一带一路'战略下国际工程承包法律问题研究"。本课题获得2016年国家社科基金项目（16XFX026）支持,同时获得2016年国家知识产权局软科学研究项目（SS16-B-12）支持。

1.2　国内外研究述评

中国高铁国际工程承包知识产权法律风险方面的现有文献资料相对比较少,为了对该领域的研究现状有所了解,本项目选取法律风险理论研究、知识产权风险理论研究以及中国高铁国际工程承包知识产权风险研究等三个方面进行评析。

1.2.1　法律风险理论研究

1. 风险理论

自1986年德国学者乌尔里希·贝克在《世界风险社会》中提出"风险社会理论"以来,有关风险理论的研究成为西方学者和我国学者共同关注的理论话题。贝克提出,在现代化的发展进程中,生产力的指数式增长,使危险和潜在的威胁释放达到一个前所未有的程度;人类日益生活在文明的火山口上,风险社会已经成为当代人类难以规避的境遇,我们正处在从古典工业社会向风险社会的转型过程中。[①] 在贝克之后,英国社会学家吉登斯、德

---

① 〔德〕乌尔里希·贝克:《世界风险社会》,吴英姿、孙淑敏译,南京大学出版社,2004,第4页。

国社会学家卢曼分别提出风险社会是现代性的必然结果[1]、风险的复杂自系统理论[2]，并形成了西方社会所谓风险研究的四大流派：风险社会理论、风险文化理论、风险的复杂自系统理论和风险的"治理性"理论。针对学术界对"风险社会""社会风险"两个概念的误区，杨春福认为二者是存在差异的概念，体现为语义上的差异、载体上的差异以及时间上的差异[3]，冯必扬则认为二者的区别还体现为风险来源的区别、风险预警的区别、风险后果方面的区别以及受损人群的区别。[4] 而在"风险社会理论"提出的同时，也有学者对该命题进行质疑，比如李文钊认为"风险社会是一个有积极意义的伪命题"，人类的历史就是与风险斗争的历史，人类社会本身就是风险社会，并不存在一个与一般社会相区别的所谓"风险社会"。[5]

在风险概念的界定上，Lowrance W. W. 提出风险是指不利影响发生的概率和严重程度。[6] Gratt 认为评估风险通常以风险事件发生的概率乘以风险事件发生的不利后果。[7] 冯珏则认为风险是一个表明盖然性的概念，简单地说，风险就是指损害发生的可能性，制造不合理的风险是行为具有侵权性的理由所在。[8]

本课题基于上述研究成果和风险社会的特定风险——法律风险存在且是指不利影响发生的概率和严重程度，对这一不利影响因素进行分析、提炼并构建风险因素结构图，进而开展风险因子识别、风险预防与处置研究。

---

[1] 〔英〕安东尼·吉登斯：《现代性的后果》，田禾译，译林出版社，2011，第36页。
[2] Luhmann, N., "Modern Society Shocked by its Risks", *Social Sciences Research Center Occasional Paper*, 1996, (17): 5.
[3] 杨春福：《风险社会的法理解读》，《法制与社会发展》2011年第6期。
[4] 冯必扬：《社会风险与风险社会关系探析》，《江苏行政学院学报》2008年第5期。
[5] 李文钊：《风险社会：一个积极意义的"伪命题"》，http://finance.sina.com.cn/financecomment/20040725/1319898978.shtml，2004年7月25日。
[6] Lowrance, W. W., "Of Acceptable Risk: Science and the Determination of Safety", *Journal of the American Statistical Association*, 1976, 123 (11): 192.
[7] Gratt, L. B., "The Definition of Risk and Associated Terminology for Risk Analysis", *Risk Assessment in Setting National Priorities*, Springer US, 1989: 675–680.
[8] 冯珏：《英美侵权法风险理论述评》，《国外社会科学》2007年第3期。

2. 法律风险理论

在风险概念的基础之上，各领域的学者分别提出了所谓投资风险、商业风险、经济风险、政治风险、军事风险，以及安全风险、法律风险等。1998年中国人民银行《贷款风险分类指导原则（试行）》的附件《贷款风险分类操作说明》中第一次出现了"法律风险"一词。之后，"法律风险"多次出现在我国金融领域的法律文件中，且常常以列举的方式罗列银行法律风险的种类。

有关法律风险的定义，目前国内外尚没有达成一致意见，比较有代表性的观点是：巴塞尔银行委员会在其 2004 年发布的《巴塞尔新资本协议》中提出，法律风险包括但不限于因监管措施和解决民商事争议而支付的罚款、罚金或者惩罚性赔偿所导致的风险。① 国际律师协会（IBA）认为，法律风险是指因经营活动不符合法律规定或者外部法律事件导致风险损失的可能性。② 我国《企业法律风险管理指南》（GB/T27914-2011）则认为，企业法律风险是指基于法律规定、监管要求或合同约定，由于企业外部环境及其变化，或企业及其利益相关者的作为或不作为，对企业目标产生的影响。上述协议或者指南等文件仅仅列举了法律风险、企业法律风险的原因、表现形式，并没有阐述法律风险的内涵。在学理上，通常认为法律风险就是一种不确定性。法律风险是一种商业风险，是指违反有关法律法规、合同违约、侵权或怠于行使公司的法律权利等而造成经济损失的客观危险。③ 祝宁波、黄雷认为，法律风险是指在特定的法律风险环境下，出于直接或者间接法律原因做或者不做某种行为而对主体产生的各种法律后果的可能性。这种可能性大多表现为损害性的法律后果，但并不只是损害性后果。④ 然而，卢曼认为没有必要界定法律风险以及对法律风险进行分类，其认为律师能够帮助我们

---

① Basel Committee on Banking Supervision 2006, footnote 97.
② Langevoort, D. C., Rasmussen, R. K., "Skewing the Results: The Role of Lawyers in Transmitting Legal Rules", *S. Cal. Interdisc. LJ*, 1996, (5): 375.
③ 江山：《中国 100 强企业法律风险报告》，《法人》2005 年第 4 期。
④ 祝宁波、黄雷：《论法律风险识别的方法》，《西部法学评论》2013 年第 3 期。

识别以及减轻风险。①

就当代社会的法律风险来源而言，徐显明认为，一是来源于人们在社会交往中所面临的"行为期待的双重偶然性"，二是来源于现代科技的应用。② 李敏则认为，人类自身活动已成为现代社会风险的根本性来源。③

一般而言，风险理论研究的目的在于建立风险预警机制，提前对其进行防范，或者在风险发生以后，尽可能减轻甚至转移风险。李秋高提出了风险法律体系建构的基本思路：确定预防的法律理念；建立公益诉讼的法律模式；用风险归责替代传统的法律归责原则。④ 有文献称其为风险控制。比如张智媛认为风险控制是指一个以最小的成本达到最大的安全保障的有效控制过程。这一过程，是在对风险进行识别、评价分析的基础之上，通过对各种风险管理技术进行组合优化，实现消灭或减少风险事件发生的各种可能性，或者减少风险事件发生时造成的损失的过程。⑤ 风险控制具有四种基本方法，包括风险回避、风险减轻或消除、风险转移和风险自留。⑥

本课题是在前述法律风险发生缘由、表现及后果等风险自身研究，以及法律风险的防范、法律风险的处置与控制等风险目的研究的基础上，结合知识产权特征研究知识产权法律风险发生的具体实践过程，提炼知识产权的风险因素。

1.2.2 知识产权风险理论研究

对于一项研究而言，一般分为理论研究和问题研究。而单纯从理论

---

① Luhmann, N., *Communication and Social Order Risk: A Sociological Theory*, Transaction Publishers, 1993: 7.
② 徐显明：《风险社会中的法律变迁》，《法制资讯》2010年第Z1期。
③ 李敏：《风险社会下的大规模侵权与责任保险的适用》，《河北法学》2011年第10期。
④ 李秋高：《风险法律体系：风险社会的法律应对》，《广州大学学报》（社会科学版）2011年第1期。
⑤ 张智媛：《高速铁路列车运行冲突风险管理理论与方法研究》，西南交通大学硕士学位论文，2012。
⑥ 夏丹：《我国高铁发展中的风险与风险控制》，东北大学硕士学位论文，2013。

的角度研究知识产权风险的概念、特征等的文献几乎没有。在这一点上不同于法律风险的研究,在法律风险中尚有学者归纳了法律风险的定义、内涵、特征等。①而针对问题研究,知识产权风险理论的相关文献则相对较多。

吴汉东认为风险社会的知识产权问题研究,主要涉及以下几个方面:知识产权决策的制度化风险;知识产权客体的技术性风险;知识产权运作的全球性风险。②对于中国企业"走出去"面临的知识产权风险,王飞、卢海君认为海外知识产权风险类型包括:商标海外运营风险、出口货物专利侵权风险、海外自主专利被侵权风险、商业秘密泄密风险,以及海外投资中知识产权价值评估风险、海外知识产权壁垒风险、海外竞争对手滥诉风险,乃至国内外知识产权法律不一致的风险等。③凡咏齐提出核心技术缺失、知识产权风险管理战略缺失以及国外市场利用科技优势构造知识产权壁垒,这三大因素使出口企业常面临更多的知识产权风险,这些风险贯穿于出口企业的整个经营过程。④

学者们还对有关知识产权客体范围、专门制度、法律适用与纠纷解决等海外风险进行了研究:①知识产权具有"地域性",针对其客体保护范围各国间是有差异的。②知识产权法律制度和秩序具有先天性缺陷和潜在危机,中国"走出去"战略实施过程中应该有知识产权及其相关法律保障作为后盾;必须研究各个国家的知识产权专项制度,如平行进口等,关注 TRIPS、TPP 等对知识产权保护的影响,以及重视知识产权法律适用问题。③有学者提出应当充分发挥发包、承包双方行业协会、商会及环保组织等非政府组织的知识产权协调作用以解决国际工程承包争端纠纷,对知识产权纠纷民间、仲裁、司法解决机制进行剖析;还有学者提出了知识产权纠纷的替代性解决

---

① Mahler, T., "Defining Legal Risk", *Social Science Electronic Publishing*, 2007: 28 – 29.
② 吴汉东:《知识产权的制度风险与法律控制》,《法学研究》2012 年第 4 期。
③ 王飞、卢海君:《我国企业"走出去"战略中海外知识产权风险防范机制研究》,2014 年中华全国专利代理人协会年会第五届知识产权论坛,2014,第 325~327 页。
④ 凡咏齐:《出口企业知识产权风险管理策略》,《电子知识产权》2009 年第 4 期。

方式（ADR）。

本课题在知识产权风险研究具体类型、专门制度、对策措施的基础上，结合中国高铁"走出去"的过程，分析、识别知识产权风险因素，为知识产权风险因子数理分析提供条件。

1.2.3 中国高铁国际工程承包知识产权风险研究

1. 中国高铁"走出去"知识产权风险的一般研究

中国高铁在"走出去"的过程中因标准高、质量优、速度快，运营安全稳定，在国际竞争中战胜了竞争对手。根据中国对外工程承包商会相关统计，我国铁路企业2014~2015年签有中土、中俄、中泰、中老、中印（印度尼西亚）、中美等高铁合资以及高铁勘察、测量、设计、建设与改造等各类协议，还有正在协商的中印（印度）、中英、中新等高铁新建与改造重大项目。中国高铁虽然取得了不少成绩，但也面临着不少挫败。中国高铁"走出去"的过程中虽然尚未有直接因知识产权问题而导致项目失败的实例，但在国外，有关中国高铁知识产权的不当言论仍然盛行，在一定程度上影响了东道国对中国高铁的评价。针对国外相关"中国高铁抄袭论"，就中国高铁在引进消化吸收再创新过程中，专家认为运用好交叉许可和强制许可制度、先用权制度、专利权用尽制度等，能够避免授人以柄，避免知识产权纠纷。[①]

学者们对中国高铁知识产权水平、高铁专门技术专利部署与对策，以及高铁"走出去"知识产权一般性战略等进行了研究。研究认为"我国在机车车辆一些新型走行部的研究中达到了相当高的水平，已为世界各国同行所公认"，中国在高铁技术方面具有原始创新技术和在原有技术上大量创新且拥有自主知识产权的技术，中国高铁技术通过比较、融合、消化吸收再创新，已经达到世界领先水平，高速动车关键技术和核心领域取得了一系列重大突破，并具有一定数量有价值的专利。还有专家学者研究了国内外高铁技术的知识产权，尤其是牵引动力、列车制动等车体技术，无砟轨道、隧道等

---

① 孙国瑞：《中国高铁的发展应注重专利制度的运用》，《中国发明与专利》2011年第8期。

施工技术,以及列车定位、移动通信、防撞安全等运行技术的专利数量、质量、结构与分布乃至对策等。

在中国高铁"走出去"知识产权风险的现有研究中,还有学者提出中国高速动车代表性企业在欧洲、美国、日本等域外专利布局甚少,中国高铁知识产权保护力度不够、保护理念滞后,需要警惕和预防竞争对手的国外知识产权诉讼。中国铁路"走出去"的目的是推出中国标准和中国品牌,需要妥善处理好所在国需求与中国标准、中国品牌的衔接问题。① 我国铁路行业知识产权意识不足,缺少海外市场布局和诉讼的实践经验;我国铁路行业尚未有效建立海外知识产权风险协同应对机制,预示着中国高铁"走出去"知识产权风险较高。② 除了这些问题外,黄贤涛认为还面临竞争对手的"专利丛林"遏制,竞争对手利用媒体进行炒作和公关,专利申请被异议、延迟审批或无效,竞争对手在国外发起知识产权诉讼,技术引进和输出中设置的知识产权合同陷阱等。③ 面对这些风险,谢凯、夏洋认为相关企业应重点做好知识产权风险预防工作,风险的事前预防方面,加强专利风险预警工作,进行规避设计,挖掘外围专利,获取专利许可或收购风险专利,组建我国铁路知识产权联盟;风险的事后救济方面,请求宣告风险专利无效,针对国外权利人的侵权主张提起抗辩。④ 何蓉、黄玉烨提出我国高铁"驶出国门"的知识产权战略, 是提升高铁企业知识产权运营管理能力,二是构建高铁企业知识产权管理体系,三是坚持"专利先行""标准输出"。⑤ 饶世权、陈家宏则认为影响中国高铁"走出去"知识产权战略模式选择的因素主要有国内的创新模式及知识产权归属,东道国的法律、经

---

① 李宝仁:《中国铁路"走出去"若干问题的思考》,《中国铁路》2010年第1期。
② 谢凯、程振轩、王晓刚:《我国铁路"走出去"视角下的知识产权风险探因》,《中国铁路》2016年第1期。
③ 黄贤涛:《中国高铁"走出去"的知识产权机遇和挑战》,《中国发明与专利》2011年第8期。
④ 谢凯、夏洋:《中国铁路"走出去"视角下知识产权风险防范机制研究》,《中国铁路》2016年第10期。
⑤ 何蓉、黄玉烨:《"一带一路"战略下中国高铁企业的知识产权管理策略研究》,《科技与法律》2017年第1期。

济、政治、社会、文化因素及国际高铁巨头的知识产权竞争等国际因素。①

2. 国际工程承包实施过程中知识产权风险研究

学者们对国际工程承包中诸多环节的知识产权风险及其因素进行了探讨。

学者从国际工程承包的项目管理、设计管理、商务管理、供应链管理、质量管理、人力资源管理、操作与设备管理等环节分析其风险与法律的关系，赵凤梅、阎波等研究认为勘察设计、工程施工等国际工程承包各个环节不同程度地存在知识产权侵权、被侵权、合同纠纷以及权利归属等风险。

在工程承包领域，根据工程的不同阶段或者企业：在招投标阶段，学者们认为《招标投标法》中的知识产权保护规则存在缺漏等。于海东认为有关招标方对投标方案是否拥有使用权、所有权以及其可行使权利的范围等内容的"霸王条款"效力认定等存在风险，投标、开标对专有技术法律状态是否丧失新颖性存在风险；② 舒佳英则认为投标企业知识产权流失的原因包括我国建筑工程招投标各种规章制度不够完善，招投标市场存在诚信缺失、信用缺乏的问题，招标人处于优势地位，投标人知识产权管理缺位。③

在勘察设计阶段，工程设计图纸是著作权法保护的客体之一。④ 在具体的勘察行业，如铁路勘察设计领域，周佳、刘铖认为国内铁路勘察设计领域的专利申请发展迅猛，核心企业的专利实力参差不齐。⑤ 蒋恺中认为技术成果的使用、转让、引进都存在不同程度的法律风险，勘察设计单位应形成以企业为主体、以专利为目标、以技术秘密经营和秘密保护为重点的知识

---

① 饶世权、陈家宏：《中国高铁"走出去"的知识产权战略模式选择》，《中国科技论坛》2017 年第 2 期。

② 于海东：《建筑工程招投标中的知识产权保护》，《甘肃政法成人教育学院学报》2005 年第 3 期。

③ 舒佳英：《建筑工程招投标中投标企业知识产权保护问题及对策》，《建筑施工》2016 年第 12 期。

④ 陆新军：《工程设计图纸的知识产权保护与方法》，《中国勘察设计》2005 年第 3 期。

⑤ 周佳、刘铖：《铁路勘察设计领域专利现状分析》，《科技创新导报》2017 年第 3 期。

产权战略。① 姚刚认为勘察设计单位知识产权管理机构的合理设置有利于推动勘察设计单位技术创新知识产权的保值增值。② 檀中文认为我国的勘察设计单位应加强知识产权的宣传、设立知识产权管理机构并建立知识产权规章制度、开展知识产权项目的清理、增加本单位自主知识产权的数量、采取各种维权措施。③

另外，在建筑工程承包合同的法律风险方面，建筑工程合同可以分为主观性风险和客观性风险。其中，客观性风险是指法律法规、合同条件以及国际惯例规定的，合同一旦形成，往往无法改变。其风险责任是合同双方都无法回避的。主观性风险是指人为因素引起的，同时能通过人为因素避免或控制的合同风险。④ 在工程承包施工阶段，吴呈认为建筑施工企业在知识产权管理工作中存在以下问题：观念和意识淡薄、管理体系不健全，制度不完善、科技活动中忽视知识产权制度的重要作用。⑤ 陈瑞通过对建筑施工企业的技术秘密保护问题的分析，认为我国应加快企业技术秘密的专项立法，并增强企业自身的保密意识。⑥

总之，企业的知识产权保护意识淡薄、管理缺失，以及在国际合作项目中对知识产权风险分析不足、核心技术的自主知识产权缺乏等是国际工程承包知识产权的风险因素，企业应当具备风险辨识能力。国际咨询工程师联合会（International Federation of Consulting Engineers，FIDIC）出台的工程合同条款逻辑性强、风险分担公平合理、职责权限明确，对保证工程质量、合理控制工程费用和工期产生了良好的效果，被大多数国家采用，其《土木工程施工合同条件》（红皮书）专门规定了知识产权和工业产权条款。张连营、杜京京从风险识别、防范规划、实施执行、风险处理这四个方面，对FIDIC施工合同条件、英国NEC工程施工合同和美国建筑师学会AIA施工

---

① 蒋恺中：《勘察设计企业知识产权法律风险防范浅析》，《中国勘察设计》2006年第9期。
② 姚刚：《勘察设计单位知识产权管理机构设置探析》，《中国勘察设计》2005年第4期。
③ 檀中文：《勘察设计单位要加强知识产权保护工作》，《中国勘察设计》2004年第2期。
④ 孙江坤、周林：《工程施工承包合同风险及其对策》，《建筑经济》2008年第S1期。
⑤ 吴呈：《建筑施工企业知识产权保护与管理工作的思考》，《四川建筑》2006年第4期。
⑥ 陈瑞：《建筑施工企业的技术秘密保护》，中国海洋大学硕士学位论文，2012。

合同通用条件等各自风险规定所形成的管理机制进行对比分析，总结出各自的风险管理特点。[①] 依据 FIDIC 条款对高铁国际工程承包有关招投标、勘察设计、施工等阶段或者相关企业存在的知识产权风险进行探索，也是很好的一种尝试。

3. 国际工程承包产品贸易知识产权风险研究

在高铁国际工程承包产品贸易中，货物买卖合同所产生的知识产权纠纷是重要的类型之一，联合国国际货物销售合同公约（The United Nations Convention on Contracts for the International Sale of Goods，CISG）是调整跨境货物买卖合同的重要公约，对高铁产品国际贸易中的知识产权风险研究具有重要意义。

CISG 第 42 条主要规范了知识产权的担保责任分配。Thomas M. Beline 认为在第三方主张知识产权权利之时，CISG 并没有给予买方适当的救济。其原因在于 CISG 的知识产权条款具有模糊性，这导致在适用 CISG 公约之时出现了大量适用各国的内国法情形，而各国的知识产权法具有地域性，导致法律的适用具有很大的不确定性。王家德、黄陈清则对其中模糊的知识产权表述进行了分析，如关于"IP 权利"的含义、"权利或要求"的理解、关于"认识到"的含义、关于地理的限制中的争议问题。[②] 除此之外，为了更清晰地说明 CISG 法律文本的不确定问题，Donald J. Smythe 则对历年来有关 CISG 条款的知识产权纠纷案例，诸如 CD 案、家具案、纺织品案等进行了剖析。[③]

4. 国际工程承包知识产权争议解决风险研究

国际工程承包及其产品贸易知识产权争议中国际争端的解决是知识产权风险的重要组成。WTO 和 WIPO 是世界上以非诉方式解决知识产权争端的

---

① 张连营、杜京京：《国际工程承包合同条件风险管理机制对比分析》，《国际经济合作》2011 年第 6 期。

② 黄陈清：《CISG 卖方知识产权权利担保责任问题——对 CISG 第 42 条的解析》，《哈尔滨学院学报》2015 年第 1 期；王家德：《论国际货物贸易中卖方的知识产权权利担保义务问题——对 CISG 第 42 条的解析》，《焦作大学学报》2013 年第 1 期。

③ Smythe, D. J., "Clearing the Clouds on the CISG's Warranty of Title", *Nw. J. Int'l L. & Bus.*, 2016, (36): 509.

最具影响力的机构，冯军、黄洁通过比较仲裁和调解两个争端解决机制以及仲裁和调解中心的法律特点及其异同，从加强立法、执法和国际合作三个角度，分别就解决争端时如何加强举证、拓宽知识产权可仲裁性范围，以及增强仲裁程序的灵活性、提高知识产权执法透明度等提出进一步完善我国知识产权仲裁制度的措施。李扬认为未来解决 WIPO 与 WTO 在知识产权国际争端管辖权方面存在的冲突，应当承认 WIPO 对自己管理的知识产权国际公约具有管辖权，而将与 TRIPS 有关的事项交由 WTO 管辖，在二者重合的领域，应当承认 WTO 的优先管辖权。陆婧楠、姚硕则从当前涉外知识产权纠纷解决的主要方式 TRIPS 框架和国际商会仲裁院的纠纷解决机制与程序入手，对其中专家组的组建、上诉程序、法律适用、第三方程序等必要内容进行了对比性探究，并参照 TRIPS 框架和国际商会仲裁院的纠纷解决机制与程序两种模式，对我国知识产权案件仲裁程序展开了分析，指出我国涉外知识产权仲裁存在的问题并提出改进我国涉外知识产权仲裁的建议。[1]

国际工程承包及其产品贸易中知识产权争议中的纠纷替代解决是知识产权风险的又一重要内容。仲裁是非诉解决知识产权国际纠纷的重要方式之一，针对知识产权的有效性是否具有可仲裁性的分歧，黄晖认为当今世界格局在知识产权可仲裁性的立场上分为激进、现实与保守三大主义。拓展知识产权的可仲裁性程度，是知识产权私权化和仲裁的私人自治二者的个别及交互要求，代表了世界发展之宏观走势。[2] 知识产权不应当交由仲裁庭仲裁的主要原因是，知识产权被认为是由国家授予个人的一种社会垄断权，类似于一种反托拉斯法上的权利；同时，知识产权有效与否会影响经济生活中公众的行为，其中当然包括公共利益，涉及一国的"公共政策"。可见，一是代表"国家"，二是"公共利益"，如果将知识产权纠纷中一方提出的知识产权有效性争议、公共利益与"知识产权私权"争议交由仲裁庭裁决，等于将"国家授权""公共利益"置于仲裁员可能的"独断"之下，这是不可

---

[1] 陆婧楠、姚硕：《知识产权纠纷解决程序的利弊分析①——基于 TRIPS 框架与国际商会仲裁院》，《中国商论》2016 年第 25 期。

[2] 黄晖：《知识产权可仲裁性的发展趋势论》，《仲裁研究》2013 年第 1 期。

能被接受的。①

知识产权纠纷解决风险还包括法院管辖风险。邓文斌通过对跨国知识产权侵权案件形态的特殊性、我国有关知识产权管辖的现状、国外跨境管辖的相关经验研究，认为我国应小范围突破传统知识产权侵权管辖的地域性限制、将注册性知识产权效力纠纷的管辖纳入我国专属管辖制度。②而在涉外知识产权侵权案件中，冯汉桥认为应当区分被告是本国居民还是外国居民的情况，区别案件是否涉及外国知识产权的有效性、是否有禁令性请求等，引入"合理关联"原则，综合确定知识产权案件管辖。③李先波、刘林森对美国、英国、荷兰、法国、德国以及我国涉外诉讼管辖的理论以及实践进行了比较研究，认为我国应突破严格的知识产权地域性管辖权。④有学者提出，不能寄希望于知识产权与生俱来的地域性被完全打破甚至人为地消灭地域性从而实现其域外效力，对于跨国知识产权案件，由相关国家行使立法管辖权，而由另一国家行使司法管辖权是国际社会共管知识产权问题的重要体现。知识产权国际公约并没有否定地域性，而是建立在充分尊重知识产权地域性基础之上的。⑤

同时，美国的"长臂管辖权"以及欧盟的"区域管辖权"具有一定的特殊性。一般来说，美国法院行使长臂管辖权的州长臂法规依据主要有三种情形：①在州内从事营业活动；②在州内实施侵权行为；③在州外实施的侵权行为在州内造成损害，即所谓"长臂管辖"依据，非法院地居民与法院地间存在某种最低联系，导致在该法院进行诉讼并不会违反"平等与实质正义的传统观念"，法院对该被告行使管辖权便是符合"正当程序"要求的。⑥目前，长臂管辖权在网络案件、电子商务案件等领域具有扩

---

① 王莹：《试论知识产权有效性争议的可仲裁性》，《电子知识产权》2003年第3期。
② 邓文斌：《跨国知识产权管辖权问题研究》，《中国出版》2016年第20期。
③ 冯汉桥：《论侵犯外国知识产权的管辖与准据法》，《政治与法律》2011年第3期。
④ 李先波、刘林森：《论涉外知识产权诉讼管辖权之协调》，《湖南社会科学》2004年第1期。
⑤ 杨长海：《知识产权与冲突法连结之理论依据——地域性原则效力再辨》，《安徽大学学报》（哲学社会科学版）2012年第1期。
⑥ 郭玉军、向在胜：《网络案件中美国法院的长臂管辖权》，《中国法学》2002年第6期。

张的趋势。在欧洲国家之间，目前有《布鲁塞尔公约》和《洛迦诺公约》对这些国家之间的涉外民事案件的管辖权以及判决的承认与执行问题进行协调。

知识产权国际纠纷解决风险，除涉及纠纷救济方式之外，还涉及知识产权法律冲突风险。有学者认为知识产权存在法律冲突，具有国际私法问题，具体又包括"地域性"突破说与管辖权说；也有学者认为知识产权不存在法律冲突，没有国际私法问题。[①] 如冯文生认为由于知识产权的地域性作用，其立法管辖权的冲突不明显，它主要的问题是立法管辖权的地域性单一效力标准与司法管辖权效力的属地性兼属人性双重标准之间的矛盾及司法管辖权之间的冲突。[②] 徐祥则认为国际知识产权关系的产生决定了知识产权法律冲突的存在。知识产权的地域性不是知识产权法律冲突产生的障碍。[③] 也有学者认为知识产权的法律冲突是由国际保护体系、地域性两方面因素引起的。[④] 有学者甚至认为人民法院由于对知识产权地域性的错误理解和对知识产权法律冲突的不当认识，以及针对涉外知识产权案件忽视"涉外"属性，在审理跨国知识产权纠纷时不考虑其法律适用问题。[⑤] 另外，陈锦川[⑥]、郑勇[⑦]、徐红菊和徐晔璠[⑧]、闫峰[⑨]对我国知识产权国际纠纷法律冲突风险都进行了一些专门研究。

[①] 王德辉：《论国际知识产权的法律冲突及其侵权的法律适用》，《太平洋学报》2006 年第 8 期。

[②] 冯文生：《知识产权国际私法基本问题研究》，载郑成思主编《知识产权文丛（第 4 卷）》，中国政法大学出版社，2000，第 256 页。

[③] 徐祥：《论知识产权的法律冲突》，《法学评论》2005 年第 6 期。

[④] 石巍：《知识产权的法律冲突与法律适用探微》，《现代法学》1999 年第 5 期。

[⑤] 王承志：《论涉外知识产权审判中的法律适用问题》，《法学评论》2012 年第 1 期。

[⑥] 陈锦川：《涉外知识产权民事法律关系的调整及法律适用——上篇：理论规范篇》，《电子知识产权》2005 年第 2 期。

[⑦] 郑勇：《论涉外知识产权关系之法律适用》，《广西师范大学学报》（哲学社会科学版）2013 年第 3 期。

[⑧] 徐红菊、徐晔璠：《论涉外知识产权转让合同的法律适用》，《大连海事大学学报》（社会科学版）2015 年第 2 期。

[⑨] 闫峰：《我国涉外知识产权侵权案件管辖权和法律适用问题研究》，吉林大学硕士学位论文，2015。

上述研究成果为本课题提供了研究的理论基础和方法、问题指引。"法律风险理论研究"在风险与法律风险概念、特征与类别方面有较为深入的分析;"知识产权风险理论研究"在风险缘由、风险种类与自身特点,以及风险处置(纠纷解决)等方面进行了归纳总结。学者们、实务界对中国高铁国际工程承包在知识产权构成、战略部署、国际保护,以及国际工程承包、产品贸易活动中的风险因素,乃至知识产权国际争议解决风险等进行了广泛、多维的探讨。另外,还有专家学者运用知识产权数据库开展了中国高铁知识产权状况、代表性铁路企业的专利部署等研究,运用SWOT方法对高铁"走出去"进行分析并提出我国高铁海外专利战略的部署,运用数学建模的方式研究了我国企业专利预警方法,这些都有益于本课题的开展与深化。

同时,本课题将注意克服上述成果中的局限:知识产权风险研究与国际工程承包特别是高铁国际工程承包实践结合得不充分,国际工程承包知识产权风险实践的过程研究不完整和海外知识产权法律风险研究不系统,以及研究方法单一、以定性为主。本课题将在既有研究成果的基础上梳理与概述风险与法律风险理论,进而探讨知识产权风险理论;开展中国高铁企业知识产权态势的统计、阐述与分析,就中国高铁国际工程承包知识产权风险进行技术性风险探讨;结合中国高铁国际工程承包过程实际,将国际工程承包分为招投标、勘察设计和工程建设三个环节,对国际工程承包相对完整过程中的知识产权风险进行系统性分析。需要说明的是,中国高铁国际工程承包项目在实际运行过程中除这三个阶段外,在招投标前通常会有项目咨询与融资、建设竣工验收合格后有的还可能存在委托或联合运输运营,考虑到这两个阶段知识产权风险相关问题较少,本课题就不专门对这两个阶段进行知识产权风险分析;中国高铁国际工程承包除了直接的线路相关的工程勘察实际与施工过程外,还包括高铁国际工程承包相关的车体、设备与零部件制造即高铁国际工程承包产品贸易,本课题将在前述高铁国际工程承包过程分析之后探讨中国高铁国际工程承包产品贸易知识产权风险;对中国高铁国际工程承包可能存在的知识产权争议风险进行专门分析，既充分研究高铁知识产权风险的表现，又凸显知识产权风险的法律属性；在法社会学法律内化理论的指导下，主要采用实地调查法、情形分析法和解释结构模型法，对中国高铁国际工程承包知识产权风险因素进行全过程、系统性和多维度的分析、识别与评价，提炼中国高铁国际工程承包知识产权风险因子，进行模型的数理分析，并提出预防风险的针对性应对措施。

1.3 研究内容与研究目标

1.3.1 主要研究内容

1. 研究对象

本研究以中国高铁国际工程承包为主轴，以中国高铁国际工程承包知识产权风险因子及其相互关系为研究对象。以中国高铁（企业）知识产权态势为技术基础研究知识产权风险因素，以 FIDIC 条款为文本研究高铁国际工程承包实施过程各环节知识产权风险因素，以 CISG 为文本研究高铁国际工程承包产品贸易知识产权风险因素，以知识产权国际争议为假设研究知识产权争议解决风险因素，通过类型化将风险因素提炼为风险因子，建构模型分析风险因子结构，构建风险因子结构图并依此进行 ISM 模型研究，得出研究结论并提出针对性措施。

2. 研究内容

在梳理中国高铁国际工程承包知识产权风险研究文献的基础上开展下列研究。

第一部分，中国高铁国际工程承包知识产权风险的理论研究部分，奠定中国高铁国际工程承包知识产权风险研究的理论基础，由第 1 章和第 2 章组成。第 1 章"中国高铁国际工程承包知识产权风险研究概述"，内容包括研究背景与课题来源，国内外研究述评、研究内容与研究目标，以及研究框架与研究方法。第 2 章"中国高铁国际工程承包知识产权风险基础研究",主要在"风险与法律风险理论"梳理与概述的基础上构建知识产权风险理论,对知识产权风险进行界定并探讨知识产权风险的特征与类型等,以此为范式来具体分析中国高铁国际工程承包知识产权风险因素;进而界定了"中国高铁""中国高铁企业""中国高铁走出去""中国高铁国际工程承包"等概念,并特别明确了"中国高铁国际工程承包知识产权风险"研究的内涵。

第二部分,中国高铁国际工程承包知识产权风险的实证研究部分,由权利基础知识产权风险、国际工程承包过程知识产权风险、国际工程承包产品贸易知识产权风险和国际工程承包知识产权争议风险组成,由第3~6章构成。第3章"中国高铁企业知识产权态势与风险分析",作为中国高铁国际工程承包知识产权风险研究的基础(技术性风险),主要进行中国高铁企业知识产权态势与风险分析,内容包括中国高铁企业知识产权的界定及其知识产权态势,进行中国高铁企业专利态势分析,进而基于中国高铁企业知识产权态势进行中国高铁企业权利基础的知识产权风险因素分析。第4章"中国高铁国际工程承包知识产权风险分析",以FIDIC条款为线索,结合中国高铁国际工程承包中的招投标、勘察设计、工程施工等环节进行知识产权风险点分析,提炼知识产权风险因素。第5章"中国高铁产品国际贸易知识产权风险分析",以CISG公约为线索,通过分析国际贸易中知识产权执法风险、中国高铁在跨境货物买卖贸易中可能面临的常见知识产权风险和中国高铁再创新产品的特殊风险,提炼中国高铁国际工程承包产品贸易知识产权风险因素。第6章"中国高铁国际工程承包知识产权争议解决风险分析",具体分析知识产权国际争议解决路径选择、解决方式选择,以及法律适用、判决裁定的承认与执行等法律风险因素。

第三部分,中国高铁国际工程承包知识产权风险的数理研究部分,即第7章"中国高铁国际工程承包知识产权风险模型分析",在前述分析研究的基础上,通过中国高铁国际工程承包知识产权风险因素的类型化分析提炼出中国高铁国际工程承包知识产权风险因子;通过实际调查、专家问卷,运用解释结构模型（ISM）对中国高铁国际工程承包知识产权风险进行数理分析，诠释中国高铁国际工程承包知识产权风险因子结构。

第四部分，即第8章"中国高铁国际工程承包知识产权风险研究结论与对策"，是在前述数理分析结果的基础上，推导出中国高铁国际工程承包知识产权风险的结论并提出针对性措施。

1.3.2 主要研究目标

以中国高铁项目运行为主线，分析、识别中国高铁国际工程承包知识产权风险因素，采用类型化方式将风险因素提炼为风险因子，利用ISM方法分析知识产权风险因子层次与关系，针对不同层次的风险因子提出具体的应对措施。最终为构建我国高铁国际工程承包知识产权风险防范机制，完善中国企业知识产权海外风险管理规范和知识产权涉外法律提供参考，为推动中国高铁"走出去"和"一带一路"建设提供支持。

1.4 研究框架与研究方法

1.4.1 研究框架

研究框架主要包括理论研究、实证分析、模型构建与对策研究四个部分：①通过对知识产权相关法律法规、政策战略，以及CISG、FIDIC条款等的文本研判和知识产权风险研究文献梳理，进行法律内化、风险管理理论准备与研究，确定研究对象、梳理相关理论，选择、完善分析理论；②通过专家访谈、实际调查，进行中国高铁国际工程承包知识产权风险技术维度、过程与产品维度和保护维度等多维度的实证研究；③通过专家访谈、情形分析、类型化与模型分析等，进行中国高铁国际工程承包知识产权风险定性与数理研究；④结合中国高铁国际工程承包知识产权风险因子层次与关系（结构）进行对策研究。主要研究框架见图1-2。

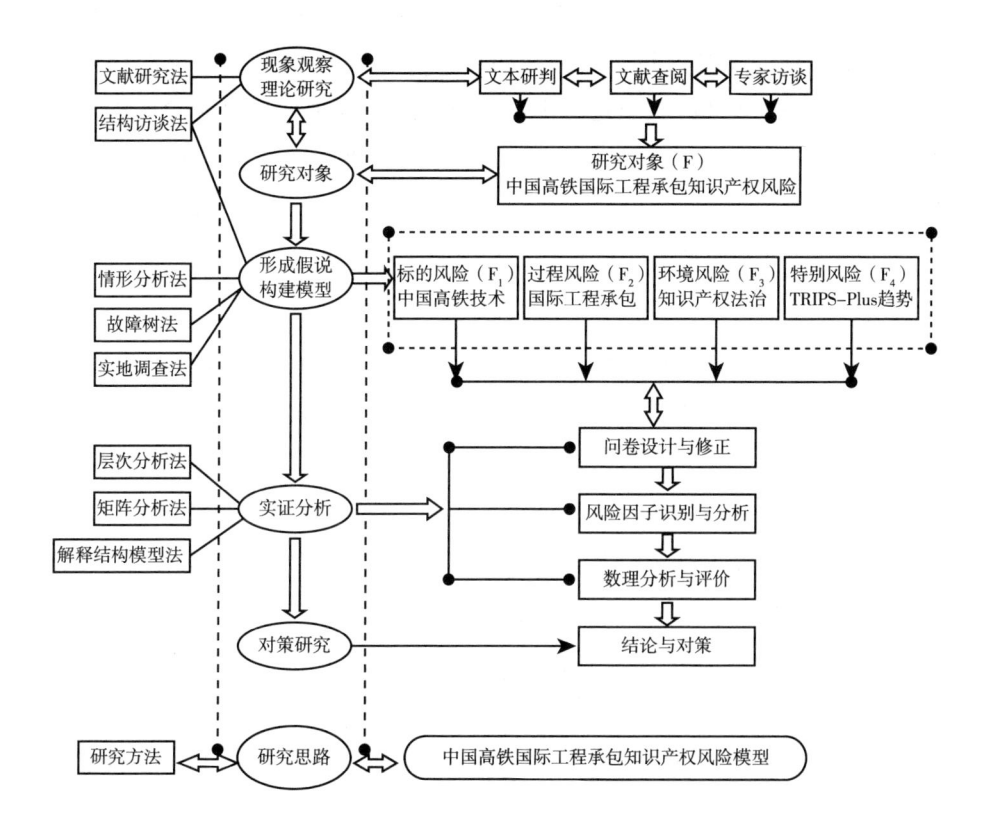

图 1－2 中国高铁国际工程承包知识产权风险与对策研究框架

需要说明的是，实际研究中对上述研究框架进行了如下两项调整：鉴于中国高铁国际工程承包知识产权风险，除国际工程承包实施过程知识产权风险外，还涉及国际工程承包产品（高铁车体、设备及零部件）贸易知识产权风险且这一风险是其重要组成部分，本课题增加了"产品风险"——高铁国际贸易风险；将"环境风险"的"知识产权法治"精准为中国高铁国际工程承包知识产权争议解决风险，同时鉴于"特别风险"为国际公约包含争议解决，将其并入"环境风险"。

1.4.2 研究方法

本课题以知识产权风险理论为指导，以知识产权风险因素识别、分析，因子提炼、评价为指引，构建中国高铁国际工程承包知识产权风险因子假设关系（模型），通过对中国高铁国际工程承包项目实地调查、问卷统计，进行矩阵分析、模型解构，最后根据研究得出的结论提出应对措施。

在课题不同研究阶段采取具有针对性的研究方法，有些研究方法还会交叉使用。主要研究方法包括以下几种。

文献研究法。通过梳理相关文献，研读知识产权相关法律、公约文本，总结知识产权风险一般规律，提炼核心观点，作为本文研究的基础和借鉴。

实地调查法。在文献研究的基础上，采取半结构、结构访谈法，梳理出高铁国际工程承包知识产权风险问题和问卷，深入中国高铁企业、高校、科研院所等，开展专家座谈和走访等实地调研，分析、研究、印证与矫正知识产权风险相关问题。

问卷调查法。通过观察现象，采取故障树法、情形分析法多维度提炼中国高铁国际工程承包知识产权风险因子，结合法社会学理论的分析，通过多次小组探讨、专家会议（包括但不限于知识产权法学与项目管理专家教授、国际工程承包专家、高铁技术专家、知识产权管理专门人员等）确定各风险因子及其表述，设计、修正问卷并开展调查、统计与分析。

解释结构模型（ISM）方法。构建中国高铁国际工程承包知识产权风险因子的邻接矩阵，通过矩阵分析软件（Matlab）找出其可达矩阵和调整可达矩阵，找寻可达矩阵中的先行集与可达集以及二者交集，逐层剥离影响中国高铁国际工程承包知识产权风险的因子，进而绘制知识产权风险模型图，对影响中国高铁国际工程承包知识产权风险的因子进行层次与关系分析，针对直接影响、根源性影响因子提出风险防范对策。

1.4.3 研究的创新点

本课题相对于已有研究的独到学术价值和应用价值：①"如果法的规定不能在人们和他们的组织活动中，在社会关系中得到实现的话，那法什么也不是"①，运用法社会学理论，引入风险管理理论，结合中国高铁国际工程承包实践研究中国高铁国际工程承包知识产权风险问题，以丰富知识产权法律内化和风险理论；②探讨、完善知识产权风险理论；③构建中国高铁国际工程承包知识产权风险模型；④为我国高铁企业进行国际工程承包知识产权风险决策提供参考，提升企业知识产权风险应对能力。

---

① 〔苏〕雅维茨：《法的一般理论——哲学和社会问题》，朱景文译，辽宁人民出版社，1986，第170页。

2 中国高铁国际工程承包知识产权风险基础研究

本章是本课题的基础理论研究，在阐述风险理论、梳理法律风险理论的基础上，探讨了知识产权风险及其特征、知识产权风险类型，并对知识产权典型风险进行分析，进而初步构建了知识产权风险理论，界定了"中国高铁国际工程承包知识产权风险"的含义。在本章研究构建的知识产权风险理论的指引下，课题将分析中国高铁企业知识产权态势及其风险、中国高铁国际工程承包实施及其高铁产品贸易知识产权风险，以及由此产生的知识产权国际争议解决风险。

2.1 风险与法律风险理论

2.1.1 风险理论

1. 风险学说

现代意义上的"风险"（risk）最早源自西方。"风险"一词产生于意大利词 risco 和法语 risque。早期的航海贸易和保险业中"risco"的意思是撕破（rips），由暗礁（reef）或礁石（rock）导致[1]，主要是指航海的商船在

---

[1] 宋华琳：《风险规制中的专家咨询——以药品审评为例证》，《行政法论丛》2009年第1期。

运输货物过程中遭遇触礁或海难等，可能招致损失的危险。风险概念的提出，显示出人类认识世界和改造世界的主动性、自觉性，体现为人们规避不确定性风险的一种积极努力，以及人们当时面向未来、趋利避害的一种积极冒险精神。可见，风险概念从产生伊始，就既是一个描述损失不确定的一般性概念，也是一个始终存在的社会历史范畴。[①]

风险体现为一种"不确定性"，学理上应当是达成了共识的。不确定性的范围既包括发生与否的不确定性、发生时间的不确定性、发生状况的不确定性，还包括发生结果严重程度或损失、损害的不确定性。这种"不确定性"又可分为主观学说和客观学说。主观学说认为不确定性源自主观、个人和心理的一种观念，是人们对客观事物的主观估计，不可用客观的尺度予以衡量。客观学说则认为客观存在是风险的前提，为此，可以通过风险事故观察，以数学和统计学加以定义、分析，乃至可用客观的尺度来度量。[②] 不确定性不一定是不利后果，但一定是客观存在。总之，风险是损失、损害发生的不确定性。

何为"不确定性"？其分为结果发生不确定说和损失发生不确定说。

结果发生不确定说的代表观点包括：风险是指在给定的条件下和某一特定的时期未来结果的变动；风险是事物可能结果的不确定性，可通过收益分布的方差测度；风险就是不确定性。可见，风险是未来事物的结果发生的不确定性。

损失发生不确定说的代表性观点包括：风险为损失的不确定性；风险意味着未来损失的不确定性；风险是不利事件或事件集发生的机会。除此之外，还有观点认为风险是损失大小和发生可能性说等。

根据上述风险学说，可以确定的是：第一，风险是一个与不确定性相关联的概念，同时，"风险"与"不确定性"既有联系又有区别。联系是指风

---

① 刘岩、孙长智：《风险概念的历史考察与内涵解析》，《长春理工大学学报》（社会科学版）2007年第3期。
② 郭晓亭、蒲勇健、林略：《风险概念及其数量刻画》，《数量经济技术经济研究》2004年第2期。

29

险表现为一种不确定性。区别在于，"风险"是一种客观存在，不论人们是否已经观察到；而"不确定性"虽不是由个人的心理状态产生的，但是只有人们对某种事物加以注意时才有意识，才能发现"不确定性"。第二，风险包括不利结果发生和损害及其大小的可能性。不利结果发生的概念应当大于损失、损害发生的概念，两者既有区别也有相同之处。

学者们继而对风险特征进行了探讨，认为风险的特征主要包括：①客观性。风险是不以人的意志为转移的客观存在。客观存在是指由自然现象以及社会现象所引起的，不是主观、个人和心理上的一种观念，有的风险是没有办法回避的，甚至是没有办法消除的。②不确定性。对特定的主体而言，遭遇风险事故具有一定的偶然性、不确定性，而且风险也是相对的、可能发展变化的。发生风险事件是可能的，这就是风险的不确定性。风险事件不仅跟其客体有关，跟风险本身所处的环境和阶段有关，而且它跟风险的主体，也就是说，从事风险活动的人或组织也有关。不同的人或组织，主体自身的条件、能力和所处的环境乃至态度有所不同，同一个风险事件发生的可能也是不一样的。③可预测性。风险是可以预测的，是在一个特定的时空条件下的概念。一方面风险自身及其与主体、与环境情形的关系和变动具有不确定性，另一方面风险自身及其与主体、与环境情形的关系和变动即风险因素是可以观察、分析、判断的，是可以预测的。④可控制性。风险在一定程度上是可以控制的。风险在特定的条件下是不确定性的一种表现，当条件改变时，引起的风险后果可能就改变了，但在条件未改变之前，是可以控制的，也可以尽可能地控制条件改变的因子，防止条件发生改变。

正是由于风险是客观存在的，其虽然具有不确定性，但是可以预见、可以控制。因此，我们必须正视并研究它，遵循其存在、发生的规律，通过预见、预防或者积极有效的处置，对风险的不确定性加以控制，以预防、减少风险发生，或者尽可能地减少风险导致的损失。这也正是研究风险及其规律的价值、意义所在。

2. 风险要素与风险类型

风险要素主要包括风险因素、风险事故和风险结果。风险因素，也称为风险因子，是指导致风险事故发生的原因或条件，或风险事故发生时，致使损失增加、扩大的原因或条件。风险因素是风险形成的必要条件，不是充分必要条件，是风险产生和存在的前提。风险事故又称为风险事件，是指引起风险结果的直接或外在的原因，是外界环境、内部变量发生预料未及的变动从而导致风险结果发生的事件。它是风险存在的充分条件，是整个风险的关键要素，是连接风险因素与风险结果的桥梁，是使风险造成不利后果或损失的可能性转化为现实性的直接、关键原因。风险结果又称为风险损失，是指非故意、非计划、非预期（可能预见）的经济价值减少的事实。损失可分为直接损失和间接损失两种。风险因素、风险事故和风险结果三者之间的关系是：风险因素可能引起风险事故，风险事故导致风险结果。值得注意的是，一方面风险因素不必然导致风险事故发生并引起风险结果；另一方面风险因素在风险事故的作用下引起风险结果，一因一果、一因多果、多因一果。同一事件，在一定条件下是造成风险结果的直接原因，就成为风险事故；而在其他条件下，风险事故又可能是造成损失的间接原因，于是它成为风险因素，如地质灾害是次生地质灾害的风险因素。

按照不同的标准可对风险进行不同的划分。风险类型是指按照不同的标准对风险进行不同划分的结果。按承担风险的主体不同，风险可以分为个人风险与家庭风险、企业或组织风险和政府风险、国家风险等，或者分为自然人、法人和非法人组织风险。按照风险对象不同，风险可以分为财产风险、人身风险、责任风险和信用风险等。按照风险形成的原因不同，风险可以分为自然风险、经济风险、法律风险和政治风险等。其中，法律风险通常是指主体因法律缘由，依照法律或契约应承担责任的一种风险。法律风险是现代社会发展中的重要风险之一，直接影响着人们正常的生活、生产经营活动，应当重视和应对法律风险。

3. 风险控制

风险控制，是一个建立在对主体或项目各个环节优势和弱点的科学分析基础上，对可能影响项目进展或主体生存发展的内容、环节进行科学优化和管理的过程，其目标在于以最小的成本达到最大的安全保障。风险控制至少包括以下几个环节：①对各类风险因素进行风险识别、风险分析；②对风险因素、风险事故的管理进行组合优化决策与实施；③对风险事故实现有效预防、消灭，减少风险事故发生的各种可能性，以及减少风险事件发生时造成的损失。①

  风险识别是风险控制的首要环节和基础。风险识别是指在风险事故发生之前，人们运用各种方法手段系统地、连续地全方位认识所面临的各种风险因素，是风险控制的开端与前提基础。风险识别过程就是感知风险的过程，即了解客观存在的各种可能的风险因素，是风险控制的基础。可以说，没有风险识别便不可能进行风险控制。用感知、判断或归类的方式对现实和潜在的风险因素、性质，以及导致风险事故发生的可能性与概率等进行鉴别。存在于人们周围的风险是多样的，既有显在当前的也有潜在于未来的，既有静态可测的也有动态不可测的，等等。风险识别的任务就是要从错综复杂的环境中找出主体所面临的主要、关键的风险因素。只有通过感知风险，才能在此基础上进一步分析风险。

  风险分析是风险控制的关键环节。风险分析是指分析风险事故发生的原因，即在风险识别的基础上，分析引起风险事故的各种显在、潜在原因，寻找导致风险事故发生的条件因素，进而确定各因素在风险事故中的重要性及其程度。风险分析是为拟定风险优化管理方案（包括预防风险发生、处理风险事故等方案）和风险管理决策服务的，是风险控制的关键。风险分析的实现路径，一是通过感性认识和历史经验来判断；二是通过对各种客观的资料和风险事故的记录来分析、归纳和整理，以及通过必要的问卷调查、专家访谈，从中找出各种明显和潜在因素及其导致风险事故发生的概率和产生风险损失的规律。

  风险控制的基本方法通常包括风险回避、风险减轻或消除、风险转移、风险自留和风险利用。② 风险回避，又称风险避免，是指风险主体有意识地

---

① 张智媛：《高速铁路列车运行冲突风险管理理论与方法研究》，西南交通大学硕士学位论文，2012。

② 夏丹：《我国高铁发展中的风险与风险控制》，东北大学硕士学位论文，2013。

放弃具有风险的行为,完全避免特定的风险。经过审时度势,从实际出发,主动回避超出自己能力控制范围的风险,主动、选择性地放弃一些风险行为而不是回避一切风险行为,即所谓积极的风险回避;不加识别、不做分析,只要有风险就予以放弃的行为,往往也放弃了潜在的目标收益,便是消极的风险回避。[1] 风险减轻或消除,是指风险事故没有发生时,根据计划并采取措施降低发生概率,风险事故已经发生时,根据计划并采取措施降低或者减少损失的行为。风险事故发生前,采取措施主要是为了降低风险事故发生的概率,又称为风险预防;风险事故发生时或发生后,采取应急或补救措施减少实际产生的损失,又称为风险管理。风险转移,既可以是风险事故发生前的一种预防,也可以是风险事故发生时或发生后,进行风险事故控制处理的一种方法。通过某种特定的方式方法将风险事故可能发生的损失或已经发生损失的一部分或全部转移给另一方或第三方。这种方式一般会付出相应代价,并且可能丧失风险带来的收益机会。通常包括合同转移和保险转移两种方式。合同转移,将部分或全部风险通过合同转移给一个或多个其他参与者、第三方;保险转移,通过投保的方式,由保险公司分担一部分或全部损失。风险自留,即风险承担,一是对于一些无法回避或转移的风险结果,主体只能承担下来;二是在不影响根本利益或大局利益的前提下,对风险事故中的部分或全部风险结果采取现实的态度,将其承担下来。[2] 风险自留还可以分为无计划自留和有计划自留。无计划自留,是指在没有意识或以为风险不会发生的情形下发生风险后进行的自留;有计划自留,是指在有意识或有计划的情形下发生风险后进行的自留,一般会在风险发生前,通过各种措施安排确保损失产生后能及时补偿。风险利用,是指风险因素存在、风险事件发生时,既可能带来损失损害,也可能带来其他收益的机会。"塞翁失马焉知非福",事故发生时,经过优化管理,采取适当措施,抓住机会,也可能获得正常途径之外的收益。

---

[1] 张向明:《国际工程总承包项目风险管理研究——以埃塞俄比亚 AA 高速为例》,北京交通大学硕士学位论文,2015。
[2] 叶秀东:《铁路工程项目风险管理研究》,东北财经大学博士学位论文,2014。

2.1.2 法律风险理论

1. 法律风险的学说

有关法律风险的学说，主要有法律风险责任说、法律风险责任损害说和法律风险不利后果说三种。

法律风险责任说。该说认为法律风险就是主体承担的法律责任，是指行为主体，违反法律义务或者实施侵权或违约所承担的不同类型的法律责任。法律风险责任说在一定程度上揭示了法律风险的实质，即责任的承担；但将法律风险限定为以承担法律责任为特征明显有其局限，并未包括因行为不当导致自身权利丧失、应取得的权利而未取得以及遭受不特定主体侵权等风险。

法律风险责任损害说。该说认为法律风险是法律责任及其产生的实际损失，是指主体由于其权利义务失控或受外部环境影响产生法律责任、实际损失的现实可能性。责任损害说强调法律风险是损害后果，使形成法律风险的风险因素不限于法律责任，固然在一定程度上弥补了责任说的局限，但主体权利义务失控的类型尤其是实际损失的法律本质并不明确。

法律风险不利后果说。该说认为法律风险是由主体做出的具体法律行为不规范导致的。法律风险不利后果说主张的是在法律的实施过程中，或者主体在法律权利和义务落实过程中，与其所期望达到的目标相违背的不利后果发生的现实可能性。可见，不利后果说是用相对抽象的修辞——法律不利后果对法律风险进行概括，克服了责任说对法律风险因素的限制，也不局限于损害说的损害后果，但是，"不规范的具体法律行为"以及"法律不利后果"的本质仍然不清晰。[1]

法律风险既源于主体外部法律环境的变化，也包括法律自身及其变化产生的风险，如法律缺失、法律修改与废弃等，还包括主体自身具体法律行为所导致的风险，例如主体权利的不正确行使、权利放弃等也会产生风险。有

---

[1] 安小毅、谢庆莉：《企业法律风险基础理论研究——以中国石油天然气集团（股份）公司为对象》，《法制与社会》2009年第17期。

时,发生重大情势变更,甚至政局变化,也会产生法律风险。如某国突然宣布对某产品实行新的标准,就可能发生标准必要专利相关的知识产权风险。可见,法律风险可以从其发生的缘由即法律风险因素、发生的结果即法律风险后果的承担,以及法律风险事故发生的实质等方面加以进一步探讨。

2. 法律风险因素

什么是法律风险?无论是法学理论界还是法律实务界都没有形成统一的见解,但是不妨碍我们从国内外法律风险相关提法中提炼法律风险因素。

(1) 国际关于法律风险因素的阐述

国际律师协会认为导致一个机构产生损失或承担责任的法律风险因素主要是:①有缺陷的交易;②一个请求(包括对请求的抗辩或反请求)或其他事件;③自身保护措施不适当(如知识产权方面);④法律的变动。[①] 巴塞尔银行监管委员会在《有效银行监管核心原则》中列举了引发法律风险的主要情形:①不完善或者不正确的法律意见或者业务文件;②现有法律可能无法解决与银行有关的法律问题;③法院针对特定银行作出的判决;④法律可能发生变化;⑤开拓新业务且交易对手的法律权利不明确。新巴塞尔资本协定(Base II)增加了监理措施不足导致罚款、惩罚性赔偿。[②] 路伟国际律师事务所在2005年《中国企业100强法律风险报告》中提出,违反有关法律法规、合同违约、侵权或怠于行使公司的法律权利等会出现法律风险。

上述有关法律风险因素的阐述主要采取列举式,包括法律自身因素,如法律变动、缺失与漏洞;司法、行政行为,如法院判决、行政措施等;最多的是主体,包括交易人自身积极或消极行为所导致的,如请求、监管、权利保护不当、相对人违法违约或侵权等。

---

① Legal risk is the risk of loss to an institution which is primarily caused by: (a) a defective transaction; or (b) a claim (including a defence to a claim or a counterclaim) being made or some other event occurring which resultsin a liability for the institution or other loss (for example, as a result of the termination of contract); or (c) failing totake appropriate measure to protect assets owned by the institution; or (d) change in law. IBA WORKING PARTY ON LEGAL RISK.

② Basel II, International Convergence of Capital Measurement and Capital Standards: a Revised Framework.

(2) 国内关于法律风险因素的阐述

法律风险一词在中国法律体系中被正式提出的时间较晚，研究起步也较晚。虽然从主体来看，自然人、法人和非法人组织等主体均存在法律风险，但组织尤其是企业面临的风险更为复杂，更具研究性，一般来说，法律风险研究的对象以企业法律风险居多。国内实务界、学术界也对法律风险因素进行了不同的阐述。

中国人民银行1998年发布《贷款风险分类指导原则》的附件《贷款风险分类操作说明》中，首次出现了"法律风险"，但并未解释该概念，也未明确法律风险因素，但自此法律风险逐渐被运用。国务院国有资产管理委员会2004年5月颁布的《国有企业法律顾问管理办法》中规定：企业法律风险是指在法律实施过程中，由行为人作出的具体法律行为不规范而导致的与企业所期望达到的目标相违背的法律不利后果发生的可能性。强调法律风险发生的原因包括：法律环境变化、企业内部责任不清、决策草率、制度不健全、监管失控等。2007年1月实施的《中国注册会计师审计准则第1632号——衍生金融工具的审计》中规定，法律风险源于某项法律法规或监管措施，表现为其阻止被审计单位或交易对方执行合同条款或相关互抵协议，或使其执行无效。中国银监会2007年5月颁布的《商业银行操作风险管理指引》的附录"有关名词的说明"中，明确法律风险包括但不限于下列因素：①违反法律或行政法规；②违约、侵权或者其他事由；③业务活动违反法律或行政法规，依法可能承担行政责任或者刑事责任的。显然，这种列举式定义虽具有明确性，但存在无法涵盖所有内容、不能揭示其本质的局限性。

国内学者也对法律风险进行了探讨，认为法律风险主要是由行为人作出的具体法律行为不规范导致的[1]；人们的作为或不作为与法律规范体系或基于这些规定的约定存在差异；违反法律禁止性规定或违反基于法律规范相关规定的约定；未能充分利用法律所赋予的权利。[2] 显然，这里的法律风险局

---

[1] 向飞、陈友春：《企业法律风险评估》，法律出版社，2006，第2页。
[2] 吴江水：《完美的防范——法律风险管理中的识别、评估与解决方案》，北京大学出版社，2010，第5页。

限于既有法律且局限于完善的良法,有待进一步探讨。

　　法律风险就是存在法律风险因素,发生法律风险事件导致法律风险后果的可能性。结合上述分析,法律风险因素一般包括:一是法律自身可能产生的风险,如上文所说"法律的变动""现有法律可能无法解决有关的法律问题""开拓新业务且交易对手的法律权利不明确"等。这里包括三类情形:法律变动,如新法颁布、法律修改与废止;法律缺陷,如法律漏洞、法律冲突(理解存在歧义、条款不明确)、法律适用不一致等;法律实施,法律实施可能产生风险,如"法院针对特定银行作出的判决",包括司法、行政执法、政策制定与执行过程中产生的风险等。二是法律事实,包括以人的意志为转移的行为和不以人的意志为转移的事件。人的行为可能产生风险,如行为违反有关法律法规、合同违约、侵权或怠于行使公司的法律权利,具体地说,"有缺陷的交易""请求(包括对请求的抗辩或反请求)或其他事件""未能采取适当措施加以保护(如知识产权)""不完善或者不正确的法律意见或者业务文件",等等。三是意外事件产生的法律风险,指非法律规则也非主体缘由可能产生的法律风险,如不可抗力、重大情势变更以及国际局势变化等。为此我们将法律风险因素归纳如下,见图2-1。

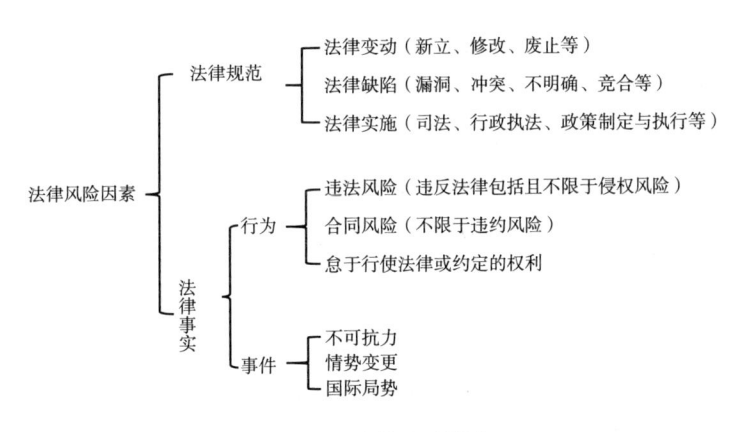

```
                      ┌─ 法律变动(新立、修改、废止等)
          ┌─ 法律规范 ─┼─ 法律缺陷(漏洞、冲突、不明确、竞合等)
          │           └─ 法律实施(司法、行政执法、政策制定与执行等)
法律风险因素┤
          │           ┌─ 违法风险(违反法律包括且不限于侵权风险)
          │    ┌─ 行为 ┼─ 合同风险(不限于违约风险)
          │    │      └─ 怠于行使法律或约定的权利
          └─ 法律事实 ┤
               │      ┌─ 不可抗力
               └─ 事件 ┼─ 情势变更
                      └─ 国际局势
```

图2-1　法律风险因素

　　可见,法律风险因素主要包括:法律变动、法律缺陷和法律实施组成的法律规范风险,违法风险、合同风险和怠于行使法律或约定的权利等组成的行为风险，以及不可抗力、情势变更、国际局势等产生的事件风险三类。行为和事件统称为法律事实。

3. 法律风险构成与实质

前述分析表明，法律风险是在日常生活、生产经营活动中，因法律自身及其实施过程中产生的不足，抑或行为人作为或不作为与法律规范的规定存在差异，乃至法律实施环境出现异常（不可抗力、情势变更等）等，导致主体承担可能的不利后果。可见，法律风险由法律风险因素、法律风险事件导致的法律风险后果构成。法律风险因素通过风险事件发生的概率和影响便产生法律风险后果，表达为：

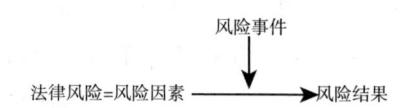

$$法律风险 = 风险因素 \xrightarrow{风险事件} 风险结果$$

这里的法律风险因素，是上文分析的法律规范、法律行为和法律事件，法律风险事件则成为形成现实的特定的法律风险因素，最后导致法律风险后果，即不利后果，或者责任、损害。

法律风险所描述的是可能承担的法律上的不利后果，即所谓法律责任与损害，是指由特定法律事实引起的对损害予以补偿、强制履行或接受惩罚的特殊义务，大致包括民事法律责任、行政法律责任、刑事法律责任。当然，理论上还包括违宪责任，但一般主体通常不可能成为违宪责任的主体。法律责任与不履行或不适当履行义务对应；权益被侵害或丧失是指遭到他方侵权或主体自身权利灭失，与未依法充分行使、保护权利对应等。

将法律风险后果界定为"可能承担的不利后果"而非"不利后果的可能"：风险理论将风险后果定义为未来不确定性对目标的影响。为此，有人认为风险就是一种可能性。法律风险关注的根本点在于主体权利义务状态变化给其利益带来的变化，本质上关注的是不利后果带来的利益减损（这里不包括法律风险也有可能带来的利益增加，如侵害人加倍赔偿、知识产权侵权带来权利人暂时代理利益增加的特殊情形等），而非不利后果发生的可能性。当然，可能性是主体进行风险识别、分析乃至控制决策的主要观察点，从本质上来说可能性是风险的特征之一，但不能说风险就是可能性，否则会产生风险理论自身的逻辑矛盾，也不符合认识规律。可能性只是判断风险的一个因素。① 为此，本课题认为，将法律风险后果界定为非"不利后果的可能"，属于不利后果的可能之一；将法律风险后果界定为"可能承担的不利后果"，则具体到法律专门领域，虽然也存在不确定的获利可能，如知识产权恶意诉讼、"专利蟑螂"等，但整体而言其更多的是"避险"、规避"法律风险"或"法律责任"，可见两者是密切关联甚至一致的，存在差异而非冲突。根据前述分析，法律风险是指在法律风险因素存在的前提下，由于主体原因发生法律风险事件并引起法律风险后果的情形。法律风险因素是前提，是可能性；法律风险事件是缘由，是现实中客观发生的特定法律风险因素，两者缺一不可，缺一就不可能导致法律风险后果，即发生法律风险，可归之为"法律风险的法律责任说"。

法律风险构成抽象为法的一般理论，法是调整人的行为的一般社会规范。首先，基于法律规范本身，主体行为必然引起其权利义务状态的变化。正是基于这样的逻辑，主体日常活动包括企业经营管理活动，也一定存在那些能够引起主体权利义务状态变化的行为。其次，基于法律规范，主体的特定行为必然引起其权利义务状态的变化。主体不履行义务或履行义务不当，未依法取得、行使、保护权利以及缺乏法律技巧等行为，基于法律规范而发生权利义务状态的变化。最后，既非基于法律规范，也非主体特定行为，但引起主体权利义务状态变化的事件，如战争、自然灾害等。可见，法律风险产生的原因即风险因素，是指引起主体权利义务状态变化以及产生、变更和消灭法律关系的法律规范、法律行为和法律事件，它是一种可能性。引起法律关系变动的客观事实——法律规范所规定的，能够产生、变更和消灭法律关系的客观情况或事件，是法律风险事件，是

---

① 安小毅：《企业法律风险纲论：理论、范式及应用——以中国石油天然气集团（股份）公司为对象的研究》，《中国经济与管理科学》2009 年第 4 期。

具体发生的现实情形。这些现实情形产生相应的法律后果即法律风险后果：承担法律责任、权益被侵害或丧失、增加义务或负担等。无论前述哪种法律后果，从主体利益的角度来看，均表现为损失，既可以是直接的财产性损失，也可以是信赖利益的损失，还可能表现为无形的损失——如主体声誉受损等。将原因部分定义为法律风险因素，将引起后果的原因定义为法律风险事件，将后果部分定义为法律风险后果，法律风险包括法律风险因素、风险事件和风险后果，这是法律风险的实质，与风险理论也是自洽、融合的。

4. 法律风险的特征

法律风险除具有风险的客观性、不确定性、可预测性和可控制性之外，还具有自身的特征。

（1）发生原因的法定性或约定性

法律风险发生原因的法定性或约定性是其区别于其他风险的一个最根本的特征。法律风险之所以产生，归根结底是存在相关的法律或合同的约定。这种关联度是必需的，其可能是直接的，如最常见的违法违规或违约风险；也可能是间接的，如企业未及时行使、保护法律或合同赋予的权利，而导致利益受损的可能性。

（2）发生结果的强制性

主体在日常生活、生产经营活动中，如果发生违反法律法规或约定，或者侵害他人合法权益等法律风险事件，通常会带来法律风险后果，即承担相应的民事责任、行政责任，甚至刑事责任等。无论是承担法律责任还是依法需要承受的损害都具有强制性，是由国家及其军队、监狱、法庭保障实施的。法律风险后果一旦发生，主体必须被动承受，有的甚至不能进行风险回避、风险转移，如行政责任、刑事责任。有些法律风险结果往往十分严重，甚至是颠覆性的，一场官司打垮一家企业，多年的生产经营积累可能毁于一个法律风险结果，这类案例不胜枚举。

（3）发生领域的广泛性

法律风险发生领域十分广泛。自然人从生到死，其生存和发展无时无刻不与法律相关；企业无论是设立、变更与终止，还是所有的生产经营活动都离不开法律。法律贯穿人的生存和发展、企业生产经营活动的始终。人与人、人与法人（包括非法人组织）、法人与法人之间及其内部无一不是通过相应的法律来调整和规范的。因此，法律风险存在于自然人一生、企业生产经营各个环节和各项业务活动之中，存在于企业从设立到终止的全过程、各环节和全方位；同时法律风险还存在于人类生活的政治、经济、社会和文化等各个领域，可谓广泛存在。

（4）发生形式的关联性

法律是人们生存和发展的最基本的社会规范，是人们正常生活、生产经营的根本保障。因此，法律风险是风险体系中最需要防范的基本风险。同时，在风险体系中，许多风险如政治风险、经济风险与法律风险并不是截然分开的，往往可能互相转化，存在交叉、重叠和融合。法律风险与其他各类风险的联系最为密切，其发生形式与其他风险具有高度关联性。如企业发生财务风险、销售风险，往往包含法律风险；自然人发生的各类生存风险、就业风险、医疗风险等，最后都可能转化为法律风险。

综上所述，法律风险是人们在日常生活、生产经营过程中，由法律自身及其实施过程中产生的不足，抑或行为人的作为或不作为与法律规范的规定存在差异，乃至法律实施环境出现异常（不可抗力、情势变更等）等，导致其承担可能不利的后果。法律风险是由法律风险因素、风险事件与风险结果构成的，具有发生原因的法定性或约定性、发生结果的强制性、发生领域的广泛性和发生形式的关联性。同时，结合前述法律风险的分析，根据学者的探讨[1][2][3]，本课题将企业法律风险界定为在企业生产经营管理过程中，基于法律法规或合同约定、法律行为、事件的发生和变化以及外部法律环境的

---

[1] 陈丽洁主编《企业法律风险管理的创新与实践——用管理的方法解决法律问题》，法律出版社，2009，第35页。
[2] 孙昌军编著《现代企业法律风险防范指导》，湖南人民出版社，2010，第6页。
[3] 于兴江：《对企业法律风险概念的再分析》，《新西部》（下半月）2010年第9期。

变化而导致其承担责任或其他损害等的可能性。本课题的分析、探讨均基于企业法律风险而展开。

2.2 知识产权风险理论探讨

2.2.1 知识产权风险及其特征

1. 知识产权风险概念

知识产权包括且不限于专利权、商标权、著作权、商业秘密权、集成电路布图设计权等，是人们就其智力成果、工商业标志和新的信息等依法所享有的专有权利。[①] 知识产权是人类智力成果的结晶，具有无形性、专有性和地域性，与财产权具有密切联系，受法律保护。随着信息技术、新材料技术、航天技术、生物技术的高度发展和经济全球化的演进，知识产权的创造运用和保护日益为各国所重视，成为企业市场竞争力的核心内容。随着知识产权在企业市场竞争中的参与度越来越高，知识产权风险更多地暴露出来，为人们所重视。

知识产权风险是法律风险的重要组成部分，同时知识产权风险又有其特殊性。知识产权风险一方面就是知识产权客体相关的法律风险，即专利法、商标法、著作权法、反不正当竞争法等涉及的法律风险；另一方面还是为促进科学技术进步和人类文化艺术繁荣的知识产权客体有关形成、权利归属（确权）、权利行使（用权与权利保护）的风险。在不

---

① 知识产权，最早将其概括为人们就其智力创造的成果所依法享有的专有权利，随着商品、服务标记、厂商名称和标记，以及"数据库保护"等被纳入知识产权保护范畴，知识产权保护对象扩大为"智力创造的成果"，即不限于"创造性成果"，还包括"工商标记""新的信息"。如《建立世界知识产权组织公约》第2条第8款规定，知识产权内容包括：关于文学、艺术和科学作品的权利；关于表演艺术家的演出、录音和广播的权利；关于人们努力在一切活动领域内发明的权利；关于科学发现的权利；关于工业品外观设计的权利；关于商标、服务标识、厂商名称和标识的权利；关于制止不正当竞争的权利；关于在工业、科学、文学和艺术领域里一切其他来自智力活动成果享有的权利。

同国家知识产权受保护客体不同，知识产权确权与权利归属原则也不一样。以职务发明创造为例，职务发明创造权利归属、职务发明创造权能配置，以及职务单位与发明人的权利分配，在遵循"雇主主义"或"雇员主义"与折中主义原则的不同国家各不相同。知识产权具有地域性，一个技术成果、商业标志或作品是否受一国知识产权法保护，要看该国法律具体规定，甚至同一技术成果、商业标志或作品在该国不同发展阶段是否受保护以及保护程度可能都是不一样的。如服务商标、符合"创造性、新颖性和实用性"的生产工艺，其在我国商标法、专利法第一次修改之前就不属于保护范围。

知识产权风险主要是知识产权法律风险，是指主体在技术创新、作品创作、商标和商业秘密形成等知识产权确权、使用与保护过程中，因知识产权法律及其变动、知识产权运营管理，以及知识产权司法、执法与行政管理等导致损失、损害的可能性。知识产权风险首先是指知识产权法律规范风险，比如知识产权法律文本出现漏洞、歧义，同一法律中不同法律条文之间、知识产权专门法之间、知识产权专门法与其他民事法律规范内部相互间发生冲突；知识产权在某种意义上是高新技术法，随着新技术、新工艺、新材料的发展，知识产权法律内容每隔一段时间会有新的修改完善，存在变动；涉及知识产权司法、行政执法的知识产权风险，如在知识产权法律文本确定的情形下，司法管辖、案件主管（争议解决方式的选择）对知识产权法律适用、法律解释可能存在差异；构成争议解决基础的法律事实认定的不确定性；另外，知识产权发展与保护具有公共政策性，其行政执法和法律实施具有典型的历史性、阶段性，同样存在造成危害后果的可能性。其次，主体行为风险，如主体违法行使知识产权（知识产权权利滥用等）、侵犯他人知识产权，与他人发生知识产权许可、转让、合作等纠纷，以及怠于行使法律或约定的知识产权权利，由于知识产权的地域性、专业性出现对知识产权认知错误等也都存在造成危害后果的可能性。最后，知识产权风险同样存在由不可抗力、情势变更与国际局势变化等造成危害后果的不确定性。以《跨太平洋伙伴关系协议》（Trans-Pacific Partnership Agreement，TPP）为例，比如 TPP 中的成员，诸如日本、新加坡、马来西亚等都在修改自己的内国法以满足 TPP 规定的最低保护要求，继美国退出 TPP 后，11 个成员①将 TPP 更名为由日本主导的《全面与进步跨太平洋伙伴关系协定》（Comprehensive and Progressive Agreement for Trans-Pacific Partnership，CPTPP），2018 年 2 月 21 日 CPTPP 文本的完整版公布在新西兰外交贸易部官方网站上②，3 月 8 日 11 国在智利首都圣地亚哥签署了 CPTPP。国际局势的不确定性对原环太平洋国家的本国知识产权法的修改产生冲击，进而导致受这些法律调整影响的知识产权出现不确定性。知识产权风险是在人们日常生活、生产经营管理过程中，源于知识产权法律制度及其实施的风险，源于但不限于知识产权客体或称"技术风险"所产生的法律风险，本课题通称为知识产权风险。

2. 知识产权风险特征

知识产权风险具有法律风险的一般特征。同时，由于知识产权客体的无形性、专有性、地域性等，知识产权风险还具有自身的一些特征。

（1）知识产权客体的技术性

知识产权客体的技术性是指被赋予知识产权的客体的技术具有专门性，是知识产权风险的基本特征。科学技术的高度发展既是风险社会的特征，也是风险社会的成因。学者认为，一方面，人们不断发展的知识对现代社会这个世界产生影响，人类在不久的将来注定会生活在"技术知识的囚室"和"被制造出来的风险"中，科学技术的高度发展形成了风险社会；③④ 另一方面，风险社会是一个高度技术化的社会，科学技术的高度发展是风险社会的基本特征。知识产权制度具有鲜明的高新技术保护特征，立法者总是意图通过知识产权立法来推动科学技术的高度发展。现代知识产权法保护的网络

---

① CPTPP 的 11 个成员为：新加坡、智利、新西兰、文莱、秘鲁、越南、澳大利亚、加拿大、马来西亚、墨西哥、日本。
② CPTPP Text Zipped, https：//www.mfat.govt.nz/search/SearchForm? Search = CPTPP&searchlocale = en_ NZ, accessed April 10, 2018.
③ 杨雪冬：《风险社会理论述评》，《国家行政学院学报》2005 年第 1 期。
④ 〔德〕乌尔里希·贝克、〔英〕安东尼·吉登斯、〔英〕斯科特·拉什：《自反性现代化——现代社会秩序中的政治、传统与美学》，赵文书译，商务印书馆，2001，第 74 页。

技术和基因技术，是现代技术中最具有代表性和影响力的高新技术。知识产权制度具有鲜明的现代化特征，立法者总是意图通过法律制度的现代化来推动科学技术的现代化。①

人类对知识体系和高新技术的信任是人们在风险社会中获得和持有本体性安全的基础和保证。但是，人类对知识体系和高新技术的认知及其权利设定都是有限的，具有典型的技术特征，都存在风险。一是人类对知识体系与高新技术认知不足所带来的风险。例如因技术的持续发展、知识的无穷与人类认知的局限性，出现知识产权及其保护与不确定性风险。二是以技术为内容的权利边界冲突带来的风险。例如技术专有权利与公共领域的界定、数字知识内容与传播技术的关系、智力成果与传统文化资源的联系等风险。三是高新技术独占使用与持续发展所带来的风险。例如对转基因食品、药品以及动植物基因乃至人类基因技术的开发、利用，一方面促进了人类及其生存环境的改善和发展，另一方面也导致人类及其生存环境的变化甚至不良反应。②

（2）知识产权法律的变动性

当代知识产权制度面临发展与变革、创新与突破的新趋势。③ 进入20世纪后，由于现代科学技术的飞速发展，人类的经济生活与文化生活发生了深刻变化。现代商品经济的高度发达，推动形成了新的国际经济秩序与世界市场，对知识产权制度也产生了巨大的影响。各国立法者开始对本国知识产权法律进行"修纲变法"，以适应科技发展的需要。

从各国的立法修改进程来看，知识产权法应属于修改频率最高、修改间隔时间最短的法律。以美国著作权法为例，其《千禧年数字著作权法案》出台之后，21世纪以来，几乎每年都有新的修正案提交国会。其中，2004年通过了《著作权版税分配改革法案》，2005年通过了《家庭娱乐与著作权法案》等。法国知识产权法典颁布后的6年间先后12次进行修改和增补。

---

① 许斗斗：《技术知识与风险社会》，《中共福建省委党校学报》2005年第9期。
② 吴汉东：《知识产权的制度风险与法律控制》，《法学研究》2012年第4期。
③ 吴汉东等：《知识产权基本问题研究》，中国人民大学出版社，2005，第73页。

日本1976年颁布了《日本著作权法》，为回应科技、经济和社会的发展变化，至2009年进行了大大小小26次修改。日本《专卖专利条例》的修改就更为频繁，从1885年出台至1921年的近40年间共进行了4次大的修改，平均每10年一次；1959年大幅度地修改一次；之后，在1959~1999年的40年间共进行了17次修改，平均不到2.4年（28个月）修改一次。其间，尤其是20世纪80年代起修改了14次，平均不到1.4年（16个月）修改一次。[①]《韩国著作权法》制定于1957年，先后进行过18次修改，其中2006年和2009年完成了两次重要修改。我国知识产权专门法律也有相应修改，专利法、商标法和著作权法差不多每10年修改一次。专利法自1983年颁布至今已经修改3次且正在进行第4次修改的准备；商标法、著作权法自颁布至今，已经修改两三次不等，并且正在进行又一次修改的讨论。

知识产权法律的频繁修改，可能造成一国企业因对他国知识产权法律的主观认知滞后或者不及时，而产生不确定性的风险。知识产权法律的变动性是由知识产权客体的技术性、技术不断发展变化的特性所决定的，是知识产权风险产生的关键所在，是其核心特征。

（3）知识产权保护的国际性

知识产权相较于其他民事权利，天生就具有开放性和国际性，所以知识产权法律也必须适应这种特性。知识产权法又具有地域性，这既是法治主权使然，也缘于知识产权与一国科学技术、经济社会发展程度密切关联。这便造成知识产权保护地域性与国际性的冲突性风险。其他法律比如刑法往往也具有地域性，但地域性与国际性的冲突并不明显。经济全球化、信息全球化乃至治理机制的全球化，伴随科技高度发展，不可避免地带来风险的全球性。知识产权制度的国际化亦是其伴生物，它实现了知识产权保护规则、内容与程序的普适性，也导致制度风险的全球性。在国际化的进程中，为了与其他国家展开贸易，必须建立相对统一的知识产权规则。目前，知识产权法适用范围最广的是WTO下的Trips协议规则，部分

---

① 《日本专利法》，杜颖、易继明译，法律出版社，2001，第3~9页。

发达国家利用自己的政治主导地位,欲将内国的强知识产权规则(Trips-Plus)转化为国际条约,使他国被迫适用其内国的知识产权规则,以形成贸易壁垒,使得该国的知识产权在全球处于优势地位。由于各个国家利益的存在以及国家之间的矛盾在某种程度上不可协调,知识产权的地域性与国际性产生冲突引发知识产权风险。知识产权保护的国际性源于知识产权客体不分国界、具有促进人类文明的特性,这是知识产权风险的重要特征。

(4)知识产权发展的政策性

知识产权保护的国际性特点,在一定程度上限制了立法者对知识产权法律条文体系化的思考,以至于在融合与移植他国先进知识产权法律制度的过程中,怠于思考知识产权法律规则背后的基本原理以及法律条文是否反映知识产权法律关系的一般性规律,出现了法律条文的非科学化现象。最为明显的就是知识产权法律条文之间及其与其他民事法律规范之间的逻辑性欠缺,体系化缺失造成出现法律漏洞时不能满足科学性、逻辑性要求。同时,基于知识产权客体的技术性,科技创新、文学艺术创造不断快速发展,导致知识产权法律即使变动频繁也赶不上知识产权客体的发展变化和各国科技、文化艺术发展的实际需要。知识产权发展的政策性,一是弥补法律发展完善不及时的不足,二是衔接法律与科技发展、文化艺术繁荣的实践,三是发挥引导科技创新、文化艺术发展为经济发展和社会进步服务的导向作用。知识产权发展的政策性是各国科技发展与文化艺术创作的阶段性反映,也是各国政治政策的体现,具有知识产权风险导向特征。

2.2.2 知识产权风险一般类型

知识产权风险可根据不同标准进行分类、呈现不同类型,不同类型的知识产权风险由不同因素构成,不同风险事件可能会引起不同的风险后果。知识产权风险的类型化,有利于强化对知识产权风险的识别、预防与控制。

知识产权风险可以按照知识产权客体类型分为技术成果(包括专利)风险、商标风险、著作权风险和其他类知识产权风险等。按照知识产权存在的状态分为知识产权形成、运行、救济与管理风险。按照知识产权法的运行阶段进行分类，可分为知识产权立法、司法、执法，以及政策制定及其执行风险。知识产权立法风险包括法律变动与文本缺失，法律变动如法律的制定、修改、废止等，文本缺失如法律漏洞、歧义以及冲突等。司法风险包括但不限于知识产权纠纷解决方式、管辖以及法律适用的风险；执法风险包括执法机构、执法内容、执法程序，以及政策制定与执行等过程中出现的风险。按照知识产权纠纷事由可以分为知识产权违约风险、知识产权违法风险。知识产权违约风险是指与合同相关的知识产权风险，包括且不限于违反合同约定造成的风险，如合同约定违法、合同变更、合同终止等造成的风险；知识产权违法风险包括且不限于侵权风险，是指行为人的作为或者不作为违反法律规定，包括侵害他人的合法知识产权、违反法律法规行使知识产权（如知识产权滥用）等造成的风险。

按照法律风险因素进行分类，知识产权风险可分为知识产权法律风险、知识产权事实风险和知识产权意外风险。

1. 知识产权法律风险

知识产权法律风险是指与知识产权法律法规相关的风险，主要是指知识产权法律变动、缺失与实施产生的风险。知识产权法律变动，是指知识产权法律颁布、修改与废止。知识产权法律变动会导致人们日常生活与生产经营管理活动中知识产权法律关系的产生、变更与终止，进而产生可能的损失和危害后果。正如前文所述，伴随新技术革命和经济文化发展，各国不断有新的知识产权相关法律法规、政策出台，甚至频繁出现知识产权法律修改与完善。比较而言，各国知识产权法律的废止相对较少，但仍然存在。例如，荷兰1817年制定专利法，贸易自由主义泛滥时期的"反专利运动"导致其在1869年废除了专利法，1912年重新制定专利法。

知识产权法律缺失，是指调整知识产权法律关系的法律文本出现漏洞、分歧，法律适用产生冲突等。法律文本出现漏洞指的是由于法律文件的不完善，对某一知识产权法律关系没有明确的法律规定加以调整。比如在调整涉外知识产权法律适用方面，我国目前只调整了知识产权权利归属和权利内容、知识产权的转让与许可以及知识产权的侵权责任等，而在知识产权涉外质押的法律适用方面，我国则没有进行专门规范，导致对相关法律关系的调整出现漏洞，在无法可依的情况下，便不能指引人们从事相关的知识产权活动，从而可能产生危害后果。

知识产权法律引起的风险一般都是客观的，即不以人的意志为转移的风险。同时，当法律既定，还有可能因对法律的认知发生错误而引发风险，即法律实施风险，如司法、执法和遵守法律的司法人员、行政执法人员，以及当事人等主观认知引起的法律风险。

2. 知识产权事实风险

知识产权事实风险，是指在知识产权法律确定的情形下，知识产权法律事实的不确定性可能导致人们承担不利后果。在这些法律事实中，根据是否以人的意志为转移，可分为行为和事件，而行为中根据是否将意思表示作为必备要素，又分为法律行为和事实行为。比如知识产权动态流动（许可、转让、质押）、知识产权义务未履行或履行不当，未依法取得、行使、保护权利、滥用权力等属于法律行为；又如文学创作、技术发明，属于事实行为，其归属无须区分主体权利行为能力。知识产权法律行为、事实行为都可能产生知识产权风险。

3. 知识产权意外风险

知识产权还有一类风险为意外风险或事件风险。知识产权意外风险主要表现为：知识产权发展具有政策性，各国出于发展与自身利益需要，会根据其科技水平、经济状况等及时出台知识产权新政策、新措施，其并非知识产权相关主体意愿且可能导致知识产权相关权利、合约持续履行出现重大失衡，而形成知识产权风险；国际条约的变动（比如前述TPP、CPTPP国际公约）、国际局势的变动，以及不可预见、不可避免和不可克服的自然灾害或战争也有可能产生知识产权风险。

2.2.3 知识产权风险典型类型

知识产权风险根据不同标准可进行不同分类且存在不同类别。不同的知识产权风险有其自身内涵与特点，下文依据知识产权的权利确定、权利运行、权利保护，以及知识产权国际保护与程序保护等，选择较为典型的知识产权风险逐一分析。

2.2.3.1 知识产权客体认定风险

知识产权客体认定，是指知识产权权利的确定、运行与保护的基础和前提，也是减少、预防和控制知识产权风险的基础。知识产权客体包括作品、专利、商标、商业秘密、集成电路布图设计等。不同的知识产权客体其认定标准、依据在不同国家存在差异性。

1. 作品认定

以作品认定为例，我国出现过同一广告词、电视节目单、气象信息，有的法院认定是作品，有的法院则认定为非作品。作品应当具有"独创性"，何为独创性？这里主要是指创作成果是否独立完成，以及创作成果是否有一定程度的创造性。要求作品是作者独立创作完成的，在这一点上，各国应当没有争议。但是，成果创造性的程度需要多"高"才可以被认定是作品，各国的做法不一。

总体来说，大陆法系国家的独创性标准要高于英美法系国家。英美法系国家最初从实用主义出发，奉行所谓"额头流汗"，即要求劳动成果中包含作者"独立的艰苦劳动"并具有实际价值，即使没有体现出任何智力创造成分，也可以满足版权法对"独创性"的要求。当然，英美法系国家明确要求有一定付出且成果"具有实际价值"。大陆法系国家则不仅要求"独立创作"，还要求具有一定高度的智力创造水准。

我国的著作权法整体上接近大陆法系，同时借鉴英美法系的版权法和大陆法系的著作权法。多数学者认为我国对作品的独创性要求高于英美法系国家但低于大陆法系国家。具体来说，要想构成作品：首先，必须是自己独立创作的，不是抄袭、剽窃他人的智力成果，即满足独创性的前提条件。其次，它不能仅仅陈述事实，还需要有艺术加工，达到智力活动的程度。但我国对该"高度"的认定也没有具体的明确标准。[①]

[①] 刁舜：《微博著作权的法律保护问题研究》，《山西省政法管理干部学院学报》2016年第4期。

特别需要指出的是："额头流汗"标准并不符合《伯尔尼公约》的要求。《伯尔尼公约》虽然没有直接使用"独创性"一词，但将作者的"智力创造"作为成果受保护的条件，意味着受保护的作品应当是作者智力活动创造的成果，而不仅仅是体力或"额头流汗"的劳动成果。因此，"额头流汗"标准受到一些学者的批评，认为它违反《伯尔尼公约》的实质精神。目前坚守"额头流汗"规则的国家已经很少了。[①] 之所以在这里对"独创性"理论特别是创作"高度"进行探讨，是因为不同国家对于"独创性"的理解不同，导致其将文学艺术表达或归入狭义的著作权保护，或归入邻接权（相关权）保护，或归入反不正当竞争法保护。不同的保护模式对于文学艺术表达的保护侧重点以及力度是不同的。比如狭义的著作权保护逻辑是强调保护作品的作者利益，而邻接权的保护逻辑则是侧重保护传播者的利益。

2. 专利认定

可以作为专利权保护客体的基本依据是"创造性"、"新颖性"和"实用性"，即所谓"三性"，且不属于各国专利法排除保护的范围。以我国为例，授予发明、实用新型专利要具备"三性"，授予外观设计专利应当具备新颖性、美感和工业应用，其中外观设计专利的"新颖性"体现为：不属于现有设计或与现有设计或者现有设计特征的组合相比具有明显区别，也没有任何单位或者个人申请过同样的外观设计。同时，授予发明、实用新型专利权的发明创造应当属于《专利法》中所规定的授予范围且符合"三性"[②]：其中，新颖性，是指申请专利的发明创造是新的、前所未有的，既未被公用也未被公知。新颖性是发明或实用新型获得专利权的基本条件，其标准具体包括公开标准、时间标准和地区标准。同时，我国《专利法》还规定了不丧失新颖性的特殊情形。创造性，是指申请专利的发明创造要比现有技术有明显的进步。创造性是对授予专利权的发明或者实用新型的质量要

[①] 王迁：《知识产权法教程》（第三版），中国人民大学出版社，2011，第30页。

[②] 参见《专利法》第22条。

求。实用性,是指一项发明或者实用新型能够在工业上或者产业上获得应用。实用性强调专利需要具有实践性、工业化或产业化的积极效果,即具有良好的经济效益和社会效益。

另外,构成商标客体的基本标准是"识别性"。商标标记要具有显著性或识别性,不能混同于商品名称、企业名称,不能等同于商品本身的性质,也不能被用于商品的通用名称;并且要易于识别,与相同产品或服务的不同生产者、经营者、服务提供者相区别;还应当不在该国禁止或限用范围内,如我国禁止使用国家、国际组织的名称、标志作为商标,限制行政区划作为商标,限制商品名称、主要成分作为注册商标等。商业秘密则要求具备"秘密性""价值性""措施性"等,2017 年我国《反不正当竞争法》修改时对此还做了完善。[①] 另外,还有集成电路布图设计、动植物新品种等,此处不做一一分析。总之,对于知识产权客体标准各国都在不断发展完善之中,且不完全一致、具有不确定性,导致知识产权客体的认定甚至保护模式存在差异,进而产生知识产权权利确定的相应风险。

知识产权客体的确定,不仅包括知识产权客体的标准,也包括客体范围,即哪些可以成为知识产权或哪些不属于知识产权保护范围,如不授予专利的范围、不能注册成商标的文字和图形等,还包括知识产权权利内容、知识产权保护期限等。针对知识产权保护标准、范围、权利、期限,不同类别的知识产权是不一样的,不同国家也可能存在差异,甚至同一国不同发展阶段对同一知识产权客体确定的标准、范围,以及权利内容、期限都可能有所不同,从而形成知识产权风险。如我国专利客体的新颖性标准不断完善,药品专利、生产工艺等是第一次专利法修改时增加的,专利许诺销售权是 2001 年专利法第二次修改时补充的,专利权保护期限也从 10 年延长至 20 年,商标权、著作权等客体也有类似的发展变化过程。

2.2.3.2 知识产权运行风险

知识产权运行风险,即知识产权权利行使过程中产生的风险,是指知识

---

① 参见《反不正当竞争法》第 9 条第 3 款。

产权人自我实施、许可、转让、质押等过程中产生的风险,既存在于权利人之中,也会发生于权利行使的相对人、第三人之中,例如,知识产权受让人、被许可人,以及知识产权产品使用人等。这里仅对知识产权人实施风险、知识产权许可风险、知识产权转让风险和知识产权质押风险试做分析。

1. 知识产权人实施风险

知识产权人自行实施知识产权是知识产权运行的重要形式之一,也存在各类风险。以专利为例,一专利一产品属于少数情况,大多数情况是一个产品特别是新产品、新工艺、新材料、新设备拥有多个专利,即使是一专利一产品也可能是改进产品,这便涉及改进专利与原专利关系产生的风险;多个专利使用产生的风险,专利与可能的专有技术关系产生的风险;进出口专利产品还涉及平行进口、商标使用风险,等等。

2. 知识产权许可风险

知识产权许可是指知识产权所有人允许他人在一定期限内使用其知识产权。[①] 由于著作权、商标权、专利权等许可风险具有一定的相似性,本文以商标许可为例进行分析。

商标的最初本质在于识别商品或者服务的来源,使消费者不产生混淆。注册商标的使用许可制度是否会造成商标区分功能的部分或全部失效,确实值得探讨。为此,注册商标的使用许可在早期曾被某些国家如美国的法律所禁止,之后是在增加商标权人对被许可人的商品质量负有监督控制义务的前提下,才开始允许商标的使用许可。[②] 由此可以看出,域外一些国家通过增加商标许可人负有监督商品质量的义务,避免商品市场的混乱,保证原有商标凝聚的商誉。我国《商标法》第43条便有相关规定,商标注册人可以许可他人使用其注册商标,但是,商标注册人需要与商标被许可人签订商标使用许可合同,同时应当监督商标被许可人使用其注册商标的商品质量。另外,商标被许可人也应当保证使用该注册商标的商品质量。可见,在我国,

---

① 吴汉东主编《知识产权法》(第五版),法律出版社,2014,第282页。
② 曾陈明汝:《商标法原理》,中国人民大学出版社,2003,第311~314页。

商标许可人也同大多数国家一样具有监督商品质量的义务，以避免注册商标使用许可制度给消费者"认牌购物"带来的欺诈现象，维护消费者的权益。

同时，由于商标专用权人在一定期限内许可他人使用相同商标标识，造成在特定地域内不同的市场主体同时使用同一商标的现象，为了加强对商标的管理，部分国家规定了商标专用权的许可备案制度，该使用许可合同应为书面合同，以加强对市场秩序的规范。以我国《商标法》第43条为例，法律要求商标权人、商标被许可人，一方面对在许可商标项下的商品或服务质量进行保证、标明厂家名称与产品产地，另一方面就其商标使用许可进行备案、公告，商标的许可备案程序并不是法律的强制性要求，但是未经备案不得对抗善意第三人。[①] 有学者指出，商标许可人将商标使用许可报商标局备案和公告，有可能造成商业秘密的泄露和侵权。[②] 当然也有国家规定商标许可无须备案即可生效，因此在涉外知识产权贸易活动中，需要关注各国是否规定了商标备案制度，以及谨防商标备案中可能造成的商业秘密泄露风险。我国《商标法》在第43条第2款中规定，注册商标被许可人在使用他人注册商标时，必须在使用该注册商标的商品上标明自己的名称和商品产地。

针对不同类型的许可方式，被许可人的权限也是不同的。①独占使用许可，是指注册商标权利人在约定的期限内仅许可一个被许可人使用该注册商标，依约定自己既不得使用该注册商标，也不可以再许可第三人使用该注册商标；②排他使用许可，是指注册商标权利人在约定的期限内仅许可一个被许可人使用该注册商标，依约定自己可以使用该注册商标，但不得另行许可他人使用该注册商标；③普通使用许可，是指注册商标权利人在约定的期限内许可他人使用其注册商标，依约定既可自行使用该注册商标也可以另行许可他人使用其注册商标。许可类型除了在使用期限的权限上有所不同外，在使用地域、使用方式等权限上也有不同，同时在注册商标权受到侵害后，适格的诉讼主体也有所不同。根据我国最高人民法院

---

① 参见《商标法》第43条。
② 管荣齐：《中国加入TPP的知识产权问题研究》，《东岳论丛》2014年第2期。

《关于审理商标民事纠纷案件适用法律若干问题的解释》第4条第2款的规定，独占使用许可人、排他使用许可人以及普通使用许可人的诉讼地位是不同的：在注册商标专用权被侵害时，独占使用被许可人可以独立或自行向人民法院提起诉讼；排他使用被许可人独立或自行向人民法院提起诉讼是有条件的，即在商标注册人不起诉的情况下进行，当然也可以和商标注册人共同起诉；普通使用被许可人只有经商标注册人明确授权后才可以向人民法院提起诉讼。可见，在诉讼权限上，独占使用被许可人受到的限制最小，可以凭自己的意愿独立地提起诉讼，而排他使用被许可人以及普通使用被许可人则受到不同程度的限制。不同类型的许可合同中，许可使用权限以及诉讼资格是不同的。

除此之外，不同知识产权客体根据不同属性，其许可还有自身特点，比如，专利许可中还有交叉许可、再许可、依赖性许可，以及强制许可、当然许可等内容；许可中都要求明确具体的许可权项，尤其是著作权许可，许可协议中未明确许可的权项被视为没有许可；许可人有可能在授权许可他人使用自己知识产权的同时，添加附带条件，比如必须配套使用某种知识产品，而且在很多情况下搭售的商品与被搭售的商品之间没有必要的关联性，从而产生搭售商品以及其他限制竞争的不正当竞争风险，出现知识产权交叉风险情形。

不同类型的知识产权许可，存在是否允许许可、许可条件、许可方式及其具体规定等差异，风险既有相似性也有各自特点。对各类许可合同的认知存在错误，则可能造成危害结果。这在商标权、著作权、专利权等许可合同中都可能出现类似的风险。

3. 知识产权转让风险

知识产权转让风险是指权利人将其全部或部分知识产权专有权转让给他人过程中可能发生不确定情形导致损失或损害。这里试做一些分析。首先，转让人的主体资格不适格风险。这一类风险主要体现为职务发明（作品）、共同发明（合作作品）中，比如共同发明的转让一般要求转让发明专利应经过全体共有人的同意，而转让人可能在未经其他共有人同意的情况下就转让专利，从而产生主体不适格的风险。

其次，转让程序的不合法风险。知识产权具有政策性，在涉及知识产权尤其是专利技术方案的涉外转让时，一般都要经过有关部门的批准。比如，我国《专利法》第10条第2款规定，中国单位或者个人向外国人、外国企业或者外国其他组织转让专利申请权或者专利权时，应当依照有关法律、行政法规的规定办理手续。其中，涉及国家安全、国家重点产业关键或核心技术，在涉外转让中若转让人并未履行相关程序，会导致程序瑕疵产生转让无效等风险。

再次，以申请中的知识产权冒充被核准的知识产权风险。以专利申请权冒充专利权为例，大多数国家规定，专利权可以转让，专利申请权也可以转让。但是，专利申请权和专利权的性质以及效力是不同的。专利申请权是指主体可以就发明创造向国家知识产权主管部门提出专利申请的权利。专利权是人们就其发明创造依法享有的专有权利。一方面，专利申请权属于一般民事权利，专利权则属于专利法上的民事权利。另一方面，专利申请权有可能但不一定产生专利权。专利申请权与专利权的关系在某种意义上好比期待权和既得权。期待权是指将来有可能实现的权利，既得权是指权利人实际享有的权利。另外，在时间上，申请专利的权利发生在专利权之前，而且专利申请权在效力上要弱于专利权。其一，专利申请权的保护是临时保护，根据我国《专利法》第13条，申请人在发明专利申请公布后可以要求实施其发明的单位或者个人支付适当的费用。其二，专利申请权保护还要受到专利权的支持，《专利法实施细则》第85条第2款规定，发明专利申请公布后专利权授予前使用发明而未支付适当费用的纠纷，当事人请求管理专利工作的部门调解的，应当在专利权被授予之后提出，即只能在获得专利权后才能获得支持。

最后，转让的是不稳定或者价值低的知识产权风险。比如转让的专利存在可能被宣告无效的事项，比如不符合新颖性、创造性、实用性的规定，受让人在获得该专利后存在被宣告无效的风险；另外，转让的知识产权有可能面临知识产权保护期限届满，或者市场价值低的风险，即受让的知识产权可能没有或仅有很小的实际价值。知识产权转让中的"一女二嫁",即知识产权权利人同时与两人及以上签订转让知识产权的合同,存在"一女二嫁"的风险。要注意的是知识产权普通许可、限制的普通许可(不同特定区域的普通许可)是可以"一女二嫁"的,但不存在转让的"一女二嫁"现象。还有知识产权转让形式不冲突但实质冲突的情形,如已经被独占性许可的同一个专利权,理论上与专利权转让不发生冲突。但是,依据物权"买卖不破租赁"原则,独占性许可的专利许可人在许可期间既不能再许可他人普通性或排他性实施,自己也不能实施,是否在获得独占性被许可人的同意或利益有保障的前提下进行转让,这便有待进一步探讨,可能产生风险。

4. 知识产权质押风险

当前社会对知识产权财产价值愈加重视,在知识产权权利行使中较为新型、典型的便是知识产权质押融资。知识产权通过质押实现融资的情形越来越多。知识产权具有无形性,其质押融资相较于传统物权质押而言具有特殊性,其价值变动性大,受市场因素的影响也大,不像有形财产在一定时间内价值是相对稳定的。另外,知识产权的权属具有一定的不稳定性,知识产权尤其是专利权被宣告无效的比例比较高,知识产权处于不稳定的状态,而传统动产在权属的稳定性方面则相对较高。知识产权在质押融资方面具有相对的"先天不足",容易产生风险,再加上知识产权的评估机制以及保险业务不成熟,不能有效化解或者分散知识产权先天不足造成的质押风险,进而存在各类风险。

由此可见,知识产权质押融资产生的风险主要包括:①知识产权权利归属性风险;②知识产权权利效力性风险;③知识产权权利评估价值性风险;④知识产权侵权与被侵权风险;⑤与在先知识产权相关联或冲突的风险。[1]这些知识产权质押风险值得进一步探讨。

2.2.3.3 知识产权保护风险

知识产权侵权引发的风险是知识产权风险的重要内容。知识产权与所有

---

[1] 张伯友:《知识产权质押融资的风险分解与分步控制》,《知识产权》2009年第2期。

的权利一样，没有救济便无所谓权利。知识产权保护风险即知识产权救济风险，更多、更直接地体现为对知识产权侵权责任的认定。知识产权侵权构成要件是判断侵权责任的前提条件，其由侵害行为、主观过错、损害后果和因果关系等构成。同时在这些构成中，知识产权侵权又有其特殊性，下文将逐一分析。

1. 侵害行为

侵害行为是指行为人实施的使得他人合法权益受到侵害或者侵害之虞的作为或者不作为。一般认为，侵权责任应以行为具有违法性为构成要件。也有观点认为，将行为违法性作为侵权要件，实际上增加了一个不确定的构成要件，增加了救济的难度。具体地说，受害人遭致的损害行为，是法律还没有来得及规范的行为，如新型侵权行为。此时，如果强调违法性是构成侵权责任的要件，就会导致受害人的损害难以得到救济。[1] 我们认为就知识产权侵权认定而言应当具体情况具体对待。一般情况下在知识产权领域应当类似物权的"法定原则"，即知识产权的种类和内容必须有法律明文规定，只有法律明文规定某种行为能够造成某种后果或者即将造成某种后果之虞的违法性要件，才能称为侵害行为，否则侵害行为突破危害性构成要件的话，则可能打破知识产权权利人与利用人之间的平衡，导致知识产权权利人滥用权利。大多数国家的知识产权立法都规定了侵害行为的违法性事由及其合理使用、法定许可的违法性阻却事由。同时，在少数特殊情况下，由于网络技术的冲击下新型知识产权侵权行为的出现，比如网络传播侵权行为的认定方面就存在"服务器标准""用户感知标准""实质替代标准"等不同认定方式，这就增加了认定知识产权侵权行为的特殊性，而不是简单要求侵权行为的违法性。可见，在认定"侵害行为"这一事实行为的过程中，也存在不确定性。

同时，侵权认定的重要问题之一便是权利范围的确定。知识产权具有无形性，不同于物权法定，知识产权因客体不同，其权利范围认定也不一样，

---

[1] 王利明：《侵权责任法制定中的若干问题》，《当代法学》2008 年第 5 期。

各有其特有的原则与标准。以专利权为例，专利权界定保护范围的原则有：①周边限定原则，是指权利要求书所记载的权利范围是专利权保护的最大限度的原则。权利范围是权利要求书所界定的保护范围，是根据权利要求书的文字严格地、忠实地进行解释的范围。如美国采用的就是这个原则。②中心限定原则，是指以权利要求书为中心，将中心四周一定范围内的技术也包括在专利保护的范围以内的专利权保护原则。一是权利要求书是专利权保护的范围；二是以权利要求书为中心，全面考虑发明的目的、性质以及说明书和图纸，将中心四周一定范围内的技术也包括在专利权保护的范围。该原则在解释权利要求时，不拘泥于权利要求书的文字记载，还需要结合发明目的、性质以及说明书和图纸。如联邦德国过去采取这种原则。③折中原则，是指应根据权利要求的内容来确定专利的保护范围，而说明书和附图应当用来解释权利要求的专利权保护原则。这个原则既给专利权人以公正的保护，又给第三者以合理明确的确定性，是较为合理的。《欧洲专利公约》成员都采用这种原则，我国也采取这个原则。同时，专利侵权范围需通过具体的技术特征才能加以认定，还需要借助等同原则、捐献原则等加以确定。另外，商标权的保护范围往往大于其权利享有范围，著作权保护要视具体权能来确定，等等。这些都可能带来知识产权侵权认定的不确定性。

2. 主观过错

主观过错是指行为人承担法律责任的行为时的主观心态，是行为人通过其实施的侵害行为所表现出来的主观状态，包括故意和过失。有人认为，故意常常是一种以追求经济利益为目的的故意。[①] 这个观点的确具有一定的合理性，但针对知识产权则有其特殊性：知识产权具有人身和财产一体化的特点，除了具有经济价值外，还具有人身属性。侵犯知识产权人身权也是其重要内容之一。

在知识产权领域对于侵权归责要件也存在争议，一般认为，知识产权的侵权归责原则与传统的民事侵权相同，即以过错责任为原则，其他原则为例

---

① 苏玲：《微博的著作权保护研究》，中南大学硕士学位论文，2012。

外。有学者认为对于侵犯知识产权行为，宜采取二元归责原则，即在过错责任的基础上补充适用过错推定责任。① 还有观点认为要全面考虑知识产权侵权的特点，平衡知识产权各方的利益，以及在知识产权执法实践中的可能性，参考国外知识产权侵权已有的成例，将知识产权侵权分为直接侵权、共同侵权、间接侵权，区别采取无过错责任、过错责任原则，反对"一刀切"。② 这些观点虽然有分歧，但有一点是相同的，即在知识产权的损害赔偿责任上，一般认为应以过错责任为原则。在保护损害赔偿、停止侵权等综合的侵权归责方面存在分歧，其实之所以出现上述争议并非知识产权的特殊性造成的，而是由于我国侵权理论在移植国外规则中，将物权的救济方式与债权的救济方式统一用《侵权责任法》加以调整，导致除了主要规制损害赔偿的侵权之债以外，还要调整适用无过错责任的物权停止侵权、排除妨害、消除危险、返还财产、恢复原状等，从而引起侵权行为归责原则的混乱。因此，有学者认为知识产权侵权归责原则应当限于损害赔偿之归责原则。③

过错责任原则。过错责任原则强调的是以过错为归责的最终构成要件，并且将过错作为确定责任范围的重要依据。德国学者耶林指出："使人负担损害赔偿的，不是因为有损害，而是因为有过失，其道理就如同化学上之原则，使蜡烛燃烧的，不是光，而是氧一般的浅显明白。"这形象地说明了过错责任原则在侵权行为的归责原则中处于主导和统帅地位。我国《侵权责任法》第6条明确规定了过错责任原则，行为人需要承担因过错侵害他人民事权益的责任。④ 此规定具有强大的开放性和普遍适用的价值，是可以适用于特殊侵权责任之外的所有侵权责任的兜底条款。

在知识产权的损害赔偿方面，原则上应适用过错责任原则。我国的知识

---

① 吴汉东：《知识产权保护论》，《法学研究》2000年第1期。
② 郑成思：《侵害知识产权的无过错责任》，《中国法学》1998年第1期。
③ 冯晓青：《知识产权侵权归责原则之探讨》，《江淮论坛》2011年第2期；姚欢庆：《知识产权侵权行为归责原则研究》，《浙江社会科学》2001年第4期。
④ 参见《侵权责任法》第6条。

产权归责虽然并未明确对其进行说明，但是在知识产权的相关规则中可以推断出该观点，比如《专利法》第 70 条中强调，即使是为生产经营目的使用、许诺销售或者销售，只要不知道是未经专利权人许可且能证明该产品合法来源的，也不承担赔偿责任。也就是说，能够证明该产品的合法来源，就不用承担损害赔偿责任，表明如果主观没有过错，就不用承担损害赔偿责任，这便是过错责任原则。但是对于停止侵害等非损害赔偿责任，即使没有过错，也要承担责任，这就是无过错责任原则。我国《商标法》《著作权法》也都有类似规定。

无过错责任原则。我国《侵权责任法》第 7 条规定：行为人损害他人民事权益，即使其没有过错，也应当根据法律规定承担侵权责任。[①] 无过错责任原则，是指基于法律的特别规定，加害人对其行为造成的损害没有过错也应当承担民事责任。无过错责任原则是民法由个人本位向社会本位转变的产物，它更侧重于社会公平，就加强对弱者的保护而言，其无论是在人力、物力还是财力方面都处于相对劣势的地位。比如对于专利权人而言，它是以技术方案向社会公开而换取特定时期的排他性权利，而侵权行为相对比较隐蔽，不易被专利权人察觉。因此在专利技术的获取方式与专利的保护途径方面，专利权人处于相对劣势的地位，而包括专利在内的知识产权又具有类物权属性，因此对于停止侵权等带有物权救济的方式采取无过错责任原则。承担无过错责任的前提是有法律明文规定，根据相关规定，适用无过错责任的归责原则，只需初步举证证明自己的知识产权受到侵犯，侵权行为与侵害后果这二者之间有因果关系，无须举证证明行为人具有主观过错。

因此，知识产权侵权的归责原则决定着举证责任的分配，对于损害赔偿责任一般以过错责任为原则，而无过错责任一般适用于停止侵权等带有物权属性的救济方式，如知识产权善意侵权制度便很好地说明了这一归责原则。因此，企业在面对知识产权侵权纠纷时，应根据侵权责任程度，分析其归责原则并合理分担举证责任方式，否则一旦发生认知错误，将引发损害后果。

---

① 参见《侵权责任法》第 7 条。

3. 损害后果

损害事实，也称损害后果，是指一定的行为致使权利主体的人身权利、财产权利以及其他利益受到侵害，体现为造成财产利益和非财产利益的减少或灭失。[①] 损害事实作为侵权责任承担的构成要件，是由侵权法的本质和社会功能决定的。侵权法的功能之一在于填补受害人受到的损失，因此，无损害即无救济。

一般而言，损害后果应该是已经发生的事实。这对于财产性侵权而言具有一定的合理性，现实的已经存在的不利后果便于对损害赔偿范围进行认定，在填补受害人的损失时，不至于过分地加重侵害人的负担，达到平衡二者利益关系的目的。知识产权被侵权的损害后果有其特殊性，尤其是对于商业秘密的侵权，其侵权行为一经做出，事后的损害难以计量，便一发不可收拾、不可挽回。因此，为了更好地维护知识产权人的权益，损害的时间点可适度向前延伸，延及损害即将发生之际。这不仅符合侵权法的填补功能，还符合侵权法的预防功能，因此有证据证明侵权人正欲向知识产品侵权，且一旦实施将给知识产权权利人的利益带来严重的损害或不可弥补的损失，即可认定行为人侵权。预防功能的价值在一定程度上要胜过填补功能，其理由是：它及时地避免损害的发生或扩大，减少对受害人的伤害，同时达到节约司法资源的效果。如今部分国际公约以及大多数国家的立法都规定了知识产权的诉前禁令方式，以维护知识产权人的利益。诉前禁令以及我国诉前措施便将可能发生侵权行为都包含在内。因此，知识产权侵害之虞也可能被诉前禁令规制，这应引起从事知识产品贸易企业的重视，企业如果未能提前检索存在"临时禁令"规则的国家，则可能产生危害后果。

4. 因果关系

因果关系，是指侵权人实施的侵权行为和损害后果之间存在引起与被引起的特定联系。关于如何确定因果关系，理论上的见解颇多，成为侵权法领域最具困扰性的内容之一。在大陆法系国家，多采用相当因果关系说。根据

[①] 杨立新编著《侵权损害赔偿案件司法实务》，新时代出版社，1993，第38页。

史尚宽先生的概括，因果关系可以概括为：行为发生时，无论是通常情况还是特殊情况，无论是行为人认知还是人们的一般知识、根据经验的推测，都可推知到该种情况是产生特定结果的必要条件且一般情况下会产生相同结果，这便是因果关系。[①] 这个学说也可应用于知识产权领域，由于在知识产权侵权法律关系中，既存在一因一果，又存在一因多果、多因一果、多因多果等多重因果关系，具体的情形需要针对个案进行分析。

2.2.3.4 国际公约相关风险

知识产权国际公约不确定性会带来知识产权风险，本研究试以 TPP 国际公约为例进行分析。TPP 的前身为新加坡、智利、新西兰、文莱四国在 2005 年 7 月达成的"跨太平洋战略经济伙伴关系协定"，随着 2008 年美国宣布加入该协定，逐渐引发全球的关注。直到 2013 年，日本宣布加入 TPP 谈判，形成了 12 个国家横跨南北、东西半球的地理格局。TPP 成员国在 2015 年 10 月 5 日基本达成一致协议，随后，成员国新西兰与美国等先后于 2015 年 11 月在官方网站公布了 TPP 完整文本。不久，随着特朗普当选美国总统并宣布美国退出 TPP，TPP 一度陷入冰点，直到 11 个成员国将 TPP 更名为由日本主导的 CPTPP，并于 2018 年 3 月 8 日在智利首都圣地亚哥签署了 CPTPP，该协定再次焕发活力。

CPTPP 在知识产权专章除了搁置了诸如技术保护措施、权利管理信息、互联网服务提供商的避风港规则，以及已经授予专利的产品的新用途和新使用方法授予专利、专利至少可以授予源自植物的发明、因不合理的延迟/缩短而调整专利保护期等条款外，基本保留了原 TPP 协议的规则，除序言和附录外，正文部分共有 30 章，知识产权在第 18 章。CPTPP 的知识产权章节涵盖了知识产权法的大部分内容，包括商标、地理标志、专利/未披露的试验或其他数据、工业品外观设计、版权及相关权利、执法措施、网络服务提供

---

① 史尚宽：《债法总论》，台湾荣泰印书馆，1978，第 163 页。"以行为时存在而可为条件之通常情事或特别情事中，于行为时吾人智识经验一般可得而知及行为人所知情事为基础，而且其情事对于其结果为不可或缺之条件，一般的有发生同种结果之可能者，其条件与其结果为相当因果关系。"

者的责任等。

CPTPP著作权部分,"Trips-Plus规则"主要涉及临时复制、平行进口、保护期的延长、著作权的限制与例外等制度。其商标权部分,CPTPP基本符合Trips文本的最低要求,尽管没有明显的Trips-Plus条款,但与我国《商标法》相较而言,仍然有以下几个条款有较大的区别:第一,CPTPP规定商标许可无须备案即可生效;而我国《商标法》规定,许可人许可他人使用其注册商标的,应当报商标局备案,由商标局公告。商标使用许可未经备案不得对抗善意第三人。第二,我国《商标法》在2013年规定了声音商标,突破了传统的可视性商标范围,但是在商标构成要素上我国仍然比CPTPP的范围窄,比如CPTPP倡导成员国规定气味商标,而我国尚未确立"气味商标"。专利部分,CPTPP的文本主要对药品行业的冲击比较大。CPTPP规定了药品的专利链接等制度,这可能对《多哈宣言》多年来致力于保护发展中国家公共健康的目标造成冲击。除此之外,在知识产权执行措施上,如边境执法措施、刑事处罚等方面,CPTPP也加大了对知识产权侵权的打击力度。

然而,CPTPP是否会走向破产,之前相关成员国修改法律的计划或者进程是否会中断,这都是未知数,这些不确定因素可能给知识产品国际贸易带来不确定性。与此同时,Trips协议也受到挑战,TPP的出现本身就意味着WTO可能被边缘化,WTO既有规则被抛弃而建立另一套规则、体系,相应的原有成员国家权利、义务与责任就会发生变化,企业则必然承接其可能带来的风险后果,这也是知识产权风险的重要内容。

现代社会是一个高度技术化的社会,现代化风险是因不断发展的知识影响世界而被制造出来的风险。[①]其中,知识产权制度则是积极推动"知识不断发展"的主要制度。知识产权制度是历经300多年的人类社会文明典范,然而正如乌尔里希·贝克所说,"风险就是知识中的风险"[②],所以,这种激

[①] 〔英〕安东尼·吉登斯:《失控的世界:全球化如何重塑我们的生活》,周红云译,江西人民出版社,2001,第22页。

[②] 〔德〕乌尔里希·贝克:《风险社会》,何博闻译,译林出版社,2004,第227页。

励和保护知识创新的知识产权制度自身也成为一种制度风险。这种制度风险来源于以下两个方面：①保护科技文明的知识产权法律制度，在促进科技进步造福人类的同时增加了危害人类自身的可能，即制度自身有待不断完善而产生的社会风险。②知识产权法律制度的"先天缺陷"，无力解决工业社会过度发展而产生的诸多社会问题，即"制度的确定性"与"风险的不确定性"之间的矛盾。① 同时，因现代社会风险具有全球性的特征，②知识产权制度在伴随经济全球化、科技全球化、文化全球化和信息全球化等的国际化运作中虽实现了知识产权保护规则的全球化普适性，譬如《与贸易有关的知识产权协定》《联合国国际货物销售合同公约》等全球性公约，但也当然性地导致知识产权制度风险的全球性。

一方面"有约必守原则"是国际法的基本原则，另一方面各国基于法律主权，以及自身政治、经济、文化和社会的发展阶段与水平，乃至文化传统的特点特色，对国际公约的认知与执行差异也是明显的，因此也会产生国际公约的各类知识产权风险。

2.2.3.5 知识产权程序风险

知识产权的无形性决定其取得、使用和保护在程序上有其特殊性，形成知识产权程序风险，主要包括知识产权取得程序、知识产权行政措施以及知识产权国际争议解决方面。

1. 知识产权取得程序

专利权、商标权一般需要申请或注册才能获得，著作权在有的国家不仅需要完成作品创作，也需要具备一定的形式要件等。知识产权的取得，是指获得知识产权所需要的法定条件、程序。以专利为例，获得专利权的程序包括专利申请、专利审批（审查、公告与授权）、复议与司法审查等。专利申请是指根据本国专利法律规定的原则、要求，向专利行政部门提交申请专利

---

① 吴汉东：《知识产权的制度风险与法律控制》，《法学研究》2012年第4期。
② 依据乌尔里希·贝克和安东尼·吉登斯等学者的观点：风险社会中的现代风险具有"内生性"、"多样性"和"全球性"的特征。其中，"风险全球性"是指风险的空间影响超越了地理边界和社会文化边界，风险的全球性伴随着全球化的浪潮使得风险的影响被普遍化。

的文件，以期获得专利权的活动、程序。专利审批是指专利行政部门根据本国法律规定对专利申请文件进行审查、公告，授予专利权或驳回专利申请的活动、程序。专利复审是指专利复审委员会对当事人不服专利行政部门授予专利权或未授予专利权的决定进行审查的活动、程序。同时，专利司法审查程序，是指法院对专利复审委员会授予专利权或未授予专利权的决定不服提起的行政诉讼所进行的司法活动或程序。

专利权取得制度在不同国家其规定并不完全一致。如《俄罗斯联邦民法典》第1385~1386条规定，负责知识产权事务的联邦行政机关可以在进行形式鉴定取得肯定结果的发明申请提交之日起18个月内在官方公报上公布发明申请的信息，也可以按照申请人在发明申请提交之日起12个月内提出的请求在发明申请提交之日起18个月期满前公布申请信息。按照申请人或第三人在提出发明申请时或者在自该申请提出之日起3年内向负责知识产权事务的联邦行政机关提出的请求，并在该申请已经进行形式鉴定且取得肯定结果的条件下进行发明申请的实质鉴定。对于第三人提出的请求由负责知识产权事务的联邦行政机关通知申请人。提出对发明申请进行实质鉴定请求的期限可以由负责知识产权事务的联邦行政机关按照申请人在该期限届满前提出的请求予以延长，但是不得超过2个月且须与请求同时提交已经付费的证明。

我国则有与俄罗斯不完全一样的专利申请审查制度。我国将专利分为发明专利、实用新型和外观设计专利。我国专利申请审查制度具体包括：第一，专利申请初步审查制度，是指专利授予过程中需对专利申请进行初步审查的制度，即自申请日起18个月内，由国务院专利行政部门对专利申请进行是否属于专利申请范围，专利申请文件是否齐全、合格，是否缴纳申请费用等的初步审查。第二，实用新型和外观设计专利授予实行形式审查制度，即专利申请经初步审查没有发现驳回理由的，由国务院专利行政部门作出授予实用新型专利权或者外观设计专利权的决定并予以登记和公告。国务院专利行政部门也可以根据申请人的请求早日公开其申请。第三，发明专利实质延迟审查制度，是指发明专利申请还需要经过对其创造性、新颖性和实用性的实质延迟审查，合格的才授予发明专利的制度，即申请人自申请公开之日起3年内，可以随时申请国务院专利行政部门对其发明专利申请进行实质审查；同时，国务院专利行政部门认为必要时，也可以自行对该发明专利申请进行实质审查。发明专利申请人无正当理由逾期不申请实质审查的，以及国务院专利行政部门也未自行提起对发明专利申请进行实质审查的，该发明专利申请即被视为撤回。发明专利申请经实质延迟审查没有发现驳回理由的，由国务院专利行政部门作出授予发明专利权的决定并予以登记和公告。所有专利权都自公告之日起生效，自申请之日起计算保护期。第四，专利申请复审制度，是指对国务院专利行政部门驳回专利申请或授予专利决定不服的，在规定期限内可以向专利复审委员会请求复审的制度。第五，专利授予司法审查制度，是指任何单位或者个人认为该专利权的授予不符合有关规定的，对专利复审委员会的复审决定不服的，以及宣告专利权无效或者维持专利权的决定不服的，在规定期限内可以向人民法院提起诉讼的制度。知识产权取得制度既是各国主权的体现，也与各国科技经济发展水平、历史文化制度相对应，是一个法律制度、知识产权政策的反映。

2. 知识产权行政措施

知识产权行政措施包括知识产权行政执法和海关执法。知识产权行政执法，又称为行政保护，是指国家知识产权主管机关，通过行政程序运用行政手段，对知识产权行使实行监督、管理和保护的方式。我国知识产权主管机关包括国家和地方知识产权主管部门，国家知识产权局是国家知识产权主管部门，各省、自治区、直辖市等人民政府设立的知识产权管理机关是地方知识产权主管机构。根据2018年3月5日中华人民共和国第十三届全国人民代表大会第一次会议决定，原国家工商行政管理总局的商标总局和原国家知识产权局合并成为国家市场监督管理总局设立知识产权局，其主要职能是负责管理专利、商标、地理标志等知识产权工作；负责统一受理和审查专利、商标、地理标志申请，依法授予专利权、商标权和地理标志；监督各项专利、商标等法律、法规的执行，对违法侵权行为进行处罚。凡属于某部门或某地区范围内的知识产权侵权案件，当事人可以向该地区或者部门的知识产权管理机关请求处理。凡属跨地区或者跨部门的侵权案件，当事人可以向发生侵权行为地区的知识产权管理机关或者侵权单位上级主管部门的知识产权管理机关请求处理。知识产权主管机关属于行政机关，应按照行政程序处理知识产权侵权案件，依据行政执法相关法律法规进行行政执法。知识产权主管机关依法通过调查、研究，在搞清楚知识产权侵权、违法事实的基础上，作出行政决定（包括行政处罚）。

美国建有一个保护知识产权的多层次司法体系，同时还设有各类知识产权行政执法机构并履行相关职责：①美国专利及商标局（United States Patent and Trademark Office，USPTO 或 PTO），是美国商务部下的一个机构，成立于1802年，主要负责相关专利审批、商标注册，以及知识产权证明。②美国国家知识产权办公室，负责促进与协调国际贸易管理局在贸易相关知识产权政策、计划和实践上的投入，并协助企业在国外保护和执行其知识产权。③美国商务部，在美国国内100多个城市、国外77个国家设有办事处，与相应的外国政府官员协调维护美国企业在知识产权事务上的利益，协助在国外开展经营和销售活动的美国企业了解东道国商业环境和法律环境，确定当地资源，进而帮助它们通过行政诉讼或法律诉讼手段注册或保护各自的知识产权。④美国司法部知识产权特别小组，该特别小组由司法部第一副部长领导，成员包括司法部各部长办公室、刑事司、民事司以及反垄断局、联邦检察官办公室和美国联邦调查局等的高级官员，还有在其他行政部门设立的知识产权工作机构。特别小组的主要职能是，全面监督和协调司法部知识产权执法工作，加强与联邦政府、各州和地方执法协作，负责知识产权政策制定和发展方面的工作，负责调查、掌握知识产权犯罪技术图景和法律图景。[1]

知识产权海关执法，又称为知识产权边境执法、知识产权边境措施，是指一国海关根据本国法律规定，对进出关/境的货物进行监督和控制，制止

---

[1] 《美国知识产权执法2010联合战略计划》，国家知识产权战略实施工作部际联席会议办公室翻译，2010年10月。

侵犯知识产权的货物进出本国边境，从而对知识产权进行保护的执法活动。大部分国家都在本国建立了知识产权边境执法制度，Trips协议更是确立并赋权各个缔约成员国海关边境对知识产权进行保护，执行检查扣留等临时性措施，保护知识产权人在国际贸易中的权利，维护国家贸易的平衡发展。我国知识产权海关执法可以划分为"依申请保护"和"依职权保护"两种模式：所谓"依申请保护"，是指海关依照知识产权权利人向其提出采取知识产权保护措施的申请，对侵权嫌疑货物实施扣留的措施。知识产权权利人发现侵权嫌疑货物即将进出口时，依据《中华人民共和国海关法》《知识产权海关保护条例》等相关规定，可以向海关提出采取知识产权保护措施的申请，由海关对侵权嫌疑货物实施扣留的措施。由于海关对依申请扣留的侵权嫌疑货物未进行调查，知识产权权利人需要就有关侵权纠纷及时向人民法院起诉，所以"依申请保护"也被称作海关对知识产权的"被动保护"。"依职权保护"是指海关依照其职权，对侵害知识产权的嫌疑货物实施扣留的措施。海关依照海关法以及相关国际公约，禁止侵犯知识产权的货物进出口，对受中华人民共和国法律法规保护的专利权、商标权、著作权和与著作权有关的权利等依照国家有关规定实施保护，积极采取扣留等海关措施，是一种对知识产权的"主动保护"。

其他国家也有类似的海关措施。以美国为例，美国海关分为两个部分，即海关边境保护局（U.S. Customs and Border Protection，CBP）与移民海关执法局（U.S. Immigration and Customs Enforcement，ICE），分别负责边境执法与案件调查。具体来说，CBP是负责美国边境管理、管制和保护的联邦机构，有权查封和没收侵犯他人商标、商品名称和版权的商品；开展审计工作；对知识产权侵权行为征收罚款；还负责执行美国国际贸易委员会针对被认定为知识产权侵权的进口货物签发的排除令、查封令和没收令。ICE是负责调查非法自造、走私和销售假冒伪劣产品，以及洗钱等知识产权刑事犯罪的美国领导机构，有权扣押在调查中被没收的商品，如侵犯商标权、商品名称和版权的商品等。该局所进行的犯罪调查主要目的是挖出并瓦解和解散宣传与组织犯罪活动的跨国犯罪组织。除了设有26个负责开展内部执法行动的主管办公室外,还在44个国家设有64个专员办事处,负责与当地政府协作在美国境外进行知识产权执法。海关也是一国行政机关,知识产权海关执法属于行政执法,但其具有专门性,主要针对知识产权货物进出关/境的监督和控制,故本课题对其进行单列分析。

3. 知识产权国际争议解决

知识产权国际争议主要有两类,一是国家间或国际公约成员包括独立关税区间发生的有关知识产权争端,如中美在WTO发生的知识产权争端,是国家间有关知识产权保护法律、政策和措施所产生的争端,虽然这类争端一般不直接涉及企业、自然人,但其解决结果会延伸到本国企业、自然人。二是知识产权权利人之间、权利人与相关人发生知识产权合同纠纷和侵权纠纷,包括解决方式选择、法律适用等。主要解决方式有调解、仲裁、纠纷替代解决方式(Alternative Dispute Resolution,ADR)以及诉讼。各国对当事人在争议解决方式选择、法律适用方面既有共同原则也有独特的制度规则,救济措施也各有千秋,大体包括责令侵权人停止侵权行为、赔偿损失、没收侵权人由侵权行为所得的产品、惩罚性赔偿以及消除影响,等等。另外,针对知识产权纠纷解决,各国通常还涉及判决、裁决的承认与执行问题。

针对知识产权取得、知识产权行政保护与争议解决,各国法律法规既有共同遵守的一般原则,更有彰显主权和体现传统文化与法治渊源的专门制度、规则,进而构成了知识产权程序风险。

总之,知识产权风险属于且不限于知识产权法律风险,是主体在技术创新、作品创作、商标和商业秘密形成等权利确权、使用运营、管理和保护过程中,源于知识产权法律制度及其实施的风险;具有知识产权客体的技术性、知识产权法律的变动性、知识产权保护的国际性、知识产权发展的政策性。知识产权风险因其标准不同而呈现不同类别,按照法律风险因素的形成类型进行分类,知识产权风险可分为知识产权法律风险、知识产权事实风险和知识产权意外风险。知识产权风险较为典型的有知识产权客体认定风险、知识产权运行风险、知识产权保护风险、国际公约相关风险以及知识产权程序风险等。

2.3 中国高铁国际工程承包知识产权风险及其类型

2.3.1 相关概念的界定

"中国高铁""中国高铁企业""中国高铁走出去""中国高铁国际工程承包""中国高铁国际工程承包知识产权风险"的界定是进行中国高铁国际工程承包知识产权风险研究的逻辑起点和基础,这里在前述知识产权风险理论探讨的基础上逐一进行界定。

1. 中国高铁

何谓"高铁"？各国或者地区比较权威的机构关于高铁的定义莫衷一是,而中国权威机构对高铁的定义也不同于欧盟、国际铁路联盟的规定。根据欧盟指令96/48/EC附件1（European Union Directive 96/48/EC, Annex 1）的规定,高速铁路,简称"高铁"有两类,一是路轨、机车和操控条件都能满足新建铁路运行时速不低于250公里的铁路；二是改造铁路运行时速不低于200公里的铁路。其规定应当包括本数新建250公里/小时的铁路、改造200公里/小时的铁路。根据国际铁路联盟（International Union of Railways, UIC）的规定,高铁也分为两类,一是铁路提速达到时速200公里以上,二是新建铁路达到时速250公里以上。该规定则应当不包括本数提速200公里/小时的铁路、新建250公里/小时的铁路。根据我国于2014年1月1日起施行的《铁路安全管理条例》第107条规定,高铁包括设计开行时速250公里以上（含预留）,并且初期运营时速200公里以上的客运列车专线铁路。我国"高铁"注重的是"设计开行时速"和"初期运营时速",也不含本数速度,与欧盟、国际铁路联盟都有差别。

由此可见,速度并非高铁的唯一指标,除了速度这一构成要件外,是否符合高铁的定义还需要根据各国或者地区关于高铁定义的规定,即其是否仅指客运列车专线铁路、是否包括改造铁路等构成要件来综合判断。比如,1981年开始运行的法国高速铁路（Traina Grande Vitesse, TGV）,主要依赖新建线路的同时，部分也依赖传统的线路，这符合欧盟以及法国当地的高铁定义，但如果将之放置于中国大陆地区，法国 TGV 则不能称为高铁，因为根据《铁路安全管理条例》的规定，在中国大陆地区高铁仅包括高速专线铁路，而不包括传统线路。同样，德国城际快车（Intercity-Express，ICE）和意大利的罗马—佛罗伦萨线路采用的客货两用高铁线路同样不能满足中国高铁的标准。中国大陆地区高铁仅指客运专线铁路。因此，只有符合"动车组机车＋新建铁路＋客运专线铁路"标准的高速线路才能称为"中国高铁"。

同时，中国高铁企业在走出国门参与高铁国际工程承包的过程中，其参与修建或者运营的高速铁路应该满足当地对高铁的定义或标准。除了上文论及的高速铁路（high-speed-railway）外，高铁还包括高速列车（high-speed-train），是指在高速铁路上运行，能够满足各国或者地区最低高速运营速度的列车，比如我国在高铁专线铁路上运行的"和谐号""复兴号"动车组。可见，"中国高铁"其实是一个内涵与外延较广的综合性概念，而并非单指"高速铁路"或者"高速列车"，它是指符合中国标准的高速铁路、高速列车，以及与之配套的设备、零部件等生产、销售和服务的综合体。其中，中国高铁"走出去"过程中参与国际工程承包时，还应当符合和适应市场目标国的高铁定义和标准。

2. 中国高铁企业

高铁建设与发展既涉及高铁理论及技术的研究开发、人才培养，也涉及高铁机车车辆及高铁相关部件设备制造，还涉及高铁线路等基础工程的勘察设计、工程建设，以及高铁运营等。中国高铁企业是一个相对概念，主要是指与高铁理论及技术的研究开发、人才培养，高铁机车车辆（车体）及相关部件设备制造，高铁线路等基础工程的勘察设计、工程建设，以及高铁运营等直接相关的企业。原铁道部早期所属企业具有铁路行业特性，除小部分企业经营转型外，大部分仍属于中国高铁相关企业。同时，伴随着国家机关改革及国有企业改制，铁路行业性企业相继脱离铁路行政主管部门（原铁道部及其部分职能继受部门——交通运输部国家铁路局）归属国家国有资产管理局，具体归属于中国铁路总公司、中国中铁、中国铁建集团、中国中车等。同时，一方面高铁部分相关部件、设备产品，以及线路等基础工程建设具有市场通用性，兼具高铁外"业务"；另一方面由于市场竞争的发展与改革的深化，以前所谓"路外企业"也纷纷进入铁路包括高铁行业，企业生产经营内容涉足高铁的程度也各不相同。可见，中国高铁企业并不是严格意义上的行业性企业，更不可能限于单一研发、生产制造或建造、运营的概念，是一个与高铁研究开发、人才培养，以及生产制造、工程建设与运营发展相关的相对概念。

以工程建设为例，根据《中华人民共和国招标投标法》第 2 条第 1 款规定，工程建设，一是指工程建设的勘察、设计、施工、监理；二是与工程建设相关的重要设备、材料等。根据我国《招标投标法实施条例》第二条规定，工程建设是指工程以及与工程建设有关的货物、服务。工程建设包括三个组成部分，其中，"工程"是指建设工程，包括建筑物和构筑物的新建、扩建、改建及其相关的装修、拆除、修缮等；"工程建设相关的货物"，是指构成工程不可分割的组成部分，实现工程基本功能所必需的重要设备、材料等；"工程建设相关的服务"，是指完成工程所需的勘察、设计、监理等服务。为此，以高铁工程建设为参照，勘察、设计、监理等服务为勘察设计企业（含监理企业），新建、扩建、改建线路和线路相关建筑物、构筑物及其相关的装修、拆除、修缮等为工程建设企业，这两类企业组成中国高铁建造企业。同时，还有进行高铁车体及重要设备、材料、部件，包括通信信号（含安全工程）制造与安装的中国高铁制造企业；进行高铁客货运输与管理运营的高铁运输（交通运输）企业；主要为前述所有企业及其相关高铁基础理论与技术进行研发、人才培养的单位、企业，即中国高铁科学研究企业（包括高铁研发、人才培养相关的高等院校、研究院所等）。因此，本课题所称的"中国高铁企业"，主要是指高铁科学研究企业、高铁建造企业、高铁制造企业和铁路运输企业。

高铁科学研究企业（单位），是指以高铁基础理论和技术研究、人才培养等为主的单位、企业，包括国家设立或历史形成的以铁路发展理论及技术研发、高铁人才培养为主要任务的铁路科研院所和高铁研发相对集中的高等院校。我国高铁发展基础理论及技术创新的主体在很大程度上仍然是高校和科研院所，创新的主要资金来源是国家投入。高校和科研院所作为理论、知识和科技资源的密集地，是国家科技创新体系的重要组成部分，拥有大量专家学者、高科技知识产权，同时也是我国高铁基础理论、知识和科技资源的密集地。代表性单位是中国铁道科学研究院、西南交通大学、北京交通大学等。

高铁建造企业包括高铁勘察设计企业和工程建设企业。勘察设计是工程建设的重要环节，不仅直接影响建设工程的投资效益和质量安全，其设计理念与技术水平也对高铁发展建设产生重大影响。全国范围内铁路设计院总共有12家，其中综合型设计院7家，这7家设计院均拥有铁路勘察设计甲级资质，承担了国内绝大多数的铁路勘察设计和相当份额的地铁勘察设计任务；另外，专业型设计院5家，分别为中铁大桥院、中铁隧道院、中铁工电化院、中铁建电化院、中铁通号院。高铁工程建设企业承担高铁线路建设的各项任务，主要有中国铁建股份有限公司、中国中铁股份有限公司、中国水利水电建设集团公司和中国交通建设股份有限公司等。

高铁制造企业，是指高铁车体及部件、高铁运行线路建造相关的设备、部件制造类企业。高铁车体制造、线路建造相关设备制造企业主要涉及机车、列控、供电、信息，以及施工重大机械设备等，其核心部分主要包括牵引电信系统和网络控制系统。中国高铁制造企业包括车体的设备制造和通信信号制造（含安全工程）两大类企业，设备制造企业主要是青岛四方车辆股份有限公司、中车唐山机车车辆有限公司、长春轨道客车股份有限公司，通信信号企业主要是中国铁路通信信号股份有限公司、天津七一二通信广播股份有限公司等。

中国铁路运输企业主要由中国铁路总公司及其下属的子公司组成。根据第十二届全国人民代表大会第一次会议批准的《国务院机构改革和职能转变方案》①，我国自此实行铁路政企分开，原铁道部分拆为国家铁路局与

---

① 人民网，http://theory.people.com.cn/n/2013/0314/c49150-20789185.html。

铁路总公司分别行使政府监管协调职能与企业管理职能，推进国家铁路管理体制改革。2013年3月中国铁路总公司正式成立；同时基于铁路政企分开的原则，将原铁道部拟定铁路发展规划和政策的行政职责划入交通运输部，组建国家铁路局隶属交通运输部。中国铁路总公司现下属铁路局（公司）18家，专业运输公司3家，其他企业4家，拥有转企事业单位6家。中国铁路总公司以铁路客货运输服务为主业，实行多元化经营，同时涉及中国高铁运营管理、投资建设计划、项目管理建设，以及运输安全和安全生产。

3. 中国高铁"走出去"和中国高铁国际工程承包

高铁是中国实施"走出去"战略的重要载体。习近平强调"如果将'一带一路'比喻为亚洲腾飞的两只翅膀，那么，互联互通就是两只翅膀的血脉经络"。在铁路、公路、航空、管道和海路互联互通的"五位一体"交通基础设施中，铁路包括高铁以其基础性、经济性、公益性、社会性、支撑性、引领性等属性，以及安全、便捷、大运量、全天候等优势，成为交通基础设施互联互通的首要选择和优先领域，也成为助推"一带一路"建设的"先行官"，成为中国实施"走出去"战略的"先行官"。

中国高铁已经发展到世界前沿水平，通过技术的高速发展，实现了由"追赶者""并跑者"到"引领者"的历史性跨越。中国高铁对经济发展、国防安全、人民生活诸方面产生了重大而深远的影响，开创了中国经济新纪元，加速了我国的现代化进程。中国高铁的技术成果和建设成就在国际社会产生了重大影响。中国已经成为世界上高速铁路发展最快、系统技术最全、集成能力最强，同时也是建设规模最大、运营里程最长、运营速度最高、产品性价比最优的国家。中国高铁具备"走出去"的可能性和可行性。

中国高铁"走出去"，具体指的是什么？其实并没有明确的概念，但相关研究、报道可谓汗牛充栋。以"中国高铁走出去"为主题，在CNKI进行文献搜索，最早的文献是2001年周迎、糜祖平在《中国科技产业》上发表的《建立出口孵化器为中国高新技术企业走出去架起桥梁》，再早则追踪到

1996年建京在《中国高新技术企业评价》上发表的《努力促进中国高新技术企业走向国际市场》,提到中国高新技术企业"走出去"。最早报道中国高铁"走出去"的是记者尹乃潇于2010年12月8日在《经济参考报》上发表的《中国高铁将进入美国市场》。樊一江于2010年12月在《世界知识》上发表《高铁"走出去":世界的召唤与中国的期待》,鉴于近年来中国高速铁路技术成果和建设成就在国际社会产生的重大影响,国际铁路联盟决定与中国铁道部共同举办第七届世界高速铁路大会。大会上有人明确提出"中国高铁走出去"。此时提出"中国高铁走出去",显然已不再是传统低端层面的劳务输出、初级产品输出、半成品输出以及"贴牌"成品输出;是在新的历史条件下实现经济发展、结构调整、方式转变的自身发展需要,是我国在新的环境形势下继续秉承对外开放政策的时代客观要求;同时,还能让更多国家和地区特别是发展中国家和地区在更短时间内分享到高铁技术迅速发展的成果,为世界铁路发展注入新的"血液"和活力。

中国高铁"走出去"更是面向未来长远发展的全球布局和国家战略。中国高铁"走出去",就是升级版的现代丝绸之路,为中国未来发展提供了全新广阔的地缘空间;中国高铁"走出去",就是把中国的商品、产业、装备、文化和思想传播出去;中国高铁"走出去",就是与中国航天、中国海洋深潜等战略性高新技术一道,助推中华民族的伟大复兴![1]

中国高铁"走出去"具有自身显著的特征。①周期长。高铁项目建设属于基础设施建设的范畴,整个过程是历时长、投资大,一个高铁项目往往耗时数年之久。目前,中国高铁在"走出去"的过程中,涉及在国外开展高铁项目建设时,普遍采用的模式是建设—经营—转让(Build-Operate-Transfer,BOT)模式或者"公私合作伙伴关系"(Public-Private Partnerships,PPP)模式。BOT模式,是指政府授权社会资本方在特定领域负责项目融资、设计建造、经营等,并通过收取费用回收成本回报的一种特许经营协议的模式。该

---

[1] 徐飞:《中国高铁"走出去"的十大挑战与战略对策》,《人民论坛·学术前沿》2016年第14期。

类经营模式仅限于自然资源开发和基础设施建造等领域,并且有明确的特许经营期,特许期满后社会资本方将项目移交给政府。① 所谓 PPP 模式,是指政府与私人组织间达成的进行特定项目建设或提供公共物品和服务的一种特许权协议的合作模式。该模式是为了合作建设城市基础设施项目,或提供某种公共物品和服务,彼此之间以特许权协议为基础,形成一种伙伴式的合作关系,以确保合作各方获得比预期单独行动更为有利的结果。② 如果采用 BOT 模式或者 PPP 模式,高铁资金回收的期限又会大大增加,从而使得相应的法律风险周期随之延长。②复杂性。之所以说中国高铁"走出去"具有复杂性的特征,是由两方面因素决定的:一方面,高铁项目建设规模大、周期长、难度高,在建设过程中涉及的问题种类繁多,比如招投标、技术标准的确定、融资担保、资金回收、技术问题等,因此与之相关的风险同样涉及面广、内容繁杂,具有复杂性的特征。另一方面,高铁"走出去"主体众多,且常涉及不同国家、地区的企业与政府机构,主体的复杂性也决定了其带来的法律风险具有复杂性。③专有性。高铁项目建设涉及的领域专业性极强,因而所带来的问题也极具专业性。在实践中,涉及投资、融资领域的问题,涉及高铁建设、制造标准问题,涉及产品国际贸易、国际服务贸易问题,涉及知识产权、劳务、外汇等专项问题,甚至涉及文化、宗教、外交、政治等综合问题,这些应当交由精通相关专业、专门知识的人才处理,如具备金融知识的人才,熟悉国际贸易法、国际经济法以及国际投资、融资、知识产权、法律等领域的专业人士。

中国高铁"走出去"是一项庞大、复杂、综合的系统工程,涉及咨询立项、投资融资、勘察设计、工程实施、装备供应、竣工验收、运营管理等诸多环节,涉及金融、工程、制造、运输、贸易等多个行业。从现有文献、项目调查具体情况来看,中国高铁"走出去"主要包括:①中国高铁企业

---

① 王守清、柯永建编著《特许经营项目融资(BOT、PFI 和 PPP)》,清华大学出版社,2008,第 18 页。
② 周正祥、张秀芳、张平:《新常态下 PPP 模式应用存在的问题及对策》,《中国软科学》2015 年第 9 期。

在国外承建高铁新线和铁路线路改造，包括合作投资、勘察设计、工程施工、高铁运营和安全管理等。如中国高铁企业在海外承建的第一条高铁——土耳其安伊高铁二期工程，已经顺利通车；中国为马来西亚生产的世界最高运营速度米轨动车，已经下线；另外，中俄签署了"莫斯科—喀山"高铁发展合作谅解备忘录和勘察设计合同，中伊签署了"德黑兰—马什哈德"铁路高速改造商务合同等。②中国高铁企业进行高铁车体、装备供应及其零部件出口服务。据《法兰克福汇报》2015年5月26日报道，德国铁路公司于2015年秋在北京专门设立了采购办公室，意味着中国高铁机车会很快获得德国铁路部门的进口许可，也意味着未来3~5年内，中国将在德国铁路的机车及零部件采购领域占有重要地位。

综上，中国高铁"走出去"主要是指中国高铁企业，进行国际高铁线路规划勘察设计、工程建设、高速列车制造和与之配套的设备供应、零部件销售服务等，同时还包括国际高铁投资合作、运营管理等综合投资、建设、贸易；其中最为关键的是中国高铁企业国际高铁勘察设计、工程建设的国际工程承包以及列车车体、与之配套的设备（包括施工重大机械设备）、零部件（以下简称高铁产品）贸易服务。缘于国际高铁投资合作、运营管理中知识产权内容相对较少，本课题中国高铁"走出去"侧重指"中国高铁国际工程承包"，关键则是中国高铁企业国际工程承包实施过程和高铁产品国际贸易。

4. 中国高铁国际工程承包知识产权风险

基于上文界定与分析，中国高铁国际工程承包知识产权风险，是指中国高铁企业在国际工程承包实施过程及其高铁产品贸易中，不可避免地会遇到知识产权尤其是专利确权、运行、保护和管理相关的分歧、争议（争端、纠纷），因此有可能受到不同程度的影响甚至承担责任、损失、损害。中国高铁国际工程承包知识产权风险是中国高铁企业"走出去"风险的重要内容，研究、识别、预防和处置（控制）好国际工程承包知识产权风险有利于保障和促进中国高铁企业"走出去"。

中国高铁国际工程承包知识产权风险具有多方面的特征。中国高铁国际工程承包知识产权风险是中国高铁企业在对外生产经营与服务中的一类重要风险。首先，中国高铁国际工程承包知识产权风险具有专门性，该风险发生在专门领域，是在开展东道国高铁投资合作与规划、勘察设计与建设，高速列车制造和与之配套的设备供应、高铁产品销售服务，以及运营管理过程中发生的，简言之，即高铁国际工程承包、高铁产品贸易过程中产生的一种生产经营与服务的知识产权风险。其次，中国高铁国际工程承包知识产权风险具有涉外性，乃至国际性，是发生在涉外生产经营中的风险，有可能涉及国与国乃至多国间的关系，是一种客观的、可预见的，又具有不确定性的风险。再次，这种风险属于法律风险，该风险的发生基于法律或约定原因，其结果表现为承担法律责任，包括且不限于财产损失或损害，还可能承担东道国的行政责任甚至刑事责任，具有鲜明的强制性。最后，这种风险还是一种知识产权风险，该风险发生在知识产权领域，是智力成果、工商业标志和专门信息的专有权利保护与被保护过程中可能形成的风险，具有专门性。伴随科学技术的快速发展和经济文化的进步，各国知识产权法律变动较大又使得该类风险具有更大的不确定性。

2.3.2 中国高铁国际工程承包知识产权风险类型

中国高铁国际工程承包知识产权风险是中国高铁企业对外进行专门的生产经营与贸易服务过程中所发生的风险，是一种有关知识产权的法律风险，根据不同划分标准可分为不同种类。

1. 按照高铁生产经营与运营过程

按照高铁生产经营过程的阶段，可以将高铁企业知识产权风险分为中国高铁海外项目投资与规划知识产权风险、中国高铁招投标知识产权风险、中国高铁建造（勘察设计、工程建设）风险、中国高铁产品（车体制造、设备与零部件）贸易知识产权风险、高铁运营知识产权风险。

2. 按照高铁企业内外部原因

按照高铁企业知识产权风险发生的内外部原因，可以将高铁企业知识产权风险分为中国高铁企业外部原因产生的知识产权风险，包括高铁企业"走出去"过程中的国内外知识产权相关法律变动、法律漏洞和法律实施，知识产权相关意外事件以及知识产权司法、执法与被侵权导致的风险。中国高铁企业内部原因产生的知识产权风险，包括企业规章制度违反知识产权有关法律法规，包括且不限于内部规章制度违反知识产权法律法规（包括政策）或与知识产权法律法规不一致，对他人或被他人的知识产权侵权行为等；合同订立、履行、变更与终止过程中涉及的知识产权风险，涉及条款违反知识产权法律法规、条款有知识产权规则的缺失等；高铁企业在高铁"走出去"过程中出于各种原因怠于行使知识产权权利导致的风险，等等。

3. 其他分类

按照世界贸易组织国际贸易分类方式，将高铁企业知识产权风险分为国际工程承包中的知识产权风险，高铁车体、施工重大机械设备、高铁产品贸易中的知识产权风险。按中国高铁企业知识产权创造、运用、管理和保护，其风险可以分为中国高铁企业知识产权创造与确认风险、运用风险、管理风险和保护风险。

鉴于上述分析，本课题在知识产权风险理论指导下，主要研究中国高铁企业国际工程承包及其高铁产品贸易知识产权风险，为便于研究，对中国高铁企业知识产权态势做集中、前提性分析。中国高铁国际工程承包知识产权风险研究，具体来说包括：中国高铁企业知识产权态势及其风险；中国高铁国际工程承包实施过程知识产权风险，简称中国高铁国际工程承包知识产权风险，涉及高铁国际工程承包的招投标、工程勘察设计、工程施工；中国高铁国际工程承包产品贸易知识产权风险，简称中国高铁产品贸易知识产权风险；以及由此产生的中国高铁国际工程承包知识产权争议解决风险，简称知识产权国际争议解决风险。为此，若没有特别说明，本课题研究语境便是上述内容，侧重知识产权风险法律因素分析，进而开展知识产权风险因子提炼、数理分析、风险对策研究。

3 中国高铁企业知识产权态势与风险分析

中国高铁技术经历了在原始积累基础上，以"市场换技术"进行技术引进消化吸收，以及进一步创新发展。伴随着高铁经济的兴起，高铁技术发展的作用也逐渐凸显，作为支撑高铁长远发展的知识产权显得尤为突出。对我国高铁企业知识产权态势进行概述，有助于从宏观层面把控中国高铁知识产权现状与趋势，为中国高铁国际工程承包知识产权风险分析提供技术性基础依据。

本章是在前文知识产权风险理论探讨和中国高铁企业界定的基础上，采取一定的标准选择100家高铁企业作为中国高铁企业代表，同时选择一定数量的外国高铁制造、建造企业作为国外高铁企业代表，对中国高铁企业知识产权态势进行阐述、分析与比较，进而对中国高铁企业"走出去"知识产权态势风险因素进行探讨。

3.1 中国高铁企业知识产权的界定

3.1.1 中国高铁代表性企业的选择

本课题对中国高铁国际工程承包知识产权风险进行研究，而专利知识产权又是中国高铁"走出去"知识产权之关键，为此把有高铁相关专利技术的企业视为中国高铁企业。本章首先检索高铁相关专利技术，采用分总式原则，在国家知识产权局专利检索系统中通过分类号与关键词结合的方式初步检索出有高铁相关专利技术的企业。[①] 然后，按照高铁相关技术的专利申请量对中国高铁企业进行排名，将高铁相关技术专利申请量位于前100的国内主要创新主体（包括企业、科研院所、高等院校等，方便起见统一简称企业）[②] 视为中国高铁代表性企业，进而对选取的100家企业进行高铁科研、高铁制造、高铁建造、高铁运营分类，其中，高铁科研机构39家、高铁制造企业29家、高铁建造企业16家、高铁运营企业16家，以此为研究范围，对中国高铁企业知识产权态势及其风险进行进一步分析。

3.1.2 中国高铁企业知识产权的内涵

知识产权一般包括专利权、商标权、著作权以及商业秘密，同时还包括集成电路布图设计权、动植物新品种权等新型知识产权。其中，著作权中计算机软件虽然在相关部门有登记，但由于不是获得软件著作权的强制性要求，属于自愿登记，其登记统计不能反映著作权情况。著作权中能够公开查找、统计的是公开发表的文献，利用文献统计开展著作权分析虽然具有一定的局限性，但是文献不仅是企业科技人员科学研究能力和水平的重要反映，还是企业创新创造能力与水平的重要体现。本课题中针对著作权采用文献统计的方式进行分析。商业秘密是企业知识产权的重要内容，但无法获得其数量也就无法进行水平评价，本课题只得忍痛割爱。另外，技术标准虽不是知识产权，但随着社会经济的发展，特别是科学技术的进步，标准也越来越为人们所重视，而且技术标准包含的标准必要专利技术也日益成为各国经济社会发展的趋势，国际高铁发展尤为重视其制造与建设的技术标准。因此，本

[①] 参见附录1 初步检索检索式。
[②] 参见附录2 100家中国高铁企业名录。

课题选取专利、商标、著作,以及技术标准作为研究中国高铁企业知识产权态势的指标。

3.1.3 数据检索及处理

中国高铁企业知识产权,通过检索包括专利、商标、文献、标准在内的数据进行统计与分析。检索时间节点为 1990 年 1 月 1 日至 2016 年 12 月 31 日,检索时间为 2018 年 5 月 15~30 日,分别在相应网站或平台进行数据检索以及信息提取、处理,进而对高铁知识产权态势做进一步分析。

专利方面,在确定研究主体之后转入 IncoPat 数据库中,采用申请人与关键词结合的原则进行检索,并对高铁技术进行相应的关键词扩展,对检索结果进行去噪和去重,进一步细化关键词的组合,最终得到整体检索结果。商标方面,在国家商标局的商标查询网站上,以申请人为入口进行检索,经过去噪和去重,得到最终检索结果。文献方面,在中国知网的期刊、硕博士论文、学术会议数据库中,以单位与关键词结合的原则进行检索,经过去噪和去重,得到最终检索结果。标准方面,在中国知网(CNKI)的国家标准全文数据库中,采用以起草单位为主、关键词为辅的原则进行检索,经过去噪和去重,得到最终检索结果。最后,对检索到的专利、商标、文献和标准四方面知识产权数据以申请人为分类依据进行汇总,得到中国高铁企业知识产权态势相关数据。

3.2 中国高铁企业知识产权态势

3.2.1 专利

在 IncoPat 数据库中,采用申请人与关键词结合的原则进行检索,并对高铁技术进行相应的关键词扩展,对检索结果进行去噪和去重,进一步细化关键词的组合,最终得到整体检索结果。中国高铁技术自 1990 年 1 月 1 日至 2016 年 12 月 31 日的专利申请量为 14436 件(检索日期为 2018 年 5 月 28 日),

涉及高铁科研机构、高铁制造企业、高铁建造企业、高铁运营企业四个类别。①

1. 专利申请总体态势

100家中国高铁企业涉及高铁技术的专利申请总体呈现起步晚，但发展迅速的特点，如图3-1所示。

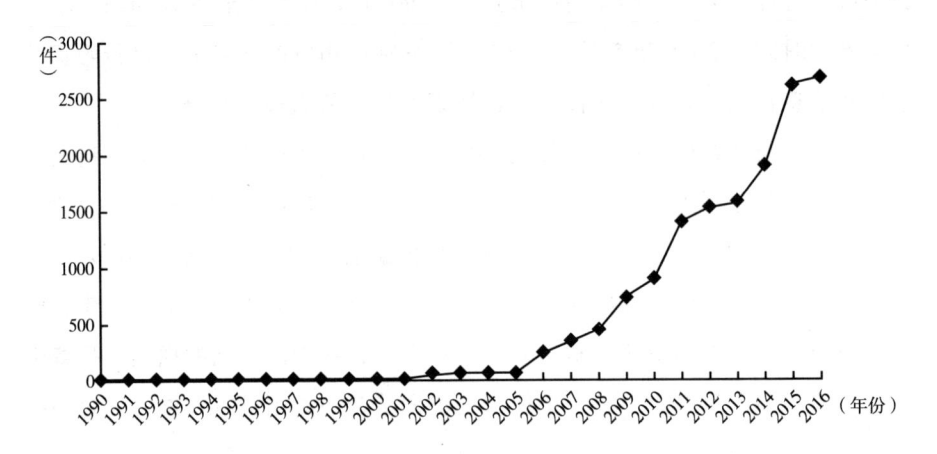

图3-1 中国高铁企业专利申请总体态势

中国高铁企业高铁技术的发展大致可以分为以下三个阶段。

（1）起步阶段（1998年及以前）

从20世纪60年代开始，国外就已经将高速动车投入运营，代表车型有日本新干线0系、100系、300系动车组，一直采用动力分散的电动车组方式；德国高速铁路上运行的ICE/V、ICEI型动车组，法国TGV系列则是动力集中动车组的代表。我国自1985年4月1日《专利法》开始实施以来，一直到1998年，国内高铁技术的专利申请总量一直处于缓慢发展阶段，年均申请量始终保持在15件左右，并且在个别年份有短暂回调。

我国在1988年将主要干线旅客列车最高时速从120公里提高到140公

---

① 参见附录3 专利总量检索式。

里，1994年成功实现对广深铁路线时速160公里的改造，是我国高速铁路迈出的第一步，并为第二步发展时速200公里、250公里高速铁路提供了攻关基础和实验条件。1997年开始，我国对既有线路进行了大面积改造和提速，这次改造与提速为我国发展高铁提供了技术储备，并积累了一定经验。同时，我国高铁企业在申请专利保护方面对高铁技术的研发，总体落后于中国铁路领域的创新实践。

（2）发展阶段（1999~2007年）

这一阶段，随着人们对轨道交通的认识不断提升和对轨道交通运行的需求不断提高，研发团队的研发热情也不断高涨，中国政府部门强势加入高铁技术的引进和研发行列，中国高铁技术的专利申请总量开始稳步增长。年申请量从1999年的35件增长到2007年的511件，9年间年申请量增加近14倍。该阶段，我国铁路设计和建设取得了丰硕成果，如1999年相继推出了"新曙光""大白鲨""春城""蓝剑"等动车组、"神州""先锋"号高速列车；2002年由我国自主设计、施工的时速200公里的秦沈客运专线建成投产；同年11月"中华之星"动车组在秦沈客运专线上创造了每小时321.5公里的最高实验速度。这些都为我国高铁发展奠定了重要的理论和实践基础，为之后高铁技术引进提供了较为充分坚实的技术积累。在2004~2006年大规模引进高速列车技术的同时，我国铁路车辆企业也开始加大力度研发高速铁路技术，自主研发了一系列新车型，如青岛四方机车负责"2车系"研究，同时开展了我国高铁路基设施等工程建设关键技术的探索。

（3）提升阶段（2008~2016年）

该阶段，经过高速铁路的稳步发展后，我国高铁技术得到了全面、快速提升，专利年均申请量急剧上升。2010年年均申请量突破1000件，到2015年稳定在2500件以上。国家发展和改革委员会2008年批准了调整的《中长期铁路网规划》，该规划推动我国高铁技术研发更上一层楼。例如，2008~2010年开发的CRH2C型动车组，用于时速350公里的武广线、郑西线，其核心技术中的牵引系统，便是由株洲电力机车研究所研发的；2011年12月下线的时速500公里的试验列车，就是由青岛四方、株洲电力等单位联合全新设计的；仅京沪高铁一个项目，获得发明专利51件、实用新型专利114件、外观设计专利5件，取得软件著作权8项、国家级工法9项，出版专著18部，公开发表论文243篇。① 这一时期，我国高铁技术研发投入继续保持领先增长。

2. 专利申请人总体态势

高铁技术的重要申请人，是根据前述高铁技术及其检索式，在100家高铁企业中选出专利申请最多的前20家单位。相关企业了解高铁技术重要申请人的意义在于帮助其知晓本技术领域的重点竞争对手及其专利技术状况，便于其开展专利布局与防范。中国高铁技术排名前20的重要申请人及其专利状况见图3-2。

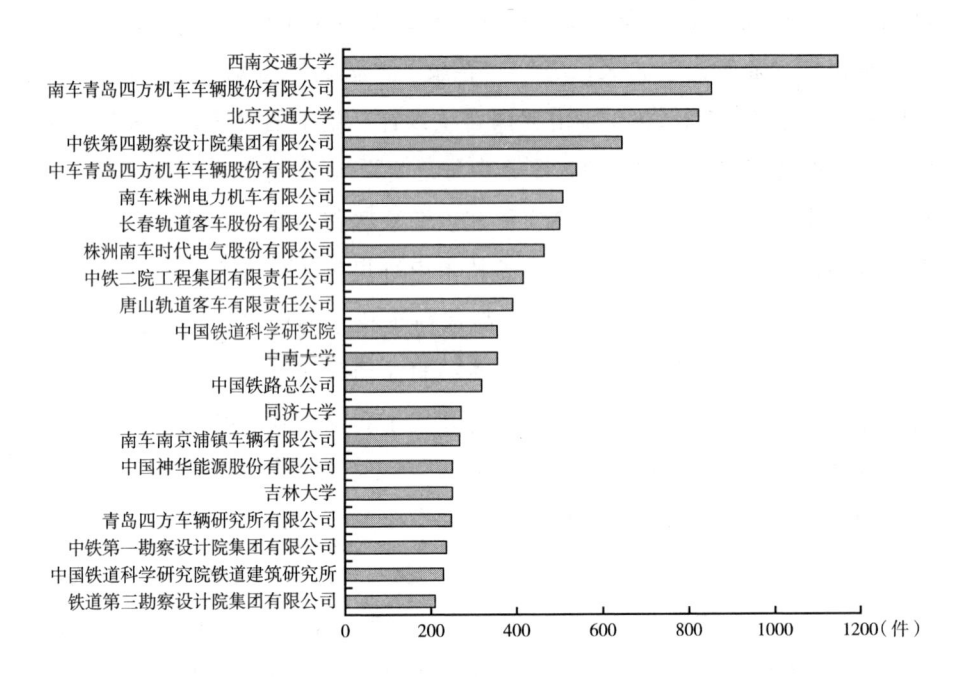

图3-2 高铁专利技术重要申请人排名

---

① 《2015年度国家科技进步特等奖拟推荐项目"京沪高速铁路工程"公示》，http：//sro. swjtu. edu. cn/Info. aspx？ModelId=1&Id=3693/2015/06/17。

其中，西南交通大学高铁技术专利申请量最多，共1169件。可以看出，西南交通大学在高铁技术的研发方面投入较大、贡献突出。西南交通大学是中国轨道交通领域在学科门类、专业配套、核心资源等方面具有显著优势的一所大学，对中国高铁的建设和发展发挥了不可或缺的重要作用。同时，高铁技术申请量较多的科研机构还有北京交通大学、中南大学、同济大学、吉林大学、中国铁道科学研究院[①]等。科研机构积极参与高铁技术的研发，为国内高铁产业产学研深入合作打下了坚实的技术基础。

南车青岛四方机车车辆股份有限公司（以下简称青岛四方）[②]高铁技术的专利申请量排名虽在整个中国轨道交通行业位列第二，共855件，但在中国轨道交通的制造企业中则名列第一。青岛四方是中国轨道交通装备制造行业的重要骨干企业，是中国机车车辆的重要生产和研发基地之一，其生产的动车组有CRH2、CRH380A等，在中国高速动车组市场占有率近50%。另外，高铁技术专利申请量较多的制造企业还有南车株洲电力机车有限公司、株洲南车时代电气股份有限公司、唐山轨道客车有限责任公司、青岛四方车辆研究所有限公司、南车南京浦镇车辆有限公司，涵盖了高铁车体制造、牵引系统、电气系统等核心部件制造商，可以看出中国本土制造企业在产业链上下游均已具备较强的研发制造实力。

高铁建造企业在高铁技术研发方面也投入了较大的研发力量，中铁第四勘察设计院集团有限公司（以下简称中铁四院）高铁技术的专利申请量达

[①] 在本研究中，中国铁道科学研究院与其下属研究所的知识产权均分别统计。
[②] 中国南车与中国北车2014年12月30日合并，合并后的新公司更名为"中国中车股份有限公司"（以下简称"中车"）。中国南车集团公司，简称中国南车，2010年3月9日由中国南方机车车辆工业集团公司变更，主要从事铁路机车车辆和城市轨道交通车辆及相关产品的设计制造，下属南车株洲电力机车有限公司、南车青岛四方机车车辆股份有限公司、南车四方车辆有限公司等27家子企业。中国北车股份有限公司，简称中国北车，2008年6月26日发起设立，主营铁路机车车辆、城市轨道车辆、工程机械机电子的研发、设计、制造、修理、服务业务。

到 656 件，在申请人总体排名中位于第四。中铁四院是中国高速铁路"四纵四横"主骨架的重要骨干设计力量和标准规范主要编订者[①]；高铁技术专利申请量较多的建造企业还有中铁二院工程集团有限责任公司、中铁第一勘察设计院集团有限公司。中国高铁建造企业在工程建设实践中积累了大量的技术经验，为专利技术申请奠定了坚实的基础，形成了创新实践、技术积累、成果保护—创新保护的良性循环。

高铁运营企业方面则是中国铁路总公司高铁技术申请量较多，有329件专利。中国铁路总公司是经国务院批准设立的国有独资企业。基于铁路的政企改组，原铁道部的专利均转让至中国铁路总公司，高铁运营企业的专利申请呈现一家独大的情况，仅有中国铁路总公司一家有较多数量的专利，地方铁路局的专利申请数量普遍不多。

需要特别提出的是，中国神华能源股份有限公司申请了较多的高铁专利，共253件。中国神华能源股份有限公司是神华集团独资的大型综合性能源公司，运营围绕我国主要煤炭基地的部分铁路运输网络和"神朔—朔黄线"西煤东运大通道，到2016年底运营的铁路营业里程约2155公里。[②] 随着社会经济的不断发展，与日俱增的物流需求对高速货运技术提出了越来越高的要求，实时监控、远程控制、智能调度等高铁运营新技术不仅可以提高客运高速铁路的运力和乘坐体验，也能为高速铁路的物流网络提供有力的支撑。

同时，进一步统计申请人发明专利的授权量，借此了解申请人专利技术的质量状态。图3-3展示的是申请人发明专利授权量排名情况（部分）。

发明专利授权量排在第一位的依然是西南交通大学，紧随其后的是北京交通大学、中车青岛四方机车车辆股份有限公司、株洲南车时代电气股份有限公司、南车株洲电力机车有限公司。对比申请量排名与发明专利授权量排

---

① 中铁第四勘察设计院集团有限公司官网，http://www.crfsdi.com.cn/col/col4372/index.html。
② 中国神华能源股份有限公司官网，http://www.shenhuachina.com/。

```
西南交通大学
北京交通大学
中车青岛四方机车车辆股份有限公司
株洲南车时代电气股份有限公司
南车株洲电力机车有限公司
中铁第四勘察设计院集团有限公司
中国铁路总公司
中南大学
同济大学
中国铁道科学研究院
吉林大学
        0      100     200     300    400(件)
```

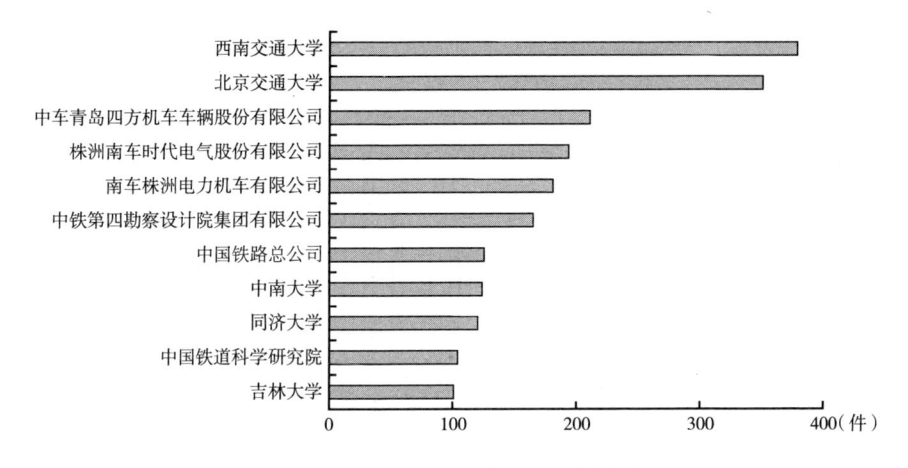

图3-3 申请人发明专利授权量排名

名，可以看出，科研机构的排序明显提升，部分制造和建造企业的排名均有下降；也说明科研机构的专利申请质量相对较高，制造和建造企业在提高专利申请量之后还需提升专利申请的质量。

3.2.2 商标

商标是用来区别一个经营者、生产者或服务提供者的产品、经营或服务的标记。根据我国《商标法》规定，商标可分为商品商标、服务商标、集体商标和证明商标；商标人的商标，经商标局核准注册享有商标专用权，简称商标权，受法律保护；如果是驰名商标，商标权还受法律特别保护。商标是知识产权的一种重要形式，国内各企业日益重视对于商标的注册和保护，中国高铁企业也不例外。

在国家商标局的商标查询网站上，以申请人为入口对每个申请人进行检索，最后汇总得到全部检索结果。自1990年1月1日至2016年12月31日，中国高铁企业国内相关商标申请共计12575件，商标申请态势如图3-4所示。

由图3-4可知，高铁商标的申请趋势与中国高铁发展情况高度相关。2000~2002年，国内先后推出了DJJ1"蓝箭"电力动车组、DJF2"先锋"

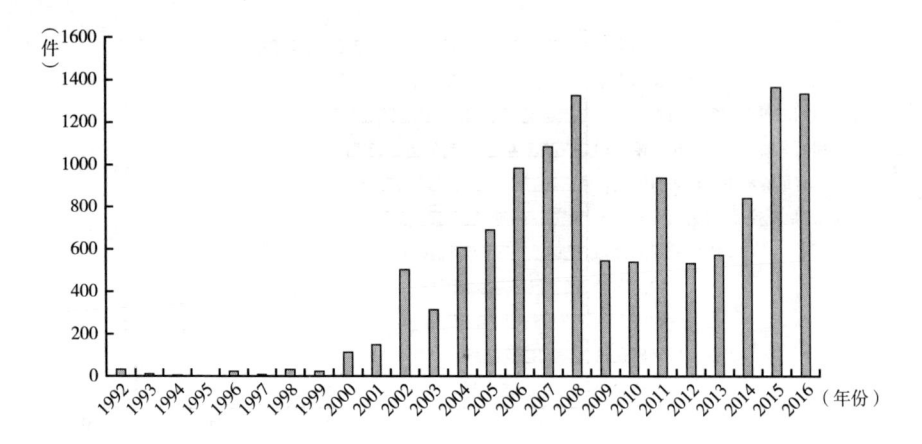

图 3-4 商标申请态势

电力动车组、DJJ2"中华之星"电力动车组用于广深铁路和秦沈客运专线的运行，国内高铁相关的商标申请也随之增加；2008 年推出了 CRH2C"和谐号"电力动车组，随后中国高铁进入高速发展阶段，高铁相关商标申请也达到高峰；随着 2017 年"复兴号"的亮相，高铁相关商标申请也迎来一次高峰。

同时，从高铁商标主要申请人排序来看，如图 3-5 所示，华为、联通、移动和中兴 4 家通信企业的商标申请量位列前四，这是由于通信公司业务范围广，除了服务高铁以外，上述公司还有大量其他业务。紧随其后的是中国铁道科学研究院，其对商标保护也非常积极，申请注册了 1252 件商标，中

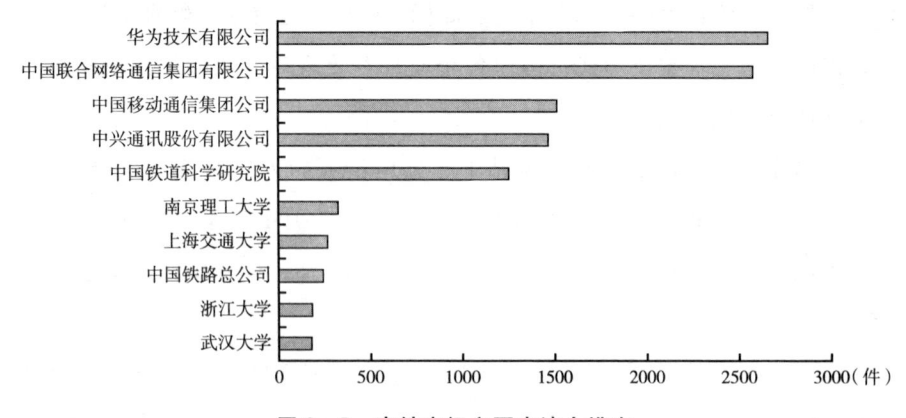

图 3-5 高铁商标主要申请人排序

国铁路总公司申请注册了246件商标,对商标同样重视的还有南京理工大学、上海交通大学、浙江大学和武汉大学等高校。国内高铁车体设备制造企业的商标申请数量均不多,应当引起重视,及时申请、主动保护自身的商标。

3.2.3 文献

1964年10月1日日本开通了世界上第一条高速铁路——东海道新干线,我国学者在20世纪90年代就开始了高速铁路的研究,随着几次中国铁路发展的大提速,越来越多的学者投身于高速铁路各项技术的前沿研究,发表了大量文献。其中,早期具有代表性的技术论著和资料集有:铁道部第四勘察设计院(中铁第四勘察设计院集团有限公司前身)收集编译的《高速铁路》,1984年由铁道出版社出版,分九章介绍了各国高速铁路的行车概括、线路标准、线路、道岔、桥梁、线路研究、牵引供电系统、机车车辆;西南交通大学前校长孙翔编译的《世界各国的高速铁路》,1992年由西南交通大学出版社出版;西南交通大学机车车辆研究所于1992年编译了《德国ICE高速列车的驱动转向架》;1993年,詹斐生、孙翔编写了《各国高速列车动力车转向架的现状比较》;1995年,铁道部劳动卫生研究所编写了《国外高速旅客列车车内安全卫生与环保调查》;1995~1998年,铁科院机车车辆研究所收集资料并编译印刷了七册内部资料《国外高速列车译文集》。

另外,期刊论文、会议论文、硕博士论文等文献成果也展现了高铁技术的新思想、新理论、新理念、新前沿,为高铁技术的发展奠定了厚实的理论基础。本课题在中国知网的期刊、硕博士论文、学术会议数据库中,以单位与关键词结合的原则进行检索,经过去噪和去重,得到最终检索结果。[①] 中国国内自1990年1月1日至2016年12月31日的高铁相关文献共计67487篇,涉及高速铁路列车结构、弓网耦合、线路规划、空气动力学、轮轨关

---

① 参见附录4文献检索式。

系、噪声控制等多个方面。下面从论文发表整体态势、主要作者以及重点机构三方面对高铁文献总体情况试做阐述。

1. 论文发表整体态势

中国高铁论文发表的整体态势见图 3-6。

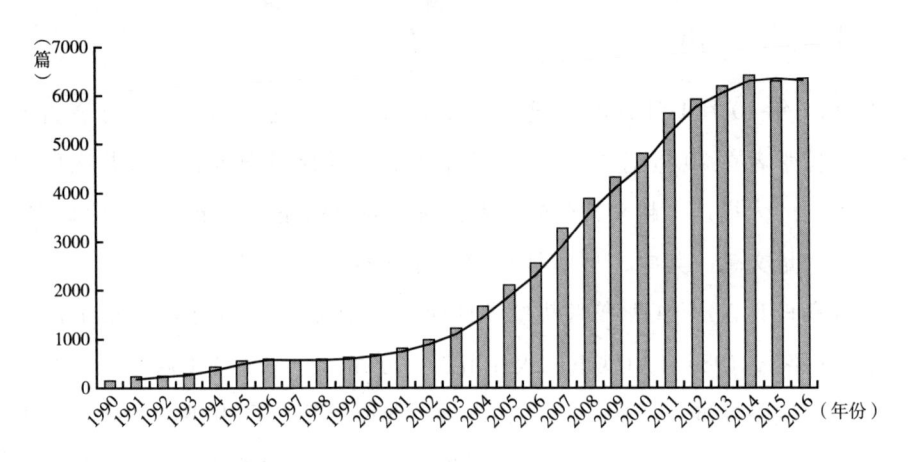

图 3-6 高铁论文发表态势

从图 3-6 可以看出，2000 年以前是高铁技术的萌芽期，该阶段的论文发表量较少，主要是介绍一些国外高速铁路技术的发展情况，并初步开始高速铁路基础理论的研究。2001 年以后，伴随着"中华之星"电力动车组、"和谐号"电力动车组的设计、生产制造和秦沈客运专线、武广高铁和京沪高铁的修建，越来越多的企业和科研机构加入对高速铁路技术的研发和探索中，发表了大量的论文作品。尤其是 2005 年以后，随着"引进""消化""吸收"过渡到"再创新"的创新战略实施，关于高速铁路技术研究的论文作品呈现井喷式增长。

2. 论文发表主要作者

论文发表前十的作者排名情况见图 3-7。排名前十的作者分别是张卫华、王平、翟婉明、曾京、张继业、金学松、吴广宁、刘启跃、兆文忠和刘学毅。

从论文发表量排名前十来看，在高速铁路领域的科研方面，西南交通大

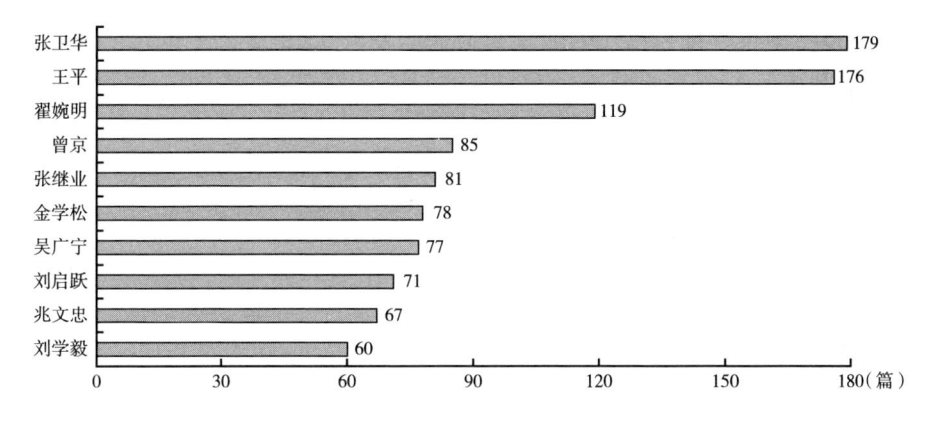

```
张卫华  ████████████████████ 179
王平     ████████████████████ 176
翟婉明   █████████████ 119
曾京     █████████ 85
张继业   █████████ 81
金学松   ████████ 78
吴广宁   ████████ 77
刘启跃   ████████ 71
兆文忠   ███████ 67
刘学毅   ██████ 60
       0    30   60   90  120  150  180(篇)
```

图 3-7 高铁相关论文主要作者排序

学占据了绝对的主导地位，其中排名前十的作者中张卫华、翟婉明、曾京、张继业、金学松、刘学毅均来自西南交通大学的牵引动力国家重点实验室[①]，该实验室以轨道交通车辆为研究对象，重点开展以高速、重载列车为核心的基础性、前瞻性、战略性创新研究，为我国高速铁路的发展提供了充足的科研支撑。整体来看，排名前十的作者的研究领域主要包括高速列车系统动力学、弓网接触、高速列车空气动力学、轮轨接触与摩擦、高速列车结构设计、牵引供电、高速铁路轨道与道岔，主要覆盖了高速铁路运行中的安全性和可靠性。

3. 论文发表重点机构

高铁相关论文发表机构的排序见图 3-8。排名前十的机构主要为高等院校和科研院所，有传统的铁路院校如西南交通大学、北京交通大学、中南大学、兰州交通大学和大连交通大学，也有依托较好的科研基础为高速铁路科研提供技术支撑的综合性大学，如哈尔滨工业大学、天津大学和浙江大学，另外还有专长于通信技术的电子科技大学和典型的铁路科研机构——中国铁道科学研究院。其中，西南交通大学论文发表量独占鳌头，多达7154篇，远远超过其他机构的论文发表量，这凸显其在高速铁路行业的科研

---

① 其中，王平、吴广宁分别为西南交通大学土木工程学院、电气工程学院教授。

"发动机"地位，排名第二的北京交通大学发表 3232 篇论文作品，体现了较强的铁路行业科研能力。

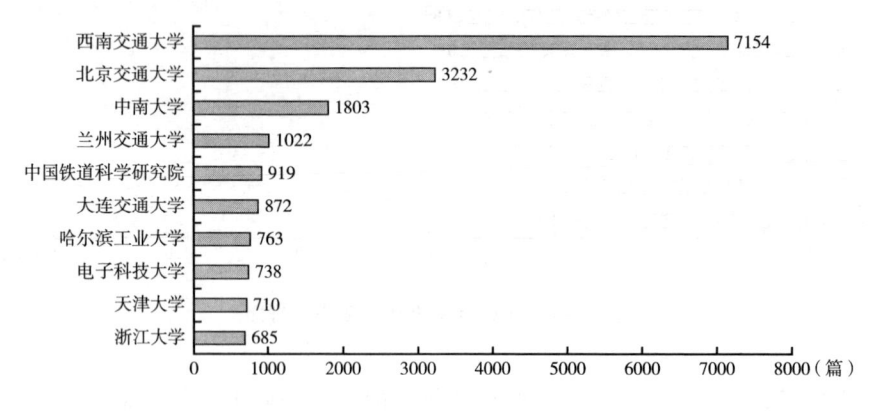

机构	篇数
西南交通大学	7154
北京交通大学	3232
中南大学	1803
兰州交通大学	1022
中国铁道科学研究院	919
大连交通大学	872
哈尔滨工业大学	763
电子科技大学	738
天津大学	710
浙江大学	685

图 3-8　高铁相关论文发表机构排序

3.2.4　标准

标准主要是指从事生产、建设及商品流通的一种共同遵守的技术依据、技术标准，也是为了在一定范围内共同使用和重复使用的一种规范性文件。其可分为基础标准、产品标准、方法标准，或者企业标准、行业标准与国家标准、国际标准等。标准的制定成为企业参与市场竞争、争夺"行业话语权"的体现，在业内享有较高声誉，某项先进技术得到市场充分认可的企业才有资格制定标准。对于中国企业参与起草的高速铁路相关的国家标准和行业标准在"中国知网"（http：//www.cnki.net）进行检索，检索的截止时间为 2016 年 12 月 31 日①，试做阐述。

1. 标准发布状况

早在 1986 年，我国就出台了关于动车组噪声方面的标准规范——《动车组噪声的评定》（TB/T 1809-1986）。该标准起草单位为青岛四方车辆研究所，适用于标准轨距铁路上运营的新造一般用途全金属电力动车组合拖

---

① 参见附录 5 标准检索式。

车、内燃动车组动车和拖车以及地下铁道客车动车和拖车，规定了动车组噪声评定的试验种类、测量仪器、线路状况、车辆状态和测量位置等内容。随着1997年开始的六次中国铁路大提速，中国品牌的"和谐号"动车组首次开行，中国动车组列车技术能力在既有原始创新的基础上，也从引进、吸收、消化过渡到再创新的突破性发展，2000~2016年，我国先后出台了115项关于高速铁路和动车组的国家标准和行业标准。其中，国家标准12项，行业标准103项，分别涉及高速铁路设计、高速铁路测量、高速铁路施工质量验收、动车组铝及铝合金、高速列车车轴用钢坯、动车组转向架、空气弹簧、动车组前照灯、动车组车窗、动车组密封、机车车辆车顶高压布线、受电弓与接触网、运用维护、动车组司机警惕装置等多个方面；制造方面的标准占比最高，为65%，建设方面的标准占比次之，为24%，运营方面的标准占比仅为11%。

1993年以来我国高速铁路标准发布状况见图3-9。

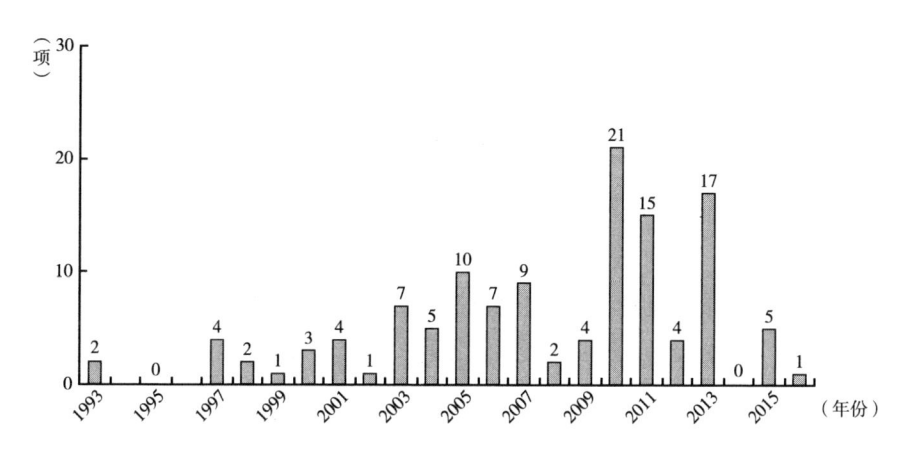

图3-9 中国高铁相关标准发布状况

由图3-9可见，2000年以前我国出台的关于高速铁路的标准数量较少，此阶段我国高铁行业尚处于起步探索阶段；2001~2007年，我国出台的关于高速铁路的标准数量开始上升，伴随着我国高速铁路行业的稳步发展，这一时期我国自行设计了"中华之星"高速电力动车组并开通了中国铁路第一条客运专线——秦沈客运专线。2008年以后，我国出台的关于高速铁路的标准数量开始大幅增加，其中2010年共出台了21项关于高速铁路的相关标准，此阶段伴随着我国高速铁路行业的高速发展期，我国通过引进吸收消化再创新战略设计并制造了具有完全自主知识产权的CRH380A型和CRH380B型电力动车组，并开通了时速350公里的武广高速铁路和京沪高速铁路。

2. 标准起草单位

在高铁建造方面，相关标准的起草单位主要有中铁建电气化局集团有限公司、中铁第一勘察设计院集团有限公司、中铁二院工程集团有限责任公司、铁道第三勘察设计院集团有限公司、中铁第四勘察设计院集团有限公司、中国铁路通信信号上海工程集团有限公司和中国铁道科学研究院，以及隶属于中国中铁、中国铁建、中国铁路通号集团的以建设施工为主要业务的一些国有企业。

在高铁制造方面，相关标准的起草单位主要有株洲电力机车研究所、戚墅堰机车车辆厂、四方车辆研究所、长春轨道客车股份有限公司、四方机车车辆股份有限公司、株洲时代新材料科技股份有限公司、唐山轨道客车有限责任公司、北京南口轨道交通机械有限责任公司、山东华腾环保科技有限公司、永济新时速电机电器有限责任公司，以及隶属于中国中车股份有限公司的以整车或部件制造为主要业务的一些国有企业。另外，也不乏一些民营企业、外资企业和高等院校，如无锡市灵格灯具厂、常州天山重工机械有限公司、吉林麦达斯铝业有限公司、同济大学、北京交通大学等。

在高铁运营方面，相关标准的起草单位主要有以下几类：一是长春轨道客车股份有限公司、四方机车车辆股份有限公司、唐山轨道客车有限责任公司一类的整车制造厂商；二是铁道科学研究院机车车辆研究所、四方车辆研究所、铁道科学研究院标准计量研究所、铁道科学研究院劳动卫生研究所一类的科研机构；三是其他一些供应商和运营机构，如北京铁路局、河南思维自动化设备股份有限公司、主导科技有限责任公司等。

总的来说，传统整车制造厂商对高速铁路的标准贡献最多，参与起草了大量标准,如四方机车车辆股份有限公司参与起草41项标准、长春轨道客车股份有限公司参与起草31项标准、唐山轨道客车有限责任公司参与起草19项标准等。

3.3 中国高铁企业专利态势

高铁是国际轨道车辆发展到一定阶段的产物,是世界各国轨道车辆技术持续创新的成果。高铁技术的发展集成了已有的轨道车辆技术精华,并在原有机车车辆的基础上,将动力分散到多个动车,以动车和拖车组合排列的方式运行,不仅是轨道车辆技术的创新,还是铁路运行管理创新与轨道车辆技术创新相结合的跨越性集成创新,充分满足人们对速度、舒适、安全等方面的全面需求。这里在前述中国高铁企业专利总体态势的基础上,针对中国高铁排名前100家企业的专利申请进行具体的分类分析,以期对我国高铁企业和高铁行业知识产权特别是专利有更为深入的了解。

3.3.1 专利申请全球态势

从全球地区分布的情况来看,中国高铁企业虽有一定数量的国外专利申请,但大部分专利申请为国内申请。其中,面向世界知识产权组织的PCT专利申请有408件,有1件面向日本的专利申请,另有2件面向中国台湾的专利申请。可以看出,中国高铁企业已有一定的海外布局意识,但海外布局数量仍旧较小,仅占全部专利申请的不足3%(见图3-10),中国高铁企业仍需提高自身的海外专利保护意识。

进一步分析中国高铁企业面向世界知识产权组织的408件PCT专利申请,其属于241个专利族,从专利族的全球公开情况来看,其总共布局了29个国家和地区,既有美国、日本、德国、法国等高铁技术强国,也有大量中国高铁"走出去"的市场国家。但从专利公开的数量来看,已经在国外公开的专利数量还较少,大部分PCT专利申请目前仅在中国公开,由于

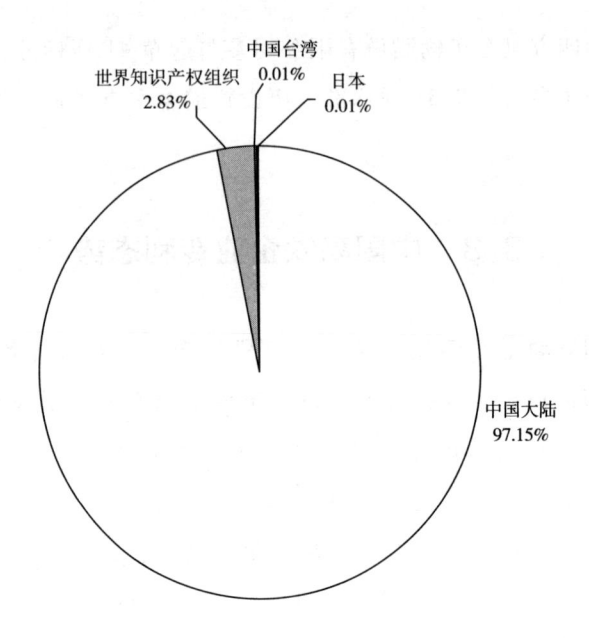

图3-10 中国高铁企业全球地区分布

PCT专利申请30个月宽限期的规定，可以预见的是未来会有更多的PCT专利申请进入外国的国家审查阶段寻求专利权的保护。

3.3.2 专利申请行业态势

3.3.2.1 专利申请量行业分布

高铁专利申请量行业分布更清楚地表明了各行业的高铁技术发展状态。在高铁技术的四大行业中，制造行业的专利申请量最多，总共5951件，占总申请量的39%。高铁制造行业主要涵盖有关动车组的专利技术，比如总成、车体、转向架、牵引系统、制动系统等，可以说是高铁的基础技术，因此最受企业重视。科研机构的专利申请数量也很多，达到5461件，占比36%。科研机构对高铁建造技术的发展起到了理论和基础支撑的作用，国内相关企业应与科研机构充分对接，充分发挥科研机构的技术优势，与相关企业进行产学研深度合作。高铁建造行业主要涵盖有铁路建造技术以及相关配套设施的企业，其专利申请量有2392件，占比15%。高铁运营行业主要涵

3 中国高铁企业知识产权态势与风险分析

盖高铁运营过程的安全控制，比如异物异常监测、定位与调度技术等，有1536件专利，占比10%。我国高铁技术专利申请行业分布见图3-11。高铁四个行业专利申请直接相加的数量为15340件，大于总申请量（14436件），说明国内科研机构、制造企业、建造企业、运营企业之间存在一定数量的共同申请，国内各行业之间通过共同研发、共享专利权的形式进行合作。

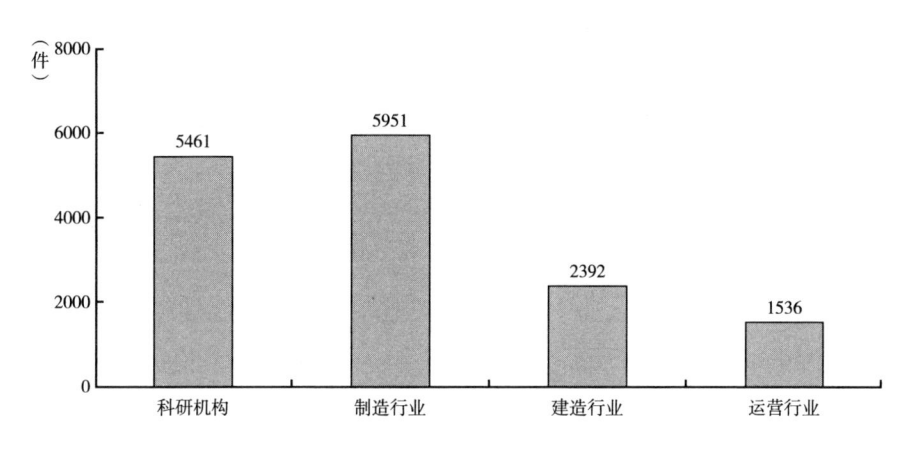

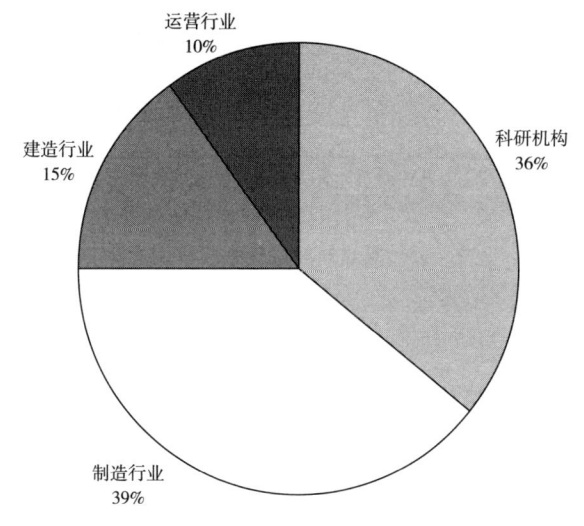

图3-11 专利申请行业分布

3.3.2.2 专利申请量具体分布

下文在专利申请量行业分布的基础上，对四个领域分别进行进一步的具

99

体分析。

1. 科研机构专利态势

高铁科研机构专利申请态势。从 1990 年至 2016 年底，中国国内高铁科研机构共申请高铁相关技术专利 5461 件[①]，参见图 3-12。从历年申请趋势来看，早在 1990 年国内已有科研机构对高铁相关技术进行了早期的专利申请，科研机构的研发进入萌芽期；自 2002 年起，科研机构针对高铁的专利申请开始逐年增多，随着"铁路大提速"的兴起，国内科研机构对高铁技术的专利申请越来越重视；2006 年开始，科研机构的专利申请进入高速发展期。

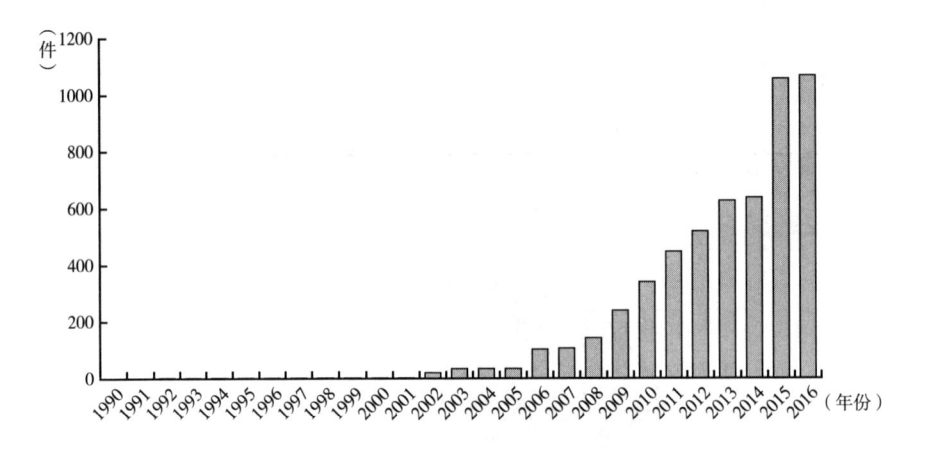

图 3-12 高铁科研机构专利申请态势

高铁科研机构专利申请量排序。从科研机构申请人排名来看，占据申请量前十的申请人均是国内知名的高铁科研机构，参见图 3-13。其中，西南交通大学排名第一，申请量达到 1152 件；再次印证其在国内轨道交通领域科学研究的优势，以及对中国高铁的建设和发展发挥的重要作用。第二名为北京交通大学，申请量达到 828 件，其拥有国内最早的交通运输学科，在高铁技术的研发方面与行业紧密联系，参与了铁路六次大提速、大秦重载铁

---

① 参见附录 6 科研机构专利检索式。

路、青藏铁路、高铁"走出去"等多项重点项目。第三名是中国铁道科学研究院，申请量达358件，它是中国铁路领域唯一的多学科、多专业的综合性研究机构，在中国高铁行业内具有举足轻重的地位。除中国铁道科学研究院自身以外，其下属的中国铁道科学研究院铁道建筑研究所和中国铁道科学研究院机车车辆研究所也有较多的专利申请，足以体现中国铁道科学研究院在高铁研发体系中的重要地位。

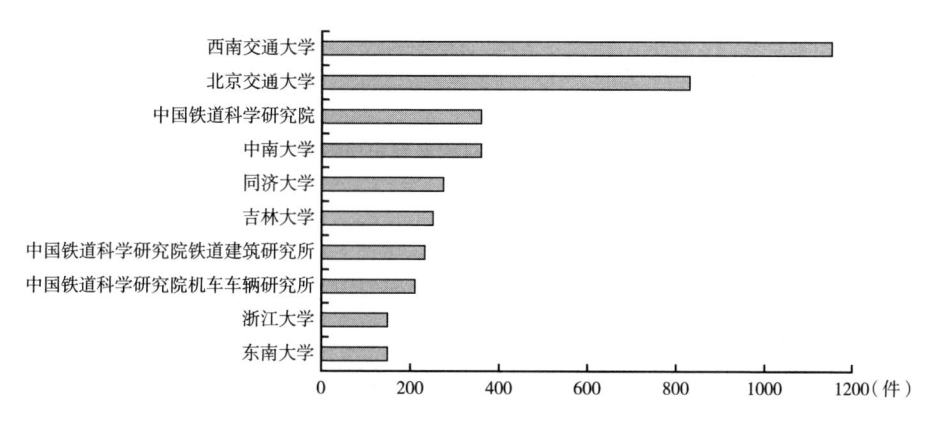

图 3-13 高铁科研机构专利申请量排序

申请量较多的科研机构还有中南大学、同济大学、吉林大学、浙江大学、东南大学等；科研机构积极参与高铁技术的研发，为国内高铁产业产学研深入合作打下了坚实的技术基础。

高铁科研机构专利申请技术分布。对高铁科研机构所申请的专利技术进行细分，具体情况如图3-14所示。从专利分类号的小类来看，主要覆盖G01M、E01B、G06F、B61L、G01N、B60L、B61K、G01B、H04L、H04W、G01R。排在小类分组第一的是G01M，其表示机器或结构部件的静或动平衡的测试，动平衡是高速列车进一步提速的关键技术点，科研机构关于动平衡方面的研发最多，相关专利申请有458件；排在小类分组第二的是E01B，其表示铁路轨道、铁路轨道附件、铺设各种铁路的机器，属于高铁建造领域的关键技术点，相关专利有406件；G06F表示高铁的电数字数据处理相关技术，随着技术水平的不断提高，高铁向着电子化、智能化的方向发展，高

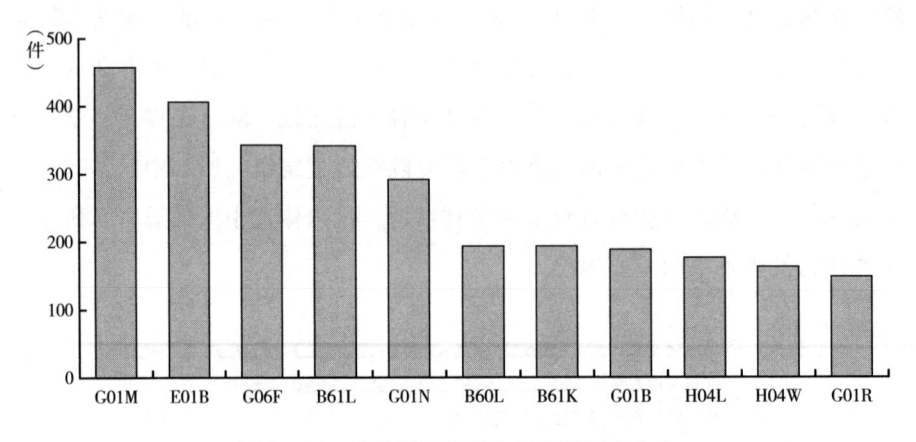

图 3-14 高铁科研机构专利申请技术分布

铁的电数字数据处理技术也是科研机构的重点申请方向，相关专利有 343 件。

2. 高铁制造企业专利态势

高铁制造企业专利申请态势。从 1990 年至 2016 年底，中国高铁制造企业共申请专利 5951 件[①]，参见图 3-15。

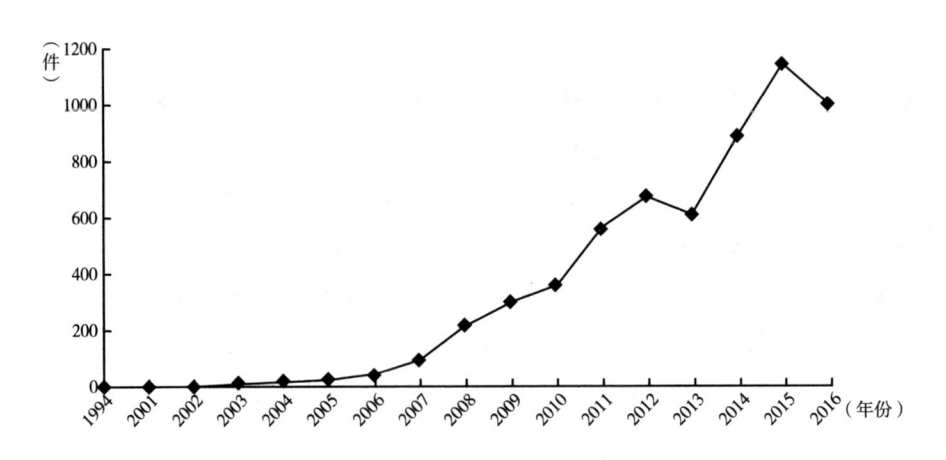

图 3-15 高铁制造企业专利申请态势

---

① 参见附录 7 制造企业专利检索式。

高铁制造企业专利申请总体呈现增长趋势，大致可分为三个阶段：起步萌芽阶段（2000年及以前），该阶段申请量较少，年申请量不足15件。稳步增长期（2001~2007年），伴随着铁路大提速，我国进入快速铁路时代，并探索性地预备了动车组的相关技术，电力动车组概念逐步普及，更多的企业和科研机构加入对高速铁路制造方面的研发和探索当中，除了传统的铁路车辆整车制造厂商外，一些中外合资的动车组装备制造企业也纷纷成立。如中车永济电机有限公司、株式会社日立制造所和日立（中国）有限公司三方于2003年共同出资成立西安中车永电捷通电气有限公司，设计生产电力动车组交流传动系统。高速发展期（2008年及以后），伴随着武广高铁和京沪高铁的开通，我国研发并生产了完全自主知识产权的CRH380型电力动车组，其时速可达350公里。经过十多年的发展，高铁逐渐成为中国企业"走出去"的亮丽"名片"，伴随着高铁"出海"战略规划的实施，各大企业开始加大对高铁技术的深层次研发力度，使得该阶段高速铁路制造方面的专利申请量呈现高速增长趋势。

高铁制造企业专利申请分布。高铁制造企业专利申请的地区分布参见图3-16，表明中国制造企业的大部分专利申请是国内专利，占比约97%，有一件是向中国台湾申请的专利。

同时，中国高铁制造企业通过世界知识产权组织进行了190件PCT专利申请。PCT（Patent Cooperation Treaty）是专利领域的一项国际合作条约，它是在《巴黎公约》框架下只对成员开放的一个协议，目前全球已有170余个缔约国。根据PCT合作条约，申请人通过向世界知识产权组织提交PCT专利申请，就可以同时在全世界的缔约国申请对其发明的保护。[①] 可见，PCT专利申请具有较大的便利性，且通过PCT开展海外布局成为中国高铁制造企业"走出去"的首选手段。

高铁制造企业专利重点申请人。高铁制造企业专利重点申请人即排名前十的企业，参见图3-17。排名前十的均是国内的传统铁路装备整车制造

---

① 世界知识产权组织网站，http://www.wipo.int/pct/zh/。

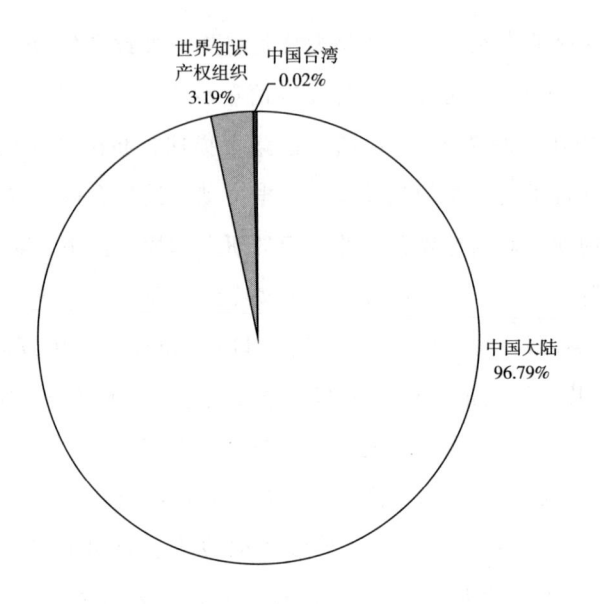

图 3-16 高铁制造企业专利地区分布

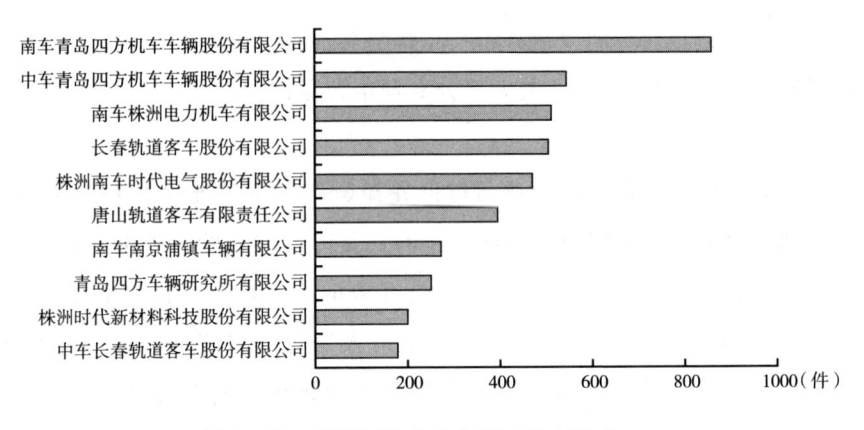

图 3-17 高铁制造企业专利申请人排名

商。其中，南车青岛四方机车车辆股份有限公司排名第一，专利申请量达858件，第二是中车青岛四方机车车辆股份有限公司，有543件专利申请。上述两个申请人实际上是同一家企业，2015年中国南车股份有限公司与中国北车股份有限公司合并，于2015年6月1日注册成立中国中车股份有限公司，中国南车股份有限公司旗下的南车青岛四方机车车辆股份有限公司也随之改为中车青岛四方机车车辆股份有限公司。目前南车青岛四方机车车辆股份有限公司的专利均属于存量专利，已经陆续转让至中车青岛四方机车车辆股份有限公司。

高铁制造企业专利申请技术分布。如图3-18所示，对高速铁路制造企业所申请的专利进行细分，从专利分类号的小类来看，主要覆盖B61D、B61F、B61C、G01M、B60L、B61G、B61H、G05B、G06F、B61L。排在第一的小类分组是B61D，其表示铁路车辆的种类或车体部件，属于高铁制造领域的关键技术点，相关专利有928件。B61F表示高速铁路车辆的悬架，如底架、转向架、轮轴，在不同宽度的轨道上使用的铁路车辆，预防脱轨，护轮罩，障碍物清除器或类似装置的相关技术，高速动车组的转向架属于动车组的核心技术，该部件具有承载、牵引、缓冲、导向、制动等功能，国内企业对该技术的申请较多，相关专利有678件。B61C是高铁机车相关技术，共有439件相关专利，高速铁路的动力车辆是驱动高铁列车行驶的装置，高铁牵引技术是高铁列车的核心技术之一。G01M表示机器或结构部件的静或动平衡的测试，动平衡是高速列车进一步提速的关键技术点，相关专利申请有334件。这一关键技术与高铁科研机构集中的关键技术是一致的。

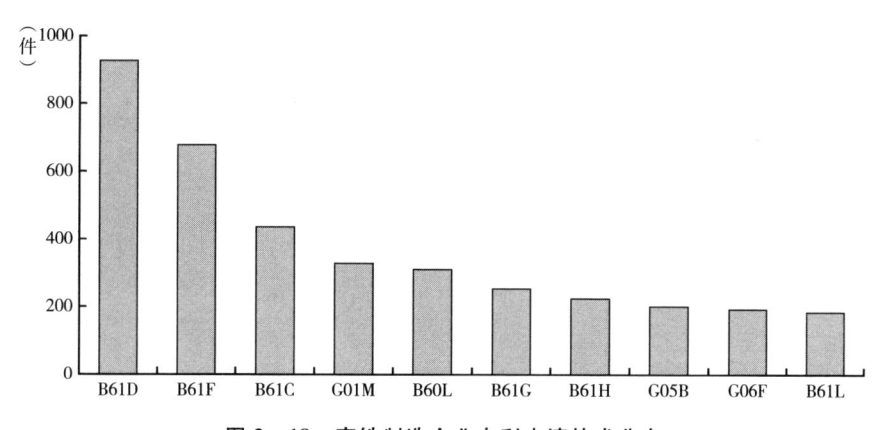

图3-18 高铁制造企业专利申请技术分布

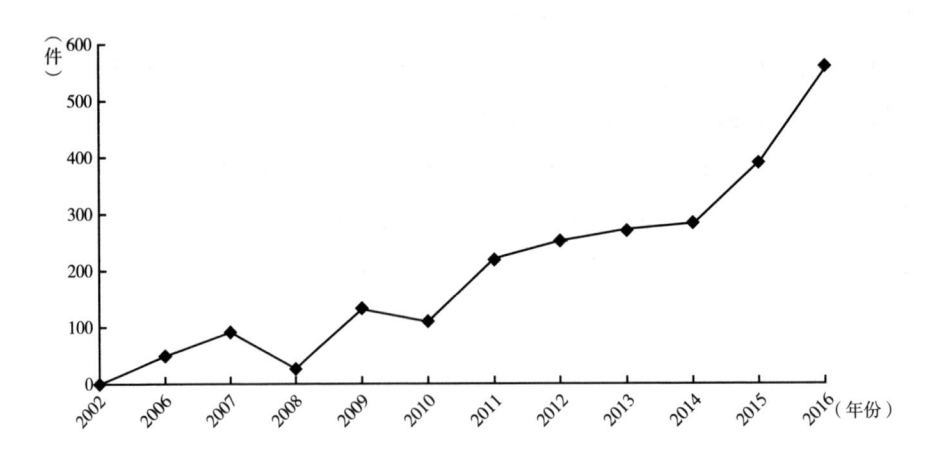

3. 高铁建造企业专利态势

高铁建造企业专利申请态势。从 1990 年至 2016 年底，中国高铁建造企业共申请专利 2392 件[①]，参见图 3－19。从历年申请趋势来看，我国高铁建造企业的专利申请较为滞后，直至 2002 年，国内高铁建造企业才开始申请相关专利。我国 2009 年提出"引进先进技术、联合设计生产、打造中国品牌"的高铁发展方针，自此我国铁路开始引进国外先进技术，与此同时，我国高铁企业也更为重视高铁建造技术专利申请，逐渐进入稳步发展期；2015 年开始至今，相关专利申请量开始急剧增长，高铁建造技术进入高速发展期。

图 3－19　高铁建造企业专利申请态势

高铁建造企业专利申请区域分布。由于中国政府的大力支持，中国建设高铁总里程已超过 1.9 万公里，占世界高铁里程的 60%，这种领先全球的市场占有率极大地促进了国内高铁建造企业的技术积累以及创新研发。中国高铁建造企业专利地区分布如图 3－20 所示，大部分专利申请仅在国内布局，仅有极小部分面向世界知识产权组织的 PCT 专利申请。

高铁建造企业专利申请人状况。从高铁建造技术专利申请人排名来看，

---

① 参见附录 8 建造企业专利检索式。

世界知识产权组织
0.88%

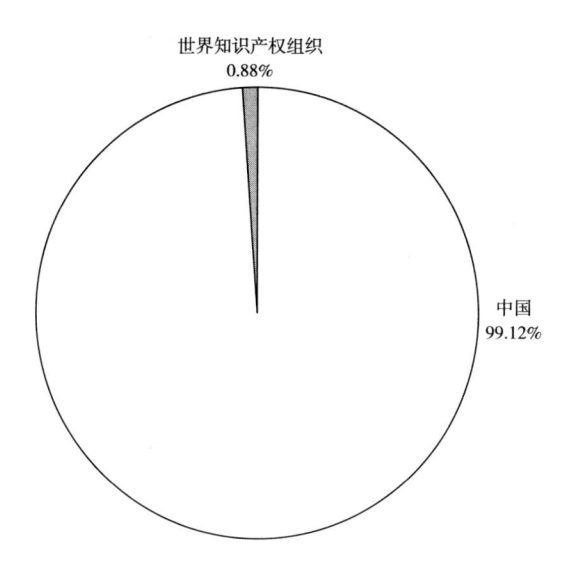

中国
99.12%

图 3－20　高铁建造企业专利地区分布

参见图 3－21，占据申请量前十的申请人均是国内知名的高铁建造企业。其中，排名第一的是中铁第四勘察设计院集团有限公司，申请量达到 649 件，排名第二的是中铁二院工程集团有限责任公司，申请量达到 419 件，排名第三的是中铁第一勘察设计院集团有限公司，申请量达 236 件。除了传统的高铁施工企业外，国家电网公司也申请了 114 件专利，排名第五，这是由于我国目前的高速铁路大部分是电气化铁路，高速列车用电量较大，时速 250 公里的高铁每小时耗电约 4800 度，一趟时速 250 公里的高铁从北京到南京要耗费近 2 万度电，电气化高铁的建设离不开电力供应企业的大力支持。要说明的是，高铁建造企业中勘察设计企业的专利申请总体上比工程施工企业要多。中国高铁建造企业在高铁建造技术方面占据优势得益于高铁建造领域的跨越式发展，各工程建设公司在工程建设实践中积累了大量的技术经验，为专利技术申请打下了坚实的基础，形成了"实践积累—创新保护"的良性循环。

高铁建造企业专利申请技术分布。对高铁建造企业申请的专利进行细分，如图 3－22 所示，从专利分类号的小类来看，主要覆盖 E01B、E01D、E02D、E21D、B60M、E01F、E01C、E21F、B28B、B61B。排在第一的小

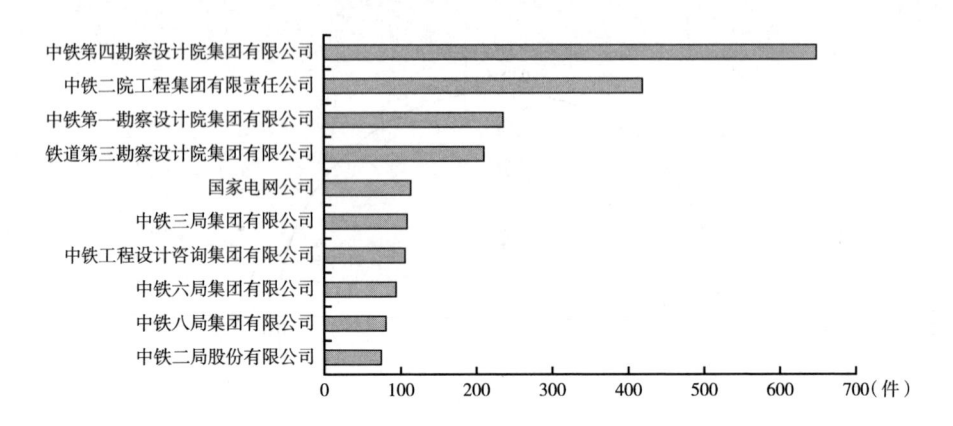

图 3-21　高铁建造企业专利申请人排名

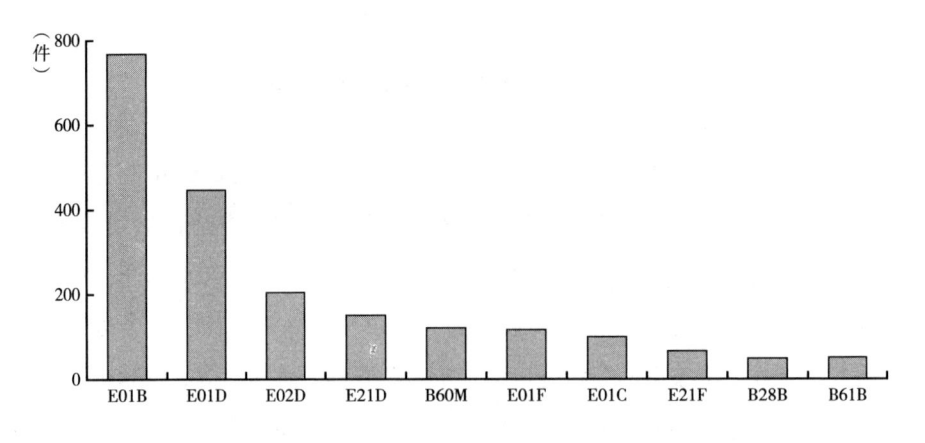

图 3-22　高铁建造企业专利申请技术分布

类分组是 E01B，其表示铁路轨道、铁路轨道附件、铺设各种铁路的机器，属于高铁建造领域的关键技术点，相关专利有 770 件。E01D 表示高铁的桥梁相关技术，高铁线路的桥梁占比通常较高，例如京沪高铁的桥梁占比达到 81.5%，全长 1318 公里的京沪高铁中有 1074 公里是在桥上，为了保障高速列车的平稳运行，高铁桥梁技术也是高铁建造企业的重点申请方向，相关专利有 447 件。E02D 是基础、挖方、填方相关技术，高速铁路对铁路地基有了更高的要求，防沉降地基技术也是高铁建造企业的研发重点。E21D 是隧道相关技术，为了联通中国西部地区，隧道技术也是国内高铁建造企业的攻关重点，相关专利申请有126件。其中，E01B这一关键技术与高铁科研机构集中的关键技术是一致的，同时高铁建造专利申请还集中在桥梁、路基和隧道相关技术领域。

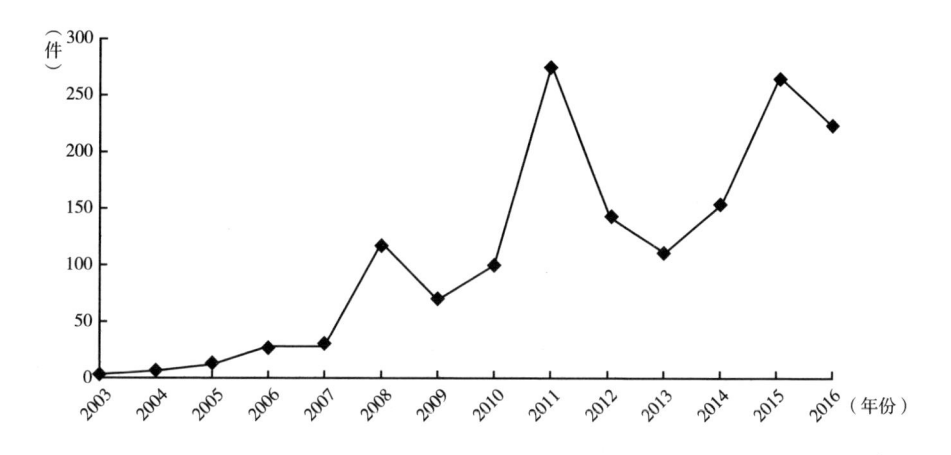

4. 高铁运营企业专利态势

高铁运营企业专利申请态势。从1990年至2016年底，中国高铁运营企业共申请专利1536件[1]，如图3-23所示。2003年开始，国内高铁运营企业开始关注高铁相关专利申请，但申请数量不多；自2007年起，运营相关的专利逐渐增多，申请量呈现上升趋势；到了2011年运营方面的专利申请最多；之后由于铁道部改组以及组建中国铁路总公司，中国高铁运营企业的专利申请出现一定的回落；2013年中国铁路总公司正式成立，中国铁路实现政企分开，高铁运营企业发展进入新阶段，其专利申请也随之快速增长。

图3-23 高铁运营企业专利申请态势

高铁运营企业专利申请区域分布。对中国高铁运营企业专利地区分布进行分析，如图3-24所示，中国高铁运营企业大部分专利均在国内布局，但也有一定数量的海外布局，向世界知识产权组织提交了155件PCT专利申请。高铁运营企业在实施"走出去"战略中知识产权保护意识相对较强。

---

[1] 参见附录9运营企业专利检索式。

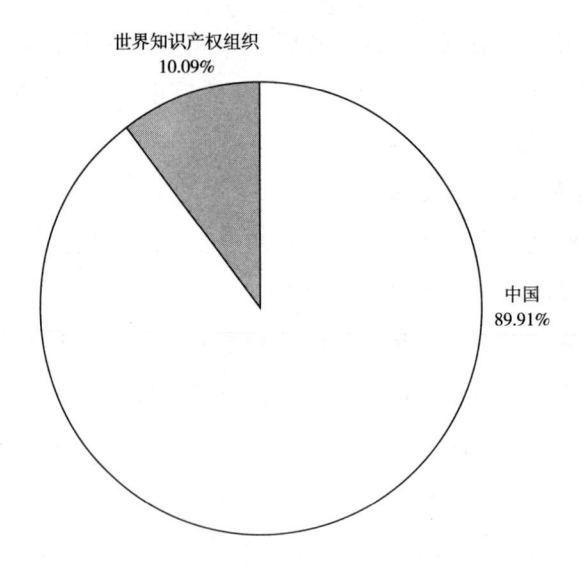

图 3-24 高铁运营企业专利地区分布

从高铁运营企业专利全球布局来看，中国高铁运营企业的 155 件 PCT 专利申请属于 69 个专利族，除了本国的布局外，该 69 个专利族还布局到欧洲、美国、德国、印度、日本、澳大利亚、加拿大、英国、韩国等。从其布局的国家来看，既有高铁技术强国，也有中国高铁"走出去"的市场国，说明中国高铁运营企业专利布局既面向国际竞争对手，主动出击，与技术强国竞争制高点；也面向高铁市场国家，保护自身海外市场利益。

高铁运营企业专利申请技术分布。高铁运营企业专利申请技术分布如图 3-25 所示，从专利分类号的小类来看，主要覆盖 H04W、B61L、H04L、H04B、B61D、E01B、G06F、G05B、B61K、G06Q。排在第一的小类分组是 H04W，有 368 件专利申请，其表示无线通信网络，高效先进的无线通信网络是运营调度系统与每一辆高速列车连接的桥梁与纽带。排在第二的小类分组是 B61L，其表示高铁运营过程中的交通运输管理，保证铁路的交通安全，相关专利有 223 件。H04 大类表示电通信技术，该大类下申请量较多的 H04L 表示数字信息的传输技术，有 184 件，H04B 表示通信传输技术，有 122 件。由此可见，运营中的主要技术是通信信号和交通运输管理。

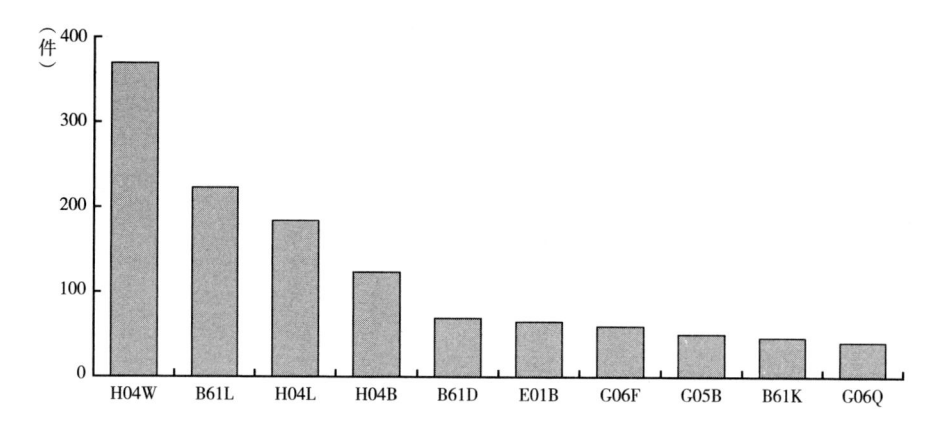

图 3-25 高铁运营企业专利申请技术分布

高铁运营企业专利申请人状况。中国高铁运营企业专利申请人排名如图 3-26 所示，排在第一位的是中国铁路总公司，共申请了 320 件高铁相关专利。由于铁路的政企改组，原铁道部的专利均转让至中国铁路总公司，高铁运营企业的专利申请也呈现一家独大的情况。因此，仅有中国铁路总公司一家有较多专利申请，地方铁路局的专利申请数量普遍不多。另外，中国神华能源股份有限公司也申请了较多专利，其主要涉及铁路货运运营。铁道部运输局专利申请量排名第三，由于铁道部改组，该部分专利为存量专利，并且均已转让至中国铁路总公司。

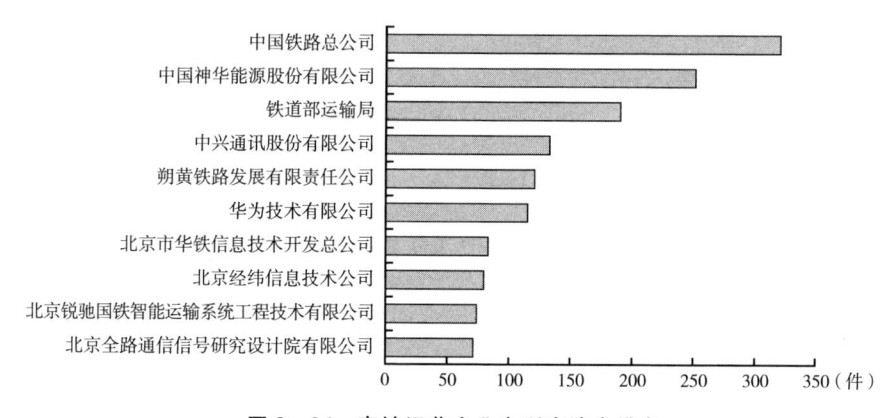

图 3-26 高铁运营企业专利申请人排名

3.3.3 专利的法律状态

专利的法律状态是指包括且不限于该技术领域的专利申请量、授予量、撤回量、驳回量、放弃量，以及无效量、权利终止量等，是创新技术权利的真实状况和专利技术专利权的全景体现。我国高铁技术专利的法律状态参见图 3-27。对发明授权量与发明申请量分别进行统计：从中可以看出，专利申请的授权总量为 8342 件，占专利申请总量的 59.48%，已失效申请量（包括权利终止、撤回、驳回、全部无效以及放弃案件）为 3634 件，占专利申请总量的 25.91%，在审案件 2049 件，占专利申请总量的 14.61%。其中，有效专利总量是无效专利总量的近 3 倍，可见专利权相对稳定。

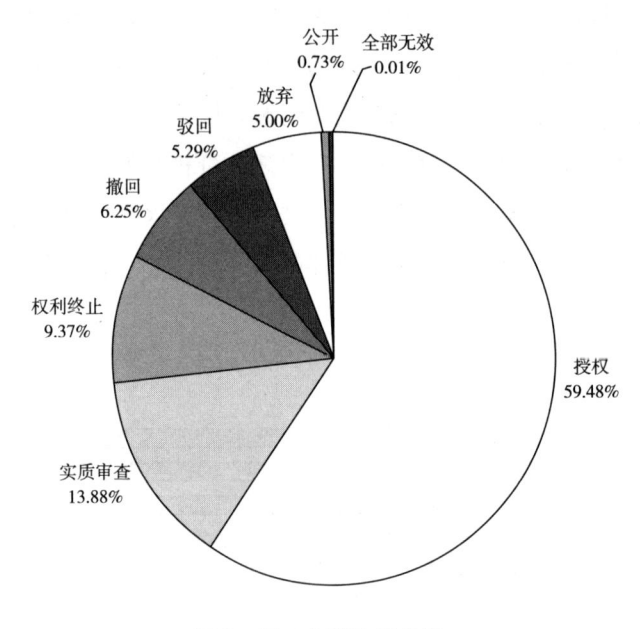

图 3-27 专利法律状态

3.3.4 专利的运用状态

中国国家知识产权局数据表明，中国高铁企业历年来共发生高铁专利诉讼1件，质押专利5件，转让1162件，许可87件，复审决定30件，无效专利89件。

中国高铁专利转让状态。随着专利制度的逐步完善以及高铁技术的发展，到2010年之后，涉及高铁技术的专利转让量呈增加态势，转让人和受让人均为行业龙头企业或高校，从合作角度促进中国高铁技术的发展，如图3-28所示。

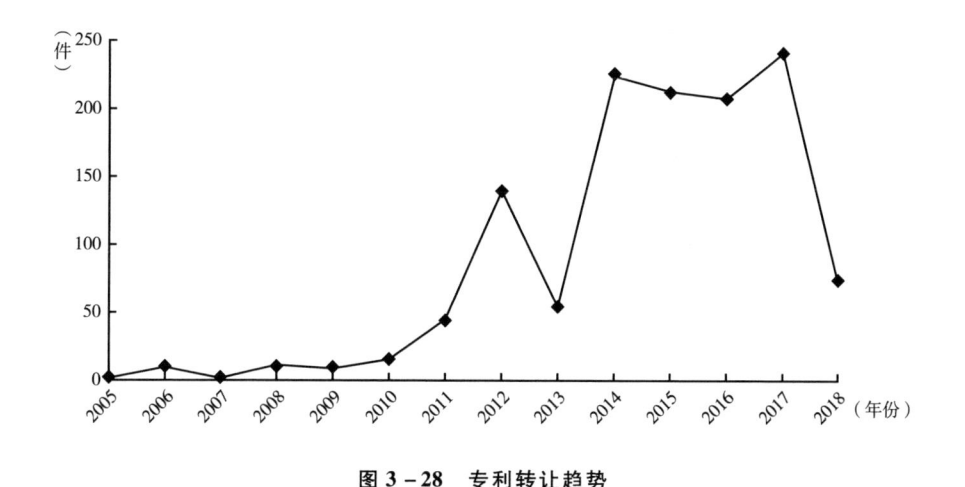

图3-28 专利转让趋势

专利转让人排名情况。从专利转让人的排名情况来看，如图3-29所示，铁道部运输局转让的专利数量最多，达到164件。进一步追踪专利去向可知，铁道部运输局转让专利的受让人均为中国铁路总公司。中国铁路总公司是根据《国务院机构改革和职能转变方案》实行铁路政企分开而设立的以铁路客货运输服务为主业的企业。机构改革后铁道部运输局隶属交通运输部铁路局。根据政企分开的原则，原铁道部运输局将其所有的专利进行了转让，交接给中国铁路总公司。

排名第二的转让人是上海磁浮交通工程技术研究中心，上海磁浮交通工程技术研究中心结合上海磁浮示范线的建设，引进消化吸收再创新磁浮交通技术，通过牵头承担国家"十五"863计划"高速磁浮交通技术研究"重大专项课题，实施磁浮交通技术国产化和创新，为磁浮交通技术标准研究奠

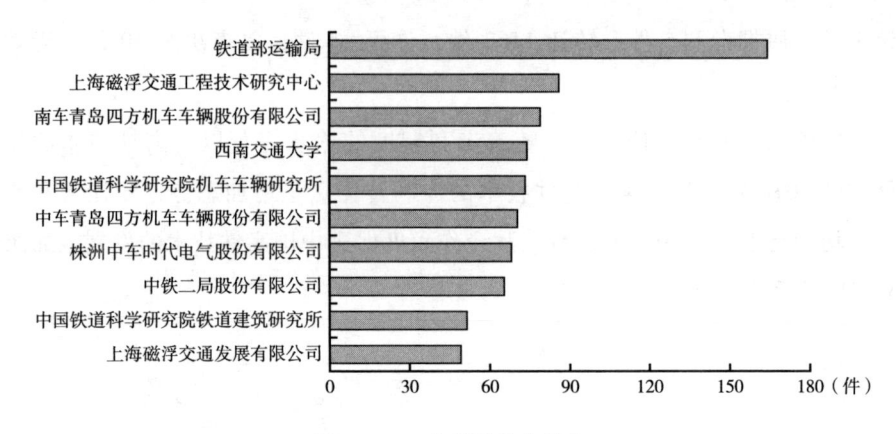

图3-29 专利转让人排名

定了技术基础。2012年7月，因上海磁浮交通发展有限公司重组，上海磁浮交通工程技术研究中心依托单位变更为同济大学，上海磁浮交通工程技术研究中心所有专利也随之转让交接至同济大学。

另外，科研机构将其所属的已授权专利进行转让是产学研合作的典型模式，从科研机构专利转让趋势来看，自2006年起，科研机构开始初步进行科研成果转让。2011年后，随着中国高铁市场化程度越来越高，科研机构专利转让数量也有所增加，专利成果的运用进入活跃期，科研机构与国内企业之间的合作越来越紧密（见图3-30）。

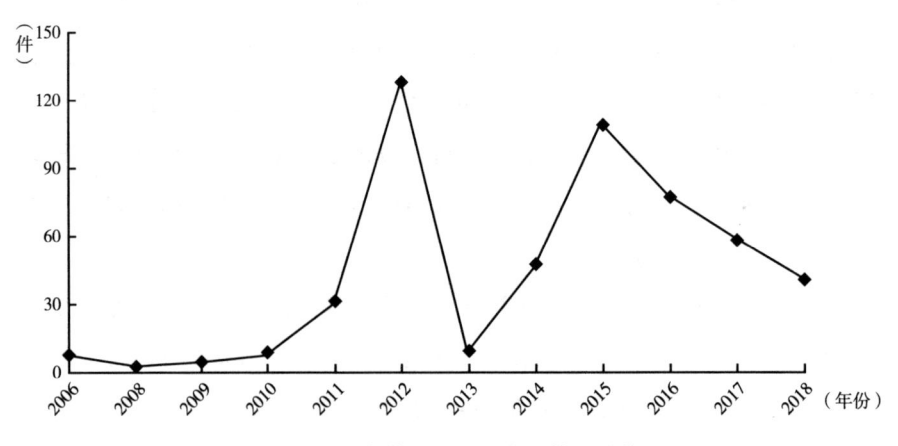

图3-30 高铁科研机构专利转让趋势

从科研机构专利转让排名情况来看，西南交通大学的专利转让数量排名第一，总共转让了74件专利，其通过专利转让的方式与企业开展合作，将科研成果落地转化，形成了良好的产学研合作局面（见图3-31）。北京交通大学以转让49件专利排名第四，说明北京交通大学在国内高铁的产学研合作方面也占有一定的地位。值得注意的是，北京交通大学还有23件专利是通过北京交大资产经营有限公司转让的，该公司是北京交通大学作为唯一出资人的法人独资有限公司，是北京交通大学对外投资经营和股权管理的授权归口单位，以及学校科技成果产业化的运作平台。通过资产经营公司进行专利运营有利于统筹管理和整合资源，实现科技成果快速产业化，是推进学校与产业充分对接的一种有效方式。

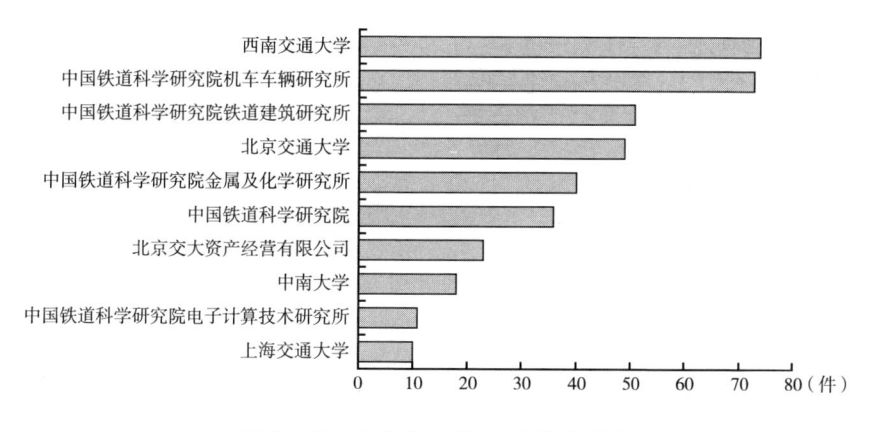

图3-31 高铁科研机构专利转让排名

中国铁道科学研究院及其下属的机车车辆研究所、铁道建筑研究所、金属及化学研究所、电子计算技术研究所均有较多数量的专利转让，该研究院与高铁企业的合作也最为紧密，前十转让人中有5个属于中国铁道科学研究院，足以说明中国铁道科学研究院在产学研合作方面独冠全国。

中国高铁专利许可状态。专利许可也是专利权运用的重要手段，如图3-32所示，专利许可量排名第一的是北京交通大学，总共许可了17件专利，北京交通大学拥有国内最早的交通运输学科之一，在高铁技术的研发方面与行业紧密联系。进一步追踪北京交通大学的被许可人可以发现，被许可人一般为中小企业，自身缺乏研发实力，通过专利许可的方式可以快速占有市场。专利许可排名第二的是中兴通讯股份有限公司，其专利主要涉及高铁相关的通信技术，进一步追踪中兴的被许可人可以发现，其被许可人均是深圳市中兴微电子技术有限公司，属于中兴控股的子公司，通过许可实施的方式助力子公司快速发展。

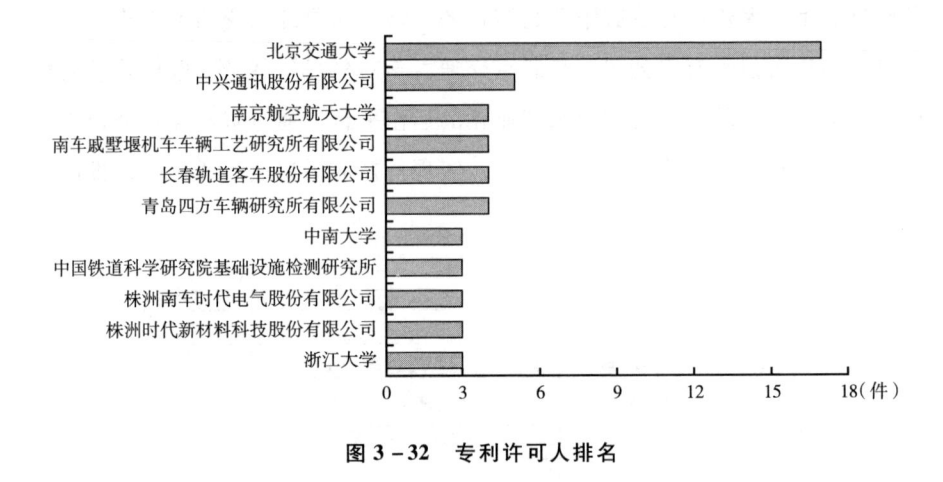

图 3-32 专利许可人排名

2008 年后，涉及高铁技术的专利许可量呈波动上升的趋势，许可人通常是国内前沿的科研机构，通过许可企业的形式转化自身科研成果，促进中国高铁技术的发展，如图 3-33 所示。

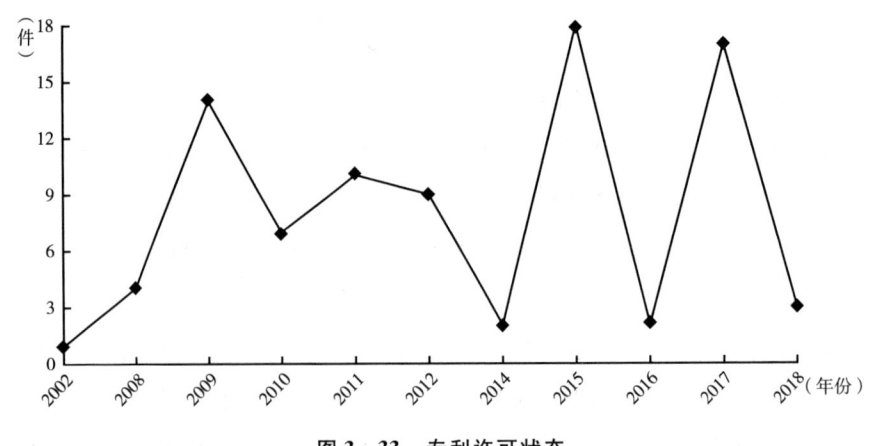

图 3-33 专利许可状态

3.4 中外高铁企业知识产权（专利）态势比较

中国高铁"走出去"，主要通过国际工程承包及其高铁产品国际贸易，具体来说，就是中国建造企业和制造企业进入国际市场。本部分主要是在阐述中国制造企业和建造企业专利国际申请态势与国际相关行业专利申请状况的基础上，试做国内国际比较分析。

3.4.1 中国高铁专利申请国际态势

中国高铁在建造和制造行业的主要企业共有 45 家，其中制造行业 29 家，建造行业 16 家。上述 45 家中国高铁制造和建造企业在全球的高铁专利申请总量为 8343 件，其中国外申请量 211 件，国内外申请量之间的差距显著；反映出高铁专利布局集中在国内市场，而进军国际市场的技术保护明显不够。

同时，中国高铁制造和建造企业专利申请量总体呈上升趋势，如图 3-34 所示。从 1994 年的 1 件到 2016 年的 1560 件，专利申请量剧增，体现了我国高铁研发能力的不断提升以及研发投入与产出的逐步增加，也反映了我国在高铁行业拥有自主知识产权的技术越来越多，攻克的高铁技术难点逐渐

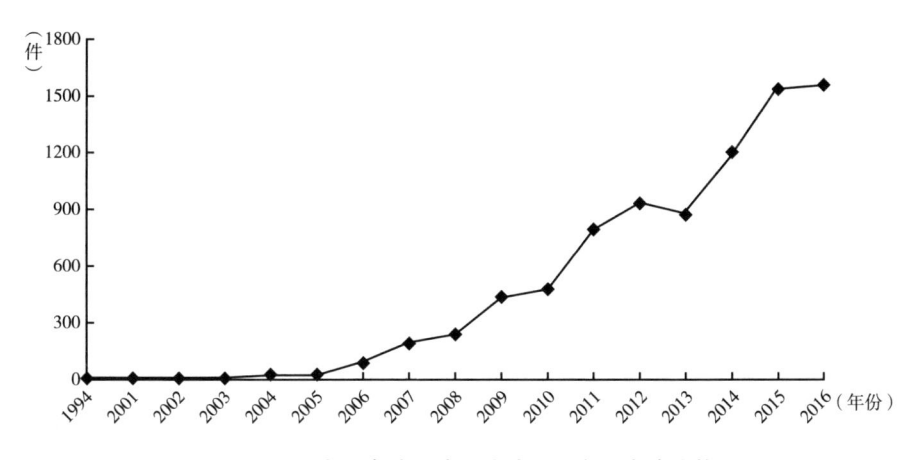

图 3-34 中国高铁制造和建造企业专利申请趋势

增多。经过多年高铁技术的发展，中国高铁年均专利申请量达到320件，反映出我国高铁企业拥有持久的研发能力。

中国高铁制造和建造企业专利申请几乎覆盖了全球主要的知识产权强国，比如美国、日本、欧洲国家等。同时，专利申请主要集中在中国，其他国家或地区的申请量较少，而在非洲几乎没有申请。出现上述情况一方面与相关国家知识产权制度有关，没有专利制度也就谈不上专利保护；另一方面也与相关国家的经济特别是科技发展水平有关，高铁是一项研发、建造、制造以及运营成本都很高的交通工具，发展高铁技术需要一个国家或地区一定的经济发展水平作为支撑。

中国高铁制造和建造企业专利申请全球分布情况如图3-35所示。中国高铁制造和建造企业在国内的专利申请量稳居第一。国内申请量的提升，一是基于我国旨在促进创新、促进专利保护的知识产权政策制度的建立健全；二是缘于我国高铁企业逐步提高了知识产权保护意识和水平，进一步形成了高铁技术保护机制；三是出于国内外高铁市场知识产权风险的预防需要。国际PCT申请量排在第二位，有211件，远远高于其他国家或地区的布局量，反映出中国高铁企业近些年重视通过PCT的方式走向国际目标市场。

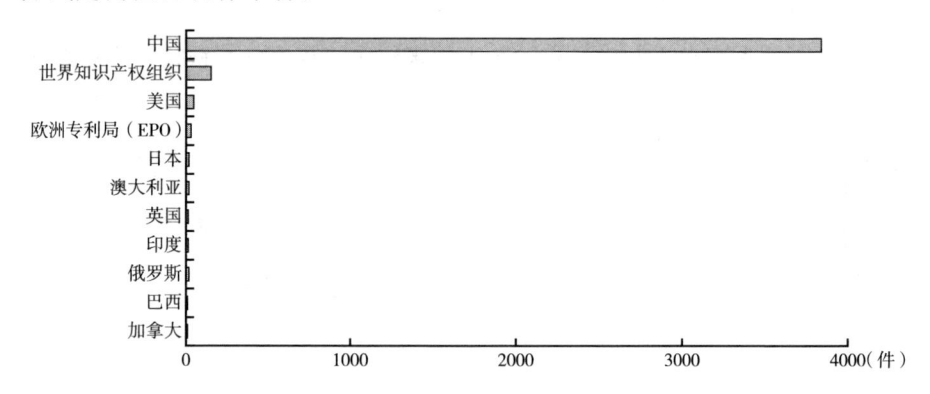

图3-35 中国高铁制造和建造企业专利申请全球分布情况

在上述布局国外的专利申请中，34件布局在美国，排在国外目标市场第一位，这与美国是科学技术和经济发展较好的国家有关，美国也是知识产权制度运用最好的国家之一。在欧洲的专利布局仅次于美国，共计21件，由于在欧洲布局一件专利，就可以获得欧洲多个国家或地区的认可，因而也是非常经济的方式。排在第三位的是日本，专利布局量为13件。日本本来就是高铁技术发展最好的国家之一，也是高铁发展最早的国家，日本新干线早已闻名世界，在日本布局相关高铁专利，可以说是带有竞争关系的进攻性专利布局。排在其后的是澳大利亚（11件）、英国（11件）、印度（9件）、俄罗斯（9件）、巴西（4件）和加拿大（4件）。

3.4.2 高铁制造企业专利全球态势

1. 中国高铁制造企业专利全球状态

从1990年初到2016年底，中国29家主要高铁制造企业在高铁设备制造和通信信号相关技术的全球专利申请总量为5951件，其中国内申请总量为5761件，国外申请总量为190件，国内申请量占总量的96.8%，中国高铁制造企业在国外的专利布局存在欠缺。

同时，190件国外专利申请都具有国际PCT申请同族，可见中国高铁制造企业主要通过国际PCT申请的方式向国外潜在目标市场进行布局，这样的布局方式既可以降低专利申请成本，又可以有针对性地指向目标国家或地区，另外双重检索的审查方式也使得被授予的专利权更加稳定有效。

中国高铁制造企业专利申请全球分布情况参见图3-36。除在国内申请专利外，排在第一位的是PCT专利申请。在这190件PCT专利申请中，除了具有中国专利申请同族外，大部分申请仍处于国际公开及检索阶段。统计表明，主要目标市场是美国、欧洲、日本、澳大利亚、英国、俄罗斯、印度、巴西、加拿大、阿根廷、德国、波兰、南非、奥地利、捷克、丹麦等。在美国的专利申请量排在第一位，有34件专利申请，这与美国处于世界技术强国之列有较大关系，能够在美国的高铁技术领域占据一席之地，不仅展现了中国高铁技术的先进性，也有利于中国高铁技术走向世界。

排在第二位的是欧洲专利申请量，有21件；第三位是日本，有13件。其后依次是澳大利亚、英国、俄罗斯、印度、巴西、加拿大、阿根廷；这七

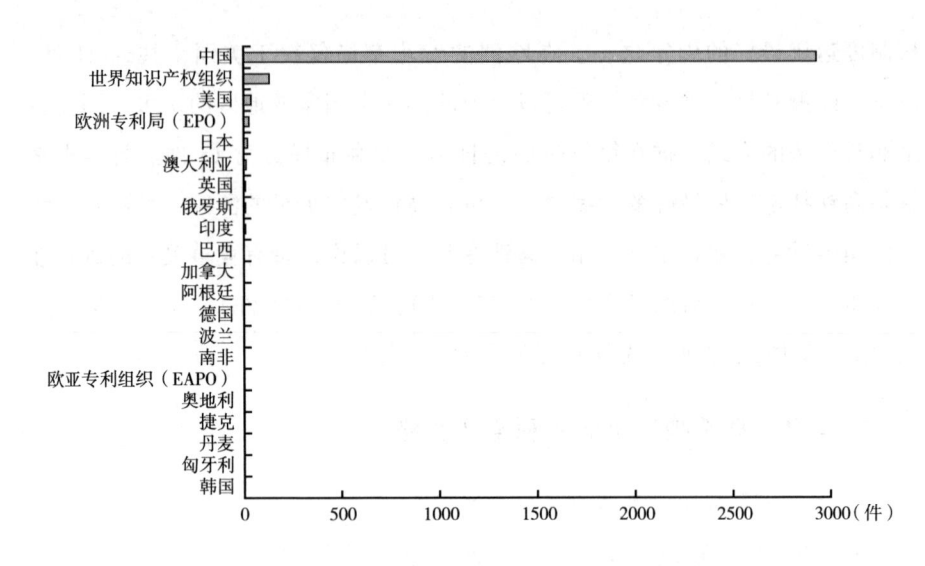

图3-36 中国高铁制造企业专利申请全球分布情况

国都是对高铁有需求的国家，是高铁技术的目标市场，有利于我国高铁企业进入上述地区，同时有利于预防国外高铁巨头技术垄断所带来的知识产权风险。

2. 国外制造企业专利全球状态

为方便研究和实现代表性，本部分依据目前国际高铁业务活跃程度，筛选了15家国外高铁制造企业作为全球代表（见表3-1）。这15家企业大部分来自国际上的三大高铁巨头国家，即日本、德国和法国。德国高铁制造企业有6家，分别是舍弗勒、西门子、弗里德、克诺尔、博世和戴姆勒；日本企业有4家，分别是日立、三菱电机、电装和川崎重工；法国企业有2家，分别是阿尔斯通和法维莱；美国有西屋和通用电气2家；加拿大有庞巴迪1家。它们均可能成为中国企业的潜在竞争对手，因此有必要对这些国外高铁制造企业知识产权情况做阐述分析。这15家高铁制造企业在高铁设备制造和通信信号相关技术领域的全球专利申请总量为25086件，其中在中国的专利布局量为1507件①。

---

① 参见附录10 国外高铁制造企业检索式。

3 中国高铁企业知识产权态势与风险分析

表 3-1 15 家国外高铁制造企业

英文名	中文名	国别
HITACHILTD	日立	日本
SIEMENS	西门子	德国
MITSUBISHI ELECTRIC CORP	三菱电机	日本
SCHAEFFLER	舍弗勒	德国
FAIVELEY	法维莱	法国
ZAHNRADFABRIK FRIEDRICHSHAFEN	弗里德	德国
DENSO	电装	日本
BOMBARDIER	庞巴迪	加拿大
KAWASAKI	川崎重工	日本
ALSTOM	阿尔斯通	法国
KNORR-BREMSE	克诺尔	德国
WESTINGHOUSE	西屋	美国
GENERAL ELECTRIC	通用电气	美国
BOSCH	博世	德国
DAIMLER	戴姆勒	德国

国外高铁制造企业专利申请趋势参见图 3-37。1990 年上述企业的专利申请量为 437 件，进一步反映出国外高铁巨头的高铁研发起步早，1990 年就已经形成一定的专利申请规模；随后申请量缓慢增长，到 2011 年达到最大值 1548 件，其后又缓慢下降，2016 年降至 764 件。

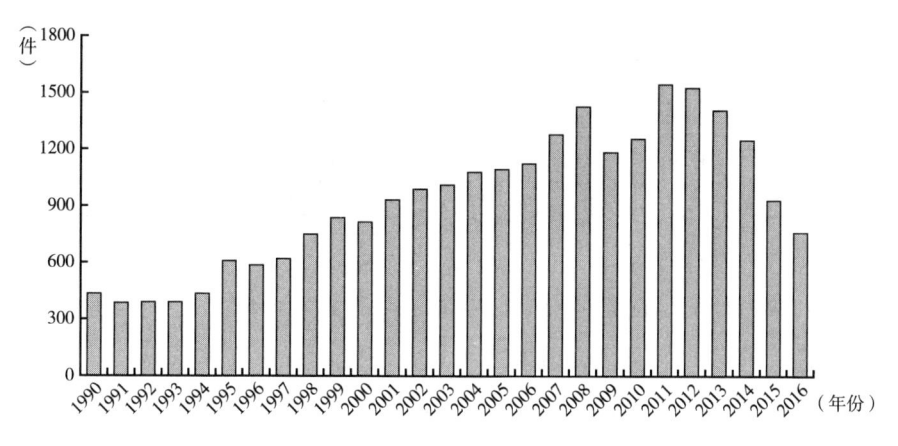

图 3-37 国外高铁制造企业专利申请趋势

从上述走势可以看出，国外高铁制造企业在高铁技术领域的研发增速放缓，研发产出在 2011 年前后达到顶峰，随后持续走低。出现上述走势的可能原因有：一是国外高铁制造企业的研发起步早，发展时间跨度大，随着时间的延长，相应的高铁技术专利布局已经较为完善，到 2011 年基本上已经攻克大部分高铁制造相关技术难点，剩下的高铁技术难点难度增大，需要更多时间、更大的研发成本等，年专利申请量有减少的趋势；二是国外制造企业针对专利的申请和布局需要综合考虑很多因素，比如该项技术是否适合通过专利来保护，是否有必要申请专利等，这实际上是对知识产权保护质量有更高的要求，这样也使得所保护的专利技术具有更强的稳定性；三是国外高铁制造企业鉴于创新技术通过专利保护需要公开，对于少量核心技术采取隐藏——商业秘密的方式保护，以防止其他竞争对手轻易获知并在此基础上进行相关的改进研发。

国外高铁制造企业专利申请全球布局。国外高铁制造企业全球专利布局的范围主要集中在亚洲、欧洲和美洲的国家，在欧洲的申请量最多，其次是南美洲，第三是亚洲，这也符合全球高铁产业发展趋势。欧洲的德国、法国、英国等都是最先发展起来的工业强国，在高铁技术领域自然不会落后；美洲的美国是后来居上的工业发达国家，也是一个巨大的高铁目标市场；亚洲的日本虽然是工业强国，但是国家规模较小、市场潜力有限，而中国是一个发展中国家，起步晚，经过近些年的努力才有如今的成果，市场潜力大。

国外高铁制造企业在全球的专利布局参见图 3-38。国外高铁制造企业专利申请排在第一位的是德国，高铁相关技术的专利申请量高达 8958 件，其大部分来自本国的申请人，可见德国企业不仅在技术研发上秉持细致认真和严谨的态度，在专利保护上也一样；当然这也反映出德国的高铁技术实力雄厚，不愧为高铁巨头之一。

排在第二位的是在美国的专利申请，申请量为 6652 件。美国是一个知识产权高度发达的国家，美国虽然不具备一整套高铁技术系统，但通用电气、西屋在高铁领域的部分技术应用也是不可忽视的；另外，美国是一个包容的发达国家，高铁这一便捷的交通工具迟早会大规模进入美国，使得世界

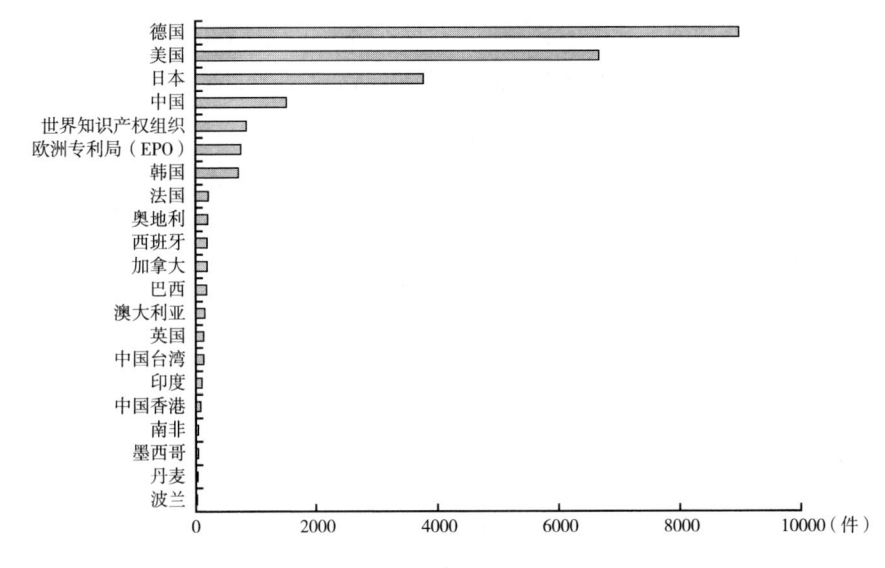

图 3-38 国外高铁制造企业在全球的专利布局

高铁巨头争先在美国布局相关高铁技术。

排在第三位、第四位的是在日本和中国的专利申请，申请量分别为 3769 件和 1507 件。日本是最早发展高铁技术的国家，其大部分申请也来自本国的申请人。日本的高铁专利布局相当完善，一项技术一般都会拆分为多个技术分别进行保护，这也是其专利申请量较大的一个原因。国外制造企业在中国进行了大量的专利布局，一方面是由于中国高铁技术在早期并不强，需要学习其他高铁巨头的技术，另一方面也是中国巨大的市场潜力所致。

排在第五位的是 PCT 专利申请，达 852 件，这也是国际专利制度发展的结果。继《巴黎公约》之后，PCT 也被越来越多的国家认可，通过 PCT 申请向国外目标市场进行专利布局的优势得到了体现。由于 PCT 专利申请在未进入目标保护国或地区之前，其在目标国或地区不存在相应的专利权要求，也无须进行审查，因此提高了专利的申请效率和审查效率。除了 PCT 专利申请，排在第五位的是在欧洲专利局的申请量，达 752 件。欧洲的专利权具有广泛的认可度，在欧洲大部分国家能够得到认可，这也是高铁制造企业在欧洲地区进行相关专利布局的首选。

在韩国和法国的专利申请量排在第六位、第七位。在韩国的申请量为718件，韩国是较早引进国外高铁技术的国家并在修建自己的高铁，韩国的高铁主要使用的是法国的TGV技术，可见韩国是一个高铁目标市场国，而法国是一个传统的高铁技术强国，在韩国布局相关高铁技术是高铁巨头基于市场的选择。在法国的申请量为217件，主要来自本国企业的专利申请。

排在其后的是奥地利、西班牙、加拿大、巴西、澳大利亚、英国、中国台湾、印度、中国香港、南非、墨西哥、丹麦和波兰。这些地区要么是高铁技术引进的需求市场，要么具有部分高铁技术，都不具备独自建造高铁的能力但都存在高铁建造的需求，在上述地区进行专利布局是国外高铁制造企业的较佳选择。

3. 国内外高铁制造企业专利比较

中国高铁技术从其发展历程来看，实现了从原始技术积累到技术引进，再到消化吸收再创新以及产业输出的路径转变。从前述全球高铁专利申请现状来看，国外高铁强国的制造企业已提前在全球主要目标市场铺放了一定数量的专利，因此中国高铁技术在进入上述目标市场时，可能会遭遇专利方面的侵权风险，突出表现在以下几个方面。

第一，在中国高铁目标市场的国家或地区，针对国外制造企业专利申请量较大或申请较为集中，中国高铁制造企业要特别注意预防专利侵权的可能。对于中国高铁主要海外目标市场，比如西班牙、印度、澳大利亚等高铁需求国家，国外制造企业都进行了一定量的专利布局，其布局量远大于中国高铁制造企业的布局量。从竞争对手来看，西门子、日立等高铁制造企业在世界主要国家中均有较大的专利申请量，是需要重点关注的对象，其中西门子的专利申请主要集中在巴西、西班牙、奥地利等国，日立的专利申请集中在俄罗斯、印度和新加坡等共建"一带一路"国家。

第二，中国高铁制造企业在全球目标市场的专利申请量较少，难以应对高铁产品出口被侵权风险，难以形成完善的保护体系。中国高铁技术虽然在国内的专利申请量巨大，且与国外制造企业相比具有明显的数量优势，但在国外市场的专利申请却寥寥无几，大部分高铁专利申请还停留在国际初审阶段。在这种情势下，中国高铁产品出口海外目标市场时，无法得到有效和完善的专利保护。另外，由于专利数量不足，无法构成完善的专利保护体系，将造成中国高铁技术标准在国外市场的影响力降低，也将导致中国高铁技术标准在输出海外目标市场和推动技术标准的发展方面难以占据有利地位。

第三，由于专利公开滞后于专利申请，需要防范竞争对手利用专利制度在短期内集中申请却尚未公开的专利所构成的潜在风险。中国高铁制造行业需要对这一类型风险给予重点关注，这主要是因为阿尔斯通、川崎重工、日立、西门子、庞巴迪等全球主要高铁制造企业拥有大量原创技术，其在技术原创国已经积累了大量专利申请，覆盖高铁技术的各个方面，可以利用优先权等手段在其海外目标市场快速集中进行专利申请，从而制约我国高铁制造企业在目标市场的发展。

3.4.3 高铁建造企业专利全球态势

1. 中国高铁建造企业专利全球态势

通过在 IncoPat 数据库检索中国高铁建造企业在国内外的专利申请，得到其全球专利地域分布情况。截至 2016 年 12 月 31 日，中国高铁建造企业仅在瑞典和印度有 1 件专利申请公开，但是中国高铁建造企业在世界知识产权组织公开的专利申请已有 17 件，由于 PCT 专利申请在完成国际审查阶段程序后，可以在 30 个月进入 PCT 国家审查阶段，因此未来这 17 件 PCT 专利申请还将陆续在全球各目标国完成专利布局。伴随着高铁"走出去"战略和"一带一路"倡议的实施，我国高铁建造企业需要逐步完成各高铁目标市场的专利布局，为未来的高铁"出海"奠定基础。

值得提出的是，中国高铁建造企业在瑞典和印度公开的专利申请正是中铁第四勘察设计院伴随着中国高铁企业对瑞典高铁项目和印度高铁项目的投标提出的，其中国同族专利申请号为 201410070311.5，该专利申请提出了一种无须中断运营、不破坏轨道结构且风险低、施工质量易于控制的用于软土地区运营高速铁路无砟轨道陆基的纠偏方法，为高铁建造过程中的核心关键技术。这体现出我国高铁建造企业已经逐步建立了在国外高铁项目投标过程中进行专利布局的知识产权保护意识。

2. 国外高铁建造企业专利全球态势

在 IncoPat 数据库中对国外高铁建造企业的专利申请进行检索[①]，专利申请的检索起止日期为 1990 年 1 月 1 日到 2016 年 12 月 31 日，通过对专利申请量的梳理得到排名前十的国外高铁建造企业，分别为铁道总合技术研究所（日本）、新日本制铁公司（日本）、普拉塞—陶伊尔公司（奥地利）、沃斯洛工厂有限公司（德国）、奥钢联集团（奥地利）、蒂森克虏伯股份公司（德国）、德国铁路路网股份公司（德国）、宝马格公司（德国）、维特根公司（德国）和马克斯·博格建筑公司（德国），排名前十的国外高铁建造公司大部分为铁路钢轨、道岔、扣件以及轨道梁的制造商，其中 6 家为德国企业，2 家为奥地利企业，另外 2 家为日本企业（见表 3 – 2）。

表 3 – 2　国外高铁建造企业

序号	中文名	国别
1	铁道总合技术研究所	日本
2	新日本制铁公司	日本
3	普拉塞—陶伊尔公司	奥地利
4	沃斯洛工厂有限公司	德国
5	奥钢联集团	奥地利
6	蒂森克虏伯股份公司	德国
7	德国铁路路网股份公司	德国
8	宝马格公司	德国
9	维特根公司	德国
10	马克斯·博格建筑公司	德国

接着，将这 10 家国外高铁建造企业作为总体，在 IncoPat 数据库中对这 10 家国外高铁建造企业的全球专利申请进行检索，得到如图 3 – 39 所示的专利申请趋势。从 1997 年开始，这 10 家国外高铁建造企业的专利申请量开始呈现增长趋势，到 2003 年达到最高申请量，这一增长正好伴随着世界高

---

① 参见附录 11 国外高铁建造企业检索式。

铁第三次浪潮的发展。此后专利申请量呈现平稳发展态势，变化量较小。其中，2016年的专利申请量较少是因为专利申请公开往往需要经过一定的流程时间，因而2016年提出的部分专利申请截至检索日还未公开。

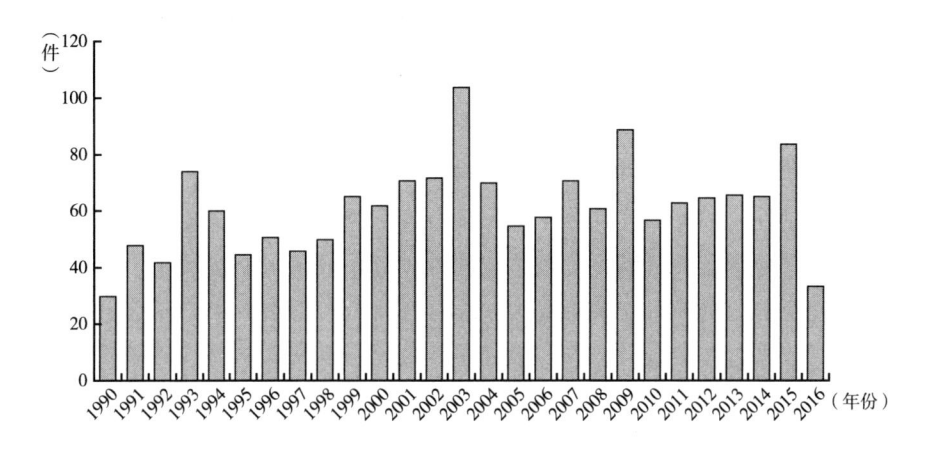

图3-39　10家国外高铁建造企业专利申请趋势

将这10家国外高铁建造企业作为总体，在IncoPat数据库中对这10家国外高铁建造企业的全球专利申请进行检索，得到专利全球地域分布情况。其中，日本公开的专利申请量最多，为882件；德国和美国公开的专利申请量分别排第二和第三位，其中德国为157件，美国为116件；中国公开的专利申请量排第四位，为101件；其余国家和地区的专利申请量较少，不足25件。排名前十的国外高铁建造企业都注重在新兴的高铁市场——中国，以及潜在的高铁市场——美国进行专利布局。另外，还在巴西进行了高铁建造专利的布局。中国、美国、巴西均是幅员辽阔的国家，具有发展高速铁路的潜在需要。特别提出的是，日本公开的专利申请量最高且远远大于排名第二的国家公开的专利申请量，这应当与日本国内高铁产业发达、竞争激烈，也与日本激励国民和企业进行发明创造的知识产权政策具有一定的关联。

最后将这10家国外高铁建造企业作为总体，在IncoPat数据库中对这10家国外高铁建造企业的全球专利申请进行检索，得到如图3-40所示的专利

127

技术构成。排名前三的技术分支分别为 E01B（铁路轨道、铁路轨道附件以及铺设各种铁路的机器）、B61L（铁路交通管理）和 B60L（电动车辆动力装置、车辆辅助装备的供电、一般车辆的电力制动系统、车辆的磁悬置或悬浮、电动车辆的监控操作变量以及电动车辆的电气安全装置）①，主要涉及铁路钢轨、扣件、道岔、牵引供电以及铺设铁路的大型机械；排在第 4~8 位的技术分支分别为 C22C（合金）、C21D（改变黑色金属的物理结构、黑色或有色金属或合金热处理用的一般设备以及通过脱碳、回火或其他处理使金属具有韧性）、B61D（铁路车辆的种类或车体部件）、E01C（道路、体育场或类似工程的修建或其铺面以及修建和修复用的机械和附属工具）、B21B（金属的轧制），主要涉及铺轨前道路的平整以及钢轨、扣件的制造工艺和运送物料的机械或车辆。

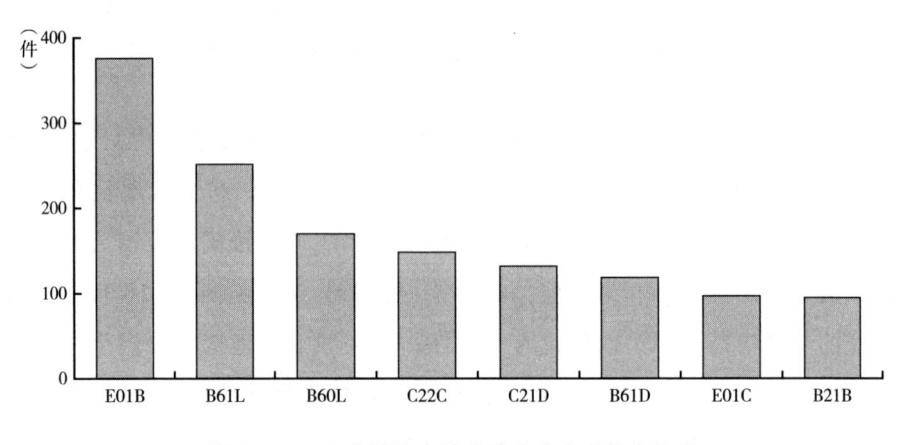

图 3-40　10 家国外高铁建造企业专利技术构成

3. 国内外高铁建造企业全球专利比较

将 10 家国外高铁建造企业与国内高铁建造企业进行比较，国内外高铁建造企业在专利申请上具有较大的差别。

从重点申请人和专利技术来看，我国专利申请量排名靠前的高铁建造企

---

① 数据来源：IPC 分类表，2016 年 10 月版。

业主要为勘察设计院或者施工局,如中铁第四勘察设计院、中铁第二勘察设计院、中铁第一勘察设计院等,而国外高铁建造企业多为铁路建造用部件如钢轨、扣件以及道岔的制造商,如普拉塞—陶依尔公司、沃斯洛工厂有限公司等。这是由于在高铁建造方面,我国幅员辽阔,高速铁路跨越的地区往往地质环境条件复杂且多变,如高寒线路哈大高铁、山区线路沪昆高铁、穿越风沙环境的兰新高铁等,正是这些极具挑战的施工条件,造就了我国高铁建造企业较强的勘察设计和工程施工能力,这也是伴随着我国近十年来公路路基、跨海桥梁、港口等大量基础设施建设"锻造"出来的。同时,国内钢铁企业及零部件制造水平较国际上的一流钢铁企业在技术上还有一定的差距,因而钢铁企业在钢轨、扣件以及道岔制造方面的专利申请量还比较少,而对于德国、日本和奥地利等发达国家来说,基础设施的建设早已趋近完善。同时这些国家的面积较小,国内的地质环境相对较单一,高铁建造的施工难度不大,因而在勘察设计和施工方面并没有专利申请量很高的企业。德国、日本和奥地利等发达国家的高铁建造企业主要依赖其强大的技术水平为高铁建造提供钢轨、扣件以及道岔等产品,这些产品需求量大,利润也较为丰厚。

从申请总量和专利布局来看,我国高铁建造企业的专利申请量较多,但海外布局还较少,而国外高铁建造企业的专利申请量虽然较少,但是海外的专利布局较为广泛。这主要是由于近年来在国家创新驱动发展的政策引领下,国内企业逐渐提高了对知识产权的重视程度,专利的申请量开始突增,但专利申请的质量还需要进一步提升;相较而言,国外高铁建造企业的专利申请已经过了粗放发展的阶段,企业更加注重专利的质量和海外布局,以专利开拓市场、保护市场。

3.5 中国高铁企业知识产权态势风险因素

上文对中国高铁企业知识产权从专利、商标、论文和标准等方面进行整体概述,分析各行业专利态势、专利法律状态、专利运用情况,最后对国内外高铁制造企业和高铁建造企业专利全球态势进行比较分析，下文对其可能存在的知识产权风险因素进行分析。

3.5.1　中国高铁企业知识产权及其获得

知识产权，是指人们可以就其智力成果、工商标记和新的信息依法所享有的专有权利。根据《世界知识产权组织公约》第 2 条第 8 款规定，知识产权内容包括：①关于文学、艺术和科学作品的权利；在我国《著作权法》中属于作者著作权或称狭义著作权。②关于表演艺术家的演出、录音和广播的权利；在我国《著作权法》中属于传播者权也称邻接权，我国《著作权法》除这三项外还包括出版者邻接权。③关于人们努力在一切活动领域内发明的权利；该项为我国《专利法》中发明专利权的保护内容。④关于科学发现的权利；该项内容理论界观点一致，一般不再作为知识产权保护内容。⑤关于工业品外观设计的权利；该项为我国《专利法》中外观设计专利保护内容。⑥关于商标、服务标记、厂商名称和标记的权利；该项有关商标的部分为我国《商标法》中商品商标、服务商标、集体商标和证明商标的保护内容，其中厂商名称和标记不属于知识产权保护范畴，由我国《民法典》以及《企业名称登记管理规定》给予保护。⑦关于制止不正当竞争的权利；该项为我国《反不正当竞争法》保护内容。同时，该国际公约还规定人们可以就工业、科学、文学和艺术领域一切其他智力活动成果享有权利，属于兜底条款，是对前述权利内容的重要补充与完善。① 1994 年世界贸易组织通过的《与贸易有关的知识产权协定》（TRIPS）规定知识产权保护的范围，除与前述知识产权相同的内容外，还包括：①地理标记权；我国在《商标法》中进行了专门保护。②集成电路布图设计权；我国有专门的《集成电路布图设计保护条例》对此进行保护。③对未公开信息的保护权、对许可合同中限制竞争行为的控制；在我国对应的是《反不正当竞争法》《反垄断法》中商业秘密权和知识产权权利滥用的规定。世界各国知识产权保

---

① 参见《世界知识产权组织公约》第 2 条第 8 款规定。

护范围存在差异，知识产权国际公约的知识产权保护范围也不完全一致，因此中国高铁国际工程承包过程中涉及的知识产权国际保护范围及其确定也会存在风险。

由前文检索和分析可知，从专利、商标、文献和标准来看，中国高铁企业申请专利14436件、申请高铁相关商标12575件，中国学者发表关于高铁相关技术的文献67487篇，国家出台高铁相关标准115项。中国高铁企业经过几十年的努力和发展，已经逐步形成了自主的知识产权，拥有部分核心技术，甚至在部分技术领域已经取得突破。需要说明的是，一是高铁电气、通信、机械设备制造，特别是行车指挥、列车运行控制和管理自动化系统设备大多存在集成电路布图设计，但是通过集成电路布图设计网站（http://data.gdzl.gov.cn）检索发现，中国高铁企业还没有集成电路布图设计的登记。虽不能因此推定中国高铁企业没有集成电路布图设计类知识产权，但由此可见中国高铁企业集成电路布图设计类知识产权存在缺失是明显的。2018年初发生的"中兴之痛"（美国限制相关芯片出口并制裁中兴通讯股份有限公司事件）在高铁领域应当是隐约存在的。二是高铁国际技术转让、联合设计制造合同中含有商业秘密，高铁企业对商业秘密特别是对专有技术非常重视。可见，高铁知识产权主要集中于专利、商标、作品（著作），同时还应当包括商业秘密、集成电路布图设计等其他知识产权。总之，中国高铁国际工程承包知识产权风险，首先体现在专利、商标、著作等方面，同时还应当包括商业秘密的专业技术、集成电路布图设计等其他知识产权保护范围与权利内容。

同时，前文分析表明中国高铁建造企业在瑞典和印度以及世界知识产权组织申请的专利还处在申请公开阶段，通过PCT申请的专利在未来30个月进入PCT国家审查阶段，存在国际优先权等。专利权的获得在各国都有申请、审查程序，而且由于国际社会科技、经济发展不平衡，各国知识产权制度差异明显，专利、商标等申请程序、范围与授权内容等各有差别，甚至同一个国家不同发展阶段也不一样。以我国为例，1992年《专利法》开始对"食品、饮料和调味品""药品和用化学方法获得的物质"授予专利；我国

《商标法》规定，2001年开始可以注册"三维标志和颜色组合"商标，2013年可以申请注册"声音"商标。显然，专利权、商标权的确定与各国知识产权制度及其发展甚至公共政策都有密切关联。另外，知识产权虽然不需要行政主管部门的审查、审核与审批，但需要由行政部门登记或在行政部门的登记具有一定的法律效力，如计算机软件登记、集成电路布图设计登记、动植物新品种申请，以及地理标志申请等。因此，中国高铁企业"走出去"还存在知识产权申请与授权等程序风险、知识产权行政执法等风险。

3.5.2 中国高铁企业知识产权结构

前文统计与阐述表明，以29家中国高铁制造企业在高铁设备制造和通信信号相关技术方面的全球专利申请态势为例，其专利申请总量为5951件，而15家国外高铁制造企业在高铁设备制造和通信信号相关技术方面的全球专利申请总量就已高达25086件，约为中国高铁制造企业申请总量的4.2倍；同时，发明专利申请的占比还不够高。高铁制造企业虽然有大量获得授权的实用新型专利，例如国内两家高铁制造龙头企业——青岛四方机车车辆股份有限公司和中车株洲电力机车有限公司的发明专利申请占比分别为40%和50%（包括已授权的发明专利），而两家公司的实用新型专利占比均超过40%。实用新型专利没有实质性审查，其权利往往不够稳定，反映其专利权的技术含量不高、基础性技术不强。国外高铁制造企业专利更为稳定，体现在专业技术领域更为基础，专利技术含量大、质量高。

我国高铁企业专利申请态势不足表现为高铁技术专利数量不足尤其是国外布局数量严重不足，单个专利技术质量有待提高，专利技术相关性不大、部分关键领域存在明显缺失，高铁知识产权包括专利权、商标权和著作权等方面的实施、许可和转让，乃至投资入股、质押融资等运营明显不足。可见，中国高铁国际工程承包及其产品贸易存在专利数量、质量与结构，以及知识产权类别缺失、运营不足等风险。

3.5.3 中国高铁企业知识产权战略

前文阐述与分析发现，德国的西门子公司在国外的专利申请占比高达38.3%；部分国外高铁建造企业虽然专利申请量不大，但是对其核心技术进行了广泛的海外专利布局，例如普拉塞—陶伊尔公司和沃斯洛工厂有限公司，这两家高铁建造企业虽然专利申请量不多，但是都具有相当数量的海外专利布局，凸显了这两家企业对核心技术极强的知识产权保护意识。国外高铁企业的高铁技术已经发展到一定阶段且相对成熟，在国际市场上还形成了一定规模的专利布局。相对来说，中国高铁制造企业海外专利申请占比仅为3%，海外专利申请量仅有190件，海外市场的专利布局较为缺乏；中国高铁建造企业虽然在国内专利申请量上较之于国外高铁建造企业具有绝对优势，但是在海外的专利申请仅有1件。

同时，中国高铁制造企业在全球目标市场的高铁专利申请量较少，而国外高铁制造企业专利申请量较大或申请较为集中；中国高铁建造企业因我国幅员辽阔，高速铁路跨越的地区往往地质环境条件复杂且多变，在高寒线路、山区线路、穿越风沙环境，以及桥梁、隧道领域的勘察设计和工程施工能力强，但在钢轨、扣件以及道岔的制造方面明显不如德国、日本和奥地利等发达国家。

可见，国外知识产权特别是专利规划与布局是中国高铁企业"走出去"特别是高铁国际工程承包的重中之重，如何扬长避短地将特色上升为优势，通过国内知识产权政策的鼓励与引导，通过知识产权确权、运行形成市场竞争力，是中国高铁企业"走出去"应对知识产权风险的关键所在。

4 中国高铁国际工程承包知识产权风险分析

中国高铁国际工程承包的重要内容之一便是承接国外高铁线的新建、扩建、已有铁路线的改建相关国际工程。国际工程承包不仅包含很多法律问题，而且在国际工程招投标、勘察设计、施工过程中涉及的技术不断创新、手段日益现代化智能化，新工艺新材料可谓层出不穷，知识产权问题也日益凸显，风险逐渐增加。

本章是在前述知识产权风险理论阐述、中国高铁企业界定和中国高铁企业知识产权态势分析的基础上，阐述全球范围内适用最广的FIDIC条款，再根据知识产权风险相关文献、结合中国高铁国外项目实际情况，从工程招投标、勘察设计、工程施工等，针对国际工程承包（过程）知识产权风险的主要因素进行分析。

4.1 国际工程承包（过程）知识产权风险概述

4.1.1 国际工程承包及其特点

国际工程，是指来自多个国家的参与者，按照国际上通用的工程项目管理模式进行咨询融资、招投标、勘察设计和施工管理的工程。工程内容包括咨询、融资、采购、承包（勘察设计与工程施工）、实施管理等，涉及工程项目整个周期的各个阶段。通常情况下，国际工程被理解为参与者来自不同国家，一个工程项目从咨询、投资到招投标、勘察设计、设备采购以及施工监理等各个阶段，在管理过程中，采用国际咨询工程师联合会或英国土木工程师协会等国际上较为常用的条款作为合同管理条件实施工程项目管理。在我国，国际工程也称为"涉外工程"。

国际工程项目在市场领域中主要包括咨询和承包两个行业。国际工程咨询包括国际工程项目投资价值的分析和对预期项目可行性的研究、对招标文件的制定等工作。国际工程承包，是指对国际工程项目实施地的勘察、规划的方案设计，以及施工、工程设备采购与安装调试等部分或全部工作的承担。国际工程承包目前在国际上普遍采用承发包方式，即通过招标的办法挑选适合承担项目并最有能力和理想的施工企业。国际工程承包一般通过勘察设计、工程施工活动来实现，而且两类活动都需要开展招投标活动。

根据中国对外承包工程商会发布的《2016—2017中国对外承包工程发展报告》，2016年我国对外承包工程新签合同额2440亿美元、同比增长16.2%，完成营业额1594亿美元、同比增长3.5%。报告显示，在交通、电力和建筑三大业务领域都实现较快发展的形势下，以交通基础设施建设为突破口，交通基础设施中的铁路工程增长最快。其中，中国高铁企业承建或与外方合作建设的雅万高铁、中泰铁路、中老铁路、马新高铁和马来西亚南部铁路等一批高铁和铁路建设合作项目取得阶段性成果。[①] 这在一定程度上表明，基于中国高铁企业承建或合作的国际工程承包项目已经成为中国企业"走出去"进行国际工程承包的优势项目。

国际工程承包与国内工程承包比较而言具有一定的特殊性，其特点体现为：首先，工程承包的周期长。一项工程的建设通常要1~3年时间，甚至长达10年。其次，合同主体的多国性。国际工程承包中合同的签订方涉及

---

① 张培：《我国对外承包工程发展进入快车道》，http://www.ahciq.gov.cn/xinwenzixun/mtjj/8aa286035c5f44df015d3af4f1f22fb8.shtml，2017年9月3日。

两个或者两个以上的国家，在法律适用、技术标准等方面的问题较国内工程承包更为复杂。最后，工程实施因素的不确定性。采用不同的融资模式、合同方式等将产生诸多不确定因素，而这些不确定因素往往与政治因素相关联，增加了国际工程承包的不确定性。由于目前中国高铁的国际工程承包以发展中国家为主，而相较于发达国家，这些发展中国家的政治稳定性较差，政局的动荡将影响国际工程承包的进程。同时，各国知识产权法律环境及其规定、执法、司法存在差异，伴随工程技术、手段的现代化、智能化，国际工程承包中也存在大量复杂、潜在的知识产权问题。

4.1.2 国际工程承包（过程）知识产权风险

"每根钢筋都充满了法律"，是国际工程承包行业中的一句名言。许多国家的承包人在国际工程承包中都对法律风险予以高度重视，并开展法律风险的识别、分析与控制管理，以达到预防和化解风险的目的。[①] 国际工程承包的风险因素重大且复杂，包括政治风险、法律风险等诸多风险，这些不确定的风险因素，是影响国际工程承包的关键因素。政治风险中的战争、内乱往往具有不可控性，甚至是不可预见性，而法律风险则具有一定的可预见性，并且可事先预警。各国法律虽然不完全相同但都对建设工程承包行为进行调整，同时建设工程承包合同也是规制国际建设工程承包的主要手段。建设工程合同是否属于一个独立的合同类型，各国法律有不同的认识与规定。在德国、法国、日本，建设工程合同并非属于一个独立的合同类型，不动产的建设施工合同、修缮合同与完成一般工作成果的合同一样，都属于"承揽合同"，并在其中加以规定[②]；后来受苏联民法的影响，包括我国在内的一些国家逐渐将建设工程承包合同从承揽合同中分离出来。

国际工程领域涉及范围很广，包括工程规划咨询、招投标、勘察设计、施工监理及各种档案管理等。国际工程领域既凝聚了工程规划咨询者、勘察

---

① 徐江：《国际工程承包法律风险分析及预防对策》，《中国招标》2011年第17期。
② 郭洁：《承揽合同若干法律问题研究》，《政法论坛》2000年第6期。

设计者、工程施工者和施工监理者的创造性劳动，也涵括了运用他人创造性智力成果的活动。[①] 国际工程从招投标到建设施工的各个环节均涉及知识产权的利用和保护问题。研究国际工程领域的知识产权保护问题，应结合该领域重要环节、主要活动的特殊性进行专门深入的考察。中国高铁企业中进行高铁国际工程承包的企业，相对高铁车体、设备等中国高铁制造企业而言，本课题将其称为中国高铁建造企业。因此，本课题所指国际工程承包知识产权风险，首先侧重于中国高铁建造企业在国际工程承包中进行招投标、勘察设计和工程施工活动可能发生的，即国际工程承包（过程）知识产权风险。高铁国际工程承包有关车体设备采购、勘察施工设备机械与材料进出口活动中可能涉及的知识产权风险，即高铁产品国际贸易知识产权风险放入下章专门探讨。

4.1.3 国际工程承包基础性条款——FIDIC 条款

1. FIDIC 概述

国际咨询工程师联合会（Fédération Internationale Des Ingénieurs Conseils，FIDIC），最初由比利时、法国和瑞士这 3 个欧洲国家的咨询工程师协会组成，迄今为止，国际咨询工程师联合会的会员已涵盖 97 个国家。国际咨询工程师联合会旨在实现以下目标：①工程咨询方面的努力，包括优化工程咨询业务的形象、促进和辅助全球工程咨询行业的发展、促进和鼓励工程咨询行业青年专业人员的发展等，希望得到国际权威的认可；②积极促进全球基础设施发展中利益相关者提高道德标准和诚信度；③保持和提高 FIDIC 在全球工程咨询中的代表性；④促进和加强 FIDIC 合同在国际工程承包中的主导地位，为此开展提高和发展 FIDIC 的训练和培训活动等。[②] FIDIC 在国际工程承包领域，人们更多地将其指代为 FIDIC 系列合同。FIDIC 合同，是指由业主（发包人）和承包商参照其签订的承包合同，以承包合同为基础，以

---

① 胡朝阳、施建辉：《试析工程项目建设与管理中的知识产权保护》，《现代管理科学》2009 年第 12 期。

② ABOUT FIDIC，http：//fidic.org/about – fidic，2017 – 9 – 3.

独立、公正的第三方（施工监理）为核心，形成业主、监理、承包商三者之间互相联系、互相制约、互相监督的一种合同管理模式。①

"促进和加强 FIDIC 合同在国际工程承包中的主导地位"是国际咨询工程师联合会的目标之一。为了贯彻这一目标，1957 年国际咨询工程师联合会最先针对土木建筑工程制定了"红皮书"，即《土木工程施工合同条件》。在"红皮书"的基础上，国际咨询工程师联合会还颁布了《业主/咨询工程师标准服务协议书》（白皮书）、《电气与机械工程合同条件》（黄皮书）、《设计—建造与交钥匙工程合同条件》（橘皮书）等，其中"红皮书"应用最为广泛，1957 年制定第一版后，先后于 1967 年、1977 年、1987 年、1999 年制定了第二、三、四、五版。FIDIC 条款虽然由国际性行业组织所制定和推荐，对于各个国家而言并没有直接的法律拘束力，但是它在国际工程承包行业中得到了普遍的应用和认可。

FIDIC 条款具有以下特征：①广泛的适用性。FIDIC 建筑标准合同具有系统的合同体系以及不断发展完善的合同文本，特别是 FIDIC 建筑标准合同中的《土木工程施工合同条件》，是全球土木建筑业上百年经验的总结，适用于不同的法律体系。与一般工程施工合同相比，FIDIC 建筑标准合同既具有典型特征，也有其固有的独特模式，已经被大多数国家的建筑工程实践所认可。FIDIC 条款相较于国际上其他常用的工程施工合同［美国建筑师协会（AIA）制定的《工程承包合同通用条款》、英国土木工程师协会（ICE）制定的 NEC 合同即《新工程合同条件》、英国合同审定联合会的 JCT 合同］适用范围更加广泛。②执行的严格性。FIDIC 红皮书规定了招投标、施工和工程监理等各阶段各方主体的权利与义务，以及严格的工程索赔条款及其程序，有利于督促 FIDIC 条款的各方严格执行合同的规定。③突出工程师的地位。在新版《土木工程施工合同条件》（红皮书）中，工程师具有授权、指令和变更、决断、审核、批准控制权等几种重要权利，在工程师、业主、承包商这几方主体中，工程师居于执行的核心地位。

---

① 余延满、何通胜：《FIDIC 合同条件不可抗力构成之比较研究》，《法律适用》2013 年第 9 期。

2. FIDIC 风险概述

FIDIC 风险主要是指以"红皮书"为代表的 FIDIC 条款的风险,其中包括知识产权风险。FIDIC 红皮书以罗列的方式明确了业主的风险,其中包括战争、革命、暴动等政治风险以及通货膨胀、汇率浮动等经济风险,列举之外的风险一般由承包商承担,也就是说由知识产权引发的风险一般由承包商承担。但也有例外条款,比如根据 FIDIC 红皮书第 17.5 款规定,因承包商遵从合同要求而造成不可避免的结果或其他原因,雇主应保障并保证承包商免受该类情况提出的指称侵权的任何索赔引起的损害。同时,承包商也有专门责任,比如针对任何货物的制造、使用、销售或进口,或承包商负责的任何设计,承包商都应当保障并保持雇主免受该类事项产生或与之有关的任何其他索赔引起的损害。在该条款中,FIDIC 红皮书从不同的角度分别豁免了承包商、雇主的责任,兼顾并平衡了各参与主体的法律利益。[1]

需要说明的是,FIDIC 条款虽然应用得比较广泛,但人们对其评价则褒贬不一。比如 1991 年在日本东京召开的 FIDIC 年会中,工程师十分支持 FIDIC 条款,世界银行的代表也声称十分推荐世界银行相关项目使用 FIDIC 条款。但是两周后在香港的一次国际会议中,FIDIC 条款却遭到不少律师的质疑。一方面,大陆法系的律师认为 FIDIC 条款以英国 ICE 合同条款为蓝本,具有普通法系的色彩,由于大陆法系国家的律师对此不熟悉,因此受到困扰;另一方面,英美法系的律师也批评 FIDIC 条款并不能对工程师形成有效的激励机制,因而也质疑 FIDIC 条款。[2] 总的来说,对于 FIDIC 条款人们虽然有一些说辞,但在工程建设领域已经成为从业人员所遵守的国际惯例,具有广泛代表性。本部分拟以 FIDIC 条款为线索从国际工程承包招投标、勘察设计和工程施工三个环节来分析高铁国际工程承包实施过程中的知识产权风险因素。

---

[1] 参见 FIDIC 红皮书第 17.5 款。
[2] Ludlow, M. R., "Engineer's Role under FIDIC Standard Conditions of Contract", *Int'l Bus. Law.*, 1992, (20): 525.

4.2 招投标知识产权风险

4.2.1 招投标知识产权风险概述

1. 国际工程招投标概述

我国对外承包工程虽是在低起点上发展起来的，但是随着国际工程市场的开放和国内铁路、公路、水利、机场等基础设施的兴建，特别是建筑行业日益发展壮大，在建设项目中已经大范围地涉及和应用国际工程。其中，中国高铁企业国际工程承包已占有一席之地且拥有巨大潜力。国际工程承包作为一个蓬勃发展的行业，每年创造着巨大的利润。国际工程招投标制度则成为我国基础设施建设行业与国际接轨的一个非常重要的渠道。

国际工程招投标，是指业主通过招标、投标方式寻找国际工程项目合作方的活动或过程。国际工程招投标是国际工程运行的一个重要环节，是将竞争机制引入国际工程合同签订过程的一种竞争性缔约方式，使国际工程合同的签订过程更加公平、有效。国际工程项目合作方来自不同的国家或地区。国际工程项目内容包括国际工程咨询规划、投融资、勘察设计、工程施工与项目运行等。国际工程合同一般是由承包商与工程项目的业主通过项目招投标来确定的。国际工程合同包括共同或者委托进行咨询规划、投融资、勘察设计、工程施工与项目运行等一项或多项。其中，业主与承包方通过国际工程招投标最终达成国际工程承包合同（总承包合同或单项、专项承包合同）。

国际工程招标、投标制度已成为一项重要的国际惯例。以何种方式来促进国际工程承包，包括采购设备材料尽量节省开支，使招投标过程尽可能透明、公开和公正，是当今国际社会广泛关注的问题。世界很多国家或地区成立了专门机构，形成了多边性、区域性和专业性的招投标规范、规则，得到了各国政府和企业的广泛遵循。随着全球经济一体化进程的加快，各国工程招投标出现了日益明显的统一化趋势。

2. 国际工程招投标基本程序

国际工程招投标类型。国际工程所属国家、地区乃至项目类型等各有不同，其经济、政治和法律环境有所差异，国际工程招投标方式也不尽相同。国际工程招投标方式归纳起来有四种类型：①国际竞争性招投标，是指国际工程招标人面向世界公开招标，符合条件的承包商都可以投标的一种招投标方式。该类国际工程招投标，招标人通过报纸、杂志、信息网络媒体，乃至国家的大使馆、驻外机构等发布招标信息进行广泛宣传，世界各地承包商只要具备合格的资质都可以投标，具有均等的机会竞标和中标。②国际工程有限招投标，是指国际工程招标人有条件地进行公开招标，只有符合条件的承包商才可以投标的一种招投标方式。该类国际工程招投标，招标人对参加投标的承包商有一定的限制，如国别、融资条件等限制，或者直接邀请特定的几家承包商进行投标的一种形式。③国际工程议标，又称为谈判招标，是指国际工程招标人直接邀请一家或几家承包商进行议标的一种招投标方式。该类国际工程招投标，一般由于工程造价低、专业技术为某一家或几家承包商所垄断，或者项目工期紧迫等，招标人直接物色一家或几家承包商进行合同谈判，达成国际工程承包协议。④国际工程其他招投标方式，包括两阶段招标、保留性招标、多层次招标，等等。

国际工程承包招投标，强调的是不经双方事前协商，而是通过特定的招标、投标、评标来确定工程承包者或实施者的一种交易方法。[①] 以国际竞争性招投标为例，一般来说其程序大致分为以下几个阶段：公开招标、投标、评标和签订承包合同几个阶段。

公开招标，是建设工程项目方即招标人按特定程序征求投标人的活动或过程。该招标过程中，招标人需要：①准备招标文件。招标文件一般包括该国际工程概括、基本要求、工程承包合同主要内容、投标人的条件等内容。②发布招标公告，即以各种方式向公众发出招标公告。招标公告的主要内容便是招标文件，同时表示征求投标人的意愿。投标人发布招标公告，属于法

---

① 佟健：《我国国际工程招投标法律问题研究》，大连海事大学硕士学位论文，2010。

律性质的要约邀请。

投标，是投标人按照国际工程招标公告要求投递标书的活动或过程。该投标过程中，投标人需要：①制作投标书，投标人按招标人招标公告所提出的具体要求，制作工程勘察设计、监理，以及工程施工的响应性方案。②递交投标书，即投标人根据招标文件的各种具体要求，按照规定的方式、地点、期限向招标人递交投标书。投标人递交投标书的行为，属于法律性质的要约。

评标，也称决标，是指按特定程序确定中标人的活动或过程。国际工程评标将依据招标人所在国法律或相关国际公约，既有委托或指定第三方的方式，也有招标人自己组织评标专家委员会或小组的方式，对所征集到的投标书进行一系列评审评议、确定中标标书、最终选中满意的投标人的活动。招标人经过评标决定中标人并发出中标通知书。招标人对投标人投标书上的实质内容完全接受，属于法律性质的承诺。

签订承包合同，招投标双方根据中标通知书、招投标文件签订工程承包合同，才结束国际工程招投标整个活动或过程。由此可见，国际工程招投标是一个遵循公开、公正原则以及诚实信用的竞争机制，为国际社会广泛采用。

需要强调的是，有的国际工程招投标还设置了资格预审的前置程序。资格预审是指招标人审查其国际工程项目投标人资格的活动。为了保障投标人有足够的国际工程承包能力、实力和资源，提高投标人的层次，国际工程项目方即招标人，通常会根据项目需要对投标人提出具体资格要求并对准备投标的报名承包商进行资格预审。特别是对于大型或者复杂的国际工程，诸如交钥匙合同、设计和建造乃至运行管理总承包合同等，为保证公平有序竞争乃至中标后能顺利完成国际工程项目，招投标的资格预审通常是十分必要的。

3. 国际工程招投标知识产权风险

经营承包国际工程，投标阶段是海外法律风险防范的开始，也是防控风险的重要环节。在国际工程承包中，招投标已经成为十分必要的基础环节，

4 中国高铁国际工程承包知识产权风险分析

它是一项工程顺利进行的关键所在,越来越引起各国业主、承包商的重视。招投标的重要载体便是招投标的投标书,投标书是承包方智慧成果的结晶,里面包含承包方可能的专利技术、未公开的专有技术、商业经营信息等,是依照招标文件专门策划、设计、制作的响应性方案。国际工程承包中通常采取公开招投标的方式,大多数国家的法律都要求招投标过程应公开透明,这就带来了一个问题,即公开招标的透明性与投标方案未公开的保密性之间的矛盾,也是国际工程招投标知识产权风险的主要内容。招投标也是高铁国际工程建设行业订立工程承包合同的常用方式。在高铁国际工程招投标过程中,知识产权风险主要体现为国际工程投标方案著作权保护、新颖性保护、许诺销售权以及商业秘密权保护。

4.2.2 投标方案著作权保护

国际知名的加拿大 P 事务所和 C 先生,2005 年初一纸诉讼将杭州锦绣公司和浙江省 A 研究院告上浙江省杭州市中级人民法院,认为锦绣公司、A 研究院在招投标过程中采用不正当竞争手段,严重侵犯了其建筑设计作品的著作权。

P 事务所、C 先生提出,锦绣公司于 2001 年 8 月邀请其参加由锦绣公司组织的当时暂定名为"锦绣天地·西湖国际俱乐部"建筑设计方案的招投标活动;其经过精心设计,提供了一套独具匠心的建筑设计方案,整个建筑外形为一只振翅欲飞的蝴蝶。但经过投标、评标程序之后,锦绣公司通知其设计方案未能中标。2003 年 9 月,C 先生却偶然发现正在施工和商业推广的"锦绣天地"楼盘设计方案完全照搬了 P 事务所的投标方案,但该设计的单位署名却是 A 研究院。P 事务所、C 先生认为,锦绣公司和 A 研究院对其设计的恶意抄袭行为,已经构成了欺诈和恶意串通行为,侵犯其享有的著作权,应当依法承担侵权连带责任。[1]

法院经审理认为,本案讼争之设计方案属于委托作品,根据约定著作权

---

[1] 魏小毛:《招投标中的建筑设计方案到底属于谁》,《中国知识产权报》2006 年 3 月 29 日。

归属于委托人锦绣天地公司所有，P事务所和C先生不享有著作权，其主张锦绣公司和A研究院侵犯著作权没有依据，本院不予支持。但是，因锦绣公司违反公平和诚信原则，行为存在过错，并给P事务所等原告造成经济损失，依法应承担赔偿责任。①

上述案例便是典型的设计方案著作权保护问题：中标与未中标的设计方案著作权属于谁？包括是否属于委托作品，以及即使是委托作品是否当然属于委托人所有？招标方有无权利使用未中标方案？业主、使用人如果使用负有什么法律责任？等等。国际工程承包的投标方案（书）既包括科学、文学艺术表达，即著作权，例如建筑方案；还包括专利技术、商标权、享有商业秘密保护的专有技术等。这里以投标方案的著作权为例，分析投标方案著作权的法律风险。

1. 投标方案著作权的归属

在工程招投标过程中，投标方制作的投标方案属于著作权法保护的作品。投标方案虽然根据招标文件要求制作，但更是投标人根据招标文件，依照相关工程规范，搜集相关资料，结合自身特点、实力和优势，进行一定创造性制作所形成的系统文本，属于著作权法的作品范畴。因此，投标方制作的投标方案自创作完成之日起享有著作权，并受法律保护。

依据我国《著作权法》的相关规定，除当事人另有约定外，工程勘察设计、施工及总承包企业依法对下列作品享有著作权：工程勘察投标方案、专业工程设计投标方案、建筑工程设计投标方案（包括创意和概念性投标方案）②、工程建设施工投标方案等。可见，当事人没有"另有约定"的，投标方案属于制作方。"无论中标与否，投标方案归招标方所有或者归招标方无偿使用"便是一种典型的明确的约定情形。下文分中标方案和未中标方案两类试做分析。

---

① 参见杭州市中级人民法院（2005）杭民三初字第163号。
② 胡朝阳、施建辉：《试析工程项目建设与管理中的知识产权保护》，《现代管理科学》2009年第12期。

2. 对未中标方案的约定效力

根据我国《合同法》《招标投标法》相关规定，招标方的招标公告属于要约邀请，投标方的投标为要约，招标方的定标为承诺，通过招投标的合同此时才依法成立。对于未中标的投标方而言，虽然其进行了投标，但由于其并未中标，双方之间就依法不会产生合同约定关系，该约定应当未发生法律效力。因此，即使招投标书（招标文件、投标文件）中双方存在有关投标方案所有权归属、使用权行使的专门约定，招标方也既不享有未中标方案所有权，也不享有无偿使用权。

在招投标活动中，招标方和投标方虽然在法律上享有平等的民事主体地位，但实际上，招标方往往具有一定的优势并借助其优势地位，在招标公告中常常注明"无论中标与否，投标方案归招标方所有或者归招标方无偿使用"。这些"霸王条款"是否正如招标方所强调有专门约定而当然有效，或者投标方所主张的因其"显失公平"而应认定为无效，不能一概而论，应当视具体情况决定。

比如，有的招标书专门约定了以支付补偿金的方式来换取未中标投标方案的使用权或者买断整个投标方案（所有权）。一是如果补偿金额少，与投标方案的知识含金量相比微不足道，甚至不足以弥补投标人参与竞标的支出成本，此类"霸王条款"的效力，根据《合同法》第39条、第52条和第53条规定，当事人应当遵循公平原则确定当事人之间的权利和义务，一方排除对方主要权利、免除自身责任的条款应属无效，不具有约束力。二是如果招标方支付一定金额的补偿金，投标方又做了同意的明示表示，招标方对未中标方案可以享有一定的使用权甚至所有权。当然，其中还存在法官的自由裁量权，具有不确定性。

3. 对中标方案的约定效力

首先，招标方对中标方案享有使用权。依照合同法的一般理论，要约邀请一般是否具有法律约束力，目前尚存在争议。其中部分学者认为要约邀请对要约人不具有约束力。但是，还有学者认为，招投标中招标公告是一种特殊的要约邀请，应当具有约束力。其理由是，招标文件虽然是要求邀约，但是根据《招标投标法》第27条的规定，投标方在投标时必须对招标文件作出全面和实质性响应，包括对"招标方对中标方案享有使用权"此类要求，一定程度上就是达成合意的过程。当事人双方既然达成了合意，应当对其合意承担责任，因此合同就依法成立并有效。本研究也倾向于认为其有法律约束力，但约定受到一定限制。

作出要约时其所制作的投标文件必须以招标文件为基础，对招标文件中的实质性要求和条件需要作出全面和实质性响应；当招标方将此类"招标方对中标方案享有使用权"作为招标文件的实质内容或条件时，投标方的投标就意味着是对此的响应，即承认其效力。因此，在投标方中标后，其即受该条款的约束，必须按约履行。

其次，招标方对中标方案使用权应当有一个合理的限定。招标方对中标方案拥有使用权，这是由招投标的目的所决定的。招标方针对特定项目招标，每一次招标仅能就一个特定项目进行；投标方也只是针对该特定项目进行方案构思、文件编制并投标；招投标过程中的每一个环节也都围绕着该特定招投标项目而进行。因此，招标方对中标方案使用权也应限定在该招投标项目上，而且应当是仅有一次；在其他项目上，招标方不享有该招标方案使用权。例如，投标企业在某项目的一期招标中成功中标，并运用自己拥有的技术完成项目施工，但是其在随后的二期招标中失标，二期中标人就不应当在项目施工中使用一期中标人的技术。[1]

最后，招标方对中标方案并不当然拥有所有权。中标方案上存在两个所有权，一个是有体物意义的所有权，另一个是无体物意义的所有权，即中标方案可能的知识产权。招标方对有体物即中标标书是可以拥有所有权的；但如果是其知识产权，则要视具体情况而定。中标方案从构思到编制都是由中标方独立完成的，凝聚着中标方创造性的智力劳动成果，尤其是中标方案中具有原创性或创新性的智力成果，更是得益于中标方的创造性劳动，中标方

---

[1] 蔡志芳：《企业投标方案知识产权流失的应对策略研究》，《中国高新技术企业》2009年第20期。

的这种创造性劳动成果依法应当受到保护，其相应的智力成果权利也只能由成果完成人即中标方享有。但是，在符合民法公平自愿的原则、投标方的成果被明确约定归属于委托人的情形下，招标方则能取得中标方案上的知识产权。

4. 中标方案的其他限制使用

招标方在有的招标文件中规定中标方在其他工程项目中不能使用中标方案（尤其是设计方案），否则视为侵权。这里的中标方案，一是存在专属招投标项目的设计内容，二是投标方享有著作权、专利权等有关的其他知识产权。招标人为了特定项目进行招投标，有的就是为了形成该项目专属的设计方案，如特定的造型、典型的建筑风格等，甚至在招标文件中明示为此将支付一定对价等，为此专属招投标项目的设计内容，招标方规定中标方在其他工程项目中不能使用应当合理且有效。根据前文分析以及《工程勘察设计咨询业知识产权保护与管理导则》的专门规定①，招标方对中标方案仅享有一次性的使用权，与中标方案有关的其他知识产权均应当由中标方享有（委托作品有专门约定除外）。因此，"中标方案有关的其他知识产权不得在其他项目中使用"此类约定的效力认定，参照知识产权许可使用分类，应当根据以下因素综合判定：一是约定考虑使用权是独占性、排他性还是一般性使用权；二是双方是否明确、自愿；三是对价是否合理，要看中标方因其方案中标所获得的利益与将中标方案中的知识产权许可他人进行独占性使用所能期待获得的利益是否大致相同。②

5. 中标方案的其他侵权情形

投标人按照招标人要求而为的，中标方案还可能出现一类侵权情形，根据 FIDIC 红皮书第 17.5 款的规定，应当由招标人承担责任。具体有以下情形：①有关设计技术方案，采用了含有侵权（如未中标单位的方案、第三人权属的成果）的相应技术方案、相关技术图纸等文件；②有关技术方案、

---

① 参见《工程勘察设计咨询业知识产权保护与管理导则》第 3 条第 3.1 款。
② 该部分参见于海东《建筑工程招投标中的知识产权保护》，《甘肃政法成人教育学院学报》2005 年第 3 期。

相应技术参数、相关技术图纸等文件中含有存在知识产权侵权的有关建筑材料或设备；③含有招标方伪造的有关知识产权合法性的证明文件（如施工方法经过专利权人授权的凭证）进行技术方案的设计；④中标实施方案是抄袭或照搬未中标人的设计方案；⑤二期中标人在项目施工中使用一期中标人的方案、技术，等等。需要说明的是，上述侵权行为虽然是出于招标人要求或原因，招标人需要承担侵权责任，但更多的情形是投标人也需承担共同侵权责任。

另外，招标人利用其在招投标中的优势地位，在招标文件中规定侵犯投标人其他知识产权合法权益的不合理条款也属于无效条款。例如，招标人规定可无偿使用或者占有投标方案中涉及的投标人的专利权、商标权以及技术秘密等，属于无效约定。

4.2.3 投标方案新颖性保护

工程项目投标方案有可能包含新材料、新技术的应用。为了满足招标方的要求并最终实现中标的目的，投标方在制作标书时，对方案的表述会尽可能详尽、完善，甚至将其新技术、新工艺、新方法、新材料也包括在投标书中，进行专门阐述。由于招投标过程是公开的，这就使得新材料、新技术方案面临被不特定人知晓的风险，并因此丧失新颖性。这样一来，投标方如果此后想就这些新材料、新技术申请专利权，就会因新颖性的丧失而导致专利权申请被驳回；同时，新颖性的丧失在专利权侵权诉讼中也会成为被宣告专利权无效的理由。

工程项目投标过程中的公开，并不属于新颖性除外情形。以我国《专利法》为例，根据《专利法》第24条的规定，申请专利的发明创造在申请日以前6个月内的新颖性除外的情形有：①在中国政府主办或者承认的国际展览会上首次展出的；②在规定的学术会议或者技术会议上首次发表的；③他人未经申请人同意而泄露其内容的。可见，工程项目投标过程中的公开不属于新颖性除外情形。当然，其中有些情形是否属于"他人未经申请人同意而泄露其内容的"有待探讨。

在竞标评标过程中，一些典型情形是：一是评标专家、相关人员的违规行为。为了能够中标，投标单位会在投标书中尽可能地展示新技术、新工艺、新方法、新材料，便于评标专家知晓并打高分，评标专家、相关人员知悉并可能将新材料、新技术内容泄露给第三方。二是部分投标方、招标方的违规行为。部分招标方为追求方案最优化和利益最大化，将众多投标人的竞标方案透露给暗中预定的中标人，让中标者"集众家之长"；更有甚者，部分投标人全盘照搬他人的方案。这些都是投标人的知识产权风险。

当然，投标方在投标过程中也可以采取相应措施，预防技术方案新颖性的丧失，避免产生风险：如投标方采取声明等保密措施，在投标书中详细列明招标方的保密义务及所涉范围；同时，明确限定可知晓该新材料、新技术方案的人员范围并对其提出专门的保密义务与责任，以及要求开标时尽可能不涉及需要保密的技术方案、专有技术的具体内容等。[①]

4.2.4 投标方案许诺销售权保护

许诺销售权，是指专利权人有进行或者禁止他人进行专利产品或使用专利方法直接获得的产品销售前的一些推销或促销行为的权利。许诺销售权是我国2000年《专利法》第二次修改时进行的补充规定，至少具有三方面意义：一是我国2001年正式加入世界贸易组织（WTO），《专利法》对专利权的保护需要做到与其TRIPS协定一致，达到专利权最低保护要求；二是扩大了专利权人的权利内容，增加了专利许诺销售权，丰富了专利权内涵，使得专利权人对专利产品的控制提前至实质销售之前的许诺销售阶段，从而针对专利权人形成了从专利产品的制造、使用、许诺销售、销售到进口的整个保护体系；三是有利于通过专利许诺销售权的保护实现将专利侵权行为消除在萌芽状态，以避免对专利权人权利权益造成实质性损害。

在国际工程招投标活动中，投标人包括且不限于降低成本、实现环保等要求：①可能为了响应招标书要求，为了项目或招标人提高自身效益运用新

---

① 赵凤梅、李炳金：《浅析工程领域知识产权侵权之预防》，《山东审判》2014年第6期。

技术、新材料和新工艺等含有他人的专利技术；②或者投标人为了提升自己的投标书水平、提高中标率而主动运用新技术、新材料和新工艺等含有他人的专利技术。投标人投标方案含有专利技术纯属响应招标书中的要求或投标人自身需要，属于"推销或促销行为"，行使专利许诺销售权，存在侵犯专利许诺销售权的风险。

需要说明的是，为了响应招标书要求含有标准必要专利的投标书是否构成侵权需要具体分析。上述投标书中，投标人为了响应招标书要求，需要符合某类标准，该标准含有专利技术构成标准必要专利，是否构成侵权？根据我国相关司法解释，标准有两大类，一是国家强制性标准，二是国家推荐性标准、行业标准、地方标准。《最高人民法院关于审理侵犯专利权纠纷案件应用法律若干问题的解释（二）》第24条的规定明确了两种情形：一是权利人在明示了国家推荐性标准、行业或者地方标准所涉必要专利信息情况下，被诉侵权人以实施该标准无须专利权人许可为由抗辩不侵犯该专利权的行为，一般得不到法院支持。标准实际使用中，要求使用人要么需要获得权利人许可，要么应当向权利人支付许可费用。其中，还没有"标准必要专利反劫持"的相关规定，即对既继续使用标准必要专利又以使用费过高为由不支付使用费的行为进行限制规定。二是规定了限制标准必要专利的"劫持"行为。标准必要专利劫持行为，是指专利权人在其与被诉侵权人协商该专利的实施许可条件时，故意违反其在标准制定中承诺的公平、合理、无歧视的许可义务，导致无法达成专利实施许可合同而请求被诉侵权人停止标准实施的行为。当然，此时的被诉侵权人需要证明其在协商中没有明显过错。也就是说，为实施国家推荐性标准、行业或者地方标准未经许可使用包含他人的专利技术，基于公平、合理、无歧视（FRAND）的原则以及权利人与使用人利益等的衡量并不一定会停止侵权，但应当支付费用，即反对"标准必要专利劫持"。至于企业为实施国家强制性标准而使用专利技术是否视为侵权，当时相关法律及其司法解释并未作出明确的规定。根据2013年《国家标准涉及专利的管理规定（暂行）》第14条的规定，国家强制性标准虽然一般不涉及专利，但对于国家标准确有必要涉及专利这类情形，有学者认为未经许可使用这类专利行为仍为侵权行为且要支付许可费用，只不过是以支付赔偿金的方式代替"停止侵权"。为响应招标书中的标准要求，投标人投标方案含有他人专利技术在一定程度上为"推销或促销行为"（许诺销售）。在不存在专利权使用的例外和限制的情况下，一般应"先许可后使用"。只不过在此类情形下，尤其是在涉及国家强制性标准的情形下，未经许可使用他人专利技术方案的行为，虽然仍为侵犯专利权包括许诺销售权的行为，但可通过以"赔偿金"的方式代替"停止侵权"。关于标准必要专利问题，本课题将在"4.4.4 技术标准"部分专门做详细分析。

4.2.5 投标方案商业秘密保护

1. 投标方案商业秘密的特征

商业秘密，又称为商业秘密权，作为一种"信息资源"被保护可追溯到罗马法时期，但商业秘密体系的形成和完善却是在 20 世纪。[①] 根据 2017 年修订的《中华人民共和国反不正当竞争法》第 9 条第 3 款的规定，商业秘密具有 4 个特征：①秘密性，即不为公众所知悉；②价值性，具有商业价值；③保密性，需要经过权利人采取相应的保密措施；④信息性，属于技术信息和经营信息。

投标方案的商业秘密，首先可以分为专有技术，又称为技术秘密、技术信息，以及经营秘密、经营信息，包括且不限于投标单位的合作方、有质量保障与价格来源的材料商信息等；其次可以分为方案含有的既有商业秘密，以及为响应招标要求的创造性方案内容，诸如特色设计、特色材料组合、特殊施工方案等。结合国际工程承包的招投标阶段，投标方案商业秘密具有以下特点：第一，秘密性，即技术信息和经营信息的秘密性问题。根据《最高人民法院关于审理不正当竞争民事案件应用法律若干问题的解释》第 9 条的规定，有关信息不为其所属领域的相关人员普遍知悉和容易获得，应当

[①] 韦佩、陈雪：《论商业秘密的知识产权属性——在经济分析法学的视角下》，《华南师范大学学报》（社会科学版）2006 年第 5 期。

认定为《反不正当竞争法》第10条第3款（现为第9条第3款）规定的"不为公众所知悉"。第二，价值性。投标方案中图纸及其技术资料凝结了投标人的理念，它的设计、方法、技术等能够使得设计单位在国际工程承包的市场竞争中处于优势地位。一般而言，"竞争优势"也被认为是"价值性"的条件之一。根据《最高人民法院关于审理不正当竞争民事案件应用法律若干问题的解释》第10条的规定，"有关信息具有现实的或者潜在的商业价值，能为权利人带来竞争优势的"，应当认定为《反不正当竞争法》第10条第3款（现为第9条第3款）规定的"商业价值"。第三，保密性。商业秘密一般都会经过权利人采取保密措施，技术资料和图纸一般由专门的项目资料管理人员保管，非相关人员一般不得接触、复制该资料。技术资料、图纸的发放、修改、回收一般都有严格的保密规章制度。

2. 投标方案商业秘密泄密责任分析

商业秘密的一个特征就是秘密性，即该技术信息、经营信息并未进入公众领域，不为公众所知悉。然而，投标方将其技术信息（专有技术）或经营信息作为投标方案进行投标，该商业秘密就可能因招投标程序的公开而丧失秘密性。具体来说，在招投标过程中，招投标方、评标委员会及其他投标方有无保密义务。秘密性关键取决于该相关人员是否负有保密义务。保密义务的确定取决于法律有无明文规定，当事人之间有无约定，以及是否存在默契保密义务的情形（即依社会观念、交易习惯而认为应当承担保密义务的情形）。

首先，招投标方、评标专家及相关人员并不是法律明确规定的保密义务人。根据《反不正当竞争法》第9条的规定，招投标方、评标专家及相关人员不属于以违法行为获取他人商业秘密的人，不属于披露、使用或者允许他人使用违法行为获取他人商业秘密的人；也不属于其他违法行为获取的商业秘密，仍获取、披露、使用或者允许他人使用该商业秘密的人。[①] 前述"违法行为"是指盗窃、贿赂、欺诈、胁迫或者其他不正当手段行为，前述

---

① 参见《反不正当竞争法》第9条。

"其他违法行为",是指明知或者应知商业秘密权利人的员工、前员工或者其他单位、个人实施的盗窃、贿赂、欺诈、胁迫或者其他不正当手段行为。

其次,如果投标方在投标书中明确表示要求其他投标方、招标方、评标委员会委员等对其技术信息、经营信息进行保密,便属于约定保密情形。当然还存在约定效力及其效力范围等问题。

最后,如果不存在约定或约定无效的情形下,是否存在默契保密义务,目前尚无明文规定,也无理论探讨。我们可以参照类似情形进行一些探讨,国家专利复审委员会在其第485号（1994年）无效宣告请求审查决定中指出：当专利技术本身的特点决定了试制、试用是考察技术方案可行性所必需的环节,则接触到本专利技术的人员应根据其在该过程中的利害关系而确定为是否属于应承担保密义务的人。据此,投标方案中所涉的商业秘密只有通过评标委员会的评标后才能确定是否具有可行性（即是否能够在招标项目中应用和发挥更大作用）,评标是确定投标方案是否具有可行性的必需环节。因此,评标委员会专家及相关参与人员对投标方案中所涉商业秘密亦负有默契保密义务。

同时,该投标方以外的其他投标方,包括除招标方必要的工作人员以外的招标方其他人员,只有当招标方宣读标书中商业秘密的时候,才可能获知该专有技术信息、经营信息。由于该类人员属于负有默契保密义务的人,其他投标方、招标方非必要的工作人员获取或披露、使用或者允许他人使用商业秘密,应当都属于非法行为,视为侵犯商业秘密。上述情形,既符合《反不正当竞争法》商业秘密条款的规定,又能鼓励投标方安心地在投标设计方案中使用专有技术信息、经营信息以提高投标方案的质量。

另外,招投标中的公开原则一般并不会与投标方案中未公开信息的商业秘密保护相矛盾。根据我国《招标投标法》第5条的规定,招标、投标活动应当遵循公开、公平、公正和诚实信用的原则。其中,公开原则是指招标流程、招标内容等基本信息的公开。招标流程公开包括招标准备、招标公告、投标、开标、评标、决标、授予合同等流程公开,招标内容的基本信息公开指的是招标工程的信息公开、资格预审标准的公开、招标文件的公开、答辩纪要和招标文件补充通知的公开、开标会议的公开、中标活动的公开。① 同时,不允许招标人、评标委员会人员私下接触投标人以防止招标人与投标人相互串通,以接受监督。公开原则是一种程序上的要求,是一种监督机制,其目的在于使整个招投标过程都处于相关人的监督之下,使得过程透明化,避免暗箱操作,最终实现公平公正。

同时,投标书的内容应当保密,评标过程也应当保密。至于投标文件中核心的未公开信息,仅仅对评标专家委员会审标评标时公开,以及让可能接触到投标文件、为专家委员会服务的人员知晓。为了使商业秘密不丧失秘密性,其在开招时不应将作为投标主要内容的专有技术公开,或者必须公开但应当对知晓商业秘密人进行说明——招标人、评标专家及相关工作人员知悉相关商业秘密,依法依约或默契保密都应当负有保密义务,否则将承担法律责任。② 可见,招标方本着公平公正的原则,依照法定程序进行招投标,包括公开审标评标,与投标方投标方案商业秘密保护并不矛盾。

3. 投标方案商业秘密其他情形风险

投标方案商业秘密泄密风险除上述招投标过程中可能发生及认识存在误区外,还有以下事实风险、国际公约和各国法律风险等。

第一,招投标过程中的烦琐程序以及多方主体的参与并不是造成商业秘密被泄露的最主要原因,在一定程度上造成商业秘密泄露风险的重要原因之一其实是单位人员流动的。调查数据显示,我国目前商业秘密刑事案件中有60%与员工跳槽泄密有关,32%的员工会为了增强就业竞争力出卖原雇主的商业秘密。③ 在国际工程承包合同中,人员流动较为频繁,虽然大多数合同中雇主和雇员都签订了竞业禁止条款,但不排除部分企业在拟定合同的过程中忽略了这一条款,以至于雇员在离职后与雇主成为同业竞争者,利用之前在

---

① 徐利杰:《工程项目招标投标的公开性与保密性分析》,《黄河水利职业技术学院学报》2006年第4期。
② 于海东:《建筑工程招投标中的知识产权保护》,《甘肃政法成人教育学院学报》2005年第3期。
③ 《盘点2010年以来的30起企业泄密案件》,http://www.huxiu.com/article/19911.html,2017年9月13日。

前雇主那里知悉或者掌握的秘密来占领前雇主的市场。在这种情况下，商业秘密很难在侵权结果发生之前得到保护，法院一般只有在侵权结果已经发生并且侵权结果是由前雇员的行为引起的才会对雇主加以保护。但这一方面增加了雇主的举证成本，另一方面仅仅是事后的救济，很难充分弥补雇主受损害的权益，因为一旦商业秘密被公开，便成为"公知技术"，进而失去其在市场中的领先地位，无法给予"恢复原状"保护，仅能通过赔偿给予补偿。

为了提前预防商业秘密侵权结果的发生或者扩大化，美国等国家确立了"不可避免披露原则"（the inevitable disclosure doctrine）。该原则通过禁令救济的方式，用于禁止雇员在其专业领域内从事前雇主的竞争性工作，以保护商业秘密不被潜在披露侵害（threatened misappropriation）。在这类案件中，被告大多是掌握原告重要商业秘密的前雇员，离职后准备或已经就职于原告的竞争对手那里，其新的工作将使其不可避免地披露或使用原告的商业秘密，因此原告请求法院发布禁令，禁止被告从事该项工作和侵占其商业秘密。[①] 其作用在于可以事先预防商业秘密被泄露风险的发生，将风险扼杀在萌芽状态。

第二，FIDIC红皮书（1999年版）第1.12条规定了保密事项，承包商为证实是否遵守合同，其应当按照监理方的合理要求透露其要求的保密事项和其他情况。但是如果承包商向监理方透露了秘密的任何信息，这些未公开的信息如何防范以及在侵权后果发生后该如何降低风险，FIDIC红皮书也没有具体规定。显然，规范的不健全可能造成招投标活动中知识产权风险的发生。

4.3 勘察设计知识产权风险

4.3.1 勘察设计知识产权风险概述

1. 勘察设计及中国高铁勘察设计优势

勘察设计，也称为工程勘察设计、工程勘察设计咨询，包括工程咨

---

① 彭学龙：《不可避免披露原则再论——美国法对商业秘密潜在侵占的救济》，《知识产权》2003年第6期。

询、工程勘察和工程设计。工程咨询是指专业企业向项目业主提供专项咨询活动。工程咨询企业接受项目业主委托，运用其工程技术、科学技术和法律法规等方面的专门知识，通过收集相关资料、调查相关情况和必要研究，为其提供有关工程建设项目的决策和管理的咨询报告等，内容涉及前期立项、勘察设计、工程施工、投产或交付使用后的评价，等等。[①] 工程勘察是指专业企业编制并向建设单位提供建设工程勘察文件的活动。工程勘察企业接受建设单位的委托，根据建设工程和法律法规的要求，查明、分析、评价建设场地的地质地理环境特征和岩土工程条件，开展工程测量，岩土工程勘察、设计、治理、监测，水文地质勘查，环境地质勘查等工作，编制并提交勘察设计文件。[②] 工程设计是专业企业编制并向建设单位提供建设工程设计文件的活动。工程设计企业接受建设单位的委托，根据建设工程和法律法规的要求，对建设工程所需的技术、经济、资源、环境等条件进行综合分析、论证，开展总图、工艺、设备、建筑、结构、动力、储运、自动控制、技术经济等设计工作，编制建设工程设计文件，提供相关服务的活动。[③]

中国高铁企业在高铁勘测设计方面具有很好的比较优势。中国高铁勘测设计技术已经跻身世界先进行列，能够广泛应用于全球卫星定位系统、遥感和地理信息系统、BIM 技术等，实现了勘测设计一体化。其中，车站桥梁设计技术领域能形成集铁路、地铁、地面交通于一体的大型综合交通设计，实现房内设桥和桥上设房的新型客站建设。[④]

2. 工程勘察设计知识产权风险

我国鼓励在工程勘察设计中采用新技术、新工艺、新材料和新方法，促进技术创新，提高建设项目的经济效益、环境效益和社会效益，具体

[①] 刘安宁：《工程咨询企业员工的职业生涯管理》，《中国工程咨询》2009 年第 12 期。
[②] 刘建华：《岩土工程勘察中应注意的问题探究》，《建筑工程技术与设计》2015 年第 32 期。
[③] 何晓华：《简析建筑项目设计质量管理》，《建筑工程技术与设计》2014 年第 36 期。
[④] 卢春房：《坚持科技创新为铁路建设又好又快发展提供技术支撑》，《铁道工程学报》2008 年第 1 期。

体现在：①工程项目采用特定专利技术、专有技术，可以不经招投标直接发包。① ②工程项目采用新技术、新工艺等，设计收费可以上浮。③奖励工程项目建设中使用专利专有技术的企业、员工。② 可见，国家鼓励工程勘察设计企业及其技术人员利用先进的工程勘察设计理论，在工程勘察设计咨询中尽可能地采用具有专利技术或专有技术的新工艺、新技术、新设备和新材料，并促进其项目推广应用，推动工程项目建设中的技术创新，提高经济、环境与社会效益。

勘察设计企业是构成勘察设计行业的基本单位，属于典型的知识密集型企业，其依法开展的各种经济活动，都是与知识产权息息相关的。③ 在工程领域，勘察设计环节是技术性最强、知识产权保护需求最高的阶段，尤其是设计环节涉及多种知识产权的类型。勘察设计知识产权风险，主要是指勘察设计企业在勘察设计过程中对其工程勘察设计档案资料、建筑作品、外观设计、职务成果等知识产权保护存在的问题。

4.3.2 档案资料著作权保护

工程勘察设计企业的工程技术人员依据相关法律法规、规范标准，根据工程建设要求，进行建设工程咨询、勘察和设计，编制建设工程咨询、勘察和设计的相关文件，提供工程咨询、勘察和设计相关服务。这些工程咨询、勘察和设计文件及其相关服务所形成的历史记录，即工程勘察设计档案资料，真实地反映了工程咨询、勘察和设计这种富有创造性的劳动过程，是一种重要的信息资源，依法应当受到著作权保护。④

工程勘察设计企业的工程勘察设计档案资料包括且不限于：①工程咨询、勘察和设计阶段的原始资料、计算书、工程设计图及说明书、技术文件和工程总结报告；②工程咨询的项目建议书、可行性研究报告、专业性评价

---

① 参见《建筑工程设计招标投标管理办法》第 3 条。
② 参见《建设工程设计专有技术成果管理办法》第 14 条、第 15 条。
③ 蒋恺中：《勘察设计企业知识产权法律风险防范浅析》，《中国勘察设计》2006 年第 9 期。
④ 姚刚：《工程勘察设计档案开发利用与知识产权保护》，《知识产权》2004 年第 7 期。

报告、工程评估书、监理大纲；③科研活动的原始数据、设计图及说明书、技术总结和科研报告；④企业自行编制的计算机软件、企业标准、导则、手册、标准设计。① 同时，包括工程咨询投标方案、工程勘察投标方案、工程设计投标方案、建筑工程设计投标方案（包括创意或概念性投标方案）。

依据我国《著作权法》《工程勘察设计咨询业知识产权保护与管理导则》的相关规定，工程勘察设计档案资料是企业集体智慧的结晶，勘察设计档案又是多个资料的汇总，大多属于职务成果，与建设单位项目建设密切相关，其风险主要存在于单位与员工之间、工程勘察设计企业与建设单位之间知识产权的权利归属、权利行使与权利保护等问题。工程勘察设计企业应当重视工程勘察设计投标方案、档案资料各类文件等的管理，注意对其知识产权进行保护，维护自身权益。

4.3.3 建筑作品著作权保护

1. 建筑作品的保护模式

世界各国（地区）对建筑作品的保护存在两种立法模式。一种立法模式是对建筑物、建筑模型和建筑设计图进行一体保护。其理由是建筑作品是由这三者组成的。另一种立法模式是将建筑物列为美术作品或艺术作品予以保护，而把建筑设计图和建筑模型列为另一类作品。其理由是建筑作品仅指建筑物本身。

我国大陆和香港地区均采取了伯尔尼公约的保护方法，建筑作品仅指建筑物本身，而把建筑设计图及其模型列入受著作权法保护的另一类作品之中。我国现行《著作权法》明确将建筑作品列入著作权保护范围，建筑作品的著作权保护不断受到重视。建筑作品的著作权包括人身权和财产权。建筑作品的人身权包括发表权、署名权、修改权和保护作品完整权，财产权主要包括复制权、发行权、展览权等。

---

① 胡朝阳、施建辉：《试析工程项目建设与管理中的知识产权保护》，《现代管理科学》2009年第12期。

2. 建筑作品的复制

根据 FIDIC 红皮书第 1.8 款的规定，图纸一是来源于工程师（监理）向承包商提供的所有图纸、计算书和类似性质的技术资料，一般是指勘察设计单位完成的图纸；二是来源于承包商提供但经过工程师（监理）批准的所有图纸、计算书、样品、图样、模型、操作和维修手册以及类似性质的其他技术资料。在作品的类型中，勘察设计合同主要涉及建筑作品以及以工程设计图为代表的图形作品——图纸，建筑作品在知识产权纠纷中存在的风险因素特别是建筑作品的复制更加明显。

建筑作品，根据我国 2001 年修改《著作权法》时新增的内容，是指以建筑物或者构筑物形式表现的有审美意义的作品。根据《著作权法实施条例》的规定，作品除建筑作品外，还包括工程设计图、产品设计图、地图、示意图等图形作品和模型作品。建筑作品和上述这几类作品是并列的关系，这就产生一个问题，即根据工程设计图制作建筑模型或者建造物，属于《著作权法》意义上的"复制"还是"演绎"呢？

复制权有狭义、广义之分。狭义的复制权，一般仅指以同样形式制作成品的权利。广义的复制权，除狭义复制权外，还包括不同于作者原有形式表现该作品的权利。[1] 根据我国现行《著作权法》的规定，复制权是以特定方式将作品制作一份或者多份的权利。复制方式包括印刷、复印、拓印、录音、录像、翻录、翻拍等。建筑作品的复制应理解为，以任何方式和采取任何形式对已经存在的作品及其内容进行非创造性的、重复性的、具有物质固定性的再现。

19 世纪中叶之前的版权主要规制复制权，而后司法实践中逐渐将改编、翻译等演绎行为也纳入版权的调整范围。我国《著作权法》第 10 条第 1 款规定了作品演绎，包括摄制权、改编权、翻译权、汇编权。作品演绎是指以任何形式对一个或多个原有的作品进行重新安排、改变形式和改编形成作品的行为，方式包括翻译成另一种语言、改动成其他文学和艺术形式，对原有

---

[1] 赵凤梅、李炳金：《浅析工程领域知识产权侵权之预防》，《山东审判》2014 年第 6 期。

作品构成实质性改变的修改和补充、改编、缩略、编排、删节以及本身不构成新作品的变更，当然不得损害原作著作权。具有独创性的演绎作品，才受著作权法的保护。①②

从上文可见，演绎权和复制权的核心区别在于演绎权在原有表达的基础之上增加了新的独创性表达，而复制权则未改变原作品表达，仅仅是增加了原作品载体的数量或者表现形式。如根据漫画制作实物玩具，属于从平面到立体的复制；将小说改编成舞台剧，或者绘制成一整套漫画乃至摄制成电影才构成演绎。③ 还有，演绎权、复制权在国际公约、不同国家有不同的规定、解读，可谓风险潜伏。

针对理论以及司法实践中存在的争议，我国正在进行的第三次著作权修法过程中，扩大了建筑作品的范围，《著作权法（修订草案送审稿）》第5条规定，以建筑物或者构筑物形式表现的有审美意义的作品，包括作为其施工基础的平面图、设计图、草图和模型为建筑作品。我国高铁企业在勘察设计合同中应结合当地的法律对"建筑作品"进行明确定位，慎重对待、积极保护。

3. 建筑作品委托属性

在国际工程承包中，建筑作品有其特殊性，即建筑作品为建设单位与勘察设计单位的委托合同衍生的作品，为此，对建筑作品的委托权利归属与权利范围试做分析。

工程勘察设计合同一般属于项目建设方委托工程勘察设计企业完成工程设计的合同。根据我国《合同法》《著作权法》相关规定，委托合同创作的作品的著作权归属由委托人和受托人通过合同约定；合同未作约定或者约定无效、没有订立合同的，著作权属于受托人。需要注意的是，委托作品在不同的国家其规定是有所差别的。虽然部分英美法系国家把委托作品视为一种特殊的雇佣作品，如新修订的《美国版权法》第101条。事实上，无论是

---

① 王迁：《知识产权法教程》（第四版），中国人民大学出版社，2014，第158页。
② 吴汉东、曹新明、王毅、胡开忠：《西方诸国著作权制度研究》，中国政法大学出版社，1998，第136页。
③ 郑成思：《版权法（修订本）》，中国人民大学出版社，1997，第185~187页。

大陆法系国家还是英美法系国家，委托作品和雇佣作品都是两类不同的作品，二者的主要区别在于设计人与单位是否存在雇佣关系或者委托关系。对于委托作品而言，部分国家规定，在未作约定的情况下，著作权属于被委托人。这在大陆法系国家比较常见，毕竟被委托人是直接的创作人，而作品一般视为"作者之子"，因此在大陆法系国家一般直接规定作者为直接的创作人。而雇佣合同项下的作品属于雇主。

委托作品署名权转让的问题。我国《著作权法》因移植立法出现了逻辑上的不自洽。比如以署名权为例，我国一方面采取了法国式的作者权体系，认为署名权是人身权，进而不可转让；但另一方面在法人作品中，法人又被"视为作者"，这又是英美式的财产权体系的做法，将著作权视为纯粹的财产权，认为署名权可以转让。由于法律条文逻辑的不一致性，面对《著作权法》第17条所规定的委托作品时，委托作品的著作人格权如署名权是否可以约定转让，法律适用也将面临法律条文的逻辑冲突。这也是很多国家因移植法律又不注重知识产权体系化所共同面临的问题。显然，法律适用的冲突造成的不确定性，可能引发法律风险。

4.3.4 外观设计保护

建筑作品还可以受到专利法的保护，建筑作品的设计人可就特定的智力成果申请外观设计专利权。外观设计是指对产品的形状、图案或者其结合，以及色彩与形状、图案的结合所作出的富有美感并适合工业应用的新设计。根据外观设计的定义，建筑作品如果是与现有设计不相同或不近似的新设计，其可以申请外观设计专利权。根据《专利审查指南》的规定，我国从2001年7月1日起开始对建筑作品授予外观设计专利。可授予外观设计专利的建筑作品，是指不受地理条件的限制能重复再现的一些普通住宅、别墅和公共建筑设计中的门、窗、楼梯、装饰图案，以及其他建筑单元等，包括建筑设计通用图、制成建筑模型、固定建筑物等。[1]

---

[1] 水健、王荜：《浅议建筑设计作品的知识产权保护》，《建筑设计管理》2013年第7期。

建筑作品申请外观设计专利权进行保护，目前尚未得到广泛的认知和实践。建筑作品申请外观设计专利权进行保护不仅有一定的可行性，而且专利权保护的排他性强于著作权，因此，通过赋予设计人外观设计专利权的方式来保护建筑作品具有重要的现实意义。外观设计一般依托于具体产品，要求是美观并能在工业上应用的新设计，缺乏上述任一条件，一般都不能称为外观设计。外观设计不同于发明、实用新型，外观设计并不是技术方案，在对客体的授权条件方面，外观设计也不同于发明、实用新型。因此，部分国家将外观设计单独立法，而不是与发明、实用新型统一放入一部专利法中进行调整。比如日本的《意匠法》就是专门调整"外观设计"的法律，欧盟2001年通过的《欧洲共同体外观设计保护条例》。在外观设计的保护期限上，各国也有所不同。根据《欧洲共同体外观设计保护条例》第12条的规定，欧洲共同体国家外观设计的保护期限自申请日起5年，期满后可以续延，每续延一次5年，最长保护期限为25年；我国现行《专利法》规定外观设计的保护期限是10年，从申请日开始计算。

除了各国在外观设计立法体例中的选择有所不同以外，对于中国高铁国际工程承包而言，其保护对象也不限于建筑物，在国际工程承包的勘察设计阶段，还可能包括部分外观设计。部分外观设计是指对产品上某一部分的形状、图案及位置关系进行的新设计，不是指对组成该产品的零部件进行的外观设计。[①] 即使是保护部分外观设计的国家，比如在美国针对图案设计获得部分外观设计保护的前提仍然以产品为载体，而欧洲共同体则允许脱离产品直接以图案为载体，我国《专利法修订草案（送审稿）》也规定了"部分外观设计制度"，从而将外观设计专利的含义修订为：对产品的整体或者局部的形状、图案或者其结合，以及色彩与形状、图案的结合所作出的富有美感并适合工业应用的新设计。

在高铁国际工程承包的过程中，也会面临部分外观设计的问题，比如高铁机头、高铁机车外观、高铁车站甚至高铁铁轨在符合相关国家部分外观设

---

① 刘桂荣：《关于部分外观设计保护的探讨》，《知识产权》2004年第3期。

计规则的条件下都有可能具备部分外观设计的资格。高铁机车也有外观设计，比如韩国的 KTX-Ⅰ列车、KTX-Ⅱ列车、TTX 列车和 HEMU-430X 列车借鉴了列车空气动力学、民族文化融合共生、象征设计、仿生设计4个方面，使得列车既具有美感，也提高了过弯道的能力以及减少空气的阻力从而保证了列车的运行速度。[①]中国作为高铁大国，在国际工程承包过程中所产生的富有美感的工业设计，其某一部分的形状、图案或者位置都可能符合外观设计的条件，可能出现侵权或者被侵权的风险。我国高铁就申请了不少的外观设计专利，比如高铁的安全门。[②]这些便涉及高铁国际工程承包中重要设备、产品的外观设计专利保护风险。

4.3.5 新材料、新工艺和新方法保护

为了提高建设项目的经济效益、环境和社会效益，各国也都鼓励勘察设计企业应用新理念，采用新技术、新工艺、新设备和新材料，勘察设计企业使用新技术、新工艺、新设备和新材料也有利于提高自身效益和形象。勘察设计企业在使用新技术、新工艺、新设备和新材料时应当符合法律规定或约定有权使用，即应当是勘察设计企业自身享有权利或经授权（受让、许可等）的，建设方、承包商享有权利或经授权的并同意或要求勘察设计企业使用的，抑或法律授权如依赖许可、强制性标准必要专利等。同时，勘察设计企业在工程设计中使用新材料、新工艺和新方法也易发生侵权的情形包括：①勘察设计企业为优化设计方案，自身决定其设计的有关技术方案，采用的相应技术参数，提供的相关技术图纸等文件包含了他人的发明创造专有技术、专有技术信息、经营信息等而又未事先征得其许可的。②勘察设计企业根据建设单位或者总承包商的要求，其设计的有关技术方案，采用的相应技术参数，提供的相关技术图纸等文件包含了他人的发明创造专有技术、专有技术信息、经营信息等而又未事先征得其许可的；这里需要强调的是，一

---

① 王玮、王喆：《韩国高速铁路列车外观设计分析》，《包装工程》2014年第14期。
② 余和军、张树彩、郭峰：《安全门（地铁或者高铁）》，CN301680164S，2011。

般而言，勘察设计企业不论是否明知均构成共同侵权，如果不知则可能不承担赔偿责任。③勘察设计企业如果明知其设计方案所选定的有关建筑材料或设备存在知识产权侵权嫌疑而放任其在工程建设项目中使用，可能涉及要与建设单位或者施工单位承担共同侵权责任。

另外，勘察设计企业，为提升自身勘察设计能力以及优化设计方案还可能进行技术开发、技术引进和技术转让等，便涉及知识产权归属、行使与保护等问题；对于其所使用的新技术、新工艺、新材料和新设备，如属委托、共同开发成果，还需处理好其与委托、共同开发方的知识产权归属、行使问题；即使是合法使用他人的专有技术信息、经营信息也要注意员工的技术保密问题，等等。

4.3.6 勘察设计职务作品保护

勘察设计作品除具有委托作品的特殊性外，就勘察设计企业内部而言，绝大多数还属于职务作品。职务作品是指单位员工为完成单位任务或者主要利用单位工作条件特别是单位主要物质技术资料所创作完成并由单位承担责任的作品。这里便存在以下几种情形：一是单位员工的界定；二是职务作品的归属与使用；三是职务作品侵权风险。

单位员工的界定。在职务作品方面，一般要求单位与技术设计人员存在劳动或者雇佣关系。雇佣关系和劳动关系是有区别的：①单位与劳动者关系是否持续、稳定。一般来说，劳动关系中单位与劳动者在一个时期内是长期、持续、稳定的关系，而雇佣关系中劳务人员具有临时性。②用工单位对劳动力是否享有支配权。劳动关系中用工单位享有劳动力支配权，员工在为用人单位服务的同时，一般不能再为其他单位服务，而雇佣关系中劳动者可以身兼数职，支配权相对要弱。① 但是对于"员工"的范围，我国《著作权法》及其相关法规并未进行定义，这可以借鉴《专利法》相关规定。我国《专利法实施细则》第12条第2款规定，《专利法》第6条所称本单位，包

---

① 夏群佩、王新平：《如何区分劳动关系与雇佣关系》，《中国劳动》2004年第9期。

括临时工作单位。也就是说，劳动者即使与用人单位没有劳动合同，甚至是临时用工，其发明创造也可能构成职务发明。因此，在一定条件下，临时工作人员的创作也可能构成职务作品。

职务作品的归属与使用。根据我国现行《著作权法》的相关规定，职务作品分为一般职务作品和特殊职务作品。一般职务作品，是指公民为完成法人或者其他组织工作任务所创作的作品是职务作品。特殊职务作品，是指主要利用单位的物质技术条件完成的并由单位承担责任的作品。特殊职务作品还包括法律、行政法规规定或者合同约定著作权由单位享有的职务作品。根据《工程勘察设计咨询业知识产权保护与管理导则》的规定，勘察设计职务作品属于特殊职务作品，即执行勘察设计咨询企业的任务或主要利用企业的物质技术条件完成的，由企业承担责任的作品均属于职务作品；内容包括工程勘察、设计、咨询的投标方案和各类文件等。勘察设计企业对该类作品享有著作权，员工享有署名权、奖励权。①

职务作品侵权风险。勘察设计企业职务作品的知识产权风险主要有两类：勘察设计企业侵犯他人的知识产权成果和勘察设计企业员工侵犯单位知识产权成果。具体来说，①勘察设计企业及其员工侵犯他人的知识产权成果，例如抄袭、剽窃他人勘察、设计、咨询文件（设计图）及其作品；擅自使用、转让他人的工程勘察、设计、咨询文件（设计图）；采用违法手段获取、使用或者披露他人含有专有技术标识的文件、设计图及说明，以及违反双方保密约定的违约行为；在勘察设计咨询文件上擅自使用其他勘察设计咨询企业的名称、注册商标、资质证明、图签、出图专用章等企业标识，等等。②勘察设计企业员工侵犯单位知识产权成果，例如擅自复制、摘录、转让单位勘察设计文件（设计图）、工程技术资料、科研资料；擅自将职务作品作为非职务成果进行登记注册或转让；擅自发表或许可他人发表、出版单位业务范围内的科技论文及其他作品；擅自将应属于单位的职务发明创造申请为非职务专利；擅自向他人转让单位或单位合作、委托完成的专利或专有技

---

① 参见《工程勘察设计咨询业知识产权保护与管理导则》第3条。

术，等等。

此外，《工程勘察设计咨询业知识产权保护与管理导则》除对勘察设计企业的职务作品进行了规定外，还对职务专利（申请）权与企业专有技术权保护，以及职工离职后的知识产权归属等也作出了专门规定。该规定既保护了勘察设计企业的职务成果，又维护了企业员工对其职务成果所享有的署名权或奖酬权，有力调动了勘察设计企业和员工两方面不断进行技术创新、设计创造的积极性和创造性。① 同时，不同国家还会有不同的企业与员工关系的历史文化背景和职务成果保护的法律制度，我国高铁勘察设计企业在国际工程承包过程中，会涉及上述职务成果保护问题，需要在工程勘察设计过程中予以防范。

4.4 工程建设知识产权风险

4.4.1 工程建设知识产权风险概述

1. 高铁工程建设

高铁工程建设，主要是指高铁建筑物和构筑物的新建、扩建、改建及其相关的装修、拆除、修缮等，包括高铁的线路工程、土木工程、建筑工程，以及线路管道、设备安装和装修工程等。中国高铁工程建设企业，是指中国从事高铁工程施工的企业，以及高铁施工、维护过程中的部分机械设备企业，不同于单纯的建筑工程企业；② 不包括中国高铁工程建设的勘察、设计等服务企业，从而与中国高铁装备设备制造企业、工程勘察设计企业相区分。

中国高铁企业在工程施工方面具有很好的比较优势。①中国无砟轨道铺

---

① 胡朝阳、施建辉：《试析工程项目建设与管理中的知识产权保护》，《现代管理科学》2009年第12期。
② 参见《建筑法》第2条第2款。据此，建筑工程企业是指从事建筑活动的企业。显然，中国高铁工程建设企业的范围与建筑工程企业的范围是交叉关系。

设技术世界领先。法国全部采用有砟轨道，德国新线部分采用无砟轨道，日本除道岔区以外采用无砟轨道，而我国运营时速 350 公里的高铁不仅全部采用无砟轨道，而且其无砟轨道板的抗裂、抗静动荷载强度的百年寿命等问题都得到了很好的解决。②中国隧道建设技术有了重大突破。我国突破了复杂地质、艰险山区的高速铁路长大隧道群和水下隧道建设的技术难题①，实现了动车组列车在隧道内以 350 公里的时速运行和交会。③中国掌握了高铁桥梁建设的关键技术。我国已经建成的武汉天兴洲长江大桥，是我国首座四线公路铁路两用斜拉索桥，创下了跨度、荷载、速度、宽度 4 项世界第一；同时，我国掌握了新型结构大跨度桥梁及大跨度桥梁采用无砟轨道、车桥线动力响应仿真、无砟轨道桥梁设计建造、车站桥梁设计建造等桥梁关键技术。②

同时，中国的高铁施工队伍具有世界级的高水平铁路施工技术。中国的高铁施工队伍曾建设总里程世界第一、最高设计时速 350 公里的武广高铁；建设世界首条时速 350 公里的寒地高铁——哈大高铁；建设有"世界第一条山区高速铁路"之称的成贵高铁，以及采用目前世界上最先进的 TBM 掘进机建成了我国目前里程最长、直径最大的铁路隧道——兰渝线西秦岭隧道。中国的高铁施工队伍在高铁路基、桥梁、隧道、线路、电化、电力、通信、信号、车站的建设方面具有十分丰富的经验，表明其在铁路施工技术上达到了世界领先水平。

2. 工程建设知识产权风险

我国建筑施工领域的一般专利技术，目前主要涉及两类，包括建筑施工技术和建筑材料类专利，不包括大型施工设备、装备及其技术、专门施工技术等。建筑施工技术主要包括地基处理技术、墙体砌筑技术、结构体系施工技术、楼梯预制装配和环绕技术、防水保湿与隔热施工技术等几个方面。其中，建筑施工发明专利技术主要有建筑地基构造的受力研究与创新、建筑新

---

① 单洞长度 10 千米以上的就是长大隧道。
② 马文景：《中国高铁走向世界的比较优势分析》，《中国勘察设计》2015 年第 6 期。

材料的性能探索与应用、混凝土的施工技术与结构设计。施工建筑材料专利也日益增多，主要有石墨掺量对防电磁辐射纸面石膏板的影响、微胶囊化聚磷酸铵在防火界面剂中的应用研究、稻草纤维增强加气混凝土制备工艺研究、抗真菌的墙板及其制备方法，等等。此外，建筑工程方向还有实用新型专利、外观设计专利等，例如城市景观绿化墙、施工升降机自动平层控制系统等。

高铁工程建设，从线路运输类型可划分为客运专线（高速铁路、城际铁路）、客货共线、货运铁路（重载）；按专业类型可划分为线路、路基、轨道、站场、房建、桥涵、隧道、测量、给排水、机务车辆、环保，以及地质、电力、牵引供电、通信、信号、信息等专业。高铁工程建设知识产权问题相应地也非常复杂，但概括起来，一是工程施工的材料采购；二是工程施工的实施；三是工程施工需要符合规范标准；四是工程施工特别是高铁工程施工是科技、经济发展水平的综合展示，保障生态环境效益，促进社会进步。为此，本章依据下列顺序展开高铁建设工程知识产权风险分析：工料采购知识产权保护（专利、商标侵权）、工程施工知识产权保护，以及技术标准与绿色专利。

4.4.2 工料采购知识产权保护

工程施工环节涉及大量材料和设备[①]采购，其采购的材料和设备种类繁多，有些会涉及专利技术和商标权的保护问题。如果施工企业采购的材料是涉嫌侵权的产品，即其购买的是未经权利人许可而生产的侵犯专利权或商标权的产品，就会陷入知识产权侵权纠纷中。

涉嫌侵犯专利权、商标权的善意侵权情形。善意侵权，是指使用或销售不知道是未经知识产权人许可而制造的知识产权产品的侵权。该侵权人虽然也是基于生产经营目的，但不知道是未经权利人许可而制造的侵权产品，而

---

① 这里的"设备"仅限于施工本身需要的施工设备、线路所需设备，不包括高铁工程所需车体、设备及其相关零部件，高铁工程的部分归入高铁国际贸易知识产权风险做专门探讨。

且能证明产品来源合法,即使使用或销售了该侵权产品,也不承担侵权赔偿责任,属于善意侵权人。善意侵权人不包括侵权产品的制造者,仅限于经营者、使用者。我国《专利法》《商标法》等都有相关规定。[①]

工程施工过程中施工方在采购环节要注意尊重他人的专利权、商标权等。为了避免不必要的纠纷,买受方可以要求在采购合同中列明出卖方负有权利瑕疵,包括知识产权瑕疵担保义务的条款。这样一来,采购的相关材料如果涉嫌专利、商标侵权,买受方就无须承担侵权赔偿责任。为了更好地维护自己的利益,在权利瑕疵担保义务条款中,买受方应与出卖方约定相应的侵权赔偿范围,包括善意使用人的经营利益损失以及因侵权纠纷可能影响工期所产生的损失等。

工程建设过程中承包人购买使用了假冒商标材料是否应承担责任,仅就我国司法实践而言就有不同答案,明显存在风险。具体案例情形有三类。

一是铜梁装饰工程"华艺"牌灯饰商标权行政执法案,施工方根据安装合同约定,后经建设方认可品牌购买产品进行安装。安装后有人举报该产品涉嫌"侵犯注册商标专用权",构成了商标侵权行为。行政执法部门认为工程施工方需要承担商标侵权责任。

二是深圳装饰工程"伟正"牌胶合板商标权纠纷案,施工合同约定所有的建筑材料均由施工方自行采购,并且在合同中明确约定使用特定品牌。施工方在工程施工中购买了涉嫌侵犯特定品牌商标权的建筑材料并用于装饰工程。特定品牌商标注册权人发现后向法院起诉要求施工方承担相应的赔偿责任。一审、二审法院分别认为属于消费行为或即使不属于消费行为也不会导致消费者混淆,因此都认为不构成侵权。

三是北京装修工程"longgu"牌石膏板商标权纠纷案,案件情节基本与深圳装饰工程"伟正"牌胶合板商标权纠纷案相同,但朝阳区法院认为:①施工方行为是营利性行为。②施工方也不是终端的消费者。终端的消费者是建设方或业主。③施工方行为符合销售的特征。将购进的建材结合劳务形

---

① 参见《专利法》第 70 条,《商标法》第 60 条第 3 款。

成装修工程成果,最终通过验收的方式销售给发包方或业主。施工方属于"销售注册商标专用权商品"的行为,应当承担赔偿责任。①②③④

上述案例表明,工程建设过程中承包人购买使用了假冒商标材料是否应承担侵权责任的风险在于其行为被认定是纯粹的消费使用行为还是以营利为目的的销售行为。"购买侵犯商标权的商品用于装修工程,是纯粹的消费使用行为,即对假冒(仿冒)商品的使用,承包人不构成商标侵权",显然属于简单化,让个别恶意工程施工企业有机可乘;但是,工程施工企业(承包人)行为具有营利性不是终端的消费者且具有销售特征,被当然认定为构成侵权也过于武断:第一,让不知情的过失企业"躺着中弹",可考虑适用善意侵权,尤其是能够证明"善意",即不知道是侵权且能够证明有合法来源的则不应当承担侵权赔偿责任,提供真正侵权人;第二,建设施工合同具有加工承揽合同性质,即具有人身性,当建设施工企业根据建设承包合同约定代为采购侵犯商标权的施工材料、设备或由建设方提供的侵犯商标权的施工材料设备,则不论承包人是否有收益,如材料保管、加工费,则不应当承担侵权责任。当然,其中承包人"代为采购侵犯商标权的施工材料、设备"属于明知如案例一,则应当承担侵权责任。这些客观事实的法律认定及其后果承担在不同的国家、国际公约环境下更加可能存在一定风险。

4.4.3 工程施工知识产权保护

工程施工环节,是工程施工企业根据工程设计、施工方案,在监理工程师监督、指导与协调下,组织施工队伍包括各类路基、轨道、电力、房建、给排水、环保等专业技术人员进行线路、桥涵、隧道、站场等专项工程施工

---

① 张剑杰:《建设工程施工中的商标侵权问题研究——从"华艺"商标案引发的思考》,西南政法大学硕士学位论文,2016。
② 案件来源于重庆市铜梁区(2014)铜梁工商检字第 52 号处罚决定书。
③ 案情详见深圳市中级人民法院(2010)深中法民三终字第 213 号民事判决书。
④ 案情详见北京朝阳区法院(2009)朝民初字第 18147 号民事判决书。

过程的多环节、多专业、多项内容。其中包括施工标准、施工数量、施工质量与施工工期等的实现与保障，存在各种知识产权侵权风险。

施工方施工过程可能存在的知识产权风险包括以下几类：第一，合理的审查义务风险。设计单位根据建设单位要求采用含有知识产权侵权的文件进行设计提供了方案，施工方根据该方案进行施工，如果未尽到合理审查的义务，可能构成侵犯他人专利权、著作权等。第二，共同承担侵权责任风险。具体包括：施工方采用设计单位根据建设单位要求或者自身考虑（如优化方案有利中标），有关设计、施工方案含有知识产权侵权的；有关设计、施工方案含有知识产权侵权的建筑材料或设备的，可能涉及与建设单位或者设计单位承担共同侵权责任。这里的设计、施工方案既包括著作权，也包括专利技术、享有商业秘密保护的专有技术等。

同时，施工过程中工程施工方法侵权问题也不容忽视。比如，广州地铁三号线施工过程中发生的专利侵权行政执法案。该案就是工程施工方在琶洲—琶洲塔区间隧道围护结构以及琶洲塔站后折返线主体围护结构工程施工过程中未经专利权人许可使用他人发明专利方法，被权利人举报并要求知识产权行政管理部门责令涉嫌侵权的施工单位立即停止侵权、销毁制造侵权的专用设备和工具，赔偿经济损失。[①] 工程施工工艺的改进，施工方案的提升，施工方法的改变，施工设备技术手段的现代化，例如脚手架结构改变、建筑保温结构的改变，以及隧道、桩基、各类型桥梁施工方法等，都是技术创新成果，既可以申请专利获得专利权保护，也可以采用专有技术信息的商业秘密方式保护。

高铁工程施工企业施工过程中，一是根据知识产权违法违规的设计方案进行施工可能要承担相关责任，二是施工工程的新方法、新工艺和新技术的运用，虽然能够给企业带来可观的收益，也能增强市场竞争力，但应当是自己拥有或经授权依法使用，否则就可能承担法律风险。国际工程施工更不例外。

---

① 甘丽华：《重大工程施工谨防知识产权侵权》，《南方日报》2004年9月22日。

4.4.4 技术标准

1. 技术标准及其分类

根据国际标准化组织（ISO）指南《标准化和有关领域的通用术语及其定义》、我国《标准化工作指南》的定义，标准是指一种规则、指导原则或特性文件、规范性文件。该文件的作用在于通过"共同使用和重复使用"实现在一定范围内获得"最佳秩序"。因此，标准的制定需要经协商达成一致，而且由公认机构批准。我国《标准化工作指南》和《标准化和有关领域的通用术语及其定义》对"标准"的定义是大致相同的，突出强调了"标准"的相对权威性、共同使用、反复使用、能够对行为加以指导等特点。标准可分为技术标准、管理标准和工作标准等。其中，技术标准是指技术事项所制定的协调统一的规范，可分为基础标准、产品标准、方法标准、安全卫生与环境保护标准等。

高铁工程属于工程建设范围，工程建设标准目前除国家出台的《标准化法》《标准化法实施条例》外，还有《工程建设国家标准管理办法》《工程建设行业标准管理办法》《工程建设标准涉及专利管理办法》等，内容涉及工程标准管理原则、标准管理部门、专利信息披露、专利实施许可声明、强制性国家标准和国际标准适用等。高铁工程，尤其是高铁线路、动力牵引、通信信号、安全工程等的施工，乃至车体及其设备制造具有严格的标准与规范，以保障高铁运行安全、舒适。同时，"三流企业卖产品，二流企业卖技术，一流企业卖标准"。谁掌握了标准的制定权，谁就占领了竞争的制高点。技术标准对企业具有重要意义，一是技术标准意味着施工企业（包括制造企业）能力与水平是否达标，是否具有准入的资格；二是技术标准含有标准必要专利，具有市场竞争力。我国企业在走出国门参与国际竞争的过程中，就曾被"标准必要专利"锁喉，比如本世纪初，沸沸扬扬的"中国DVD专利门"事件，我国曾是全球基于MPEG2标准DVD设备的最大生产国，但我国DVD企业在走出国门的时候，由于未经许可使用了他人的"标准必要专利"，导致大量DVD在海外被扣押，最终由中国电子音响工业协会先后与6C、3C等技术标准组织进行谈判，使得国内企业每生产一台DVD就要向这些组织缴纳9美元的专利使用费，造成中国DVD价格优势不再明显，失去了欧美市场。同样，基于中国高铁的国际工程承包除了面临"标准"的市场准入风险外，还将承受标准必要专利给我国企业带来的风险。可见，技术标准对高铁施工企业具有很大的挑战性，存在相关风险。

技术标准也是对一个或几个生产或产品技术设立的必须达到的水平要求。为此，技术标准有各种类别。标准可分为国家标准、行业标准、地方标准和团体标准、企业标准。[①] 根据《标准化法》第21条的规定，推荐性国家标准、行业标准、地方标准、团体标准、企业标准的技术要求不得低于强制性国家标准的相关技术要求。国家鼓励社会团体、企业制定高于推荐性国家标准相关技术要求的团体标准、企业标准。也就是说，强制性国家标准是基本标准，生产经营活动或产品必须达到的水平；行业、地方标准等一般要高于国家标准，企业可选择适用，有时行业特别是地区会要求企业必须适用行业或地区标准。企业标准是企业自身为提升管理水平，扩大企业声誉适用高于行业、地区标准的做法。为适应技术进步和社会发展需要，国家、行业或地区有时在标准制定中含有专利技术以提高标准先进水平，这里的专利便是标准必要专利。高铁企业无论是进行工程建设施工还是产品、设备制造都需要符合相应国家、地区对应的技术标准，还会涉及对应技术标准中标准必要专利技术的使用，存在标准必要专利技术使用付费的问题。

2. 标准必要专利

根据美国电气与电子工程师协会（IEEE）观点，标准必要专利是指标准一定会使用某项专利权利，没有其他商业上或技术上可替代的方案。换句话说，"必要"体现为某个标准只有使用某项专利权利才能体现发展水平，必不可少；同时，这个专利技术在该草案被批准之时，没有其他商业上或技术上的方案可替代。当然这里的技术标准既包括强制性标准也包括可选择性

---

① 参见《标准化法》第2条。

标准。①

我国近几年颁布的规范或者草案中也逐渐开始规制"标准必要专利"。比如《国家标准涉及专利的管理规定（暂行）》第 4 条规定，国家标准中涉及的专利应当是必要专利，即实施该项标准必不可少的专利。例如标准的关键技术、标志性技术等。2015 年我国《专利法修订草案（送审稿）》便有标准必要专利的内容。内容主要涉及许可及其费用：①参与国家标准制定的专利权人，在标准制定过程中不披露其拥有的标准必要专利信息的，视为其许可实施者使用该标准的专利技术；②许可使用的具体费用由双方协商，协商不成，可以请求国务院专利行政部门裁决，对裁决不服的，可以起诉。从以上规定来看，美国电气与电子工程师协会规定了标准必要专利的含义，强调了标准必要专利的不可替代性，而我国的一个部门规章和一个法律草案增加规定了国家标准必要专利的含义及其许可使用费的实施和争议解决方式，但许可使用费的标准如何确立，我国仅仅规定了确定路径。就司法实践的通常做法而言，许可使用费通常采取 FRAND 规则，即绝大多数标准化组织要求参与者签署书面承诺以公平、合理和无歧视的条件许可标准必要专利。但正是由于大多数国家在标准必要专利许可费用的规范上仅参考或者准用 FRAND 规则，而无具体程序规范加以约束，法律的模糊性，造成了标准必要专利许可费用的不确定性，进而为专利劫持和反劫持提供了生存的空间。

专利劫持，最早是由 Mark A. Lemely 和 Carl Shapiro 提出来的。② 专利劫持指标准必要专利权人利用享有专利权的优势，对标准使用者收取高于正常标准的使用费的行为。③ 之所以会发生专利劫持问题，是标准必要专利许可使用费用未公开、不透明造成的。目前在司法实践中，标准必要专利权人和使用人最终商议的许可使用费用，仅为合同的双方当事人知悉。与标准必要专利权人达成许可使用合同的在后使用人并不知晓在先使用人的许可费用

---

① 张平主编《冲突与共赢：技术标准中的私权保护——信息产业技术标准的知识产权政策分析》，北京大学出版社，2011。
② 李慧颖：《专利劫持和反向专利劫持的法律关注》，《竞争政策研究》2015 年第 2 期。
③ 吴广海：《标准设立组织对专利权人劫持行为的规制政策》，《江淮论坛》2009 年第 1 期。

是多少。如果这个许可合同涉及保密，那么就意味着只有标准必要专利权人知悉其与不同主体达成的许可使用费用状况，而各专利被许可使用人并不知晓甚至没有途径知悉其他专利被许可使用人与标准必要专利权人达成的专利使用费用。由于没有对比的参数，任一被许可使用人对于其达成的专利许可使用费用都很难判断是否"公平、合理、无歧视"。可见，针对合同订立过程中的不透明风险，标准必要专利权人往往会利用自己的优势地位——标准必要专利的不可替代性，对于个别企业收取较高的不合理费用。这是合同订立过程不透明、未公开造成的风险，这往往与标准必要专利权人的强势地位有关。

同时，在司法实践中，当专利被许可使用人的地位强于标准必要专利权人的情形，便出现了专利反劫持。专利反劫持，是指标准实施者以无法达成标准必要专利许可条件为借口，实施标准必要专利同时拒绝支付许可费用的现象。专利反劫持情形中，标准实施者表面上是针对标准必要专利许可条件无法达成一致意见，实际上是利用其市场优势地位强调不得不实施标准必要专利，以及欺压小型企业无力承担高额的诉讼费用以及烦琐的诉讼流程，实现既能实施标准必要专利又拖延支付许可使用费用甚至拒绝支付达到长期免费使用标准必要专利的目的。[①] 因此，尽管标准必要专利权人在某行业具有制定规则的主导权，但如果在自身力量比较薄弱的情形下遇到大型公司滥用自己的市场优势地位，其反而成为被侵权人。

3. 我国技术标准案例与法律进展

我国第一件标准必要专利使用纠纷案说明工程施工过程中也面临技术标准风险。2007年季强、刘辉状告辽宁朝阳市兴诺建筑工程有限公司专利侵权，被告则提出其实施的是建设部颁发的行业标准《复合载体夯扩桩设计规程》，参见图4-1。既然是标准就应当可以使用且免费使用，被告观点为中级人民法院所确认。原告不服提出上诉，辽宁省高院受理上诉后向最高人民法院请示。

---

① 孟雁北：《标准制定与实施中FRAND承诺问题研究》，《电子知识产权》2014年第11期。

中华人民共和国行业标准

复合载体夯扩桩设计规程

Specification for design of
ram-compaction piles
with composite bearing base
JGJ/T 135-2001
J 121-2001

前　言

行业标准《复合载体夯扩桩设计规程》（JGJ/T135 2001），经建设部于2001年8月7日以建标[2001]170号文批准业已发布。

为便于广大设计、施工、科研、学校等有关单位人员在使用本规程时能正确理解和执行条文规定，《复合载体夯扩桩设计规程》编制组按章、节、条、款顺序，编制了《复合载体夯扩桩设计规程条文说明》，供使用者参考。在使用中如发现本条文说明有不妥之处，请将意见函寄北京波森特岩土工程有限公司《复合载体夯扩桩设计规程》管理组（北京市昌平区东小口镇天通苑小区三区七号楼1904室，邮政编码102209）。

图4-1　复合载体夯扩桩设计规程

最高人民法院2008年7月给予答复。答复的主旨是：①标准必要专利视为许可使用。无论是专利权人参与制定的还是经其同意的国家、行业或者地方标准含有其专利，视为许可他人在实施标准的同时实施该专利。②应当支付许可使用费。具体来说，专利权人如果承诺放弃的依其承诺；专利权人要求支付的，应当按照明显低于正常的许可使用费支付。

根据2016年《最高人民法院关于审理侵犯专利权纠纷案件应用法律若干问题的解释（二）》（以下简称《专利权司法解释（二）》）第24条的规定，我国标准必要专利制度有了新的进展，具体体现为：①规定了推荐性国家、行业或者地方标准的反劫持制度，明确被诉侵权人在协商实施许可条件中无明显过错的，不支持权利人请求停止标准实施行为的主张；②同时规定了反劫持制度，明确一般不予支持被诉侵权人以实施该标准无须专利权人许可为由抗辩不侵犯该专利权，进而不支付许可费用；③明确了标准必要专利许可中应当遵守公平、合理、无歧视原则及其实现路径，双方就实施许可条件协商不成的，可以请求人民法院根据公平、合理、无歧视原则，综合考虑确定。需要说明的是，"一般不予支持"，可以理解为可以使用但必须支付使用费用否则构成侵权，而不是一般意义上侵权，可以禁止使用。这一点，明显不同于最高人民法院2008年7月答复中的观点：从专利进入国家、行业或者地方标准的视为许可使用，不存在侵权，发展为专利进入推荐性国家、行业或者地方标准的，未经许可使用，仍属于侵权行为；可以理解为保留了专利进入国家标准（强制性标准）的视为许可使用，不存在侵权。

4. 国际高铁标准与中国高铁标准的发展

国际高铁标准。结合欧盟指令 96/48/EC 附件、国际铁路联盟（UIC）的规定以及主要高铁大国的具体情况，就高铁的标准而言，目前世界上主要有以下几种。

第一种模式是高铁服务与传统铁路服务完全分离的模式，它以日本川崎重工的高铁为代表，因为既有的传统铁路线路已经达到极限（窄轨，1067毫米）以及国家出资的公共企业（日本国家铁路公司，JNR）破产而造成整体的铁路服务和基础设施私营化，这使得高铁和传统铁路的运营是完全独立的。

第二种模式是高速列车的混合模式，即高速列车既在新建的高铁专线上运行，也在传统线路的改建线路上运行，这一模式以法国的 TGV 为代表。这一运行模式始于 1981 年，它的优势在于解决了那些无法承担大范围建造高铁专线的国家的困境，节省了高铁线路的建造费用。

第三种模式是传统列车的混合模式，即传统列车既在传统线路上运行，也在高铁线路上运行。这一模式以西班牙的 AVE 为代表，因为西班牙大多数传统铁路线路使用的是窄轨，而大多数欧洲铁路使用的是标准轨。为了实现欧盟内部跨境服务的互动性，西班牙在 1942 年改进了机车技术，使得 TALGO 列车能够比在标准轨上运行的高速列车的通常速度快一些。这一模式的优势在于节省了获取机车的费用及其维护费用，并且使得在特定线路提供的跨境服务具有灵活性。

第四种模式是完全混合模式，这一模式指的是高铁和传统铁路能够相互使用彼此的基础设施来运营并提供服务，同时货物运输服务能够在夜晚使用高铁线路运输货物。这一模式以德国的 ICE 和意大利的罗马—佛罗伦萨线路为代表。[1]

第五种模式是以中国大陆的高铁为代表，中国高铁标准为高铁专线+客

---

[1] Campos, J., Rus, G. D., "Some Stylized Facts about High-speed Rail: A Review of HSR Experiences Around the World", *Transport Policy*, 2009, 16 (1): 19-28.

运专线，新设计时速 250 公里以上、客运专线时速 200 公里以上的铁路。有文献称 2015 年 2 月，中国高铁技术的首个国家标准《高速铁路设计规范》正式施行，中国致力于将此标准向引进中国高铁的国家推广适用，未来全球 30 多个国家有望采纳"中国标准"。①

中国高铁标准的发展。目前为止，我国主导制定并发布的国际标准（ISO、IEC 发布标准）共有 182 项，中国主导制定并发布的标准占比尚不足 0.7%。② 我国在丰富的高速铁路建设和应用经验基础上，通过自主技术创新，已经研究制定的高铁技术标准有 CTCS－3 级列控系统技术规范、铁路无砟轨道技术条件、高速动车组试验规范等重要技术标准，与之相关的其他标准也在规划和制定中。③ 中国高铁领域也有类似问题，但这一现象逐步改变。据中国原铁道部经济规划院的调研，中国高铁"走出去"的最大障碍在于标准被国外垄断，国际上主要采用欧洲标准，中国标准不被接受。而中国高铁国际认同度低则是内因与外因相互加持的结果。④ 中国高铁国际工程承包过程中如果适用欧洲标准，意味着其涉及的建设东道国高铁设计规范、工艺流程，乃至高铁建设和高铁车体、装备都要经过欧洲认证，包括机车、钢轨、信号，乃至水泥、橡胶垫片、紧固件等，甚至包括模具都需要改变为欧洲的高铁标准，用欧洲标准测试、认证。部分企业家介绍，中国高铁企业肯定能够通过，但需要把车体及零部件产品、装备运到欧洲，需要外派专门技术人员，这其中可能还要修改、完善等，需要花费很多人力、物力、财力和时间。⑤

---

① 高昂：《中国高铁不仅要卖技术还要卖标准》，http://news.tielu.cn/yixian/2015－09－28/78689.html，2017 年 9 月 3 日。
② 王全永：《中国标准"走出去"初探》，《中国标准化》2015 年第 7 期。
③ 刘春卉、旻苏、汪滨等：《我国高铁标准国际化现状与对策研究》，《中国标准化》2015 年第 6 期。2015 年 2 月实施的铁道行业标准《高速铁路设计规范》首次明确了高速铁路仅运行动车组列车，并强化了各方面安全保障功能设计。
④ 贺英：《中国高铁拿下欧盟第一单：欧洲标准与保护壁垒或成"拦路虎"》，http://www.ccpit.org/Contents/Channel_4111/2016/1231/740847/content_740847.htm，2017 年 9 月 3 日。
⑤ 杨永全：《跨过"欧洲标准"的坎，中国高铁必将走得更远》，http://www.cngaosu.com/a/2014/0226/478460.html，2017 年 9 月 3 日。

标准是一个市场准入的问题，王春芳主要针对国际标准化组织（ISO）、国际电工委员会（IEC）、欧洲标准（EN）、国际铁路联盟（UIC）4个组织发布的技术标准进行检索分析，截至2015年8月20日，铁道行业工程建设涉及的国际标准或区域标准（ISO、IEC、EN、UIC）共413项，我国国家标准44项，行业标准538项。按照铁道建筑行业的专业划分，涉及的技术标准主要包括勘察、测量、通信、信号、电力牵引供电、房建暖通、给水排水等17个专业。① 一旦成为国家标准、行业标准，尤其是强制性标准将成为市场准入的条件。中国企业在对外参与国际工程承包的过程中就受到市场准入的影响，而采取欧洲或者其他标准，比如我国参与的土耳其安伊高铁项目中采用的就是欧洲标准（EN），业主要求安伊高速铁路二期项目采用欧洲标准，这意味着从原料开始，包括信号、钢轨、水泥、模具、产品装备，都要经过欧洲认证，每一项都需要5~6年的认证期。②

以委内瑞拉铁路项目为例，中国企业接受委托按照中国轨道标准CHN60 kg/m钢轨进行铁路项目改造建设，但是委方既有的铁路项目使用的是UIC 60 kg/m钢轨标准及其对应的德国VOSSLOH扣件、E70轨枕等，两者存在不同。如直接按照委方既有标准生产相关设备、扣件、产品则存在知识产权侵权。如果按照中国轨道标准CHN60 kg/m钢轨进行铁路项目改造建设又与委方既有标准不一致，不能衔接。最后，中方企业组成联合攻关小组，按照外方要求的EN 13146-4：2002标准共同开展产品研制，最终使国内产品达到要求而且用在项目上不侵权。③

可见，在中国高铁"走出去"的工程建设等过程中，需要警惕标准必要专利劫持和专利反劫持，既要关注标准必要专利相关风险，也要重视标准给市场准入带来的知识产权风险。

---

① 王春芳：《中国高速铁路知识产权现状、风险及对策研究》，《铁道建筑技术》2016年第2期。
② 周啸东：《土耳其安伊高铁——第一个中国高铁工程技术"走出去"项目》，《国际工程与劳务》2015年第9期。
③ 许佑顶、高柏松、杨吉忠等：《中国铁路工程建设技术标准"走出去"战略研究》，《铁道工程学报》2016年第5期。

4.4.5 绿色专利

环境保护、生态平衡日益为人们所重视，特别是工程建设与施工领域更为关注，其与知识产权密切相关，国际公约、各国法律也都有相关规定。随着人们生活水平的提高，以及经济发展方式逐渐由粗放型向可持续发展方式转型，人们在分享科学技术进步和经济高速发展带来的红利的同时，也开始注重环境保护和生态平衡问题。以保护环境为主题的条款已经写入国际性的示范性合同文本和各国的法律文件中。比如，FIDIC《设计—建造与交钥匙工程合同条件》（橘皮书）第4.18款对"环境保护"有专门的规定，要求承包商采取一切适当措施保护环境。① 在国际工程承包过程中，尤其是针对严格保护环境、注重生态平衡的东道国，有意识地保护东道国的环境、生态，这既是进入东道国市场的准入条件，也关乎中国企业的社会责任和国际形象，关乎中国企业"走出去"的"绿色发展理念"，还涉及我国企业与东道国之间的契约精神。其中，环境保护、生态平衡与知识产权密切关联。

根据TRIPS协定第27条第2款的规定，世界贸易组织的成员方可以基于某项发明对环境可能造成严重污染拒绝给予专利权。② 另外，各国对有利于环境保护和生态平衡的专利技术给予了"绿色通道"，简化专利审批手续，加快专利审批速度。如美国专利商标局（US Patent and Trademark Office, USPTO）2009年12月启动了一个试点项目，以加快绿色技术的发展：试点项目的目标是，将通常长达40个月的专利申请评估周期缩短一年。③ 除了法律以及司法实践的做法外，1991年Porter等人还提出了著名的"波特假说"，认为合理设置的环境规制政策，能够刺激企业的技术创新。进而有人提出环境专利数量与污染治理支出间存在正相关性。④ 事实上，合理的环境保护有利于促进本国技术创新，而这些过程与成果通常由知识产权

---

① 参见FIDIC《设计—建造与交钥匙工程合同条件》（橘皮书）第4.18"环境保护"。
② 参见TRIPS协定第27条第2款。
③ 拉里·格林迈耶：《加快绿色专利审批》，《环球科学》2010年第8期。
④ 赵红：《环境规制对中国产业技术创新的影响》，《经济管理》2007年第21期。

法加以确认与鼓励。

高铁给环境造成危害为各国所重视。以高铁国际工程承包为例，高铁给环境带来的污染主要包括铁路噪声、振动电磁辐射、污水及固体废弃物对沿线环境的影响。[①] 为了防止或者减少高铁对环境的污染破坏，需要技术革新，这就涉及知识产权的运用。如德国 ICE 采用了精心设计的空气动力学技术，使得 ICE 不仅大大减轻了环境的负担，而且保护了自然资源。无论在 ICE 的内部还是外部，其噪声都比法国的 TGV、日本的新干线及其他铁路车辆要小得多。[②] 这些都与安装在 ICE 车轮内侧的消声器、中间车厢的地板地槽等专利有关，这与德国通过知识产权法促进环境保护是分不开的。

不仅在法律上各国逐渐加大对环境的保护力度，我国企业在"走出去"的过程中，也应遵守 FIDIC《设计—建造与交钥匙工程合同条件》（橘皮书）或者有关国家就环境保护的规定。比如印度尼西亚就曾以环境问题叫停了不少工程项目。2017 年 4 月 4 日，中印双方在雅加达正式签署雅万高铁总承包（EPC）合同，我国企业在高铁知识产权上与环境结合，遵守印度尼西亚当地的法律和 FIDIC 条款关于环境保护的规定以保障项目的顺利竣工。除发展中国家已经意识到环境保护的重要性外，像美国这样的发达国家，对环境保护的规定就更为严苛。美国联邦审议报告显示，一些项目的环境审查时间比预期长得多，并且情况越来越严重。铁路管理局至少已经说了两年，它将在 2017 年完成所有的环境评估，事实上要到 2020 年才能完成。环境审查的成本也越来越高，根据 2010 年 9 月与联邦铁路管理局签订的赠款协议制定的原始成本预测，成本为 3.88 亿美元。截至 2016 年 8 月，该机构的官方资料显示，成本已经上升到 10.3 亿美元，环境保护成本增加了 171%。[③]

---

① 王玉红、张林、曹亚丽等：《高速铁路建设的环境影响分析及环保策略建议——以沪宁城际铁路为例》，《环境科学与管理》2016 年第 6 期。
② 李济民：《ICE（高速铁路）在德国（十）：ICE 有利于环境保护》，《中国铁路》1996 年第 2 期。
③ 《加州高铁进退维谷》，http：//news.gaotie.cn/guoji/2017 - 03 - 21/386235.html，2017 年 9 月 3 日。

目前，我国以及大多数国家针对沿高铁地区的环境保护主要致力于减震降噪，手段也侧重在物理方面，整体上还处于技术的探索期。[①] 在环境保护的高铁知识产权方面，我国相较于德国这样的高铁大国还存在一定的差距。我国发生的高铁知识产权纠纷第一案也与绿色环保专利有关。2014年1月10日，德国旭普林工程股份有限公司（德国旭普林）将上海中驰集团有限公司（上海中池）告上法庭并索赔人民币1400万元。案由是上海中驰提供的用于京沪高铁的声屏障产品侵犯了德国旭普林在中国的某项发明专利权。上海中驰是一家专业从事新材料研发、生产的高新技术民营企业，成立于2005年5月，产品以声屏障为主。该集团多年来致力于声屏障等噪声控制难题的解决，拥有几十件发明或实用新型专利。产品也应用于各地公共设施，包括京沪高铁等国家重点项目及大型市政工程项目。德国旭普林是国际建筑及土木工程界的"巨无霸"，同时也是德国最大的承包商之一，在全球拥有超过8000名员工；在2013年度全球最大的225家国际工程承包商中其排在第63位，2014年度上升至第58位。

根据专利法规定，侵权产品的生产者或使用者需要赔偿所有专利产品的专利许可费。上海中驰一旦败诉，其供应中国铁路使用的金属插板式声屏障均需要赔偿专利许可费损失。过去已经建成的京沪、武广、石武、京石、大西等高铁中，金属插板式声屏障产品总额达到300亿元，中国高铁声屏障专利侵权如果成立，估计要赔偿15亿~30亿元的专利许可费用损失。

2014年11月20日上海中驰一审败诉。上海中驰不服，随即向北京市高院提起上诉。同时，上海中驰针对涉案专利向国家知识产权局专利复审委员会提出专利权无效宣告请求。上海中驰提出，第一，德国旭普林就涉案技术仅在中国进行专利申请，在德国并未申请，涉嫌恶意获得专利权；第二，双方专利技术存在很大区别，一审中仅指出了部分不同，而且该"不同"还被判定为"等同"；第三，德国旭普林的专利是无效专利。上海中池认为

[①] 《用于高铁沿线的生态湿地缓冲系统的制作方法》，http://www.xjishu.com/zhuanli/40/201210085915.html，2017年9月3日。

德国旭普林的专利无效，其理由是该项专利技术为"现有技术"，其证据材料是：①1991年10月2日公开的德国专利文献G9106804.5及其中文译文；②公开日为2006年6月21日、公开号为CN1789564A的中国发明专利申请公开说明书；③授权公告日为2001年10月9日、授权公告号为CN2654675Y的中国实用新型专利说明书；④公开日为1991年9月19日的德国专利文献G9105831.7及其中文译文。技术的公开性具有全球性特征，涉案技术在20世纪90年代已经是公开的技术，不具有新颖性。2017年9月7日，上海中驰收到专利复审委员会的无效决定书，宣告涉案专利全部无效。所有的指控围绕这个专利展开，而无效决定书明确该专利无效，当然也就不存在侵权。

值得一提的是，我国《民法总则》第9条规定，民事主体从事民事活动，应当有利于节约资源、保护生态环境。《知识产权法》作为民事法律的重要组成部分，在从事涉外民事活动中也应当遵守《民法总则》的规定。尽管我国现行《专利法》及其相关法律并未有"损害环境"而拒绝颁发专利的事由，但随着《民法总则》的施行，生态保护理念被接受，在民法典分则的制定过程中，不排除在知识产权法编或者知识产权单行法中规定"绿色专利"或者"绿色知识产权法"理念。即便《知识产权法》没有规定，《民法总则》是民事法律关系的基本法，我国高铁承包企业在对待知识产权的问题上，也应与"环境保护"相结合，以避免或者减轻相应风险。总之，针对以绿色专利为代表的促进各国环境保护、生态平衡乃至健康安全的知识产权保护与风险，中国高铁企业在进行国际工程承包过程中应当予以重视。

5
中国高铁产品国际贸易知识产权风险分析

中国高铁国际工程承包过程中，除了高铁国际工程招投标、勘察设计与工程施工外，随着国际工程勘察设计手段、工程施工设备现代化，方法技术现代化，新技术、新工艺、新材料、新设备可谓层出不穷，各国高铁工程与运营所需要的高铁车体、设备与零部件等两方面构成中国高铁国际工程承包高铁产品国际贸易。产品国际贸易中知识产权保护历来为各国、国际社会所重视，TRIPS 的全名便是《与贸易有关的知识产权协定》，成为中美几十年来贸易摩擦之重要内容，中国高铁产品国际贸易的知识产权法律问题也不例外。

本章是在前文知识产权风险理论阐述、中国高铁企业界定和中国高铁制造企业知识产权态势分析的基础上，以 GISG 国际公约文本为蓝本，分析中国高铁产品国际贸易知识产权一般风险、担保风险以及专门风险。

5.1 高铁产品国际贸易知识产权风险概述

5.1.1 高铁产品国际贸易

高铁运输是以动车组为移动设备，以车站为运输的基地，依赖线路、桥梁、隧道、站场、牵引供电等固定设施有条不紊地运转完成运输任务的过程。为了维持这个庞大的铁路运输系统夜以继日的运转,首先需要的是庞大、复杂和综合的车体、转向架、车架、总成设备、集成装置等,形成供电系统、牵引系统、制动系统、路网系统、空调系统、辅助系统等;更需要一套现代化的技术手段,来保证各个部门协调一致、安全有效地开展工作,高铁通信信号系统正是这个现代化技术手段的主要体现,其通过建立一套行车指挥系统与列车控制系统,高度集中、高度智能地指挥列车安全有效的运行。高铁离不开信息化,离不开计算机与网络的支持,也就离不开由现代通信系统搭建的多个管理信息与控制信息的传输平台。[1] 高铁通信信号系统主要由调度集中系统(用于指挥行车)、计算机联锁系统(用于控制进路)、列车运行系统(用于控制列车间隔)、待用信号设备和专用通信设备等组成。高铁通信信号系统是集计算机技术、通信技术和控制技术于一体的行车指挥、列车运行控制和管理自动化系统。[2] 高速铁路的通信信号系统比普通铁路高级,发车密度大、车速快,因此安全性要求更高。

高铁产品国际贸易是高铁建设、运行与维护所需要的上述高铁车体、设备及零部件的国际贸易,其中包括与高铁工程建设直接相关的重要施工设备、特殊施工材料等。

5.1.2 高铁产品国际贸易知识产权风险

高铁设备制造企业属于铁路运输领域的电气、机械设备制造行业,是高铁行业下的知识产权密集型制造业之一。[3] 高铁产品国际贸易知识产权风险,是指高铁车体及其设备、零部件制造企业在设备、零部件国际贸易中可能产生的知识产权风险。中国高铁"走出去"除了在国外新建、改建或修建铁路(高铁)线外,更多的是铁路(高铁)整车、重大设备以及铁路(高铁)相关零部件的国际贸易。铁路(高铁)整车、重大设备以及铁路(高铁)相关零部件国际贸易既是跨境货物贸易,也是由此带动的服务国际

---

[1] 陆嘉森、谢肇桐:《漫话通信信号》,中国铁道出版社,2009,第4页。
[2] 《高铁通信信号系统讲座》,http://www.docin.com/p-871636444.html。
[3] 张劲文:《知识产权产业的定义与统计分类研究》,《科学学研究》2015年第1期。

贸易包括知识产权国际贸易。中国高铁"市场换技术"的措施之一便是将进口高铁整车、高铁设备和零部件，以及联合生产制造高铁设备和零部件作为发展路径。

高铁产品国际贸易知识产权风险，主要包括两方面：一方面，高铁整车、设备和零部件跨境贸易中的知识产权风险，主要是指高铁国际贸易知识产权行政执法风险和瑕疵担保风险；另一方面，高铁产品包括且不限于高铁车体、重大设备和关键零部件中，包含知识产权的引进消化吸收再创新产品的出口、原始创新产品以及集成创新产品在跨境贸易中的知识产权特别风险。

5.1.3 国际贸易重要国际公约——CISG

1. CISG 概述

《联合国国际货物销售合同公约》（The United Nations Convention on Contracts for the International Sale of Goods，CISG），最初是由联合国国际贸易法委员会组织起草的，1980 年由 62 个代表国在维也纳会议上通过，于 1988 年正式生效。截至 2016 年 5 月 3 日阿塞拜疆加入，已经有 85 个成员。CISG 是有关调整和规范国际货物贸易中合同各方当事人民事法律关系的国际公约。该公约不仅对国际货物贸易合同的订立、买卖双方权利义务及违约责任等做了具体规定，而且专门规定了知识产权担保等问题。

CISG 的产生与国际统一私法协会密切相关。1926 年 9 月 3 日，国际统一私法协会在意大利首都罗马成立。同一年，德国比较法之父 Ernst Rabel 提议构建一个全球货物销售的统一法律。1929 年 2 月 21 日，Rabel 提交了建立统一国际货物销售合同法律的初步报告，这在一定程度上引起了学界以及立法部门的重视。1930 年 4 月，国际统一私法协会召集了不同法律体系专家组成的起草委员会，1935 年公布了最初的草案。但由于第二次世界大战的爆发，法律的起草工作被搁置，直到 1951 年荷兰政府在海牙举行关于统一国际货物销售规则的外交会议，起草工作才得以继续，会议成立了特别委员会，20 世纪 50 年代先后举行了 7 次会议，并在 1956 年公布了第一次草案。1964年通过了《国际货物销售统一法公约》《国际货物销售合同成立的统一法公约》,虽然这两个公约在国际货物贸易统一化的实践过程中起到了推进的作用,但它主要代表西欧部分国家的利益,在当时只有9个成员加入,像法国、美国这样的重要经济体都没有加入这些公约。1966年联合国国际贸易法委员会(United Nations Commission on International Trade Law, UNCITRAL)成立,在海牙会议成果的基础上对上述两个公约进行了修改,并进一步推动国际货物贸易的法律统一化。1980年3月10日至4月5日,62国的代表参加了维也纳会议,并通过CISG(其中有42个国家持赞成票)。CISG使用联合国的官方语言发布,即阿拉伯文、中文、法文、英文、俄文、西班牙文。按照CISG的规定,在批准国达到10个国家后条约生效,随着第10个国家批准CISG,条约在1988年1月1日起生效。[①] 从CISG的历史发展过程可以看出,推进国际货物销售合同的统一化是大多数国家的愿望,但是如何将大多数国家的利益体现在一个共同的法律文本中,这涉及各国利益的较量与妥协、买方与卖方利益的平衡等。全球化趋势中所体现的统一性和国家个性之间的博弈,成为制约和推动国际关系演变和发展的重要因素,也造成国际法律秩序的不确定性和风险。目前,大约90%的主要贸易国家都是其成员国,全球70%~80%的销售交易都受到CISG的管制。

2. CISG与中国

CISG被誉为"国际范围内私法统一运动的最高成就",同时,它对中国也产生了深远的影响[②],一是中国于1988年1月1日加入CISG(1980),成为其成员国;二是我国1999年的《合同法》就是以CISG为蓝本制定的,显然很多合同制度受其影响。

需要说明的是,我国于1988年1月1日加入CISG(1980)的同时声明对该公约的两个条款予以保留:①关于公约适用的保留。我国对第一章"适用范围"的第一条第一款(b)项"如果国际私法规则导致适用某一缔

[①] Schwenzer, I., Hachem, P., "The CISG—Successes and Pitfalls", *American Journal of Comparative Law*, 2009, 57(2): 459-460.

[②] 韩世远:《中国合同法与CISG》,《暨南学报》(哲学社会科学版)2011年第2期。

约国的法律"作出了保留。该保留的目的在于限制该公约因引用"国际私法规则"而可能扩大适用范围，从而增加中国内国法适用的机会。根据这一保留，中国当事人与非公约缔约国当事人之间订立的国际货物销售合同发生争议时，没有就法律适用问题达成协议的，法院根据冲突法的指引决定结果是适用中国的法律时，则只能适用中国内国法，而不适用 CISG 公约。这一声明法律上属于强制规范，不允许当事人事后通过协议改变。[①] ②关于合同形式的保留。我国对 CISG 公约第 11 条的销售合同订立形式作出了保留。[②] 该条声明保留的原因，是当时有效的《中华人民共和国涉外经济合同法》规定涉外合同必须以书面形式订立。1999 年 10 月 1 日生效的《中华人民共和国合同法》规定合同可以采用书面形式和口头形式，为此我国于 2013 年 1 月撤回了对 CISG 公约第 11 条有关合同形式规定的保留。

3. CISG 知识产权风险

CISG 知识产权风险集中反映在其专门条款第 42 条的规定中——知识产权担保责任的规定。[③] 该条款规定卖方对货物知识产权负有担保责任，并明确了担保责任的含义及其成立的条件、适用范围以及免责情形。当然各成员方对该条既有遵守义务也可能存在不同解读，以致产生各种风险。

5.2 高铁产品国际贸易知识产权执法风险

高铁产品国际贸易知识产权执法风险，是指高铁产品在国际贸易中，与其他产品出口存在同样的知识产权行政执法风险，主要包括有隶属关系的主管执法和没有隶属关系的海关执法。知识产权行政执法一方面为各国所具有的，另一方面又有各国自身体制、法律制度之特色，因此专门列示并阐述。

[①] 李巍：《论中国撤回对于〈联合国国际货物销售合同公约〉第 1 条 b 项的保留》，《法学家》2012 年第 5 期。

[②] 参见 CISG 公约第 11 条。

[③] 参见 CISG 公约第 42 条。

5.2.1 知识产权主管执法

在知识产权保护中，权利人除了开展私力自救、寻求司法保护外，还可以寻求国家主管部门的行政保护，即依靠知识产权主管执法实现权利保护。知识产权主管执法，是指一国知识产权行政主管部门或机关，对知识产权违法、侵权行为进行的行政调查、处理。其案件来源包括被侵权人的举报，第三人包括消费者、媒体、公益组织等的举报或提供线索，以及知识产权主管部门或机关依据职能发现或收转的知识产权违法、侵权线索等。我国相关部门法中都有专门规定。例如，我国《专利法》《商标法》规定，发生知识产权侵权、违法等，知识产权权利人，包括专利权人、商标权人或者利害关系人可以向人民法院起诉，也可以请求管理知识产权工作的主管部门处理；行政管理部门处理时，认定侵权行为成立的，可以进行行政处罚。行政处罚的形式有责令立即停止侵权行为，没收、销毁侵权商品和主要用于制造侵权商品、伪造注册商标标识的工具，罚款乃至从重处罚。

各国知识产权主管部门一般都有类似的行政执法制度，但执法主体、制度内容、执法方式等多有差异。在高铁国际工程承包过程中，同样存在目标国主管部门调查、处理知识产权违法、侵权的风险。这类风险主要来源于竞争对手向主管部门举报，也有可能是主管部门依职权启动调查、处罚等。竞争对手采用举报手段的成本低，对相关企业及其输出产品的打击力度、影响更大。以美国为例，美国的"337调查"，是由美国国际贸易委员会（United States International Trade Commission，USITC）依据美国《1930年关税法》第337条及相关修正案赋予的行政权力针对进口产品侵犯美国知识产权或其他不公平竞争行为所进行的调查，是美国专门针对外国企业设置的知识产权壁垒，以专利侵权案件为主，也包括侵犯商标权、著作权和商业秘密等案件。USITC依据调查结果，可以发布排除令和禁止令，禁止所有涉案产品进入美国市场或要求被告方停止不正当竞争行为，即侵犯美国知识产权或其他不公平竞争行为所进行的调查结果一旦成立，则意味着被调查者可能被禁止进入美国市场，达到绝对阻却的效果。

据统计，截至2014年底，中国已连续13年成为涉及美国"337调查"最多的国家。从2007年到2016年4月，美国共发起"337调查"392起，其中涉华案件多达169起，占比43%。2016年上半年，有77家中国企业涉及相关调查，比2015年同期增长221%，涉及新能源产品、电商平台、医药、IT电子、钢铁等多个领域。[①] 美国是中国高铁"走出去"的重要目标国。在激烈竞争的国际高铁市场中，竞争对手利用美国337条款打击中国高铁企业的风险很难避免。USITC一旦发起且认定中国高铁企业侵犯美国知识产权或其他不公平竞争行为，中国高铁企业则可能被禁止或限制进入美国高铁市场。因此，提前重视、研究分析此类知识产权风险并加以防范对中国高铁"走出去"尤为重要。

5.2.2 知识产权海关执法

知识产权海关执法，也称为海关保护、边境执法，是指一国（地区）海关依据法律授权，对在国际货物贸易进出关过程中发生的侵犯知识产权行为进行执法监督，从而保护知识产权权利人的权利并维护该国（地区）货物进出境贸易秩序。海关执法也属于行政执法的一种，具有主权性质，各国都设置了相应制度，这里做单独分析。由于各国（地区）海关法律制度的差异和执法水平与力度不同，各国（地区）在知识产权海关执法中可能产生诸多法律风险。

我国知识产权海关执法法律依据主要包括《海关法》、《知识产权海关保护条例》（以下简称《条例》）与《关于〈中华人民共和国知识产权海关保护条例〉的实施办法》等。根据《条例》规定，我国对知识产权的海关执法有海关依职权保护和海关依知识产权权利人申请而保护两种方式。其中，海关依职权主动保护需以权利人在海关总署进行知识产权备案为前提，权利人若未对其享有的知识产权权利进行备案，海关则仅能依据权利人申请被动地对其权利进行保护。将备案制度作为海关主动执法的前提，有学者明

---

① 杨虹：《中美贸易战：如何用好"337调查"双刃剑》，《中国经济导报》2017年3月1日。

确提出异议：将备案制度作为海关主动执法的规定不仅不合理而且极易产生知识产权海关执法的法律风险。首先，海关作为国家公权力机关，其行政权力的性质决定其行使权力应当具有主动性。比如，海关在执法中发现某批进出口货物明显涉嫌侵犯商标权或著作权，且能够及时采取相关措施，然而却因相关权利人未进行权利备案也未及时申请保护，而不主动采取措施制止侵权行为，明显缺乏合理性。①②其次，《条例》第3条规定"国家禁止侵犯知识产权的货物进出口……"因此，对侵犯知识产权的货物进出海关的，无论该知识产权权利人是否备案、申请，海关只要发现就应当而且有权采取措施禁止其进出境。

知识产权海关执法是知识产权涉外保护的重要组成部分。随着欧美等发达国家和地区对于知识产权竞争优势依赖性的增强，其海关执法客观上形成了制约我国对欧美等发达国家和地区出口的一种新型贸易壁垒和保护措施。欧盟海关执法的重点在于"确定重点国家"，海关执法堪比美国每年一度的特别301条款中的"重点国家名单"。将侵权物品按照生产与消费流向，分为重点生产国、转运国和目标国，从而促进这些国家分别在出口通关程序、转运程序和进口通关程序中采取海关保护措施。《关于知识产权海关执法及废除2003年第1383号条例的条例》是欧盟各国不断修订并于2014年生效的知识产权海关执法的基础。美国知识产权海关执法主要依据为《美国关税法》的337条款、《1988年综合贸易与竞争法》的"特殊301条款"，没有知识产权保护的单行法律法规。③ 美国知识产权海关执法的国际化战略旨在提高知识产权执法标准，打击全球假冒和盗版活动，主要体现在美日欧着力推动的始于2010年的《反仿冒贸易协议》（ACTA）谈判。为实现"重返亚太"的战略目标，2009年美国还启动《跨太平洋伙伴关系协定》（TPP）

---

① 孙建：《对完善我国知识产权海关保护法的探讨》，《南开学报》（哲学社会科学版）2010年第5期。
② 高华：《对我国知识产权边境保护制度的法律思考》，《国际贸易问题》2007年第11期。
③ 美国337条款与特别301条款的主要区别在于针对的对象不同，337条款主要针对的是国外的企业，而特别301条款主要针对的是外国政府的行为。

谈判，TPP 协定标准之高、覆盖领域之广，被称为"立足于下一代"的贸易新体制，其中知识产权条款更是将知识产权的保护水平推到历史的最高点。美国虽然退出 TPP，但是 11 个成员国将 TPP 更名为由日本主导的《跨太平洋伙伴全面进展协定》（CPTPP），在知识产权海关执法措施方面，CPTPP 的规定与 TPP 的规定相同，并未搁置执法措施的任何条款。2018 年 2 月 21 日，CPTPP 在新西兰外交贸易部官方网站上公布了文本的完整版[①]，3 月 8 日 11 国在智利首都圣地亚哥正式签署。随着国际知识产权规则的深入发展，从 TRIPS 到 ACTA，再从 ACTA 到 TPP、CPTPP，知识产权与贸易间的融合愈加紧密，海关保护制度呈现标准高、范围广、执法严等新趋势。

海关执法的国际背景变动，各国执法依据、执法体制、法制传统等差异乃至各国阶段性执法保护环境不同，都可能带来中国高铁"走出去"的知识产权风险。

5.3　CISG 知识产权担保风险

CISG 是大陆法系和英美法系合同法相互妥协的结果，为此回避了合同效力、货物侵权以及货物所有权归属等诸多法律问题，并且又因公约只有在合同当事人明确约定排除适用时才不发生法律效力，而具有普适性，其制度本身的"先天缺陷"致使国际货物贸易中产生了诸多全球性法律风险。CISG 国际贸易知识产权风险包括知识产权担保的使用前提、法律适用、具体内容等。

CISG 知识产权风险专门条款主要体现在第 42 条（以下简称 CISG 第 42 条）——知识产权担保责任的规定中。尽管 CISG 第 42 条能够有效地减少知识产权侵权现象的发生并为其提供法律救济，但是在司法实践过程中由于有关知识产权担保条款文本的不确定性，引发了不少知识产权风险。

---

① CPTPP Text Zipped, https://www.mfat.govt.nz/search/SearchForm? Search = CPTPP&searchlocale = en_ NZ, accessed April 10, 2018.

5.3.1 知识产权担保责任的适用前提

CISG 主要是以"货物销售"和"跨境"这两个要素为立法的基础，由于 CISG 是多个国家协调的产物以及需要平衡买卖双方的利益，再加之其制定于 20 世纪 80 年代，在应对电子形式的合同等新问题上具有滞后性，这些因素都导致在适用 CISG 第 42 条有关知识产权法律条款的问题上存在诸多不确定性，如导致公约出现统一适用性被削弱，以及被内国法所取代的趋势，这些不确定因素同样会为中国高铁产品的国际贸易带来风险。

1. 货物销售

根据 CISG 第 2 条的规定，供私人、家人或家庭使用物品的买卖；通过拍卖进行的销售；法律的执行，包括生效的判决、裁决、裁定等；部分地产、不动产、有价证券，如船舶、飞机、电力或公债、股票等，不适用 CISG 调整的范围。[①]

2. 跨境贸易

CISG 第 1 条对跨境贸易做了专门界定。跨境贸易是指不同国家的当事人之间所进行的货物买卖。其中，"不同国家的当事人"，一是以当事人营业地在不同国家进行确定；二是如果出现订立合同时及之前任何时间包括通过当事人间的任何交易或透露的情报均无法判断营业地国别，便不予考虑；三是当事人营业地是缔约国或者是通过国际私法规则导致适用的某一缔约国，即当事人实际营业地可能不是缔约国也视为跨境贸易。[②]

其中，如前文所述，我国在加入 CISG 时对第 1 条第 1 款的（b）项，即通过国际私法规则导致适用某一缔约国的规定声明了保留，既是适当限制 CISG 的适用范围，也有利于提高我国法律适用在司法管辖上的主动权。

---

① 参见 CISG 公约第 2 条。
② 参见 CISG 公约第 1 条。

5.3.2　知识产权担保责任的法律适用

1. CISG 一般适用

依据对 CISG 第 6 条[①]的解读，国际货物贸易当事人若仅选择适用其他贸易规则，而未明确约定排除适用公约的，则公约仍然存在适用的可能性。若双方当事人因合同履行出现争议，即可能出现国际私法中冲突规范的援引与准据法的适用问题，该适用问题当然性地影响了知识产权担保制度的选择与适用。此外，即使最终明确适用公约作为解决争议的实体法，但由于国际货物贸易合同中可约定纠纷管辖法院或仲裁委员会，而不同国家（地区）法院、不同仲裁委员会对于公约知识产权担保制度的理解与解释又存在上述差异，故公约始终存在部分司法适用风险。

2. 政府行为的 CISG 适用

据美国国际贸易委员会网站消息，2014 年 11 月 5 日，美国国际贸易委员会决定对部分电动平衡车（certain personal transporters）发起"337 调查"。该调查申请由美国 Segway 公司和 DEKA 公司于 2014 年 9 月 9 日依据美国《1930 年关税法》第 337 条规定向美国国际贸易委员会提出，指控中国、美国企业对美出口、在美进口或在美销售的部分电动平衡车侵犯了其在美注册有效的专利权，请求美国国际贸易委员会发布普遍排除令或有限排除令及禁止令。中国多家企业涉案。[②]第三方的任何权利或要求是否包括第三方政府的行政行为？第一种行为，通常是在私法行为介入的情况下发生的，其往往是由于第三方向国家有关当局提出知识产权方面的保护要求，最终导致公权力的介入。通常可以看作卖方违反了知识产权担保义务给买方造成不利影响的一部分，是损失扩大的表现。而对于后一种情形，政府就违反健康、安全等法律对货物采取强制行为并非由第三方引起。因此，经第三方提出知识产权要求的货物，即使最终被政府机关罚没、扣押，也不妨碍 CISG

---

①　参见 CISG 公约第 6 条。
②　《美对中国电动平衡车发起 337 调查》，http://gpj.mofcom.gov.cn/article/cx/cp/bz/201411/20141100786850.shtml，2014 年 11 月 6 日。

第42条的适用。与此相区别,对于未经第三方向政府当局提出要求的强制行为,由于完全属于公权力的行为,其与国际贸易"私行为"的属性相悖,故应当排除CISG第42条的适用。① 中国企业卷入"337调查"的实例较多,不排除高铁设备也会面临类似的"337调查",但由于政府行为是否会引发知识产权担保责任,CISG的法律文本以及理论中都没有明确的定论,这给中国高铁设备出口企业带来了不确定的风险。

3. "电子形式"的适用

随着互联网的发展,电子形式的跨境贸易更加频繁,大多数国家的法律都逐步允许当事人以数字形式实现传统纸面形式做的任何事情,全球跨境货物贸易中也逐渐以电子形式的合同代替传统的纸质合同。但是CISG并没有关于规范电子合同的条款,那么就产生了一个问题,以CISG第42条为代表的知识产权担保责任能否调整电子形式的合同呢?这就对司法实践中以电子形式达成的跨境货物交易造成了不确定的风险。

事实上,正如前文所言,CISG缔结于20世纪80年代,那一时期的立法者还无法预见到电子商务的发展。从CISG法律实施现状来看,也没有修改此文本的趋势。但是从法律解释的角度,CISG适用于电子形式的合同并不是不可能,因为CISG第13条的规定为调整电子形式的合同提供了法律解释的空间。CISG第13条规定,为本公约的目的,"书面形式"包括电报和电传。"电报和电传"在20世纪80年代是比较新奇的电子形式,这表明当时的立法者在一定程度上承认电子形式的合同与传统纸质形式的合同具有同等的法律效力。为了在数字化时代增强CISG的法律适用性,有必要对其进行扩张解释。扩张解释,是指法律条文之文义过于狭窄,不足以表示立法真意,于是扩张法律条文之文义,以求正确阐释法律意义内容的一种解释方法。② 其实在我国的民商事法律中,扩张解释的实例并不鲜见,比如《民法通则》第131条规定,受害人对于损害的发生也有过错的,可以减轻侵害

---

① 李巍:《联合国国际货物销售合同公约评释》,法律出版社,2002,第168页。
② 梁慧星:《论法律解释方法》,《比较法研究》1993年第1期。

人的民事责任。在司法实践中为了更准确地使用这一"过错相抵"的原则，鉴于监护人对未成年人或者精神不健全之人有照看、教育等义务，一般将"受害人"的范围扩大至"受害人的监护人"。除了扩大解释，还原立法本意可以将 CISG 的书面形式扩大至数字或者电子形式具有一定的合理性外，各主要经济体的法律规则也可以对其进行印证。

我国《合同法》第 11 条规定："书面形式是指合同书、信件和数据电文（包括电报、电传、传真、电子数据交换和电子邮件）等可以有形地表现所载内容的形式。"欧盟议会 2014 年通过的《电子身份识别和信托服务条例》（eIDAS）旨在提高（欧盟）内部市场电子交易的信任度和保障电子身份识别、电子认证、电子签名及其他跨境信托服务的相互承认，从而提高欧盟公共和私人在线服务的效率，赋予电子形式合同与纸质合同同等的法律效力。也就是说，大多数国家逐渐在法律上扫除阻碍电子形式合同交易的障碍，如果 CISG 合同仍不扩大解释包含电子形式合同的话，那么 CISG 将背离货物跨境买卖贸易的趋势，它旨在促进跨境货物交易统一化规则的目标将逐渐被瓦解，逐渐被各国的内国法代替，之前的货物贸易规则统一化运动中的成果将付之东流。2003 年，CISG 咨询委员会第一次促进解决"电子商务问题"，在解释 CISG 第 11 条方面，咨询委员会得出结论：CISG 能够使各方当事人订立电子形式的合同。除此之外，第 13 条被解释为：CISG 的"书面"方式包括能够感知的电子形式检索。除非各方当事人对"书面"的概念有所限制，那么在一般情况下，电子形式也属于"书面"的范畴。[①]

当然，根据 CISG 第 7 条第 2 款的规定，公约只要未明确解决的又属于本公约范围的问题，应当按照其所依据的一般原则来解决；在没有一般原则的情况下，则应当按照国际私法规定适用的法律来解决。也就是说，如果 CISG 第 11 条、第 42 条不能明确将"书面形式的合同"也解释为可以适用知识产权担保责任的话，那么将适用各个国家的内国法中有关国际私法的规

[①] CISG – Advisory Council Opinion No. 1, Electronic Communications Under CISG (Aug. 15, 2003), http：//cisgw3. law. pace. edu/cisg/CISG – AC – op1. html.

定来解决这一问题，由于各个国家的法律具有地域性，在相同的法律问题上的法律规则都存在一定的差异，这会为我国高铁企业跨境货物贸易带来法律适用的风险。

5.3.3 CISG知识产权担保内容

5.3.3.1 任何权利或要求

由于公约是规范与调整国际货物买卖关系的法律，其主要内容为合同订立规则、货物销售中买卖双方权利义务、合同宣告无效以及违约责任承担等制度。对于知识产权保护，公约仅规定了出卖人知识产权担保制度（大陆法系称之为"权利瑕疵担保责任"，英美法系称之为"担保责任"）[1]，即出卖人应当保证对其所出售的货物享有合法权利，包括没有侵犯第三人的知识产权，并且保证任何第三人都不会就该项货物向买方提出知识产权请求[2]，即CISG第42条、第43规定的实质内容。[3]

出口高铁装备等产品是否侵犯第三方知识产权，体现在高铁产品是否含有或合法含有他人的知识产权，这是我国高铁"走出去"面临的首要知识产权风险。本项目研究的第二章就我国高铁企业知识产权态势、中国高铁制造企业与国外高铁制造主要企业知识产权状况进行的检索、比较和分析发现，我国高铁制造企业在长期原始创新基础上经过"引进消化吸收再创新"、跨越式发展，知识产权工作虽起步较晚，但自主创新能力显著提升，与国外相关企业相比还存在一定的差距。德国西门子、法国阿尔斯通、加拿大庞巴迪、日本川崎重工、美国通用电气等国外装备制造企业，已经针对高铁关键技术及其装备在全球范围内开展了多年的知识产权布局，在重要国家和地区甚至已经形成一定规模。以俄罗斯为例，截至2015年8月，俄罗斯与高铁相关的专利申请共计15503件，各国在俄罗斯申请高铁相关技术的专

---

[1] 张昕：《论CISG项下卖方的知识产权担保义务》，复旦大学硕士学位论文，2011。
[2] 王家德：《论国际货物贸易中卖方的知识产权权利担保义务问题——对CISG第42条的解析》，《焦作大学学报》2013年第1期。
[3] 参见CISG公约第42条、第43条。

利情况参见表 5-1。① 由此可以预见，中国高铁制造企业走向俄罗斯可能会面临相关国家制造企业的专利阻却、侵权纠纷乃至围剿的风险。

表 5-1　各国在俄罗斯申请高铁相关技术专利情况

单位：件

国别	俄罗斯	德国	美国	法国	其他
专利数	13973	559	323	64	584

出售的货物应当享有合法权利即知识产权，无非两种情形：一是自主知识产权，二是虽是他人的但经合法授权的知识产权。第一种情形，强调知识产权属于原创，属于自己创新创造、申请拥有的核心关键的知识产权，抑或通过受让且消化吸收再创造的技术成果。如"复兴号"高铁，随着 2017 年 6 月 26 日"复兴号"的运营，我国在知识产权创新上有所突破，在关键核心部分有中国自己的创新创造。其中知识产权工作主要采取了两方面的专门措施：一方面严格要求研发人员不得利用外方享有知识产权的引进技术，并对技术方案与引进技术比对，对于发现的问题要求进行修改，进行原始创新创造；另一方面在全球范围内检索国际同行的专利，进行侵权风险分析和评估，对发现的可能侵犯他人专利权的技术，必须进行规避设计，以确保未来能够顺利"走出去"。② 这标志着中国高铁的原始创新能力进一步提高。高铁已经成为中国的名片、对外贸易交流的桥梁。"复兴号"虽然包含二次创新以及经过他人许可而使用他人知识产权的部分，但它主要还是原始创新的成果。第二种情形，经合法授权如受让或被许可的知识产权产品。如中国高铁的兴起，是几十年自主创新积累的成就，同时也是"市场换技术"，通过引进消化吸收再创新实现技术、设备、产业的升级换代，其中就有很多受让或被许可知识产权的设备、零部件等。这些受让或被许可知识产权的设备、

---

① 谢凯、夏洋：《中国铁路"走出去"视角下知识产权风险防范机制研究》，《中国铁路》2016 年第 10 期。
② 《中车：知识产权擦亮中国高铁国家名片》，http://news.gaotie.cn/tielu/2017-07-14/409068.html，2017 年 9 月 3 日。

零部件在国内制造、销售乃至许诺销售都是合法的，但是出售国外，则要根据受让或被许可知识产权协议，以及销售地国家的知识产权状况、法律进行具体分析。

同时，根据公约文义解释，"任何权利或要求"可理解为即使第三人权利请求无正当性，甚至可能是出于恶意损害买方利益的意图，卖方也应当承担知识产权担保责任，因此，此时"任何权利或要求"仅代表一种请求权。这种对条文的理解与解释尤其体现在法语和西班牙语版本的公约中。根据促进国际贸易和限制卖方知识产权担保责任的目的解释，"任何权利或要求"的范围必须加以限制，即权利或要求必须具有法律正当性（亦称享有法定权利）。对于如何在第三人提出权利或要求时就判断出该权利或要求具有正当性，这往往又涉及举证等事宜。若第三人采用起诉的方式提出权利要求，那么买方不仅会被迫卷入诉讼，而且还面临因货物不能及时销售或使用而产生的损失风险。[1]

中国高铁产品还有可能遇到其他知识产权风险情形：①买方以剽窃为目的而购买我国的高铁产品。它的表现形式为通过购买我国少量高铁产品，购进后将我国高铁产品进行分解，根据我国高铁已经公开的技术方案并结合购进的我国高铁产品，对我国高铁产品进行剽窃，未经许可制造、使用、许诺销售、销售、进口新的高铁产品等，无论这些企业是以自己的商标还是贴上我国高铁企业的商标从事知识产权活动，都属于侵权行为。②被国外从属专利包围的风险。虽然以"复兴号"为代表的高铁产品代表我国的创新能力有所提高，但对于这类复合型知识产品，某些领域的基础专利仍然薄弱，而又没有相关的从属专利对其进行"外围墙"保护，导致部分竞争对手针对我国高铁技术的基础专利申请了大量专利，一是遏制我国高铁专利群的进一步发展，二是通过大量从属专利包围我国的基础专利，使得我国为了高铁技术的进一步发展，不得不通过交叉许可的方式许可外国竞争对手使用我国的

---

[1] 沈朝青：《联合国国际货物销售合同公约第42条具体适用问题研究》，复旦大学硕士学位论文，2009。

基础专利。比如日本企业擅长外围专利战略，20世纪五六十年代日本利用他国忽视基础专利后续开发的弊端，申请了大量外围专利，形成了"专利篱笆"，迫使竞争者同意交叉许可，因此日本可以使用他国企业的核心基础专利。③自主知识产权被他国企业抢先注册或申请。从"和谐号"到"复兴号"，我国高铁企业先后研发了中国标准动车组、CTCS-3级列控系统、CRTSⅢ型板式无砟轨道系统、高寒高原高铁技术等，不断加强技术创新和知识产权工作，并申请、注册和拥有了相关知识产权。同时，与国内专利、商标和软件作品等知识产权状况相比，我国高铁在海外市场的知识产权严重不足，尚不足以保护我国高铁自主技术及其装备"走出去"，可能出现我国高铁自主技术在目标国被他人仿制、专利被抢先申请、商标被抢先注册、软件著作权被抢先登记等，造成我国高铁自主技术的流失，损害我国高铁合法权益。①

5.3.3.2 预期货物

CISG规定"预期货物将在某一国境内转售或做其他使用"，是指国际贸易卖方应当对所销售货物可能被转售或做其他使用时是否侵权承担担保责任。由于知识产权具有地域性，卖方货物销售到某个区域不构成侵权，在被转售的另一个区域则可能是侵权产品。同时，在国际贸易中，因买方单方支配交付货物后，卖方即丧失对货物的控制权，故不能要求卖方对货物所有使用地与转售地的知识产权侵权都承担担保责任，因此有必要对卖方承担担保责任的地域范围进行限制。为此，公约规定了卖方仅对买方营业地、货物预期转售地和使用地承担知识产权担保责任。具体如何理解"预期"，则在条约实际适用中产生了分歧。一种观点认为，"如果国际销售合同的买卖当事人在签订合同时没有明确货物将在何地使用或转售到哪国……卖方对知识产权的担保责任应限定在买方营业地所在国"。② 即其认为"预期"应在合同

---

① 谢凯、夏洋：《中国铁路"走出去"视角下知识产权风险防范机制研究》，《中国铁路》2016年第10期。
② 李小伟：《〈联合国国际货物销售合同公约〉中涉及知识产权的几个问题》，《中国专利与商标》1997年第1期。

中约定或由买受人订立合同时明示。另一种观点认为,条文中的"预期"并不必须在合同中约定或买方明确告知,还可以基于交易习惯或商业惯例等判断。[1]

交易双方对条文"预期"的理解有差异,将直接影响出卖人是否承担知识产权担保责任。结合知识产权特征及国际贸易实际,公约规定"预期"首先应当是通过买卖当事人签订合同的方式进行明确;其次,合同中没有明确货物将在何地使用或转售到哪国的,可以基于交易习惯或商业惯例等判断;最后,合同中没有明确货物将在何地使用或转售到哪国,基于交易习惯或商业惯例等也无法判断的,应当限定在买方营业地所在国。否则,卖方知识产权担保责任过大。

5.3.3.3 "已知道或不可能不知道"及其双方义务

1. 已知道或不可能不知道

CISG 第 42 条中共存在两处"已知道或不可能不知道"的表述,分别为作为卖方责任的在订立合同时"已知"或者"不可能不知道",以及作为卖方免责事由的买方在订立合同时"已知"或者"不可能不知道"。对于"不可能不知道"的认定,在条文适用中产生了分歧。联合国国际贸易法委员会秘书处对此解释为"第三方若是根据专利权授予公告、商标注册公告与作品已公开发表而提出权利请求的,则推定卖方在此种情况下'不可能不知道'"[2],但此种解释内容是不完善的。因为我们知道,作品享有著作权不是以公开为前提的,而是以创作完成为前提,不像商标、专利享有专有权的前提是公开;同时,商业秘密也归属于知识产权,就不存在公开的情形,这时就无法判定"不可能不知道"情形。同时,在国际货物贸易中准确认定"不可能不知道",又会直接影响出卖人是否承担知识产权担保责任或出现知识产权侵权时出卖人是否具有免予承担违约责任的事由。可见,"不可能

---

[1] 吴海曦:《〈联合国国际货物销售合同公约〉中卖方的知识产权权利担保责任研究》,厦门大学硕士学位论文,2007。

[2] John Honnold, Documentary History of the Uniform Law for theInternational Sale of Goods Convention (1989) (Secretariat Commentary).

不知道"的解释风险是显然的。

"知道"是否包括"应当知道",不仅在国际条约中存在分歧,在我国的内国法中也存在争议。比如,根据我国《侵权责任法》第 36 条第 3 款的规定,网络服务提供者与其网络用户承担连带责任的条件,除了其未采取必要措施外,还需要判定其是否"知道"网络用户利用其网络服务侵害他人民事权益。这里的"知道"是否包括"应当知道",其实从立法过程也可以看出立法者的态度在不断发生变化,这一用词在起草的过程中经历了"明知—知道—知道或应当知道—知道"的表述转变。在学界关于此问题的理解,大致有以下几种代表性观点:观点一认为,"知道"仅包括"明知",而不包括"应知",王利明教授就持该观点[1];观点二认为,"知道"解释为"推定知道"和"有理由知道"[2]。清华大学的冯术杰教授在该观点的基础上,进一步论及"知道"仅包括实际知道和其证据法上的衍生类型"很可能知道",不应被解释为包括过失意义上的应知。[3] 观点二似乎更有依据,不仅是《侵权责任法》,而且在 CISG 第 42 条中的"知道"包括"明知",也包括根据买卖双方的公司资质、性质等推定的"很可能知道"。

2. 买卖双方"知道"的注意义务是否相同

根据 CISG 第 42 条第 2 款的规定,如果买方在订立合同时已知道或不可能不知道所买产品含有知识产权瑕疵,则排除卖方承担瑕疵担保责任。在上一款中的义务不适用于以下情况:由于 CISG 第 42 条第 1 款也规定,卖方需要承担所卖货物的知识产权瑕疵担保责任,除非卖方在订立合同时不知道。可见,CIGS 第 42 条第 1 款和第 2 款分别赋予买卖双方"知道"第三方知识产权的义务,那么该责任如何认定、分配呢?是理解为买卖双方都有在订立合同时"知道"知识产品是否侵犯第三人知识产权的同等义务呢?还是买方负担主要义务,卖方只在当事人有明确约定时负担补充义务呢?学界有四

---

[1] 王利明主编《中华人民共和国侵权责任法释义》,中国法制出版社,2010,第 159 页。
[2] 奚晓明主编《中华人民共和国侵权责任法条文理解与适用》,人民法院出版社,2010,第 265 页。
[3] 冯术杰:《网络服务提供者的商标侵权责任认定——兼论〈侵权责任法〉第 36 条及其适用》,《知识产权》2015 年第 5 期。

种观点：第一种观点认为，买卖双方都有知晓知识产权的义务；第二种观点认为，措辞虽然相同但是并不意味着相同的责任，应该结合个案决定究竟哪一方应该承担更重的责任；第三种观点认为，只有在买卖双方存在此种约定时，买方才必须承担初步查询义务与责任；第四种观点认为，CISG第42条第2款不要求买方承担查询义务，只有在例外情况即双方之间存在约定的情况下，买方才承担这一义务，认为第三种观点较好地解决了两条款之间的冲突。①②③④ 其实，观点一所谓买卖双方责任相同，会出现在同一案件中都承担责任或都不承担责任的荒唐局面，导致两条款之间的逻辑混乱、司法困局，也不符合CISG制定者的本意。观点二根据谁处于履行查询义务更有利的地位，谁便是这一义务的承担者，看似有道理，但具体认定时会因视角不同出现不同结论。观点三强调的是只有在买卖双方存在此种约定时买方才必须承担初步查询义务与责任，即通常是卖方承担担保瑕疵义务与责任。观点四对CISG第42条第2款的理解出现了偏差，错误地认为该款是指双方之间存在约定的情况下买方才承担这一义务。我们认为，①CISG第42条第1款是通常情况，由卖方承担担保瑕疵义务与责任；②CISG第42条第2款是例外情形，当且仅当能够确定买方在订立合同时已知道或不可能不知道所买产品含有知识产权瑕疵时则排除卖方承担瑕疵担保责任。可见，两款措辞相同但先后不同；前者为一般情况、通常情况，不然瑕疵担保就不需要专门规定；后者为补充例外，规定的是能够确定买方知道或应当知道则排除卖方瑕疵担保责任。

在法律解释中，文义解释是优位性的法律解释方法，只有在文义解释仍不能有效诠释文本含义的情况下才可能出现立法目的解释。解释法律应尊重

---

① 王家德：《论国际货物贸易中卖方的知识产权权利担保义务问题——对CISG第42条的解析》，《焦作大学学报》2013年第1期。
② 李巍：《联合国国际货物销售合同公约评释》，法律出版社，2009，第205页。
③ Staudinger, Magnus, *Julius von Staudingers Kommentar zum Buerglichen Gesetzbuch mit Einfuehrungsgesetz und Nebengesetzen*, Art. 42, Rn. 17. Berlin：Sellier/de Gruyter, 1997.
④ 高旭军：《CISG中卖方知识产权担保责任探究》，《国际商务研究》2016年第1期。

法条文义,为文义解释时,一般须按照词句之通常意义解释。① 对于上下文同一法律术语的解释还应保持逻辑的一致性。因此对于 CISG 第 42 条第 1 款、第 2 款规范买卖双方的规则中都存在"订立合同时已知道或不可能不知道"这样的表述,按照文义解释尊重立法原意的表述,仅基于文义解释第一种观点似乎更准确,买卖双方在订立合同时,对知识产品是否侵犯第三方知识产权都有注意义务,而且是相同的注意义务。这并不一定会出现部分学者担心的在同一案件中谁都应该承担责任或谁都不承担责任的荒唐局面,因为根据过错相抵原则,即分别根据买卖双方各自的主观过错对侵权损害后果,通过相互折抵来计算卖方承担侵权责任的程度。在司法实践中,的确有法院采取类似的做法,比如以色列最高法院曾判决过这样的案例:当买方取得的皮靴商标侵犯了第三方的商标权,买方不能从卖方处获得赔偿。在这个交易中,买方给卖方提供的设计款式中包含了该商标。尽管根据第 42 条第 2 款规定,该项权利或要求的发生,是由于卖方要遵照买方所提供的技术图样、图案、程式或其他规格,就能够免除卖方的知识产权担保责任,但这个法庭的依据是交易双方都知道皮靴侵犯了第三方的知名商标,交易双方都应对侵权后果负责。② 当然也有法院根据 CISG 第 42 条第 2 款的规定,由于买方在订立合同时已知道或不可能不知道此项权利或要求从而免除了卖方的知识产权担保责任。比如一家西班牙公司将家具销售给两个法国购买者,而这两个购买者相继都被第三方公司主张知识产权侵权,这两个购买者的其中一方,确实知悉该家具侵犯了第三方的知识产权,而另一方咨询过专业的设计者,它不可能没有意识到该家具是"假冒的",并且该家具曾在期刊和博物馆展示过,新闻媒体也曾经广泛报道过创作者的侵权主张。法院因此免除了卖方的知识产权担保责任。③ 因此,由于 CISG 文本理解的分歧,司法实践

---

① 梁慧星:《论法律解释方法》,《比较法研究》1993 年第 1 期。
② S. Ct. 3912/90 Eximin v. Textile & Footwear [1999] IsrSC 47 (iv) 64 (Isr.), http://cisgw3. law. pace. edu/cases/930822i5. html.
③ Tribunal de Grande Instance [T. G. I.] [ordinary court of original jurisdiction] Versailles, Nov. 23, 2004 (Fr.), http://www.unilex.info/case.cfm? pid = 1&do = case&id = 998&step = Abstract.

中存在同类案件裁判结果不统一的法律风险。

当然，除了上述知识产权法律文本的不确定性外，对于何种知晓程度满足"订立合同时已知道或不可能不知道此项权利或要求"也没有明确的法律文本或者裁判规则加以指导，这也可能造成法律事实认定的风险。

5.3.3.4 许诺销售引发知识产权担保责任

许诺销售，是指向第三人表达有某种专利产品销售的意思表示或者允诺。[①] TRIPS 协定第 28 条第 1 款规定产品专利或方法专利的许诺销售权。[②] TRIPS 协定该项规定对于加入世界贸易组织的国家而言，也是知识产权的最低保护要求。我国为了加入 WTO 并满足 TRIPS 的最低保护要求，于 2001 年修改《专利法》时首次引入"许诺销售"。就"许诺销售"在合同中的性质而言，按照我国《合同法》第 15 条的理解，许诺销售属于要约邀请，例如在展览会、交易会上进行宣传等的商业广告，寄送的价目表、拍卖公告、招标公告、招股说明书等。那么这些行为是否引发 CISG 合同的知识产权担保责任呢？

CISG 第 14 条第 2 款也对要约邀请作出了规定，向一个或一个以上特定的人提出的交易建议，应视为邀请作出发价，除非提出建议的人明确地表示相反的意向。但要约邀请会引发什么后果，CISG 并未作出进一步的规定。通过文献梳理，关于要约邀请的法律效力，有观点认为要约邀请是事实行为，不是法律行为，不具有意思表示，要约邀请本身无任何法律意义，不产生法律上的效果。[③] 但是，虽然合同的成立须具备要约和承诺，但要约邀请人也具有先合同义务，它应遵守诚实信用的原则，卖方在希望买方向自己发出购买货物意思表示的同时，应该承担保障自己将要销售的货物不得侵犯他人的知识产权，否则应该承担缔约过失责任。我国《合同法》第 42、43、58 条对缔约过失责任制度进行了规定，①订立合同过程中不论合同成立生效与否，当事人因恶意磋商、隐瞒事实、提供虚假情况或违背诚实信用，以及泄露或者不正当地使用知悉的商业秘密并给对方造成损失的应当承担赔偿

[①] 冯晓青、刘友华：《专利法》，法律出版社，2010，第 190 页。
[②] 参见 TRIPS 协定第 28 条第 1 款。
[③] 史尚宽：《债法总论》，中国政法大学出版社，2000，第 20 页。

责任；②合同无效或者被撤销后，过错方应当承担赔偿责任。另外，CISG 虽然并未对要约邀请的法律后果作出明确规定，但根据其第 7 条第 2 款的规定，未明确规定的但又属于公约的事项，在依据公约一般原则仍无法解决的情况下，可依据国际私法的一般规定处理，即交由各国的内国法加以规范。加入 WTO 的国家，基本上都对许诺销售进行了规定，一旦卖方违反诚实信用原则侵犯他国的专利权，一般都会承担缔约过失责任或者他国规定的其他责任。例如第三方的知识产权侵权主张，还可能引发 CISG 第 42 条的知识产权担保责任。由于 CISG 并未对要约邀请的法律后果作出明确规定，再加上并非所有国家都加入了 WTO 并对许诺销售作出规定，中国高铁企业在许诺销售某一产品之前应尽到知识产权的检索义务，避免侵犯他人的知识产权，从而引发 CISG 第 42 条的知识产权担保责任。

5.4 中国高铁产品国际贸易知识产权专门风险

中国高铁产品国际贸易除存在上述货物贸易知识产权行政执法风险、CISG 知识产权担保风险外，还存在其知识产权专门风险。中国高铁是在多年原始创新的基础上，通过"市场换技术"进行技术引进消化吸收再创新和集成创新等发展起来的。为此，中国高铁技术具有原始创新、自主创新成果的同时也有再创新和集成创新成果。其中，原始创新、自主创新成果的国际贸易知识产权风险主要存在于高铁国际贸易的一般风险和 CISG 知识产权担保风险之中。同时，中国高铁引进消化吸收再创新和集成创新成果的国际贸易还存在早期技术转让协议、平行进口、标准必要专利等特别风险，试做分析。

5.4.1 中国高铁再创新成果的法律定位

1. 中国高铁创新成果的形成[①]

依据高铁技术创新与发展进程及其在我国的影响度（主要以中国高铁

[①] 该部分参见陈家宏等著《中国高铁企业知识产权能力发展报告（1990~2016）》，社会科学文献出版社，2018，第 53~61 页。

技术创新发展为线索），将中国高铁企业的技术创新大致分为三个阶段：高铁企业技术创新积累期（Ⅰ期），即京津高铁之前原始创新阶段；高铁企业技术引进提升期（Ⅱ期），即以京津、京沪为代表的引进消化吸收再创新发展阶段；高铁企业技术跨越发展期（Ⅲ期），即大力建设发展和"走出去"跨越的新阶段。

创新积累期（Ⅰ期）。京津高铁修建之前，中国筹划建设高铁最早起源于20世纪80年代初，以"八五"科技攻关计划为代表，拉开了中国高速铁路自主研发的序幕。[1] 原铁道部1988年修改了《铁路主要技术政策》，将其中铁路主要干线旅客列车最高速度从120公里/小时提高到140公里/小时；1990年3月向国家提交了《关于"八五"期间开展高速铁路技术攻关的报告》，并开始组织进行高速铁路技术的立项与研究。国务院1991年公布了《中华人民共和国国民经济和社会发展十年规划和第八个五年计划纲要》，其中将高速铁路技术作为我国科技攻关的重点课题。在这个过程中，原铁道部先后立项高速铁路技术研究课题460多项，其中约50项列为"八五""九五""十五"国家科技攻关项目，内容包括运输经济、工务工程、机车车辆、通信信号、牵引供电、材料工艺及运营管理等各方面。主持研究的人员涉及约40家单位，参加人员上万人，包括开展京沪高速铁路可行性研究，进行运量预测、运输组织、高速线路标准、运价、经济分析等9个专题的研究工作。[2] 为我国构建高速铁路技术体系做了基础性准备。与此同时，中国铁路技术部门通过工程实践检验积极推进高速铁路技术研究，开展"庐山"号、"新曙光"号、"大白馨"号、"春城"号、"蓝箭"号、"神州"号、"先锋"号及"中华之星"号高速列车试验。仅2002年11～12月，采用"中华之星"动力集中型电动车组就进行了三次综合试验，动车组全编组的最高试验速度达到305.9公里/小时，2M+3T编组的最高试验速度达到321.5公里/小时。可见，中国在2004年之前就已经有了"准高铁"，

---

[1] 王强、罗率：《京沪高铁十年一觉》，《商务周刊》2004年第17期。
[2] 沈之介：《加快我国高速铁路的发展》，《中国铁路》1993年第7期。

为引进国外高铁先进技术并消化吸收再创新奠定了坚实基础。正如我国著名铁路工程专家、西南交通大学原校长孙翔教授所言,"我国已具备了发展高速铁路的工业基础及技术条件,应在抓紧与国外技术合作的同时,自主研制具有中国特色的高速列车"。其甚至认为"我国在机车车辆一些新型走行部的研究中达到了相当高的水平,已为世界各国同行所公认。例如车辆的迫导向转向架,准高速机车的转向架(最高试验速度已超过180公里/小时,整体动力学性能很好,还可进一步提高)"。①

引进提升期(Ⅱ期),即以京津、京沪高铁为代表的以"市场换技术"引进消化吸收再创新的发展阶段。经过创新积累期的培育和储备,中国轨道交通产业通过自主研发取得了一定的成就,很大程度上改善了铁路运能不足的情况。② 2004年4月,国务院召开铁路机车车辆装备专题会议,会议明确了"引进先进技术、联合设计生产、打造中国品牌"的方针,确定了"重点扶持国内几家机车车辆制造企业、引进少量原装、国内散件组装和国内生产"的项目运作模式,即所谓"市场换技术"模式。同年10月,日本川崎重工等6家企业组成"日本企业联合体",并同中国南车集团旗下的四方机车车辆股份有限公司联合投标且成功中标,与原铁道部在北京签订进口60列时速200公里级别动车组CRH2A铁路车辆和转让技术的合同,总价值93亿元。③④ 2005年6~9月原铁道部进行了第二轮300公里级别的高速动车组招标,还是四方机车车辆股份有限公司和"日本企业联合体"再次联合成功中标,并获得60列CRH2C型动车组的订单,其中包括CRH2C第一阶段和CRH2C第二阶段,合同金额总值95亿元。⑤ 2004年,国务院审议通过了

---

① 孙翔:《发展具有中国技术特色的高速铁路》,《中国铁路》1994年第10期。
② 金履忠:《请端正我国高速铁路装备的发展方向》,《经济管理文摘》2007年第9期。
③ 王若竹、李己平、刘成:《赶超世界先进水平的契机——我国铁路引进时速200公里客车动车组中标企业巡礼》,《经济日报》2004年9月11日。
④ 左志坚:《铁道部曲线招标京沪高铁?》,《21世纪经济报道》2004年5月20日。
⑤ 《川崎重工与中国铁道部签订高速铁路改造合同》,http://jp.mofcom.gov.cn/aarticle/jmxw/200411/20041100300572.html。

《中长期铁路网规划》，其中规划建设"四横四纵"客运专线①，随后我国相继修建了京津高铁、京沪高铁等。

高铁技术是具有综合性、复杂性和本土性的重大技术。中国高铁技术通过以"市场换技术"，走技贸结合、自主创新的道路，通过完成"四横四纵"客运专线中长期铁路网规划，以及中国高速铁路动车组和高铁修建新技术研发工作的全面展开，中国铁路掌握了时速200公里及以上机车车辆的核心技术和关键技术，提升了机车车辆现代化水平，特别是"和谐号"（China Railway High-speed，CRH，中国铁路高速列车）取代了"中华之星"，标志着中国铁路以此为起点，进入全新的高速列车时代，同时也创立了中国高速铁路的自有品牌。中国高铁技术是在几十年原始创新积累的基础上，进而引进"日本企业联合体"技术，借鉴德国、法国等国高铁技术的同时，建立了以政府为主导、企业为主体，集国内外科研、设计、制造、施工、运营于一体的协同攻关创新机制，实现了从无到有、从有到优。

以京沪高铁为例，中国高铁技术既有集成创新的技术，如研制了高速铁路 CTCS-3 级列车运行控制系统，实现了多制式互联互通的集成创新；又有自主创新的技术，如深水、大跨、高速、六线轨道大胜关长江大桥等系列高速铁路复杂结构桥梁建造技术，超长高架桥上无砟轨道无缝线路建造技术、软土地区刚性桩复合路基沉降控制技术；还有突破性创新的技术，如复杂工程环境下的高速铁路基础设施建设关键技术，形成了350公里/小时高速铁路建造标准体系和成套技术；另外还研制了新一代时速350公里系列高速动车组，形成了高速列车技术标准，实现了高速铁路重大技术装备再创新，提升了重大装备的创新能力。中国高铁企业在京沪高铁建设中获得了系列自主知识产权，包括51件发明专利、114件实用新型专利、5件外观设计

---

① "四纵四横"，四纵为京沪高速铁路、京港高速铁路、京哈高速铁路、杭福深客运专线（东南沿海客运专线）；四横为徐兰客运专线（含徐连客运专线）、沪昆高速铁路、青太客运专线、沪汉蓉高速铁路。

专利，软件著作权8项、专著18部、论文243篇，9项国家级工法。①②

跨越发展期（Ⅲ期）。2009年之后，我国高速铁路进入跨越式发展以及"走出去"的新阶段。我国在原始创新的基础上，通过引进消化吸收再创新，进而创造出世界顶尖水平的高速铁路技术体系，先后自主设计出350公里/小时、380公里/小时的高速动车组，并于2010年9月28日，在沪杭高铁线路的试运行中创造了世界运营铁路的最高速度——416.6公里/小时。

2005年10月，中国企业与土耳其公司组建的联合体，获得了土耳其安卡拉到伊斯坦布尔的高铁项目承包权。2009年2月，中国和沙特签订了协作建设沙特轻轨项目的协议。至此，中国高铁开始"走出去"并获得国际认可③，进而逐步发展壮大，出口成交额逐步增长，2000年不到2000万美元，2013年发展到17.29亿美元；出口国家逐年增加，从2000年的30多个增加到80多个。同时，中国高铁企业在全球建立了16个售后服务网络，并积极推进中国高铁对外投资及合资合作。

可见，中国高铁技术是铁路科技工作者进行了长达数十年的科技积累，着力推进了原始创新、集成创新和引进消化吸收再创新等，在十几年原始创新基础上兼容并蓄的自主创新成果。中国如果没有高铁科学技术的积累与原始创新，是不可能在短时间内集成创新、吸收消化，更不可能迅速掌握高铁核心技术、提升高铁整体技术乃至完成市场化与产业升级。因此，中国高铁技术是在20世纪90年代乃至更早就进行原始创新基础上的兼容并蓄，中国高铁产业的兴起得益于"市场换技术"，引进消化吸收再创新是其重要但不是唯一特征。

2. 中国高铁再创新成果的正当性

简要回顾世界高铁发展历史可知，高铁发端于日本，发展于欧洲，兴盛

---

① 参见《工程建设工法管理办法》（建质〔2005〕145号）。工法是指以工程为对象，以工艺为核心，运用系统工程原理，把先进技术和科学管理结合起来，经过一定工程实践形成的综合配套的施工方法。
② 《2015年度国家科技进步特等奖拟推荐项目"京沪高速铁路工程"公示》，http：//sro.swjtu.edu.cn/Info.aspx? ModelId=1&Id=3693/2015/06/17，2015年6月17日。
③ 孙永福：《中国高速铁路的成功之路》，《铁道学报》2009年第6期。

于中国。中国高铁在人类既有技术成果基础上的再创新与进步发展具有正当性，具体体现如下。

中国高铁进步发展具有"重大技术进步"。中国高铁在早期原始创新技术积累及人才储备的基础上，通过"市场换技术"，引进技术消化吸收再创新，成功实现了高铁技术的重大进步。中国高铁技术研发最早可追溯到20世纪80年代初期"八五"科技攻关和多次铁路大提速，先后投入上万名科研人员，科技立项近500项，进行了机车车辆、通信信号、牵引动力、材料供应等多个专业全方位的研发。21世纪初，在既有技术积累的基础上，结合中国国情，采取引进、吸收消化与再创新的方式，实现了中国高铁技术的进一步提升以及中国高铁建设的长足发展，先后修建了京津高铁、京沪高铁，形成"四纵四横"高铁网。发展至今的中国高铁，动车组技术研发平台、生产制造平台及产学研联合开发平台等均迅速成形，攻克了生态环保、路基、桥梁隧道等重大技术难题；自主设计出350公里/小时、380公里/小时的高速动车组，创造了世界铁路运营试验的最高速度——416.6公里/小时，标志着我国全面进入高铁时代。[1]

各国高铁发展对其经济发展都具有重大意义。比如，日本新干线开通后带来大多数经济指标的大幅增长，给城市和区域都带来巨大收益。新干线对振兴城市和区域经济发展确实功勋卓著。再如，法国高速铁路TGV所产生的社会经济效益主要表现在以下5个方面：①旅客时间的节约；②能源消耗减少；③环境污染减少；④安全性能高；⑤带动房地产业发展和增加就业机会。[2] 中国高铁进步发展同样具有"显著经济意义"和"重大民生价值"。以京沪高铁为例，京沪高铁通过技术创新和标准化管理，使我国高铁工程技术、质量和管理等达到了世界先进水平，辐射到我国高铁工程建设和装备制造领域，形成了完整的高铁工程建设产业链，带动了我国材料、冶金、机械、电子、信息等相关产业协同发展；同时人员流动带动了海量信息流动、

---

[1] 攀一江：《高铁"走出去"：世界的召唤与中国的期待》，《世界知识》2010年第23期。
[2] Francois BRESSY：《法国TGV高速列车的社会经济效益》，《中国铁路》1998年第10期。

交流与发展。京沪高铁开通后,每年释放既有铁路货运能力5500万吨;运营三年半,共发送旅客2.7亿人次,运营收入754亿元,新增税收12.8亿元,2014年度赢利10亿元,对国家经济和社会发展具有重大意义。[1][2] 同时,中国在西部不发达省份建设高铁更加彰显出重大民生价值。从政府的施政理念来说,高速铁路技术带来的福祉应为全民共享。尽管在中国西部地区,仅仅从经济的回报看,特别是从短期来看,不适宜做出修建高速铁路的决策,但从改善民生、民族团结、国家安全的角度,中国政府早在2004年就规划了西部地区的高速铁路网,并坚定地实施了该计划。2014年底,沪昆高铁东线开通,江西这一中部地区最后的高铁"洼地"将完全融入全国高铁网络;兰新高铁乌鲁木齐至哈密段正式开通运行,新疆由此正式开通首列高铁列车,广袤的西北地区由此跨入高铁新时代;贵广高铁开通,西南边陲的贵州也拥有了面向中东部的快速通道。

中国高铁"走出去"不仅仅是中国经济社会进一步发展的需要,也是促进国际社会分享重大科技进步成果,促进国际区域和平和谐发展与社会文明进步的重要方式。发展权是第三代人权即集体人权的重要内容,是所有人民"自由谋求其经济、社会和文化的发展"的权利。发展权也是普遍的权利,即"每个国家有权分享科学技术进步和发展的利益,以加速其经济与社会发展"。发展权对发展中国家尤为迫切和重要,《各国经济权利和义务宪章》要求"所有国家应促进发展中国家取得现代科学和技术成果""帮助发展和改造发展中国家的经济"。TRIPS协定还对促进技术转让和知识传播做了原则性规定,并强调发达国家应鼓励其企业和机构对最不发达国家进行技术转让,以促进其技术进步。为此,我国国家领导人通过APEC会议、G20峰会等多个国际场合提出、倡导并推动"一带一路"建设促进亚太国家分享高铁技术进步成果、实现和平稳定发展。高铁发展是各国基础设施建

---

[1] 《2015年度国家科技进步特等奖拟推荐项目"京沪高速铁路工程"公示》,http://sro.swjtu.edu.cn/Info.aspx?ModelId=1&Id=3693/2015/06/17,2015年6月17日。

[2] 林上、冯雷:《日本高速铁路建设及其社会经济影响》,《城市与区域规划研究》2011年第2期。

设的重要内容之一。以泰国为例，引进中国高铁，泰国可以利用其在整个中南半岛中处于地理上的中心位置连接南北，贯通东西，成为地区的交通枢纽进而成为东南亚的中心，促进其与中国几个周边国家的贸易往来和人员交流。①

同时，引进消化吸收再创新是世界主要发达国家实现重大科技进步历程的一般规律。从历史上看，美国在19世纪、日本在二战之后的经济腾飞过程中，都经历从其他国家引进技术，从而取得快速技术进步的过程。从18世纪末开始，欧洲在发明蒸汽轮船、铁路、电报、炼钢、内燃机、汽车、真空电子二极管等技术后，美国均很快引进，并凭借自身优势后来居上，在某些技术领域也是引进后消化吸收再创新。例如，美国现代汽车工业，便是在欧洲发明汽车的基础上创造了福特流水线生产方式而产生的，美国领先的无线电技术地位，也是在欧洲发明真空电子二极管的基础上开发出真空电子三极管而实现的。美国20世纪初开始的自主创新，也都建立在技术引进及模仿基础上。②

日本是世界上引进技术最多的国家。据研究，日本的技术引进有两个典型特征：一是极其重视国产化，一般只允许引进后5年内能使国产化率达到90%的企业引进技术。据日本科技厅统计，1950～1966年，在1500家公司中有83%对引进技术进行了不同程度的消化创新工作。二是日本技术引进分阶段进行。大致可分为三个阶段：第一阶段为战后经济恢复期（1950～1958年），每年引进项目250项左右；第二阶段为经济成长期（1959～1967年），每年引进项目1200项左右；第三阶段为高速发展期（1968年之后），每年引进项目2400项左右。近年来，日本引进项目有所减少，但每年仍达2000多项，集中在原子能、飞机、计算机、宇宙开发等高新技术领域。③

高铁技术发展也遵循重大技术进步的普遍规律。铁路起源于18世纪末

---

① 《泰国资深媒体人：中泰铁路合作对泰国意义重大》，http：//world.huanqiu.com/article/2014-12/5267745.html，2014年12月20日。
② 王会利、李宽：《美国、日本和中国技术引进与创新的比较》，《经济管理》2004年第3期。
③ 阎莉：《日本技术引进成功经验探析》，《日本研究》2008年第2期。

的英国，1850年美国铁路通车里程超过英国居世界第一。德国、法国20世纪初相继发展了高铁技术，将列车速度提高到100～160公里/小时。高铁发展初期，日本、韩国等国家也都是采用引进消化吸收再创新、再出口的模式。① 日本20世纪50年代借鉴欧洲技术，把列车时速从100多公里提升到200公里以上；在新干线诞生前以及建设期间，派出了大批人员赴欧美考察，1950～1975年共引进25000多项技术，花费60亿美元，其在引进欧美动力分散技术、无砟轨道技术、ATC信号技术等基础之上，经过消化吸收再创新与集成创新，使得日本新干线在车辆、线路等技术领域居世界领先地位并且高铁速度在当时居世界首位。② 20世纪末21世纪初，中国把世界高铁技术等级从时速200公里提升到350公里，在原始创新积累的基础上，从日本、德国等国引进先进技术后，通过自己的努力提高了高铁技术，是世界铁路发展进程中的重大进步。③

不可否认，中国高铁是在原始创新、引进消化吸收的基础上通过"二次创新"发展崛起的。任何新技术都是在前人基础上进行再创新和开发形成的。只看到引进，而罔顾中国的原始创新、再创新，就声称"盗用"和"抄袭"，是忽视创新的基本事实、不尊重技术发展和创新规律，这无非想在国际高铁市场竞争中打击中国高铁的信誉。④ 中国高铁技术的进步是建立在几十年自主创新基础上的"兼容并蓄"，既有数十年原始创新的积累，又有集成创新和引进消化吸收再创新，进而实现自主创新和跨越式发展，促进了中国科学技术的进步，带动了中国社会经济的发展，极大地提升了中国的民生水平，也符合世界主要发达国家技术进步的一般规律。同时，中国高铁"走出去"，将促进国际社会分享重大科技进步成果，促进国际区域和平和谐发展与社会文明进步。在前人、他人的创新基础上再创新是一个普遍规

---

① 冯晓青：《美、日、韩知识产权战略之探讨》，《黑龙江社会科学》2007年第6期。
② 《日本新干线不存在原创技术?》，http://cul.qq.com/a/20151210/033428.htm，2017年8月23日。
③ 陈栋栋：《铁道部驳斥阿尔斯通对中国的指责》，《中国工业报》2009年2月12日。
④ 吕磊：《中国高铁拥有自主知识产权毋庸置疑》，《中国发明与专利》2011年第8期。

律。知识产权法的价值在于遵守这一普遍规律以促进人类持续创新与发展。中国高铁再创新成果不仅正当、合法且应当得到尊重与保护。国际社会分享与保护中国高铁技术重大进步成果，高铁技术进步驱动国际（区域）和谐发展与社会文明进步，必将成为国际社会的普遍共识。①

5.4.2 早期技术转让协议

2004年起，原铁道部组织南车集团青岛四方股份有限公司、北车集团唐山轨道客车有限公司、长春客车股份有限公司等企业与日本川崎重工、上菱商事，以及其他国家庞巴迪、阿尔斯通、西门子等国外铁路装备制造企业签订动车组机车车辆进口、技术转让协议等"早期技术转让协议"，先后获得了高速动车组、大功率机车、列控系统、无砟轨道等先进高铁技术装备的生产制造许可。同时，中国相关高铁企业通过对引进技术的消化、吸收，快速提升了设计、生产与研发水平和自主创新能力，并陆续推出一系列拥有自主知识产权的新型高铁技术装备、自主研发的高铁动车组。显然，中国相关高铁企业与国外铁路装备制造企业签订的早期技术转让协议中约定的"非独占""不可转让""仅在中国境内使用"等内容，对中国高铁企业高铁产品国际贸易不同程度地存在影响乃至限制。下面以技术成果（专利技术、专有技术）为例，试做分析。

1. 含有被许可技术的高铁产品

中国高铁技术的进步发展是技术引进消化吸收后的再创新，其"走出去"的国际贸易中有部分产品含有被许可技术。含有被许可技术的高铁产品出口到第三国存在知识产权风险：①被许可技术的使用范围。高铁早期技术转让协议（被许可协议）一般含有被许可技术使用范围的限制。其中，如果是商业秘密（专有技术）或一揽子协议（含有商业秘密、专利技术等），中国高铁产品国际贸易将受到许可范围限制的约束，否则构成违约。

---

① 陈家宏等：《中国高铁企业知识产权能力发展报告（1990~2016）》，社会科学文献出版社，2018，第47~49页。

当然被许可技术或高铁产品仅含有专利技术,还要具体分析该专利技术在第三国是否享有专利权,以及专利权的主体及其归属等。②平行进口问题,即被许可技术在我国和第三国同属一个权利人,我国该类高铁产品的出口是否受限,既要取决于被许可合同(早期技术转让协议)对被许可技术使用范围的约定,还要具体分析第三国对平行进口的法律规定,有关平行进口的风险下文将做专门分析。

2. 含有受让技术的高铁产品

中国高铁技术的进步发展是技术引进消化吸收后的再创新,其"走出去"的国际贸易中有部分产品含有受让技术。国际技术转让中的"转让"是广义的,包括所有权和使用权的转让。但在我国相关立法中除了《合同法》外,《专利法》《商标法》《技术进出口管理条例》及其他相关法规将"转让"限制在狭义上使用,与"许可"是并列关系。① 由于知识产权具有地域性特征,含有受让技术的高铁产品在进口国的技术专有权并不当然属于受让主体或出口国的转让人。除非中国高铁企业在第三国享有该受让技术专有权或在第三国也受让了该技术,乃至该技术在第三国属于公有技术,否则含有受让技术的高铁产品出口到第三国同样存在知识产权风险:①侵害转让主体在第三国的技术专有权;②侵害他人在第三国的技术专有权。第三国技术专有权不限于专利权还应当包括专有技术(商业秘密)等。其中,中国高铁企业在第三国也受让了该技术,其使用范围、使用方式等将受到早期技术转让协议(被许可协议)的限制,否则也可能存在违约以及知识产权担保责任等风险。

3. 一揽子协议

我国高铁企业早期引进国外高铁技术的过程中,国外铁路装备制造企业在实现技术输出的目的后,为了限制我国高铁技术发展以避免培育潜在的竞争对手,通常采用"一揽子协议"或者"一站式打包许可"模式对我国相关企业进行技术许可,其中的知识产权组成成分非常复杂。"一揽子协议"

---

① 马忠法:《国际技术转让合同实务研究:法律制度与关键条款》,法律出版社,2016,第33页。

"一站式打包许可"可能包含专利技术、商业秘密（专有技术），还可能包括著作权、商标权、集成电路布图设计权等其他知识产权，有的甚至包含"专利池"技术。这些知识产权既可能在第三国存在不同内容、不同状态且有效的知识产权；还可能受该早期技术协议约束，存在竞争保密性条款。在这种情况下，如果我国企业"走出去"向目标国直接销售引进技术或含有这些引进技术的产品，不仅侵犯"专利池"中可能包括的专利权，违反协议中的限制性技术条款，还违反竞争保密性条款，可能既侵犯专利权、著作权等知识产权，又存在合同违约或违反保密责任等。当然，"一揽子协议"条款中是否存在知识产权许可限制不正当竞争，违反国际公约、我国相关法律规定，还有待具体的深入分析。

4. 高铁产品再创新成果

首先，高铁产品包括再创新成果是受法律保护的。各国专利法鼓励持续创新、改进发明创造。同时，高铁产品在运用新技术、新材料和新工艺中含有他人专利技术，涉及专利权保护范围的确定，各国对专利权保护范围的确定原则不完全一样，而且理解也存在差异。考察各国专利法的规定，在对权利要求的解释方面有两种较为典型的做法。一种是"中心限定"，另一种是"周边限定"。[①] 我国采用的是折中主义。中心限定，是指专利权利是以技术特征构成的权利要求为中心，结合专利其他申请文件的相关内容来适当地扩大解释权利范围的原则。周边限定，是指专利权利严格按照技术特征构成的权利要求的范围来认定，不允许做任何扩大解释的原则。为了防止不当地扩大或者缩小专利权人的权利要求，我国采用的是折中主义，即专利权利对于发明与实用新型而言，主要以技术特征构成的权利要求的内容为准，同时说明书与附图起到解释的辅助作用作为适当补充解释的原则；同样，外观设计的权利范围也采用折中主义，图片或者照片的简要说明可以用于补充解释外观设计的权利范围。[②]

[①] 吴汉东主编《知识产权法》（第五版），法律出版社，2014，第198页。
[②] 参见《专利法》第59条、第26条。

一般而言，说明书的产生时间要早于权利要求书，权利要求书根据说明书的内容列举必要技术特征来划定专利权的保护范围。必要技术特征越少，专利权获得保护的范围就越大，为了避免遗漏重要的必要技术特征或者写入过多的特征而造成专利权保护范围被无端缩小，有必要委托合格的专利代理机构辅助其书写权利要求书。当然，我们也不要过分担忧权利要求书的划定范围，毕竟说明书及其附图还可以起到补充说明的作用，比如某公司获得了"可移动的折叠台"发明专利，其在说明书及其实施案例中记载"活动舞台"的连杆"基本上呈U形"，但权利要求书却错误地将其写为连杆"基本上呈矩形"结构，鉴于说明书及其附图的解释说明作用，法院最终认为"如果能明确无误地确认权利要求的撰写存在错误，且存在明显无疑的更正答案，其必然会自行予以更正，更正后的权利要求所确定的保护范围才是权利要求的应有保护范围"①，显然，达到这种要求、出现这种情况也是很少的。

另外需要注意的是，封闭式组合物②（中药组合物除外③）对于权利要求侵权判断的标准稍微不同于开放式组合物。比如，它在全面覆盖原则的基础之上，如果甲技术方案的权利要求书为 A+B+C，而乙技术方案的权利要求书为 A+B+C+D，意味着乙的技术方案是在甲基础之上的改进创造，如果没有得到甲的同意，乙的行为则视为侵权；而对于封闭式组合物而言，乙则不视为侵权，其并不违背全面覆盖原则，因为对于封闭式组合物而言，它只能满足于特定的必要技术特征，增长或者减少该技术特征将导致原技术方案无法实现技术效果，即封闭式组合物的权利要求已经限定了它的保护范围，增加新的技术特征将产生与原技术方案不同的法律效果，它已经完全不同于原技术方案。

---

① 参见上海人民高级法院（2012）沪高民三（知）终字第 44 号。
② 封闭式的权利要求宜采用"由……组成"的表达方式，一般解释为不含有该权利要求所述以外的组成部分。开放式的权利要求通常采用"包含""包括""主要由……组成"的表达方式，解释为还可以含有该权利要求中没有述及的组成部分。参见中华人民共和国国家知识产权局《专利审查指南》，知识产权出版社，2010，第 149 页。
③ 宋晓明、王闯、李剑：《〈关于审理侵犯专利权纠纷案件应用法律若干问题的解释（二）〉的理解与适用》，《人民司法》2016 年第 10 期。

另外，外观设计一般与发明、实用新型是不同的，其不是技术方案，强调的是富有美感的一种设计，以博得潜在消费者的喜爱。需要注意的是如何判断两个外观设计是否相似，这主要看二者是否构成混淆；根据《专利权司法解释（二）》第14条的规定，采用类似于商标侵权的认定标准，将一般消费者的知识水平和认知能力作为标准而非像技术方案一样将抽象的普通技术人员作为标准。同时，该司法解释还引入了"设计空间"，认为设计空间的大小也影响着消费者对混淆标准的判断。

其次，中国高铁技术的进步发展是技术引进消化吸收后的再创新，其"走出去"的国际贸易中有部分产品是在被许可技术、受让技术基础上改进技术的产品。国际公约以及各国内国法都有技术许可限制的规制，特别是不得限制许可技术的改进与发展，但是并没有明确在被许可技术、受让技术基础上的改进技术的归属，以及使用、处分与收益权能的行使。在被许可技术、受让技术基础上的改进技术的归属，以及使用、处分与收益权能的行使将受到早期技术转让协议（被许可协议）的限制。由于技术成果的地域性，除非专有技术，其约定在第三国是否有效、发生效力等，不仅受到早期技术转让协议（被许可协议）的限制，还要视第三国法律或其有效的国际公约来确定，存在知识产权的风险。

最后，再创新技术是否构成从属专利。我国现行《专利法》并未对从属专利的认定进行专门规定，只是在《专利法》第51条对强制许可制度进行了规定，符合申请强制许可的专利与已经取得专利权的发明或者实用新型比较，应当具备以下条件：①具有显著经济意义；②具有重大技术进步。需要注意的是，需要同时满足具有显著经济意义以及重大技术进步的条件。至于一般意义的专利强制许可是否应当同时具备经济意义或者技术进步，抑或强调"显著""重大"，我国并没有明确规定。在司法实务中，根据2001年最高人民法院民事审判第三庭的《如何理解最高人民法院关于专利法（2001）法释字第21号司法解释？》，从属专利，是指对另一项在先申请专利的改进专利。该从属专利包括发明或者实用新型专利；采用了在先专利的技术方案；增加了新的技术内容且达到了《专利法》规定的授权条件。至于"新的技术内容"与"重大技术进步"的关系，该司法解释并没有明确；"显著经济意义"应当是应用性甚至是市场效益，需要另行评价。前述分析表明高铁技术具有"重大技术进步""显著经济意义"，中国高铁成果在第三国存在从属专利可否适用强制许可，显然存在风险。

在专利许可合同中还可能添加不正当竞争的条款。专利许可合同同样以尊重当事人意思表示为前提，以合同双方协商一致的内容为依据；但是不得存在违反许可限制的规制等内容。在专利许可交易中，专利权人因享有专利权而在特定时期对专利技术的独占性而处于优势地位，继而可能在专利许可合同中添加不正当竞争的条款，即违反许可限制的规制。该条款具体表现为搭售协议、价格限制、专利权过期、有违技术进步等。例如，美国 Brulotte v. Thys Co 案，美国法院认定该案权利人"过期使用费"违法，其理由是过期使用费使得使用该技术的成本增高，体现在产品价格上最终转嫁于公众，构成了专利权的滥用。[1]

5.4.3 平行进口

国际知识产权风险包括平行进口风险，即进口国是否允许某知识产权产品平行进口的问题。平行进口，是指内容相同的知识产权产品在两个以上国家均获得知识产权保护，未经授权的进口商将此种知识产权产品从一国进口（或出口）到另外一国的行为。[2] 由于平行进口的特殊性，学界对平行进口的合法性讨论也没有定论。支持平行进口的学者提出了"权利用尽原则"，主张在销售活动中，知识产权所有人或被许可人只可正常行使一次权利，产品一旦投入市场后，权利人即丧失了对它的控制权。[3] 但是，在"权利用尽原则"的理解方面又存在权利国际用尽、地区性用尽、国内用尽的分歧。

目前，世界各国关于平行进口的态度也是不一的。譬如，美国全面禁止

---

[1] "过期使用费"是指在专利许可条款中约定，即使专利权到期后，被许可人仍然要向专利许可人支付专利许可使用费。
[2] 谭启平：《论平行进口中的知识产权问题》，《现代法学》2003年第4期。
[3] 蔡巧珍：《平行进口法律问题初探》，http://old.chinacourt.org/public/detail.php?id=141480。

著作权、专利权和商标权的平行进口，坚持的便是国内权利用尽原则。欧盟作为区域经济一体化的实体，对欧盟之外是禁止平行进口的，但在欧盟内部国家之间，平行进口是被允许的，这主张的是地区性用尽原则。我国在关于平行进口的问题上，立法和司法实践均采纳"权利用尽原则"，《专利法》明确规定允许平行进口①，《著作权法》和《商标法》虽未明确规定平行进口，但司法实践中却是允许的，这是受限制的国际用尽。在国际/涉外知识产权保护方面，知识产权理论以及所延伸的法律规则在一定程度上已经脱离了知识产权法律关系内在的自身规律，而是与该国外交、对外政策交织在一起。各国对于贸易自由化的不同态度以及保护国内产业不同利益的衡量也都在一定程度上造成了平行进口规则的差异性。若一国禁止平行进口，进口商就将面临被权利人在进口国起诉其侵害知识产权、货物被扣押的风险。

5.4.4 标准必要专利

2004年，中国原铁道部明确规定了"引进先进技术、联合设计生产、打造中国品牌"的指导方针，以推动中国高铁产业的发展。中国高铁技术是在原始创新基础上，通过大量引进核心技术和联合生产方式实现了市场化，进而研发高铁动车组。② 因此，中国高铁在动车组、列车控制、牵引供电等主要领域，融合UIC标准、IEC标准、ISO标准、欧洲EN标准、日本JIS工业标准等国际先进标准；同时，也与德国的西门子（Velaro-E）、日本的川崎重工（E2—1000）、法国的阿尔斯通（SM3）、加拿大的庞巴迪（Regina）等企业标准完全兼容，与世界先进技术具有良好的兼容性，为中国高铁标准融入国际奠定了极好的基础。

另外，中国高铁在大规模高铁建设和丰富的应用经验基础上，通过原始技术创新、集成创新积累以及引进消化吸收再创新，已经研究制定的高铁技术标准有CTCS-3级列控系统技术规范、铁路无砟轨道技术条件、高速动

---

① 沈智慧、刘昕：《知识产权平行进口法律规制研究》，《行政与法》2012年第7期。
② 乔英忍：《我国铁路动车和动车组的发展（上）》，《内燃机车》2006年第1期。

车组试验规范等,与之相关的其他标准也在规划和制定中,例如线桥隧勘探设计的标准已相继出台,但完善的运营维护标准尚未形成。①② 同时,现阶段国际上也只有针对时速 300 公里的标准,对超过 300 公里时速的高铁还没有可供借鉴的标准。高铁标准制定中标准必要专利既是高新技术发展的代表,更是高铁技术主动权的彰显,还是企业市场竞争力所在。

制定标准的目的在于更为广泛地应用先进科学技术并在市场上实现产品和服务之间的兼容性和统一性,高铁技术的标准也不例外。中国高铁"走出去",将先进的高铁技术惠及国际社会特别是发展中国家和人民,也需要和目标国既有的铁路技术标准相融合与统一,避免重复劳动,提高生产效率,这便不可避免地使用目标国既有技术标准必要专利。标准必要专利权主体拥有法定的市场支配地位,这种优势地位诱发了标准必要专利权人权利的可能滥用。各国也都关注标准必要专利的滥用。如前所述,我国亦逐渐通过司法诉讼、行政处罚、附条件批准等方式对标准必要专利的滥用予以规制。比如,我国发展和改革委员会对标准必要专利滥用所形成市场支配地位的美国高通公司开出了高达 60.88 亿元的罚单。显然,高铁未来的竞争在一定程度上也会展现为技术标准的引领地位竞争,国际高铁市场的争夺与标准制定及标准必要专利引入的话语权密切相关,高铁技术迅猛发展所带来的不确定性因素使得标准必要专利的风险日益显现。

---

① 2015 年 2 月实施的铁道行业标准《高速铁路设计规范》首次明确了高速铁路仅运行动车组列车,并强化了各方面安全保障功能设计。
② 彭丽:《中国高铁亟待建立运营维护标准体系》,《中国科学报》2015 年 8 月 13 日。

6 中国高铁国际工程承包知识产权争议解决风险分析

研判中国高铁知识产权态势、国际工程承包及其高铁产品国际贸易知识产权风险的重点在于预防,知识产权风险发生便体现在知识产权争议及其解决方面,知识产权争议解决也是风险预防更是风险处分。风险处分是风险控制的重要组成。通过知识产权争议的积极解决,既可以控制责任承担,减少风险损失,还可以总结经验教训,继续合作促进发展。

本章是在前述中国高铁知识产权态势、国际工程承包及其高铁产品国际贸易知识产权风险分析的基础上,区分知识产权国际争端与知识产权国际纠纷,概述知识产权国际争端世界贸易组织(WTO)解决风险,分析了知识产权国际纠纷非诉解决风险、知识产权国际纠纷诉讼解决风险,探讨中国高铁国际工程承包知识产权国际争议解决风险。

6.1 知识产权国际争议解决风险概述

6.1.1 知识产权国际争端与国际纠纷

知识产权国际争议包括知识产权国际争端和国际纠纷。知识产权国际争端，是指与知识产权有关的一切法律与事实争议，是作为国际法主体的国家、国际组织及其相互间有关知识产权的法律与事实争端。主要调整的是国家（包括独立关税区）之间的知识产权争议，是公法意义上的争议，是对其法律、政策、措施、决议等存在的争议，一般通过斡旋、调解、调停，以及争端解决机制来解决。

知识产权国际纠纷，是指国际平等民事主体之间发生的与知识产权有关的纠纷，主要包括权利主体资格、权利的内容、权利的行使、权利的救济等方面的争端（争议）。[①] 实际上就是民事平等主体间以及民事主体与国家行政机构间就权利主体资格、权利确定、权利内容、权利行使、权利救济等方面发生的知识产权国际纠纷。知识产权国际纠纷一般通过协商、调解、仲裁或诉讼等多元纠纷解决方式解决。通常分为两种解决方式：一种是知识产权国际纠纷非诉解决，如调解、仲裁等，又被称为替代方式解决；另一种便是知识产权国际纠纷诉讼解决。

6.1.2 知识产权国际争端解决风险

国际法主体的国家、国际组织及其相互间发生的有关知识产权的法律与事实争端，主要是指对各国法律、政策、措施、决议等规定及其执行存在认为违反国际公约、国际惯例，损害国际竞争秩序、损害其他国家及其企业利益的争议，其解决路径一般是斡旋、调解、调停，以及国际组织的争端解决机制。

知识产权国际争端解决风险主要体现在以下几个层面：一是知识产权国际争端解决本身与各国的政治、经济、外交甚至军事实力相匹配；二是知识产权争端解决与其选择路径直接关联，例如选择WTO争端解决机制，并意味着选择相应的争端解决组织机构、方式方法、评判标准、结果与结局；三是虽然是有关各国法律、政策、措施、决议等规定及其执行的争议，但其后

---

① 冯汉桥：《WIPO的国际知识产权争端解决机制评介》，《社会科学论坛（B）》2005年第16期。

果将间接影响成员国企业、自然人的知识产权权利权益，最终由企业、自然人承担。企业同样应当给予关注与重视。

6.1.3 知识产权国际纠纷解决风险

涉及企业的知识产权国际纠纷，其解决之所以存在很多不确定性与风险，原因在于：①纠纷的知识产权属性。知识产权的存在是其纠纷发生的内在条件，也意味着该风险同时具有法律性、技术性。知识产权的无形性意味着权利客体的复杂、权利内容的丰富、权利行使与救济的特殊。②纠纷的国际属性。纠纷具有国际因素，要么主体是企业与外国主体间，要么法律关系发生地在国外，要么知识产权权利内容具有涉外性。③纠纷解决方式的多样性。纠纷的国际性或涉外性，意味着纠纷解决方式的多样可能性、法院管辖的多国可能性和法律适用的多种可能性，也意味着该风险的高度复杂与不确定性。当然，其中知识产权侵权诉讼风险与传统的风险相比，对企业危害更大，不仅影响企业当前的经营，而且损害企业市场声誉和未来技术创新、市场拓展。[①]

知识产权国际纠纷解决的多样性、可选择性也意味着风险的复杂多样。中国高铁出现相关知识产权国际争议既可以向政府当局投诉，依靠政府的力量运用 WTO 争端解决机制解决知识产权国际争端以维护中国高铁企业知识产权的利益，应对相应知识产权风险；也可以就其知识产权国际纠纷，选择调解或是仲裁的方式解决，仲裁组织可以选择国际组织的仲裁机构或者内国仲裁机构；抑或是选择法院审理，既可以选择本国法院，也可以选择、约定到对方或第三方法院，甚至还可以选择适用法律。当然，更多的选择便会给知识产权国际纠纷的解决及其结果带来更多的不确定性，便面临中国高铁企业知识产权国际纠纷解决的更多风险。中国高铁国际工程承包知识产权国际纠纷解决风险也不例外。

---

① Josh, L., "Patenting in the Shadow of Competition", *Journal of Law and Economics*, 1995, 38 (2): 463–495.

6.2 知识产权国际争端 WTO 解决风险

6.2.1 知识产权国际案例所引发的问题

案例一：美国—加拿大专利保护期案

1999年5月6日，美国根据WTO《关于争端解决规则与程序的谅解》（DSU）中的相关规定，要求与加拿大进行磋商。磋商的内容是，美国认为加拿大现行《专利法》第45条未能按照TRPIS协定的规定为专利权提供最低保护期。双方磋商未果。于是，美国于1999年6月15日向WTO争端解决机构（DSB）提出了申请，要求成立专家组对该争端进行调查和审理。

美国认为，按照TRPIS协定第65条的规定，所有发达国家应于1996年1月1日起开始实施其在TRPIS协定项下的各项义务。根据TRPIS协定第33条和第70条的要求，WTO各成员方自TRPIS协定实施之日起，应对在TRIPS实施之日所有尚存续的专利给予最低保护期——专利保护期自申请提交之日起不少于20年。因此，加拿大应当遵守TRPIS协定第33条和第70条的规定：①1996年1月1日起开始；②对所有尚存续的专利给予最低保护期；③专利保护期自申请提交之日起不少于20年。

同时，美国认为，加拿大现行《专利法》第45条规定，凡在1989年以前申请并获取的专利权，其保护期限为自专利权授予之日起17年，是不符合TRPIS协定第33条和第70条的规定的。美国的理由是，自专利权授予之日起保护17年与自专利申请提交之日起保护20年是两个完全不同的概念。自申请提交之日到专利权被授权之日，一是不一定正好是3年；二是该期间即使正好是3年，也不是被全面保护期间。即使有的国家在申请期间（申请日至授权日期间）会受到法律的不同保护，但还是不同于专利权的保护。

(1) 关于TRIPS协定第70条双方的分歧及专家组意见

TRIPS协定第70条第1款规定：本协定并不使成员方对本协定实施之

日以前所发生的行为承担义务。该条第2款规定：除本协定另有规定外，本协定成员方均应对本协定实施之日所有尚存续的客体承担义务。所谓尚存续的客体包括在本协定生效之日在成员方受保护的客体，或者以后将符合本协定规定的保护条件的客体。

美国坚持在本案中应该适用第70条第2款的规定，并认为第70条第2款中所规定的"尚存续""受保护的客体"应当包括所有在1996年1月1日当日仍存在和受保护的专利，其中应该包括1996年以前依据加拿大旧《专利法》所获取的专利权。

加拿大则首先根据TRIPS协定第70条第1款坚持认为：由于第70条第1款确立了无溯及力的原则，因此该条事实上将在1996年1月1日以前根据加拿大旧《专利法》所获取的那部分专利排除在TRIPS协定实施的对象之外。因此，对这部分专利，加拿大不应当承担TRIPS协定第33条规定的义务。

专家组分析与裁定：这里的关键在于如何理解和解释第70条第1款中规定的"协定实施之日以前所发生的行为"和第70条第2款中规定的"协定实施之日所有尚存续的客体"。专家组认为，对于1996年1月1日根据加拿大旧《专利法》获取的专利应当适用TRIPS协定第70条第2款的规定，而不能适用第70条第1款的规定。其理由是，专家组认为第70条第1款中所排除的仅仅是"行为"，该条并没有将尚存续的"权利"（rights）排除在外。尽管这些权利有的是由TRIPS协定实施之前，即1996年1月1日以前的行为获取的。但在TRIPS协定实施之日对这些权利的保护并没有停止，因此，作为WTO成员方，加拿大有义务按照TRIPS协定第70条第2款的规定，对TRIPS协定实施之日（1996年1月1日）所有尚存续的专利权履行保护义务。

（2）关于TRIPS协定第33条的理解问题及专家组意见

TRIPS协定第33条规定：（为专利）提供的保护期不得在自专利申请提交之日起计算满20年以前终止。

美国认为TRIPS协定第33条事实上规定了WTO成员方对专利权提供保

护的最低标准,应当理解为自专利申请提交之日起不少于20年,而加拿大现行《专利法》第45条提供的保护期只有17年,这显然违反了TRIPS协定第33条的要求。由于加拿大违反了第33条规定的义务,从而给众多美国专利权所有人造成了巨大经济损失。

加拿大辩称:从文字上看,TRIPS协定第33条中并没有"不得少于20年"的文字表述,因而,该条只能理解为保护期限不得少于自专利申请提交之月起计算满20年以前终止,而其现行《专利法》第45条并没有要求保护期应于提交申请之日起计算20年以前终止,因此,现行《专利法》第45条与TRIPS协定第33条并没有实质区别。

同时加拿大还申辩说,在加拿大,专利申请人完全可以在专利审查过程中通过非正式的拖延或强制拖延的做法来延长专利审查过程,从而可以获得自专利申请提交之日起不低于20年的保护期。但美国反驳道,即使按照加拿大的说法,那么在一项专利提交申请之后3年以内就获得批准授予的情况下,该项专利的保护期自专利申请提交之日起算事实上不满20年。

专家组经过调查后提出了报告,采纳了美国的意见。2000年10月12日,争端解决机构也通过了专家组报告,建议加拿大立即对其现行《专利法》进行修改,使之与TRPIS协定的规定和要求相一致。

随后,加拿大对专家组裁定不服,上诉至WTO上诉机构,上诉机构维持了专家组的裁决。同时需要说明的是:本案中专家组和上诉机构也引用了《维也纳条约法公约》第31条和第32条来对TRIPS协定中的有关条文进行解释。

案例二:"中国WTO知识产权争端第一案"

美国于2007年9月25日向WTO争端解决机构(DSB)提出申请,要求成立专家组对中美知识产权争端进行调查和审理,史上称为美国诉中国知识产权一案。该案内容是,美国认为:①中国法律违反TRIPS协定第41.1条的规定,对未批准进入中国市场的作品不给予保护;②中国海关没收物品的处理违反了TRIPS协定第46条和第59条;③中国法律违反了TRIPS协定

第41.1条和第61条规定,有关侵犯知识产权罪的刑事指控门槛太高。①

2009年1月26日,世界贸易组织向各成员方公布了标题为《中国——影响知识产权保护与执法的措施》的中美知识产权争端案专家组报告(编号为WT/DS362/T),并在其官方网站公布报告全文。② 在结论部分,专家组对上述三个问题的结论为:第一,中国《著作权法》第4条第1款规定,不符合中国应该承担的TRIPS协定第9条和由此涉及的《伯尔尼公约》第5(1)条的国际义务,以及TRIPS协定第41.1条的国际义务。第二,关于中国海关措施,美国没有证明中国的海关措施与TRIPS协定第59条以及由此涉及的第46条第1句话的规定不一致;但是,中国海关措施中的拍卖与TRIPS协定第59条和第46条第4句话的规定不一致。第三,美国没有能够证明中国的刑事门槛规定与TRIPS协定第61条第1句话的所规定的义务不符。③

为了执行WTO争端解决机构的专家组报告,中国在2010年对《著作权法》第4条进行了修改完善:①删除了"依法禁止出版、传播的作品,不受本法保护"的规定;②明确了著作权人行使著作权,不得违反宪法和法律,不得损害公共利益;③规定了国家对作品的出版、传播依法进行监督管理。

WTO争端解决机构的专家组报告对于争端的当事方应当具有法律拘束力,争端的当事方应善意地执行。否则,败诉方如果拒不履行裁决或者建议,争端解决机构规定了"报复"程序。在这个案件中,中国修改《著作权法》的行为就是善意执行WTO争端解决机构的专家组报告。

通过上述两个案例的阐述与分析,我们可以看到,知识产权国际争端是指TRIPS协定或者WTO成员方或者独立关税区之间就知识产权保护问题产生的争端,不是指法人、非法人或自然人之类的权利人之间或者权利人与非权利人之间的纠纷。④ 也就是说,知识产权国际争端指的是国家或独立关税

---

① 陈儒丹:《WTO规则与中国知识产权刑事立法——以美国诉中国知识产权执法措施案为背景》,《北方法学》2008年第4期。
② 金海军:《解析"中国WTO知识产权争端第一案"专家组报告》,http://ip.people.com.cn/GB/8871936.html,2017年9月3日。
③ 张慧霞:《解读WTO中美知识产权第一案》,《电子知识产权》2009年第4期。
④ 郑成思:《WTO知识产权协议逐条讲解》,中国方正出版社,2001,第180页。

区之间因知识产权保护产生的公法意义上的争端，而不是私法意义上的争端。但是，TRIPS 协定可能与各国国内法存在冲突，如中国 WTO 知识产权争端第一案直接导致了我国《著作权法》的修改，进而延及自然人、法人、非法人，也会导致知识产权方面的风险。类似的，在美国—加拿大专利保护期案中，各国企业在加拿大的专利存在保护期及其权益保护风险。因此，知识产权国际争端是国际法主体的国家、国际组织及其相互间有关知识产权的争端，是对其法律、政策、措施、决议等存在的争议，可通过斡旋、调解、调停以及争端解决机制加以解决，解决结果将延及自然人、法人及非法人，出现知识产权风险。

6.2.2 知识产权国际争端 WTO 解决机制

WTO 成立于 1995 年 1 月 1 日，我国于 2001 年 12 月 11 日正式加入 WTO。WTO 争端解决机制（DSM）建立于 GATT 争端解决机制的基础之上，其依据是《关于争端解决规则与程序的谅解》（DSU），WTO 的争端解决机制是目前较为完善的国际争端解决机制之一，被誉为"WTO 皇冠上的明珠"。[①]

TRIPS 协定所谓争端可分为三类：第一类是由 WTO 成员方磋商解决的，称之为"各类争端"，即任何成员对其他成员就影响该协议履行的任何问题而引起的争端，要求磋商解决；第二类是根据特别程序进行处理的，要求成立合议庭审理解决的，其中包括"非违法之诉"和"情势之诉"，"非违法之诉"是指任何成员对其他成员实施任何措施而引起的争端，"情势之诉"是指存在其他情况引起的争端；第三类才是提交 WTO 争端解决机构解决的知识产权争端，称之为"违法之诉"，即任何成员对其他成员未能履行该协议规定义务引起的争端，经磋商解决未成。WTO 争端解决机制目前仅能解

[①] Sutherland, P. D., "Concluding the Uruguay Round-Creating the New Architecture of Trade for the Global Economy", *Fordham Intl L. j*, 2000, (24): 26.

决"违法之诉",即 WTO 或 TRIPS 成员方违反 TRIPS 协定,致使其他成员方根据 TRIPS 协定拥有的利益受到丧失和减损,或 TRIPS 的目的实现受到阻碍,是很小的部分。对于未违反 TRIPS 协定的措施,无论其措施是否与 TRIPS 协定的规定相抵触,或存在任何其他情况,产生成员方直接或间接利益的丧失或减损,乃至阻碍 TRIPS 任何目的的实现,都不可以向 WTO 争端解决机构提出争端解决的请求。①

WTO 争端解决机制的主要程序如下。

磋商。磋商须由请求方以书面形式提出,并说明磋商的理由以及相关的证据资料和法律依据。DSU 对磋商的时间有严格的限制,它在第 4 条第 7 款、第 8 款分别规定了一般案件和紧急案件的答复时限。一般案件为,如在收到磋商请求之日起超过 60 日内,磋商未能解决争端,起诉方则可请求设立专家组。如磋商各方共同认为磋商已不能解决争端,起诉方则可在 60 日期限内请求设立专家组。紧急案件中,如涉及易腐货物的案件等,请求设立专家组的时间提前。

斡旋、调解和调停。斡旋、调解和调停程序的启动以各争端方的自愿同意为前提。这一程序相对比较灵活,它可以在专家组程序进行的同时继续进行。一旦斡旋、调解或调停程序终止,起诉方即可开始请求设立专家组。但是,这一程序的灵活性也受到时间期限的限制。

专家组裁决。DSU 赋予了专家组断案的"强制管辖权",这与 GATT 的模式是不同的。在 GATT 框架下,专家组审理案件应当事先经过争端当事方同意,且审理报告应由理事会共同通过,而 WTO 的专家组则与其大相径庭。DSU 对专家组成员构成、组成人数,以及专家的职权范围、工作程序进行了较为详细的规定,其中包括程序的时间表、中期评审、寻求信息的权利、报告的通过等事项。其中,还专门规定专家组报告在散发各成员之日起 60 日内应当在 DSB 会议上通过,除非有一争端方正式通知 DSB 其上诉的决定;或 DSB 经协商一致决定不通过该报告。

---

① 李扬:《WTO/TRIPS 知识产权国际争端解决机制问题研究》,《科技与法律》2005 年第 1 期。

上诉机构审议。上诉机构审议，是指上诉机构审判庭对前述专家组报告进行的法律审议。上诉机构由 7 名专家组成，每人任期 4 年，可连任 1 次；审议具体案件，专家实行轮换，由 3 人轮流任职一个案件审判庭。审判庭只对专家组报告进行法律问题审议和对专家组所作的法律解释进行审议。上诉机构既可维持，也可修改或撤销专家组的法律调查结果和结论。上诉机构审议的报告除非在其被散发至各成员后 30 日内 DSB 经协商一致决定不通过该报告，否则由 DSB 通过且争端各方应无条件接受上诉机构的报告。

建议和裁决执行的监督。建议和裁决执行的监督是指 DSB 通过一定方式监督其已通过的专家组或评审的报告的执行。对建议和裁决执行的监督主要是两种路径：一是会议监督，DSB 在规定时间内通过召开会议并要求有关成员通报其执行 DSB 建议和裁决的意向实现监督；二是报告监督，DSB 在每一次会议召开的一定期限内，通过要求败诉方向其提交一份关于执行建议或裁决进展的书面情况报告实现监督。同时，DSB 将建议或裁决执行情况列入并一直保留在其会议议程上，直到解决。另外，关于执行期限，一是立即遵守建议和裁决；二是通过建议和裁决之日起 45 日内，获得 DSB 批准的由有关成员提议的期限或者双方同意的期限；三是通过建议和裁决之日起 90 日内，通过有拘束力的仲裁确定的期限。另外，执行期限自专家组或上诉机构报告通过之日起，最长为 15 个月。

DSB 补偿和中止减让等程序。为了防止败诉方拒不履行专家组或者上诉机构的建议或裁决，DSU 规定了有条件的"报复"措施。"报复"的原初表现形式为"以牙还牙，以眼还眼"的同态复仇，后来这种对侵权人的"报复"方式逐渐被"损害赔偿"方式取代，但复仇心理并未消除。20 世纪末，WTO 在 DSB 中再次确认了"报复"的法律地位，只不过不再是公元前时期复仇的那般野蛮，但也受到了不少质疑。发达国家特别是以知识产品为基础的发达国家，由于知识产权侵权一般成本较低，中止知识产权的保护义务对于其破坏力是巨大的，受到"报复"威慑力的影响，一旦成为败诉方不得不执行专家组或上诉机构的建议或裁决。因此也很少有败诉方不执行建议或者裁决而启动"报复"程序，但也有个别案件进入了"报复"程序。

比如厄瓜多尔报复欧共体香蕉案、安提瓜交叉报复美国网上赌博案、巴西起诉美国棉花补贴案、巴西报复美国"金枪鱼"案等。

原则上，DSU的"报复"应在同一协定项下同一部门进行，但在例外的情况下，如果裁决得不到或不能得到很好地执行的情况下，也有在同一协定项下不同部门进行甚至跨协定报复的，即"交叉报复"。①②"报复"是临时性的，按照DSU第22条第8款的规定，出现下列情况，"报复"应当终止：①一旦认定与适用协定不一致的措施已取消；②必须执行建议或裁决的成员对利益丧失或减损已提供解决办法；③双方已达成满意的解决办法。③

6.2.3 知识产权国际争端WTO解决风险内涵

尽管WTO争端解决机制的适用对象为国家（包括独立关税区），争端的结果也由国家（包括独立关税区）承担。但是，争端解决的结果常常是一国在法律或者政策上的调整，其当然会对企业产生直接影响。同时，我国2001年才正式加入WTO，对WTO争端解决机制的认知、掌握、运用与程序等尚不如发达国家熟悉，包括高铁企业在内的中国企业在受到外国政府的贸易保护主义以及知识产权保护与垄断的侵害时，尚未认识到可以向政府当局投诉，依靠政府的力量运用WTO争端解决机制以维护国内高铁企业的利益。另外，以中国铁路总公司领头的高铁企业大多为国有企业，而对于国有企业的对外贸易，WTO有专门的限制性规定④，等等。对知识产权国际争端的WTO争端解决机制的认知、掌握与运用得不足，可能引发中国高铁国际工程承包知识产权风险，给中国高铁企业带来不利影响。

---

① 高汉：《交叉报复机制和我国的利用》，《华东政法学院学报》2000年第2期。
② 参见DSU第22条第3款第（b）项。
③ 陈家宏主编《世界贸易组织（WTO）法律制度》，西南交通大学出版社，2003，第298~307页。
④ WTO对国有企业的经营行为有限制性规定，诸如禁止经办国家垄断贸易的企业滥用市场支配力的规定；禁止歧视行为的规定；禁止服务贸易垄断企业滥用市场支配力的规定等。参见常文娟《国营贸易规则及我国石油进口国营贸易现状分析》，《黑龙江对外经贸》2005年第7期。

6.3 知识产权国际纠纷非诉解决（ADR）风险

6.3.1 知识产权国际纠纷 ADR 风险概述

1. 知识产权国际纠纷 ADR

随着全球经济一体化、科学技术进步以及知识产权的重要性日益凸显，各国之间的知识产品贸易越来越频繁，随之而来的知识产权纠纷也不断增多。由于人、财、物等的限制，传统的诉讼纠纷解决方式已经无法有效解决纠纷，世界知识产权组织（WIPO）以及各个国家通过非诉讼的方式解决知识产权纠纷的成效显著，在依靠诉讼解决国际知识产权纠纷外，替代性纠纷解决方式（Alternative Dispute Resolution，ADR）逐渐成为国际上解决知识产权纠纷的重要途径。因此，这里拟对 ADR 进行简要的分析。

ADR，又被译为"审判外（诉讼外或判决外）纠纷解决方式""法院外纠纷解决方式"，或者"非诉讼纠纷解决程序"等，是指一种诉讼替代性（或代替性、选择性）的纠纷解决方式。ADR 最早源于美国，是指本世纪逐步发展起来的各种诉讼外纠纷解决方式。其实现在世界各国已普遍存在，既是指民事诉讼以外的非诉讼的纠纷解决程序，也是指民事诉讼制度以外的非诉讼的纠纷解决机制。[①] 从 ADR 的内涵来看，它并非新鲜事物，我国早在几千年前就有且有所践行。我国是一个具有"厌诉"传统的国家，具有"素王"之称的孔子曾说过："听讼，吾犹人也。必也使无讼乎！"他的思想影响了我国后世的诉讼观念。纠纷发生时，人们最先并非向"青天大老爷"诉诸自己的冤屈，而是通过私下协商、和解，或者在"申明亭"这个地方，由本乡有声望之人主持，进行调解。究其原因：一方面，这节省了司法成本，避免了"缠讼"耗费的物质消耗；另一方面，为了避免"老死不相往来"而丧失长远人情利益，人们往往会选择彼此忍让，有可能此时的损失

[①] 范愉：《以多元化纠纷解决机制保证社会的可持续发展》，《法律适用》2005 年第 2 期。

在今后特定的时间点会产生收益。

美国是一个"诉讼爆炸"的国家,还是一个坚持"大司法"传统的国家,但是美国的法院系统始终保持着持续健康的发展状态,其主要原因在于20世纪70年代以来美国在某些州法院开始了"附设在法院的ADR"。这使得纠纷实现了一部分分流,使得大量争议通过调解就得以解决,真正进入唇枪舌剑的庭审案件已经很少了。这样的制度设计其实是一个"理性人"的选择,既满足了老百姓想尽快解决纠纷的诉求,也符合了国家节省成本的要求,既然存在强大的法律需求,那么司法实践中就出现了ADR这样的制度供应。

在市场经济下,"科斯第二定理"影响着人们的行为选择,其中科斯第二定理也称为规范的科斯定理:在现实交易成本存在的情况下,能使交易成本影响最小化的法律是最适当的法律。[①] 通过法律的建立和实施,可以减少交易成本。实现"定分止争"是有成本的,ADR选择非诉的方式,避免了烦琐的程序,节省了人、财、物,且在一定程度上弥补了法律程序"形式正义"的"一刀切"现象,使争议双方都真切地感受到"正义",双赢现象的"实质正义"才是法律真正追求的目标。ADR恰恰能够实现"正义"与"效率"二者的均衡,其同时是利益各方彼此博弈的制衡点,特别是纠纷ADR解决对当事方而言是获得真正的解决(判决则不一定,有时不仅一方甚至各当事方都不认可判决),而且还有利于当事方今后的进一步合作。因此,ADR越来越展示出其强劲的生命力,在法律市场中也越来越具竞争力。

ADR满足了"理性人"实现利益最大化的双赢需求,在知识产权纠纷爆炸式增长的背景下,除了通过诉讼方式来解决国际知识产权纠纷外,仲裁、调解、和解等方式也是解决纠纷的重要途径之一。当然,ADR在为解决知识产权纠纷带来便利的同时,也存在一些不确定的风险因素。

[①] 冯玉军:《法经济学范式研究及其理论阐释》,《法制与社会发展》2004年第1期。

2. 知识产权国际纠纷 ADR 特征与风险

ADR 仲裁或调解的特征明显，具体表现为以下几个方面：①中立。在起草仲裁条款时，当事人可自由选择中立的仲裁地。争议发生后，当事人可指定他们选定的独立的仲裁员组成中立的仲裁庭。②灵活。仲裁允许当事人约定适用的程序。仲裁或调解时，当事人如果愿意，甚至可以现场达成法律适用和程序性规则的适用。③节省时间和费用。由于仲裁程序灵活而裁决又是终局的，通过仲裁解决争议，常常较法院诉讼或其他争议解决方式更快捷、更便宜。④保密。仲裁审理是私下进行的，裁决在通常情况下是不公开的。因此，争议不会泄露于公众，有助于维持商业关系。⑤终局及有约束力。仲裁裁决通常是终局的，没有实体问题上的复核，也可避免冗长的法院上诉程序。⑥可强制执行。如果没有适当的双边条约，执行外国法院判决可能较困难。在由 150 多个国家签署的《承认和执行外国仲裁裁决的纽约公约》（以下简称《纽约公约》）下，每一成员国均承诺承认和执行在其他成员国内作出的仲裁裁决。由于是当事人选择的第三方进行仲裁或调解，容易达成调解协议，既便于调解协议执行，还有利于当事人今后的进一步合作。

知识产权国际纠纷 ADR 风险是多方面的，包括且不限于知识产权国际纠纷的可仲裁性、ADR 机构的选择、ADR 准据法适用、ADR 承认与执行等。

6.3.2 知识产权国际纠纷可仲裁性

ADR 主要方式是仲裁，仲裁是以当事人的约定为基础的争议解决方式，即当事人约定将争议提交由一名或三名中立的、由当事人双方共同选定的仲裁员组成的仲裁庭解决。仲裁程序灵活，能使当事人通过高效的、保密的和公平的程序，获得终局的、有约束力和可执行的裁决。同时，通过仲裁包括仲裁机构的调解解决纠纷也存在很多不确定性，如知识产权国际纠纷是否具有可仲裁性以及哪些事项可仲裁。仲裁作为争端解决方法一般与公共秩序相关，每一个国家都可以根据其各自的经济和社会政策来决定哪些事项可以通过仲裁来解决，哪些事项不具有可仲裁性。[①]

我国知识产权纠纷可否仲裁，对此法律规定并不完善。首先，根据我国现行《著作权法》第55条的规定，著作权的纠纷当事人可以根据当事人达成的书面仲裁协议或者著作权合同中的仲裁条款，向仲裁机构申请仲裁，即著作权纠纷可以申请仲裁。其次，我国的《商标法》以及《专利法》并未明确规定其纠纷是可以申请仲裁的。最后，我国《仲裁法》也未对其进行规定。《仲裁法》只是在第3条规定了不可仲裁的事项：①婚姻、收养、监护、扶养、继承纠纷；②依法应当由行政机关处理的行政争议。这里应当理解为涉及人身性质或者具有明显公法性质的行为不可以申请仲裁，除此之外应当理解为可以申请仲裁。因此，我国《仲裁法》虽然并未明文规定知识产权仲裁的事项，但从第3条的除外规则中在一定程度上也可以推定知识产权具有可仲裁性。

知识产权可仲裁性在各国的规定不尽相同。德国有既根据《职务发明法》设立的仲裁委员会，也有根据《著作权与邻接权管理法》设立的仲裁委员会，分别涵盖职务发明的合理报酬纠纷以及著作权集体管理组织和作品使用人之间围绕作品使用费方面的纠纷。美国的成文法一般很少明确规定不可仲裁性的问题，界定仲裁范围的任务主要留给了法院。但是，很特别的是，美国1982年在修改《专利法》时增加了专利仲裁的规则，其在第294条对专利仲裁进行了规定，"专利的有效性、可执行性和侵权争议都可以交付仲裁解决"。这也就意味着几乎所有专利纠纷在美国都可以用仲裁的方式加以解决。[②] 在法国，其对专利有效性争议是否可仲裁在态度上也曾发生过改变。外国仲裁涉及专利效力的裁决，试图依据《纽约公约》向法国法院申请承认和执行，也常常会基于公共政策的理由遭到拒绝。但是，巴黎上诉法院2008年在Liv Hidravlika D. O. O. v. S. A. Diebolt一案中推翻了上述传统，明确指出仲裁庭有权就专利无效的抗辩作出裁决，且认为这并不侵犯法国的

[①] See Alan Redfern, Marin Hunter, *Law and Practice of International Commercial Arbitration*, Loudon：Sweet & Maxwell, 1991：137.

[②] 丁颖：《美国商事仲裁制度研究——以仲裁协议和仲裁裁决为中心》，武汉大学出版社，2007，第210页。

公共政策。当然，上诉法院同时强调仲裁庭有关专利效力的裁决仅约束仲裁当事人，① 言外之意，对仲裁当事人之外不发生效力。由上可见，在知识产权的可仲裁性问题上，全球并未达成一致协议，一般由各个国家自行规定。也有国家，比如南非明确在立法上指出所有的专利纠纷都不能提交仲裁解决，而大多数国家在立法上都未明确专利权以及其他知识产权的可仲裁问题，这更多的是由各国的司法机关根据各自对公共政策的理解来决定其是否具有可仲裁性。

6.3.3 ADR 机构选择风险

知识产权国际纠纷 ADR 的另一个风险便是 ADR 解决机构的选择。知识产权国际纠纷 ADR 可以约定或选择不同的机构，但是不同的机构其设立宗旨、组织机构、机构人员、ADR 解决知识产权国际纠纷的特色与优势、机制、国际信誉等都是有差异的。

6.3.3.1 WIPO 仲裁和调解中心

世界知识产权组织在 1994 年 10 月 1 日成立了仲裁和调解中心，总部设在瑞士日内瓦，在新加坡设有办事处。WIPO 仲裁和调解案件的主体为自然人、法人或者其他组织。对于仲裁案件，WTO 和 WIPO 在知识产权争端案件中适用的主体资格是不同的，二者起到了相互补充的作用，有效地以非诉的方式解决了知识产权的国际纠纷。截至 2012 年 6 月底，WIPO 仲裁和调解中心一共受理了 280 起仲裁和调解案件，大约有 44% 的 WIPO 仲裁案件以当事人自行和解告终。WIPO 仲裁及和解的争端解决方式已经成为重要的 ADR 方式之一。WIPO 调解和仲裁涉及行业领域分布情况见表 6 - 1。其中，WIPO 仲裁和调解中心裁决比例为：和解占 42%，非和解占 48%。②

---

① 倪静：《论专利权有效性争议之可仲裁性》，《知识产权》2013 年第 3 期。
② 冯军、黄洁：《WTO 和 WIPO 知识产权国际争端仲裁比较研究》，《国际经济合作》2012 年第 11 期。

6 中国高铁国际工程承包知识产权争议解决风险分析

表6-1 WIPO调解和仲裁行业领域分布情况

单位：%

行业领域	信息技术	机械制造	制药	娱乐产业	奢侈品	生命科学	化学	其他	合计
占比	33	14	14	11	5	2	1	20	100

WIPO仲裁和调解中心颁布了《WIPO仲裁规则》《WIPO加速仲裁规则》《WIPO调解规则》以供当事人选择。就调解的步骤而言，一般包括开始调解请求—指定调解员—调解员和争议双方初次接触—首场会议和后续会议—完结，WIPO的仲裁程序步骤包括：仲裁请求—制定仲裁员/回复仲裁请求及答辩书—听证、审理—程序结束—最终裁决。WIPO争端解决方式具有保密性、专业性、快捷性等特点：①保密性。WIPO仲裁规则对仲裁事宜的保密性做了较为详尽的规定，其保密的内容涵盖仲裁本身、仲裁中的披露事项以及仲裁裁决。WIPO的调解规则亦是如此，例如《WIPO调解规则》第14条明确规定调解员、争议方及其代表、顾问乃至独立的专家都必须遵守调解程序的保密性。[①] ②专业性。WIPO仲裁员或者调解员既有熟悉技术领域的专家，也有熟悉法律领域的专家，这些专家还有很好的外语水平，因此能够有效地处理知识产权的涉外纠纷。③快捷性。不仅仅体现为WIPO的仲裁和调解方式花费的时间短，对于仲裁而言，WIPO规定了一般仲裁规则和快速仲裁规则。而且对于一般仲裁规则而言，《WIPO仲裁规则》规定应在提交答辩状或者设立仲裁庭（以时间靠后者为起算时间）后的9个月内宣布仲裁审理程序终结，并在3个月内出具最后的裁决书。快速仲裁的相应期限为3个月和1个月。无论是一般仲裁还是快速仲裁都可延长。除了在时间上WIPO仲裁和调解程序相对比较迅速外，WIPO仲裁和调解中心近来还设立了"WIPO电子案件设施"的工具，可以方便争端的当事人参与并追踪其案件的解决进程，这进一步提高了解决争端的效率。此外，WIPO推出了"在线争议解决程序"（ODR）。

[①] 参见《WIPO调解规则》第14条。

6.3.3.2 中国国际经济贸易仲裁委员会和调解中心

中国国际经济贸易仲裁委员会（China International Economic and Trade Arbitration Commission，CIETAC），其前身是中国对外经济贸易仲裁委员会，成立于1956年，除在北京设立总部外，在上海、深圳、天津、重庆等地均设有分会，在成都等其他大中城市也设有办事处。CIETAC主要受理国内外当事人之间产生的经济贸易等商事纠纷，其中包括知识产权国际纠纷。同时，CIETAC在国际商事仲裁方面有许多成功的案例，并在国际上享有很高的权威，其作出的仲裁裁决在国际上都能得到承认和执行。

CIETAC受理商事仲裁案件和仲裁商事纠纷严格遵守协议原则、公平与独立裁决原则、保密原则等。CIETAC受理商事仲裁案件建立在当事人的自愿协议基础之上，要求要么当事人事先在合同中订立有仲裁条款或专门的仲裁协议，要么有纠纷发生后达成的书面仲裁协议。CIETAC仲裁商事纠纷，无论当事人是中国的还是外国的，也无论其所在国家的大小、强弱，坚持当事人法律地位平等，依据客观事实和法律，参照国际惯例，不受任何机关、团体和个人的干涉，独立裁决。同时，CIETAC仲裁商事纠纷实行一般不公开审理，经双方当事人申请，仲裁庭同意也可以公开仲裁的原则。

CIETAC仲裁经过几十年发展形成了受理和仲裁国际商事纠纷的自身特色：①CIETAC作为仲裁机构是非国家机关或非官方机构，即民间性，这对部分当事人来说非常具有吸引力。②CIETAC仲裁不仅是以当事人的自愿和协议为基础的，而且在仲裁中，当事人可以自由选择仲裁事项、仲裁地点、仲裁的组织形式、仲裁员，以及仲裁程序和仲裁所适用的实体法，可称之为自治性。③仲裁员或仲裁机构尽管是当事人选定的，CIETAC在仲裁中要求、保证仲裁员恪守中立；针对仲裁案件可能涉及专门性或技术性问题，CIETAC在仲裁中允许当事人自主选择专家充当仲裁员，从而保证仲裁案件的解决具有公平、专业性。

中国国际贸易促进委员会/中国国际商会调解中心（调解中心）成立于1987年，原名北京调解中心（自2000年起启用现名），是受理国内外当事人商事、海事争议解决的常设调解机构。调解中心已先后与德国、美国、阿根廷、英国、瑞典等多个国家,以及中国香港、澳门等地区的相关机构签署了合作协议,建立了合作关系。2004年调解中心与美国公共资源中心共同组建了中美联合商事调解中心。调解中心的受理范围包括贸易、投资、知识产权等领域纠纷;调解中心受案条件是:①当事人之间的调解协议;②经一方当事人申请在征得他方当事人同意后受理。调解中心备有调解员名单,供当事人在个案中指定。调解中心迄今为止共受理案件4000余件,调解成功率达到80%以上。调解中心调解案件坚持中立、公平,具有省时、高效、不伤和气、费用低廉等特有优势。

特别提出的是,调解中心接受法院的委派、委托,主持或参与商事纠纷调解工作。调解中心根据最高人民法院相关意见,为快速有效地化解商事纠纷,作为商事调解的专业机构与法院诉讼活动相互衔接、共同调处商事纠纷。当事人商事纠纷可以在法院立案前或立案后自愿选择调解中心的调解,法院也可以在征得双方当事人同意后,引导当事人进入诉前、诉中的调解中心的调解。① 具体流程见图6-1、图6-2。

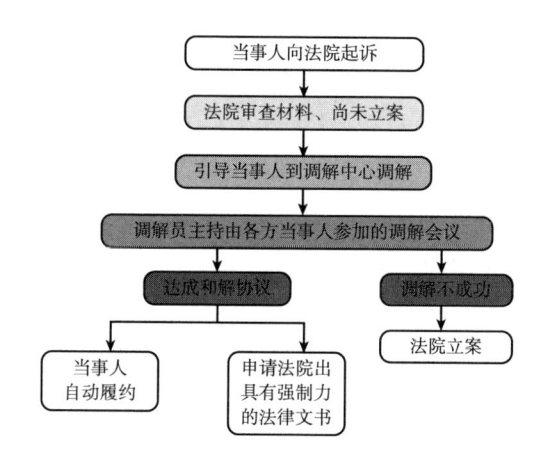

图6-1 诉前调解流程

---

① 参见最高人民法院2009年7月24日发布的《关于建立健全诉讼与非诉讼相衔接的矛盾纠纷解决机制的若干意见》。

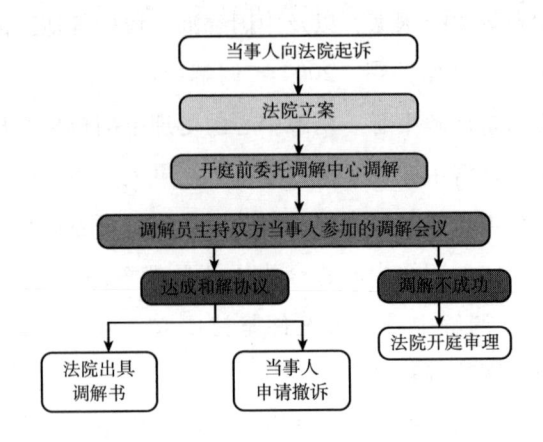

```
         当事人向法院起诉
              ↓
           法院立案
              ↓
        开庭前委托调解中心调解
              ↓
     调解员主持双方当事人参加的调解会议
           ↙        ↘
      达成和解协议    调解不成功
        ↙    ↘          ↓
   法院出具  当事人     法院开庭审理
   调解书   申请撤诉
```

图 6-2 诉中调解流程

需要说明的是，调解中心接受法院的委派、委托，无论是在法院立案前还是立案后自愿选择商事纠纷进行调解，当事人诉前调解达成协议的，调解协议对各方均有约束力。当事人请求法院对调解协议效力予以确认的，可共同向法院申请司法确认。诉前调解不成的，当事人可以选择向法院起诉或寻求其他解决途径；诉中调解不成的，由法院继续审理。当事人选择诉前调解中心调解，诉讼时效中断。无论调解成功与否，退出该调解机制后，诉讼时效期间重新起算。

6.3.3.3 其他仲裁机构

1. 新加坡国际仲裁中心和调解中心

新加坡国际仲裁中心（the Singapore Internation Centre，SIAC）成立于1991年，系独立的非营利性机构。SIAC 董事会由来自中国大陆、中国香港、印度及新加坡的优秀律师及企业高管组成。董事会在 Davinder Singh SC 先生的领导下，负责监管 SIAC 的运作、经营策略与发展以及治理事务。SIAC 仲裁院由来自澳大利亚、比利时、中国、法国、印度、日本、韩国、新加坡、英国和美国等国家的 22 位著名仲裁专家组成。SIAC 仲裁员名册由来自世界 40 个司法管辖区域、超过 400 名经验丰富的仲裁专家组成。SIAC 根据候选人的专业性、经验以及业绩记录指定仲裁员。

SIAC 结合了普通法及大陆法的特色，制定了快速、高效和灵活的仲裁规则，2016 年前依据的是《联合国国际贸易法委员会仲裁规则》，2016 年颁布并于 2016 年 8 月 1 日起正式施行仲裁规则；全程监督管理仲裁案件，并对仲裁裁决草案进行核准；仲裁裁决具有良好的执行记录，其仲裁裁决依据《纽约公约》在澳大利亚、中国大陆、中国香港、印度、印度尼西亚、约旦、泰国、英国、美国和越南等多个缔约司法辖区获得执行；是全球最受欢迎和最广泛使用的五大国际仲裁机构之一，近几年 SIAC 受案数量、金额和在国际仲裁界的影响力逐年提升，参见表 6-2。

表 6-2 SIAC 近几年受案一览

年份	新收案件（件）	争议总额（新加坡元）	境外当事人前三名		
2012	235	36.1 亿	中国 52 件	印度 49 件	美国 37 件
2013	259	60.6 亿	印度 85 件	中国 41 件	印度尼西亚 36 件
2014	222	50.4 亿	中国 41	美国 38	印度 37
2015	271	62.3 亿	印度 91	中国 46	韩国 34

资料来源：伦敦大学玛丽女王大学国际仲裁学院等发布《2015 年国际仲裁调查报告：国际仲裁的改进与创新》。

2010~2016 年，中国当事人一直是其受理数量排名前五的 SIAC 外国用户。SIAC 秘书局的法律顾问也有普通法和大陆法背景，并可以熟练运用中文管理仲裁案件，2016 年 3 月在上海设有代表处。

新加坡国际调解中心（The Singapore International Mediation Centre，SIMC）是 2014 年 11 月 5 日由新加坡首席大法官 Sundaresh Menon 和新加坡法律部长 K Shanmugam SC 先生共同发起。SIMC 在调解制度框架内依照调解规则提供调解服务，涵盖调解案件专业管理服务以及调解员指定服务。

2. 香港国际仲裁中心与香港调解会

香港国际仲裁中心（Hong Kong International Arbitration Center，HKIAC）成立于1985年9月，系亚洲历史最悠久的仲裁机构之一。根据2015年伦敦玛丽皇后大学和White & Case进行的国际仲裁调查，香港是全球排名第三的最优先选择的仲裁地，也是欧洲以外最受欢迎的仲裁地。

HKIAC的设立有利于满足东南亚地区的商务仲裁需要，同时也为中国内地当事人和外国当事人之间的经济纠纷提供"第三地"的仲裁服务。HKIAC拥有强大的仲裁队伍，具体情况参见表6-3。其中，包括大量多语种多专业人士，大律师中有94名为资深大律师，测量师为香港测量师协会成员。

表6-3　HKIAC仲裁队伍人才

单位：人

序号	1	2	3	4	5	6	7
专业	大律师	执业律师	注册外国律师	工程师	会计师	测量师	建筑师
人数	1100	6700	1500	29000	37000	8500	4000

另外，HKIAC下属有一个香港调解会，是负责安排调解员的培训、推广调解，进行争议调解处理的部门。

同时，香港拥有世界一流的立法框架及支持仲裁的司法体系。《香港仲裁条例》于2011年6月1日生效，系亚洲首部基于2006年版《联合国国际贸易法委员会国际商事仲裁示范法》的仲裁法律。该条例明确允许法院执行紧急仲裁员在香港境内或境外作出的紧急救济；明确和全面保障仲裁程序、裁决、相关法院程序及判决的保密性。同时，香港法院高度支持仲裁，对仲裁采取"不干预"的态度：与仲裁相关的案件由仲裁专职法官进行初审；香港法院长期保持执行仲裁裁决的卓越纪录。通过《纽约公约》和多个双边仲裁裁决相互执行的安排，香港作出的仲裁裁决可在超过150个国家和地区得到执行。

需要特别提出的是，FIDIC红皮书1999年版本引入的争端解决委员会机制（Dispute Adjudication Bord，DAB）是一种类似于仲裁的纠纷解决方式，但并非仲裁。DAB 具有自身的特点：①不具有强制执行力，DAB 的决定可以是最终的，但不像仲裁裁决具有强制执行力；②是一种专家裁决系统，其决定更倾向于实体公正，而仲裁是一种准司法程序，更强调程序公正；③DAB 的决定类比于行政决定，行政强调的是效率，而非司法裁决，司法强调的是公正。①

还有，除通过选择国际机构采用仲裁方式解决涉外知识产权纠纷外，各国一般都设有相应的仲裁或调解机构，进行商事仲裁或调解，其大多包括知识产权的仲裁和调解。通过内国法的仲裁或调解方式解决纠纷也是常见的方式之一，当然包括中国高铁国际工程承包知识产权纠纷解决。

6.3.4　ADR 准据法风险

准据法，是指经冲突规范指定援用适用商事纠纷当事人权利与义务的特定国家的实体法。准据法必须通过冲突规范所援引的法律，是能够具体确定国际商事法律关系中权利与义务的实体法，通常依据冲突规范中的系属并结合具体案件来确定。

仲裁协议也是合同的一种，一般情况下，除非有特别规定，均适用合同的法律原则。ADR 准据法风险也是明显的，国际商事仲裁准据法并不一致。第一，内国立法没有单独规定仲裁的准据法。国际上有很多国家的仲裁立法没有单独规定仲裁的准据法，例如我国 1994 年《仲裁法》。没有明确规定仲裁协议的准据法常常导致一些法院、仲裁庭无所适从或以此为竞争管辖权的借口。第二，以仲裁地法为仲裁准据法。近年来，我国最高人民法院以仲裁地法为仲裁准据法，这比起只适用法院地法来说，无疑是个进步。第三，"尽量使其有效原则"，是指为仲裁协议规定多重可供适用的准据法，尽可能使当事人的仲裁意愿得以实现的原则，如瑞士法采用这一原则，中国国际

---

①　石亚西、黄双华：《DAB 的裁决与仲裁之关系辨析》，《建筑经济》2006 年第 S1 期。

私法学会起草的《中华人民共和国国际私法示范法》也采纳了这一做法。[①]当然，仲裁准据法如何确定更加有利于纠纷公正公平解决，同时既遵守国际惯例又保护当事人利益，确实值得进一步探讨。仲裁协议准据法的不确定性因素会增添知识产权国际纠纷 ADR 解决风险。

6.3.5　ADR 承认与执行风险

涉外仲裁具有跨境因素，这就涉及一国或地区的仲裁结果能否得到他国或地区法院承认并执行的问题。《纽约公约》对一国对外国仲裁裁决的承认以及执行问题作出了规定。目前已经有 150 多个国家加入了《纽约公约》，这在一定程度上保障了涉外仲裁的可执行性。但是，即使是《纽约公约》的缔约国，也并不是所有仲裁裁决都能够被承认和执行，因为根据《纽约公约》第 5 条第 2 款相关规定，涉及该国法律规定不能以仲裁解决的或有违该国公共政策的，就可以拒不承认及执行仲裁裁决。[②]

中国高铁企业"走出去"面临的知识产权纠纷是多方面的，既涉及专利侵权、未公开的技术侵权、商标抢注、设计图纸著作权侵权等，也涉及车体、转向架、制动系统、轨道技术等机械制造行业，还包括高铁通信技术等信息技术行业。中国高铁企业在选择知识产权国际纠纷 ADR 这一纠纷方式的时候，要注意这些国家是不是 WIPO 的成员，是不是《纽约公约》的缔约国，选择 ADR 方式要考虑到能否被受理、仲裁或调解，以及能否被执行的风险，要对仲裁、调解的利弊进行分析。因此，了解 ADR 机制，熟悉 WIPO 等仲裁和调解规则，对于有效化解中国高铁"走出去"的知识产权纠纷解决风险是必要的。

---

① 《涉外仲裁的修改与完善》，http：//www.lawtime.cn/info/guojizhongcai/guojizhongcaishuyu/20100523594.html，2010 年 5 月 23 日。

② 参见《纽约公约》第 5 条第 2 款。

6.4 知识产权国际纠纷诉讼解决风险

6.4.1 知识产权国际纠纷诉讼解决风险概述

1. 知识产权国际纠纷诉讼解决

知识产权国际纠纷解决途径除了上述 ADR 外，还包括诉讼这一方式。在国际机构中，解决民事司法裁决的机构主要为海牙国际法院，但它调整的对象仅为主权国家政府且要求当事国一致同意提交国际法院解决其争端才能适用。由于中国高铁在"走出去"的过程中很少会选择这一方式，因此，知识产权国际纠纷诉讼解决就是指法院审理解决。

2. 知识产权国际纠纷诉讼解决风险

知识产权国际纠纷诉讼解决就是指法院审理解决，由于是国际纠纷，其解决的法院和适用的法律都可以选择、约定。显然，不同国家不同法院的受理意味着不同审理的诉讼法律的适用，意味着诉讼程序、诉讼制度的不同；实体法的不同意味着权利的有无与责任的不同，意味着确定与不确定。选择就意味着风险。知识产权国际纠纷诉讼解决风险主要是法院管辖风险、法律适用风险。

6.4.2 诉讼解决法院管辖风险

国际法的一个重要问题就是准确划分国家间对某些问题的管辖权，从而维护一个国家的独立、主权平等和国际司法秩序。主权国家管辖权，是指国家对其领土内的人、物和所发生的事件，以及对在其领域外的本国人、对在其领域外影响本国重大利益情形所行使管辖的权力。一般来说，主权国家管辖权一般包括属人管辖权、属地管辖权、保护性管辖权和普遍性管辖权。其中，虽然不在本国领域内，但是侵害了该国的国家或公民重大利益的外国人犯罪行为，一国对其所行使的管辖权称为保护性管辖权；任何主权国家根据国际法规定对于国际犯罪所实行的管辖权则是普遍性管辖权。

主权国家管辖权由法院管辖权进行落实。法院管辖权既体现了一个国家的独立和主权平等，还涉及一个国家的司法独立、国家司法秩序。法院管辖权一般体现为"标的物管辖权"（subject matter jurisdiction）和"个人管辖权"（personal jurisdiction）。法院管辖又称为诉讼管辖，是指内国法就其各级法院之间以及不同地区的同级法院之间，受理第一审案件，包括知识产权案件的职权范围和具体分工。法院管辖可以按照不同标准做多种分类，其中最重要、最经常的是级别管辖和地域管辖。具体案件的法院管辖，并不能只根据级别管辖或地域管辖加以判断，而应将相关规则相结合综合判断。本课题所谓法院管辖，首先主要是指哪个国家法院具有管辖权，然后才是内国法的法院管辖权，显然风险迭出。

6.4.2.1 管辖的一般原则

对于一个国家而言，管辖权问题涉及一个国家的主权问题，但在主权问题的具体诠释方面，部分国家以属人主义为原则，即以被告的国籍为原则来行使管辖权，如《法国民法典》以及受法国影响的拉丁法系国家将国籍作为国际民事诉讼管辖权的依据；而另一些国家以属地主义为原则，即以被告在本国境内为由行使管辖权，这样分别持属人主义或者属地主义的国家在管辖权方面可能就会发生法律冲突。比如，在一起知识产权纠纷案件中的被告张某是甲国人，但张某居住在乙国并在乙国行使侵权行为，甲国的司法管辖是属人主义的原则，而乙国的司法管辖是属地主义的原则，这样对于同一纠纷，甲国或者乙国法院都可能主张司法管辖权，从而产生管辖权的积极冲突。面对管辖权冲突，各国一般都是通过"一事不再理"、"不方便法院"和管辖"有效"原则来解决管辖权的冲突。

"一事不再理"原则。"一事不再理"原则是指为了防止一事多诉，在一诉开始后，后受理的法院一般会拒绝相同的当事人基于同一诉由的请求。"一事"是指当事人相同，当事人地位相同、争议的事实相同；"不再理"是指上述"一事"在诉讼开始后并且在诉讼的存续期间，不允许在任何其他法院再进行新的诉讼。例如，希腊《民事诉讼法》第222条就有国内"一事不再理"原则的规定。美国则规定了所谓国际"一事不再理"原则，即禁诉命令制度。禁诉命令制度,是指美国法院基于受其属人管辖,向一方当事人发布的不得在外国法院起诉或参加预期的或未决的外国诉讼的命令。① 当然,禁诉命令是基于属人管辖的权力,在防止重复诉讼方面具有一定的合理性,但是它是否存在干涉他国的司法主权问题则存在一定的争议。

"不方便法院"原则。"不方便法院"原则是指法院如果认为其受理的案件严重不方便审理则可以拒绝管辖的原则。法院受理案件的一般原则也有利于法院审理,其中包括有利于法院查明事实,平衡原告、被告和公共利益以及法院利益,如果出现相反情况,允许法院行使自由裁量权拒绝管辖,要求原告到另一个更为方便的法院诉讼。② 该原则显然符合法院管辖的正当性要求,但在实际执行中也有其难度。

管辖"有效"原则。为了解决管辖有效问题,相关区域或者全球组织制定区域或者国际统一的有关管辖的公约。比如欧盟的《布鲁塞尔公约》《洛迦诺公约》等旨在实现区域或者全球涉外管辖规则的统一性,以促进对外贸易的发展。这些公约大多没有强制拘束力,一般需要成员国转化为国内法后才具有法律效力,但它对成员国和非成员国的涉外管辖规则都具有一定的指导作用。

6.4.2.2 诉讼解决法院典型管辖

1. 美国的长臂管辖

根据美国民事诉讼规则,法院受理一项诉讼必须满足三个基本条件:属人管辖权、事项管辖权和适当审判地。③ 其中属人管辖权(personal jurisdiction)是与属物管辖权相对的概念,而"长臂管辖权"(long-arm jurisdiction)与"属人管辖权"有关。长臂管辖权是指法院在国际民事诉讼中,依据与其所在地有某种联系,同时原告提起的诉讼又产生于这种联系时,对于被告所主张的管辖权。美国长臂管辖权,初始的目的也是便利本国公民诉讼,通过

---

① 王淑敏、王秀芬:《论国际民商事诉讼管辖权的消极冲突》,《当代法学》2004 年第 6 期。
② 徐伟功:《美国国际民事管辖权中的两大阀门——不方便法院原则与禁诉命令》,《甘肃政法学院学报》2006 年第 2 期。
③ 〔美〕格兰农:《民事诉讼法(注译本)》(第四版),孙邦清、李蓉、徐继军注,中国方正出版社,2004,第 113~114 页。

"最低限度联系"或者"效果标准",对州以外或者美国境外的行为也行使管辖权,但这受到了不少国家的批评,指责美国干涉他国的司法主权,这是司法霸权主义。①②③

1945 年"国际鞋业公司诉华盛顿州"(International Shoe Co. v. Washington)一案是美国长臂管辖权确立的依据,确立了"最低联系标准"。在该上诉案中,由于国际鞋业公司在华盛顿州设立了办公室并雇佣了十几名推销员以征集订单,华盛顿州认为国际鞋业公司应该缴纳失业救济金,但国际鞋业公司主张它的营业地在密苏里州,于是拒绝缴纳失业金,并认为华盛顿州对该救济并不具有属人管辖权。华盛顿州因此无权主张属人管辖。但联邦最高法院认为由于被告在华盛顿设有营业地,且有营业活动,因此与华盛顿州存在最低限度的联系,由华盛顿州行使管辖权符合联邦宪法第 14 修正案的"正当程序"条款公平与实质正义的要求。后来在"最低联系标准"的基础之上,美国州法院和联邦法院又发展出"效果原则",即国际法上的地域管辖原则并不排除美国法院对发生于美国境外但在境内产生实质性影响的行为行使管辖权。④ 以对美国产生"实质性影响"的效果因素为标准将管辖权扩及美国境外。美国的"长臂管辖权"是一个不断变化的过程,同时也受美国经济发展状态、联邦法院各类势力影响,存在诸多不确定性,近些年美国法院比较慎用"长臂管辖权"。美国统一州法委员会于 1963 年制定了一部有关长臂管辖的示范法——《统一州际和国际诉讼法》。实际上,这部示范法对美国大多数州的长臂管辖权示范法起到了真正意义上的指导、示范作用。⑤ 近几年来,美国法院将"长臂管辖权"延伸至国外,包括互联网侵权案件、产品责任案件等。

---

① 唐广良:《知识产权海外维权可能涉及的管辖问题——以美国法院近期的两个案件为例》,《知识产权》2013 年第 1 期。
② 甘勇、郭玉军:《美国法院的"长臂管辖权"——兼论确立国际民事案件管辖权的合理性原则》,《比较法研究》2000 年第 3 期。
③ 张茂:《美国国际民事诉讼法》,中国政法大学出版社,1999,第 53~54 页。
④ 杜涛:《美国联邦法院司法管辖权的收缩及其启示》,《国际法研究》2014 年第 2 期。
⑤ 刘力:《国际民事诉讼管辖权研究》,中国法制出版社,2004,第 62 页。

其实，我国国内曾经发生过尝试运用美国的"长臂管辖权"来解决国内的侵权案件，比如包头空难案。2004年11月21日早晨，一架加拿大庞巴迪公司CRJ-200LR支线喷气式飞机（注册号B-3072）航班从中国包头机场起飞，目的地为上海虹桥机场，属于中国东方航空公司（东航公司）。机组人员在飞机起飞后不久即失去对飞机的控制，致使飞机坠入距机场大约两公里的南海公园一处已经结冰的湖中。机上全部乘客47名、全部机组人员6名，以及1名地面公园工作人员和在公园的1名游客均不幸遇难。空难发生后一周，东航公司公布了赔偿方案——对每名遇难者全部赔偿额为21.1万元。但是，这个赔偿金额引起部分空难家属的不满，在空难发生后不久，北京雷曼律师事务所律师郝俊波前往包头寻找遇难者家属，并说服了他们授权律师在美国代为提起诉讼。[①] 原告在美国法院起诉东航公司、飞机制造商庞巴迪公司和飞机发动机制造商美国通用电气公司，要求给予合理赔偿。其依据便是三被告均在加利福尼亚州经营和开展业务，并与该州保持着有计划的和持续的商业接触与联系，即所谓"最低限度联系"，因此向美国加利福尼亚州洛杉矶郡高等法院提交诉状。[②] 在收到被告的管辖权异议后，2007年5月，美国加利福尼亚州洛杉矶郡高级法院对东航就包头空难赔偿案提出的管辖权异议进行开庭审理，并作出初步裁定：不支持中国遇难者家属在美国诉讼。美国法院认为中国的法治环境足以审理这一案件，美国法院无须管辖；为此以"不方便管辖"原则下达了一份中止审理此案的中止令。[③] 当然，美国部分法院在行使长臂管辖权时，还会考虑是否会对美国的本土行业造成实质性影响。由于中国铁路总公司、中国南车等在美国有营业活动，存在"最低限定联系"标准，不排除即使是在中国国内的侵权案件或者其他国家的国际工程承包抑或高铁侵权产品案件，存在"最低限度联

[①] 《新闻资料：包头空难集体诉讼4年坎坷背后》，http://news.ifeng.com/opinion/topic/baotoukongnanan/200908/0812_7773_1298842.shtml，2017年9月3日。

[②] 《"长臂管辖"美国法院受理包头空难罹难者家属起诉》，http://www.dzwww.com/dzwfz/fzyw/t20051208_1286820.htm，2017年9月3日。

[③] 苏惠芳：《东边不亮，西边亮——"11·21"包头空难在美国》，《阴山学刊》（社会科学版）2010年第4期。

系"而在美国被管辖的可能性,这应当引起中国高铁企业的关注。

2. 欧盟管辖

从塞尔维亚首都贝尔格莱德到匈牙利布达佩斯之间全长350公里的高速铁路项目就是中国在欧盟境内参与的高铁项目,因此中国高铁企业了解欧盟的管辖规则是必要的。与知识产权管辖有关的欧盟跨境规范主要是《布鲁塞尔条例》,包括1968年《关于民商事管辖权及判决执行的公约》(《布鲁塞尔公约》)《布鲁塞尔条例Ⅱ》《布鲁塞尔条例Ⅱa》《民商事诉讼管辖权及判决承认与执行条例》(《布鲁塞尔条例Ⅰ》,旧条例)。需要注意的是在欧盟,条例可以直接在欧盟成员国内生效,并不需要欧盟成员国单独制定相应的转化规范,而公约一般还需要经过欧盟成员国的转化法才能在成员国生效。

《布鲁塞尔公约》是由欧共体最初6个成员国,即法国、联邦德国、意大利、荷兰、比利时和卢森堡为了建立共同的自由贸易市场于1968年签订的。《布鲁塞尔公约》第16条第4款对知识产权管辖的事项进行了规定,需要备案或者注册的知识产权属于专属管辖,而无须备案或者注册的知识产权,比如无须登记的著作权则不属于专属管辖,对于这一类非专属管辖的知识产权同其他民商事领域一样,需要援引公约的管辖权规则。[1]

《布鲁塞尔公约》一般由被告住所地法院行使管辖权,但公约也规定了例外情形:①合同案件的特别管辖权。有关合同的案件,债务履行地法院也可管辖。债务履行地应为货物买卖中合同货物被交付或应被交付的成员国境内地点,服务提供中合同服务被提供或应被提供的成员国境内地点。②侵权案件的特别管辖权。侵权行为发生地国家法院可以行使管辖权。③协议管辖规则。以书面协议或有书面证明的口头协议可以约定法院管辖。[2] 显然,中国高铁国际工程承包及其产品国际贸易只要在欧盟进行或与欧盟企业发生,上述管辖问题都是存在和值得进一步关注与研究的。

---

[1] 参见《布鲁塞尔公约》第16条第4款。
[2] 杨代雄:《意思表示理论中的沉默与拟制》,《比较法研究》2016年第6期。

需要说明的是，由于互联网的发展，电子形式的合同越来越频繁，由于《布鲁塞尔公约》在生效的时候尚未对电子商务领域的管辖权进行规定，因此在此后的司法实践中对于涉及互联网的民商事纠纷各国都持相对谨慎的态度。2000年2月在加拿大渥太华，海牙国际私法会议对网络环境下的合同和侵权问题是否应制定新的管辖权规则组织专家进行了专门讨论并认为，关于合同问题应区分不同情形，分别确定电子商务合同的管辖权规则；对于在网上签订而在网下履行的电子商务合同，可以直接适用海牙《民商事管辖权及外国判决公约》草案第6条的规定，而没有必要另起炉灶。2001年3月，海牙国际私法会议在渥太华举行了第二次特别会议并认为，正在制定的海牙《民商事管辖权及外国判决公约》，对电子商务应有所涉及且应持开放的态度。[①]

3. 中国涉外民事诉讼管辖

中国涉外民事诉讼管辖，是指我国法院对具有涉外因素的民事案件的管辖权限。涉外民事诉讼管辖的确定，直接关系到维护国家主权的问题，因此，各国都对管辖权极为关注，我国也不例外。中国涉外民事诉讼管辖与国际上其他国家一样，认定涉外民事案件因素主要包括：①主体因素；②居所地因素；③标的物因素；④法律事实原因；⑤可以认定为涉外民事案件的其他情形。同时，由于各国所强调的管辖联系因素不同，形成了不同的涉外民事诉讼管辖权的确定原则。[②]

我国涉外民事诉讼管辖的基本原则是：①诉讼与法院所在地实际联系的原则。凡是诉讼与我国法院所在地存在一定实际联系的，我国人民法院都有管辖权。②尊重当事人的原则。无论当事人一方是否为中国公民、法人和其他组织，在不违反级别管辖和专属管辖的前提下，都允许选择与争议有实际联系地点的法院管辖。③维护国家主权原则。司法管辖权是国家主权的重要组成部分，对涉外民事诉讼案件行使专门管辖权，充分体现了维护国家主权

---

① 汪金兰：《电子商务管辖权规制的探讨》，《武汉大学学报》（哲学社会科学版）2002年第1期。
② 参见《民事诉讼法》第二十四章管辖第265条。

的原则，具体包括涉外民事诉讼中有特别规定的要适用特别规定，涉外民事诉讼中没有特别规定的则适用《民事诉讼法》关于诉讼管辖的一般规定；我国缔结或参加的国际条约中对管辖权有特别规定的应当优先适用该国际条约的规定；前述法律或条约中都没有规定的，可以参照国际惯例和世界多数国家普遍采用的做法来确定管辖权。

我国法院对涉外民事案件的管辖权主要有：①属地管辖。包括普通属地管辖和特别属地管辖。②协议管辖。2012年修订的《民事诉讼法》统一了国内和涉外民事案件协议管辖的规定，在不违反法律对级别管辖和专属管辖的规定的前提下，允许当事人以协议方式约定管辖。③专属管辖。我国法律规定不动产的纠纷、港口作业中发生的纠纷、继承遗产的纠纷，以及在中华人民共和国履行中外合资经营企业合同、中外合作经营企业合同、中外合作勘探开发自然资源合同发生的纠纷属于中国法院专属管辖，但协议选择仲裁的除外。另外，我国法律还规定了应诉管辖、不方便管辖与外国法院协调管辖等。[①]

各国的国内法以及国际公约有关法院管辖的规定都有所差异，为了相对统一地适用涉外管辖规则，签订双边协议是解决差异的重要方式之一。在双边协议上，我国与泰国签署了《中国国家知识产权局和泰国知识产权厅专利合作行动计划》，与东盟签订了《中国—东盟知识产权领域合作谅解备忘录》《中国—东盟关于技术法规、标准和合格评定程序谅解备忘录》等。我国高铁项目在东南亚以及东盟都有所涉及，因此，我国高铁企业在"走出去"纠纷发生之前，应对其有所了解，尽可能地减低知识产权风险。

6.4.2.3 诉讼解决管辖风险内涵

管辖权的选择，首先涉及管辖权冲突带来的直接风险，其次还涉及不同国家法院不同的证据概念、举证责任规则等相关风险。

1. 管辖权冲突

在知识产权国际纠纷诉讼解决中，法院管辖权冲突是知识产权风险的一

---

① 参见《涉外民事关系法律适用法》第531条、第532条、第533条，《民事诉讼法》第33条。

个重要内容。所谓法院管辖权冲突，是指对于同一知识产权或者其他民商事纠纷，本国法院或者外国法院都争着行使管辖权或者都不愿行使管辖权。两个或者两个以上国家的法院争着行使管辖权，这被称为积极的管辖权冲突，这一类案件在管辖权冲突中所占的比例比较大；本国法院或者外国法院都不愿行使管辖权，这被称为消极的管辖权冲突。法院管辖权之所以会发生冲突，是因为管辖权是一个国家法院受理案件的前提。在涉外民商事诉讼中，一国法院只有对某一案件有管辖权的前提下，才能向国外的当事人送达诉讼文书或者通告、调查取证、进行审理等。法院管辖权的选择也将对准据法的适用产生影响，进而影响案件的审理结果。英美法系有的国家法律规定某些涉外民事法律关系的法律适用以法院管辖权的确定为前提，甚至明确规定法院地法就是有关涉外民事案件的准据法。[①] 因此，当事人为了各自的利益会选择最有利于自己利益的法院提起诉讼，进而引发管辖权异议之争。

需要特别提出的是，知识产权纠纷中还存在法院与仲裁管辖权争议的冲突。如仲裁协议条款不明确或当事人理解有异议，一方主张仲裁，另一方又提起诉讼，便产生属于法院管辖或仲裁管辖的冲突，进而存在纠纷处理结果可能不一样的风险。我国《民事诉讼法》有专门规定，根据规定仲裁条款（协议）具有排除司法管辖的法律效力，当事人可以选择仲裁方式解决纠纷。[②]

2. 证据争议

证据属性"事实说"、"材料说"抑或"方法说"等，学术界并未形成完全一致的意见，相对来说"材料说"较为主流。我国《民事诉讼法》及其最新的司法解释中对证据的定义并未明确，但是我国在《刑事诉讼法》第48条中对其加以明确，规定"可以用于证明案件事实的材料，都是证据"。证据的基本制度在刑事诉讼、民事诉讼中应当是共通的，为此在一定程度上也可以理解为我国视"证据"为"材料"。

英国学者康菲认为，如果某一个材料被认为是真实的、可信的和具有充

---

① 蔡彦敏：《论国际民事诉讼的管辖权》，《现代法学》1998年第5期。
② 参见《民事诉讼法》第257条。

分的相关性，能够说服法院，认定其为证据就是恰当的。可见，真实性是证据材料的基础。同时，由于每个具体的人虽都有能力认识客观真理但其认识的程度受各种因素制约，司法人员对案件事实的认识也不例外，司法人员对案件事实的认定也都不是"绝对真实"而只能是"相对真实"。[①] 因此，一个个证据材料所组合而成的证据链只可能是无限地接近真实，而非等同于真实。从司法实践来看，一切还都可能"说谎"。事实材料是客观存在的，而证据材料也是客观存在的，既然二者都客观存在，是否意味着二者可以等同，即证据等同于真实。然而从司法实践来看，二者往往并非具有天然的一致性，甚至存在不一致或矛盾的情况占大多数。显然，不同国家法院即使不论其国家利益的现实，因其法律渊源、法律制度与法律文化的差异也会产生案件证据的出具、确认与适用规则的不同，继而导致实体判决差异的风险。

3. 举证责任分配

"自由心证止步之处，证明责任启用之所"，证明责任的合理分配，有利于我们不断地接近真相。但需要明确的是，证明责任等同于我们所熟知的古罗马谚语"谁主张，谁举证"吗？"谁主张，谁举证"原本为罗马法时代行为责任的分配标准，其规定"原告应负举证义务"；"举证义务存在于主张之人，不存在于否定之人"，"为主张之人有证明义务，为否定之人无之"。随着罗马习惯法的影响深远，其已经深入近现代制定国家诉讼法典的骨髓，通过举证责任的分配，在一定程度上简化了纠纷，便于司法裁断。但是，这仅仅适用于一些简单案件，对于一些复杂案件或者真伪不明的案件，如果固守这一成规，往往会造成事实认定上的标准不一等混乱局面。规范证明责任的价值在于在重要的事实主张的真实性不能被认定的情况下指引法官作出判决。[②]

造成混乱的根本原因在于古罗马时期的这一法谚，未规定结果责任制

---

① 何家弘：《司法公正论》，《中国法学》1999 年第 2 期。
② 〔德〕莱奥·罗森贝克：《证明责任论——以德国民法典和民事诉讼法典为基础撰写》，庄敬华译，中国法制出版社，2002，第 2~3 页。

度，仅仅是行为责任的分配标准。行为责任与结果责任是既相互联系又大相径庭的两个证明责任制度。行为责任又叫提供证据的责任，它是一种动态的责任，在证明过程中会随着举证必要而转移。而结果责任是一种固态责任，由法律预先规定由某一方当事人负担。因此，行为责任可由双方当事人分担，因为一方负担提供本证的责任，在一定条件下另一方负担提供反证的责任；而结果责任则只固定由一方当事人承担。总之，行为责任和结果责任均是证明责任概念内涵的组成部分，它们在证明责任的外化过程中相继呈现出来。①

只是厘清"谁主张，谁举证"的实质内涵，对于完善民事证据制度是不足够的，其还需要以合理的法律制度设计加以确认。"谁主张，谁证明；谁证明，谁举证"才是诉讼证明最基本的规则。② 证明责任的分配并不是程序法上的自留地，德国著名学者罗森贝克提出了证明责任规范说，意味着证据责任的分配，不能仅仅局限于程序法中，在实体法上加以明确往往能够更好地规范当事人在证明责任分配上的权利与义务。这一理念不仅仅在德国司法实践中成为现实，在我国《侵权责任法》等实体法对"规范说"这一理论也应有所践行。

美国著名大法官霍姆斯曾说："法律的生命不在于逻辑，而在于经验。"证明责任制度就是打开民事诉讼制度的生命之锁，为了让程序法之生命长久，唯有厘清证据制度的几个理论问题：证据材料并不都是真实的，证据并非以发现真相为唯一的目标，其更大的价值在于定分止争；"谁主张，谁举证"是古罗马"行为责任"的习惯法在当代的运用，在法律文本上应建立与完善"结果责任"的分配制度。可见，不同理论下的证据责任分配是不一样的，进而对纠纷解决结果存在不确定性风险。

4. 庭前证据的交换与开示

庭前证据开示制度，是指法院在开庭前安排当事人进行证据交换的一种

---

① 张卫平：《证明责任概念解析》，《郑州大学学报》（哲学社会科学版）2000年第6期。
② 李秀芬：《反思"谁主张，谁举证"》，《法学》2004年第1期。

民事诉讼的审前程序。庭前证据开示制度,起源于美国,最初的目的只是为开庭审理进行审前准备,不料后来其在诉讼实践中产生了令人惊讶的效果。由于诉讼案件在审查前已经事实清楚、证据明了,诉讼结果的确定性和可预测性已显而易见,因而绝大多数民事案件能够在审前证据开示阶段通过和解结案,只有极少数案件才进入开庭审理阶段。庭前证据开示可以使一方当事人根据该程序从对方当事人处获得与案件有关的事实与信息,从而有助于准备庭审;美国最高联邦法院甚至认为其还能够使庭审在光明之下进行,进而排除借审判演恶作剧的游戏,最终追求真实和正当。美国的证据开示制度经过1993年改革之后,更加强调当事人的主体地位,强调一方当事人要求对方开示证据之前有义务主动向对方"自主开示"有关证据和信息,然后才有权利要求对方开示证据。[1][2][3]

我国以前的《民事诉讼法》没有规定庭前证据交换制度,但在2004年4月1日起施行的《民事诉讼证据规定》中规范了庭前证据交换制度。2012年《民事诉讼法》修正案对其进行了完善,规定案件需要开庭审理的,通过要求当事人交换证据等方式,明确争议焦点。庭前证据交换制度在一定程度上有利于防止证据突袭、便于当事人明确争议焦点、提高诉讼效率等。总之,庭前证据交换制度在我国的建立有利于将书本上的正义、效率理念转化为行动中的法治实践。

我国的证据交换制度包括庭前证据交换制度与美国的证据开示制度相比,更侧重于法官的主持,缺少当事人的交流与参与;在交换/开示范围上我国法律规定得较为粗略,可操作性不强,这与"宜粗不宜细"的立法传统有关。同时,从2002年的《最高人民法院关于民事诉讼证据的若干规定》到2012年的《民事诉讼法》修正案,再到2015年的《最高人民法院关于适用〈中华人民共和国民事诉讼法〉的解释》,我国在证据交换制度方

---

[1] 薛波:《元照英美法词典》,法律出版社,2003,第413页。
[2] 徐昕:《英国民事诉讼与民事司法改革》,中国政法大学出版社,2002,第285页。
[3] 黄松有:《证据开示制度比较研究——兼评我国民事审判实践中的证据开示》,《政法论坛》2000年第5期。

面也在不断探索着。①

美国拥有多层次的司法体系,这是其知识产权最主要的保护手段。在通常情况下,美国联邦地区法院是知识产权侵权案件的初审管辖法院。纠纷案件分为两种情形:一是专利纠纷,一般在联邦巡回法院审理(一审),上诉则由联邦高级法院上诉法庭审理。联邦巡回法院的介入,减少了审理前的司法管辖权冲突,使专利制度更加稳定。二是其他纠纷,如州注册商标和按习惯法取得的商标侵权案及商业秘密的滥用、不正当竞争等案件一般由州法院审理(一审)。如果原告或被告不服州法院的判决,可向联邦巡回法院提出上诉,联邦巡回法院的判决为终审判决。除司法保护外,美国还利用行政程序和仲裁制度保护知识产权。我国也在进行知识产权审理管辖改革,试图实现"审批机构专门化、审判人员专职化和审判工作专业化",以增强知识产权审判的专门性、统一性。② 可见,中国高铁企业在国际工程承包及其产品贸易中事先知悉域内外管辖以及相关的证据及其举证责任分配、证据交换制度等,可以减少很多不必要的风险。

6.4.3 诉讼解决法律适用风险

6.4.3.1 知识产权纠纷法律适用的一般学说

在确定了管辖权的前提下,法律适用也可能引起知识产权纠纷解决风险。在法律适用原则方面,在理论以及司法实践中主要存在以下学说。

1. 原始国法律说

原始国法律说,又称为权利授予国法律说,是指为保障权利的有效性,审理或仲裁案件适用权利授予国法律。同样,在发生知识产权纠纷时,适用登记地或者权利授予地法,可以避免侵权人有机会选择知识产权的准据法而可能导致知识产权无效,确保知识产权在不同的国家具有相同的法律效力,有利于智力成果的创造者,也让知识产权人有权决定知识产权的法律适

---

① 张卫平主编《外国民事证据制度研究》,清华大学出版社,2003,第171页。
② 吴汉东:《中国知识产权法院建设的理论与实践》,《知识产权》2018年第3期。

用。① 例如秘鲁在《民法典》第2093条就有明确规定，关于知识、艺术和工业产权的存在和效力，依国际条约和特别法的规定，如果后者不能适用，则适用权利注册地法。

发展中国家，尤其是知识产权输入国，知识产权的保护力度相对较弱。在原始国为知识产权输出国的前提下，发展中国家一般不情愿适用权利授予国法律。

2. 被请求保护国法律说

被请求保护国，是指权利人认为其知识产权应当受到保护的国家；因此，被请求保护国法律说，则是指审理或仲裁案件应当适用于该国的法律。② 但是，理论上也有学者提出被请求保护国也可以理解为法院所在地的国家。为此，当法院所在地的国家不是知识产权被保护地的国家，被请求保护国法律说则可能存在法律适用法院地法还是知识产权被保护地法的冲突。例如《匈牙利国际私法》第19条规定，著作权依被请求保护的国家的法律。便出现"被请求保护的国家"是指知识产权保护地国家还是案件受理法院地国家，出现了不同理解，当然两者也有可能是竞合的。为此，郑成思先生还曾举出专门事例，中国企业在中国法院起诉，其在中国不享有著作权但在德国享有著作权的作品的著作权在德国被侵权，显然，中国法院适用的法律是知识产权保护地国家法——德国法，而非法院地法——中国法。③ 可见，"权利请求保护地法即法院地法"④ 的观点是值得商榷的。

3. 侵权行为地法律说

侵权行为地法律说，是指纠纷审理或仲裁适用侵权行为地法律。如《奥地利联邦国际私法法规》第34条规定，无形财产权的创立、内容和消灭应适用行为或侵权行为发生地国家的法律。侵权纠纷适用侵权行为地法

---

① 黄进主编《国际私法》，法律出版社，1999，第180页。
② 何培育、齐爱民：《涉外知识产权纠纷的法律适用——兼评〈涉外民事关系法律适用法〉相关规定》，《知识产权》2011年第2期。
③ 郑成思：《知识产权论》，法律出版社，2007，第305页。
④ 姜茹娇：《论知识产权在网络环境中的法律适用——兼评我国〈民法（草案）〉第九编的相关规定》，《法学杂志》2010年第2期。

律，不仅在民商事案件中，在知识产权领域也比较广泛。

4. 当事人意思自治说与最密切联系说

意思自治原则（theory of autonomy of the parties），是指合同当事人意思自治，可以自主协商选择法律适用的原则。合同当事人，如知识产权许可、转让人可以协商选择某一国或某一地区的法律作为合同准据法，这一原则是契约自由的体现与延伸，已被国际社会普遍接受和采用。[①] 比如，1987 年《瑞士联邦国际私法》第 122 条规定："有关知识产权合同，适用知识产权特许人或转让人习惯住所地国家的法律。"

最密切联系原则，是指法院在双方当事人没有选择法律或法律选择无效的情况下，选择一个与该法律关系最密切联系国家的法律予以适用的原则。知识产权许可或转让合同纠纷也不例外，在当事人没有选择或选择无效时，法院依据与该知识产权许可或转让合同本质上有联系且利害关系最密切国家的法律予以适用。[②] 一般认为"最密切联系说"来源于萨维尼的"法律关系本座说"，即对于任一法律关系，都应当探求根据其本身的性质所归属或服从的那一法律区域。[③]

当然，除了上述这几种学说外，还存在其他学说。诸如直接确定准据法说，比如 1986 年《荷兰仲裁法》第 1054 条规定，当事人未做法律选择，仲裁庭应根据其认为适当的法律规则作出裁决；分别适用法律说，即针对知识产权不同类型的纠纷，分别适用不同的法律。比如主张对权利的行使、保护标准与救济方式适用权利赋予国法，而对权利的产生和存续问题适用原始国法等。[④]

6.4.3.2 知识产权纠纷中国法律适用制度

我国《涉外民事关系法律适用法》等相关法律及其司法解释，为维护

[①] 徐红菊、徐晔璠：《论涉外知识产权转让合同的法律适用》，《大连海事大学学报》（社会科学版）2015 年第 2 期。
[②] 丁伟主编《国际私法学》，上海人民出版社，2004，第 293 页。
[③] 马德才：《论萨维尼的"法律关系本座说"在国际私法发展史上的影响》，《甘肃政法学院学报》2001 年第 1 期。
[④] 石巍：《论知识产权的法律适用》，《山东大学学报》（哲学社会科学版）2000 年第 1 期。

当事人的合法权益，合理解决涉外民商事争议，建立了包括知识产权在内的民商事国际纠纷的法律适用制度，这一制度的主要内容包括以下两方面。

法律适用的一般制度：①适用规定的法律。对涉外民事关系法律适用，《涉外民事关系法律适用法》有专门规定的，我国其他法律另有特别规定的，以及外国法律的适用将损害我国社会公共利益的，适用法律规定的法律。②适用选择的法律。除了前述适用规定的法律外，当事人可以意思自治，进行明示选择涉外民事关系适用的法律。以仲裁为例，当事人协议选择法律适用。[①] ③最密切联系的法律。既不属于适用规定的法律，也没有协议选择适用法律，便适用最密切联系国家的法律。同时，我国法律还明确了涉外民事关系适用外国法律，该国不同区域实施不同法律的最密切联系地的原则。[②]

知识产权国际纠纷法律适用的专门制度：①知识产权的归属、内容，适用被请求保护地法律；②知识产权转让和许可使用当事人没有选择法律适用的，适用对合同的有关规定；③知识产权的侵权责任，适用被请求保护地法律，当事人也可以在侵权行为发生后协议选择适用法院地法律；④除知识产权领域的国际条约已经转化为国内法律外，涉外知识产权民事关系的法律适用涉及适用国际条约的，人民法院应当根据《中华人民共和国民法通则》第142条第2款法律规定予以适用。在知识产权的侵权纠纷中，我国突破了意思自治原则一般只适用于合同法领域的传统，我国在涉外知识产权侵权法律适用中当事人也可以选择适用法院地法，这与大多数国家的涉外法律规范有所区别。

6.4.3.3 诉讼解决法律适用风险内涵

法律适用通常指国家司法机关根据法定职权和法定程序，运用相应法律处理案件、解决纠纷的活动。这里的法律适用不限于司法机关还包括仲裁机

---

① 参见《涉外民事关系法律适用法》第18条。
② 参见《涉外民事关系法律适用法》第2条、第6条。

构、调解机构,是指受理知识产权国际争议的仲裁机构、调解机构或各国法院依照其职权、程序运用所选择的法律处理案件、解决纠纷的活动。法律适用具有其自身特征:①法定性。受理机构对具体案件的处理,无论是在程序上还是在实体上,都必须严格依据所选择的法律规定,有时知识产权国际纠纷法律选择还会涉及不同的法律,如权利确定与权利保护不是同一个国家的法律,法院地法与权利请求保护地法不一致等。②权威性。受理机构尤其是各国法院的活动是以国家名义进行的(仲裁、调解机构因当事人选择而具有权威性),其裁定、裁决一旦发生便具有约束力、法律效力,任何组织和个人都应当执行。③被动性。仲裁、调解或司法过程的启动总是以具体案件的发生为前提,在大多数案件中,适用法律的活动必须由当事人的申请、请求行为来启动。④独立性。无论是仲裁或调解机构还是各国法院应当依照选定的法律独立行使审理权,坚持独立性和公正性。

法律适用应当遵循处理案件的事实必须清楚,证据必须确凿,并且对案件的定性要准确,以及在事实清楚、证据确凿、定性准确的基础上,还必须处理得当;同时,办案的程序不仅合法,而且案件的最终处理要符合实体法的规定,不能凭感情和好恶处理;在处理案件时应依法及时立案、结案,提高办案效率,不能拖延、无故积压。显然,法律选择和审理环境等是法律适用正确、合法与及时的风险因素。

法律适用的核心问题便是准据法的选择。准据法是指法院或仲裁机构进行审理或仲裁活动中据以识别法律关系(行为)的性质、解决法律纠纷的依据。根据前文分析探讨,准据法适用事关案件性质认定、事实确认乃至责任承担,最终涉及当事人权利权益保护。更何况,在全球并没有统一的知识产权法律适用的情况下,在发生涉外诉讼或者仲裁之时,一旦确定了案件的管辖机构,准据法的选择会引致知识产权国际纠纷法律适用的风险,而且有时一件纠纷还会涉及多个国家法律或多个国际公约的适用。

争议解决地点和法律适用是事关当事人切身利益的又一重要法律问题。根据各内国法及国际公约的规定乃至行业惯例,当事人一般情况就其国际民商事纠纷包括知识产权纠纷不仅可以选择诉讼（司法）或 ADR 程序解决以及法律适用，当事人也可以约定选择争议解决的地点。[①] 选择争议解决的管辖地点有时还会涉及如前所述的法律适用问题，更进一步涉及争议解决的法治环境、处理结果等，如承认与执行等。

---

① 参见《民事诉讼法》第 243 条、第 244 条。

7

中国高铁国际工程承包知识产权风险模型分析

本章依据风险知识和知识产权风险理论，确定知识产权风险因子定量分析方法与模型，在前四章中国高铁企业知识产权态势、国际工程承包及其高铁产品国际贸易和国际争议解决的知识产权风险因素定性分析基础上，展开知识产权风险因素类型化分析，以提炼并界定中国高铁"走出去"知识产权风险因子；进而通过不同专家打分、问卷调查等方式，构建知识产权风险因子解释结构模型（ISM），对知识产权风险进行 ISM 定量分析并得出结果。

7.1 知识产权风险评估方法及模型

对中国高铁国际工程承包知识产权风险进行评估，就是根据中国高铁企业国际工程承包中可能出现的知识产权风险状况展开指标体系的阐述与分析，寻找知识产权风险因素；依据知识产权风险理论对风险因素进行类型化分析，提炼出知识产权风险因子；进而通过大范围专家对各个风险因子的重要度进行打分，运用层次分析法确定每个风险因子的权重，再通过小范围专家讨论打分进行补正；最后通过解释结构模型法，构建中国高铁"走出去"知识产权风险结构。

7.1.1 层次分析法

层次分析法（Analytic Hierarchy Process，AHP）是一种定性和定量相结合的系统化、层次化的分析方法。AHP起源于20世纪70年代中期，由美国运筹学家托马斯·塞蒂（T. L. Saaty）正式提出，是将复杂问题分解为具体的目标、方案等要素层次，建立具体系统指标，以定性为主、定性与定量相结合的分析方法。AHP在对复杂问题进行分解之后，将各个子要素按其内在关系分成具有梯阶层次结构的组，对组内因素进行两两比较，确定各因素的相对重要程度。在解决复杂问题时，AHP能够比较直观快速地找到问题的本质，并对影响因素和因素间关系进行深入分析，特别适合定量信息比较少的情况。

对于中国高铁国际工程承包知识产权风险评估这种结果难以直接准确计量且定量信息极为有限的课题，运用层次分析法不失为一个很好的选择。中国高铁国际工程承包知识产权风险评估运用层次分析法的主要步骤：建立梯阶层次结构模型，构造两两比较的判断矩阵，进行单层次、多层次排序分析。

7.1.2 德尔菲法

德尔菲法（Delphi Method），也称为专家调查法，是运用专家的智慧和经验独自对风险因子、风险发生概率、风险可能结果进行预测的方法。德尔菲法首先是20世纪40年代由O. 赫尔姆和N. 达尔克提出，T. J. 戈尔登和兰德公司进一步发展。德尔菲法也是一种通过专家多次预测获得一致的决策方法，一般可分为三步：第一步征询专家意见，采用通信方式就相关问题单独、分别征询专家意见，回收、汇总和整理出专家综合意见。第二步再次征询专家意见，随后将该专家综合意见和预测问题分别反馈给专家，由各专家依据综合意见修改自己原有的意见，再回收、汇总。第三步取得比较一致意见，经过这样多次反复，逐步取得比较一致的预测结果以供决策。

中国高铁国际工程承包知识产权风险评估，其指标和相应的权重因在不同国家、不同类别项目，乃至不同行业企业而有所差异，没有统一评价标准，因此通过德尔菲法依靠专家的智慧、知识和经验进行评估，是非常合适、较为可靠的。

7.1.3 解释结构模型（ISM）法

解释结构模型（Interpretative Structural Modelling，ISM），是研究复杂要素间关联结构的一种系统分析方法。ISM以定性分析为主，属于概念模型，特别适用于变量众多、关系复杂而结构不清晰的系统分析。ISM可以把模糊不清的思想、看法转化为直观的具有良好结构关系的模型，进而在计算机的帮助下，最终构成一个多级梯阶的结构模型，实现系统因素分层、关联因素聚集乃至主要因素凸显。

中国高铁国际工程承包知识产权风险分析，目前尚属于典型概念模型，试图以定性分析的方式将一些风险思想、看法转化为直观的具有良好结构关系的模型，非常适合解释结构模型法。具体做法是在运用前述层次分析法、德尔菲法的基础上，组织实施ISM小组，由技术专家、管理人、法律专家参与，分析、选择构成系统的影响关键问题的风险，根据各要素的相关性，建立邻接矩阵和可达矩阵、结构模型，根据结构模型建立解释结构模型。

7.2 中国高铁国际工程承包知识产权风险因子提炼

7.2.1 知识产权风险因素聚集

本部分依据第3~6章，分别从中国高铁企业知识产权态势、国际工程承包及其高铁产品国际贸易和知识产权国际纠纷解决等视角，对中国高铁国际工程承包知识产权风险因素进行概括、聚集。

1. 中国高铁企业知识产权态势风险因素

本课题第3章专门对中国高铁企业通过几十年原始技术积累、"市场换技术"引进消化吸收再创新的发展,以及跨越式自主创新、"走出去"开展国际工程承包的知识产权态势进行了全面阐述和分析。我国高铁与发达国家相比,虽然起步晚,但是在原始技术积累的基础上用了十多年的时间实现了跨越式发展。总体趋势良好,在很多方面拥有先进技术水平,在部分领域还存在不足且有待持续创新创造。

中国高铁企业知识产权态势表明其知识产权客体主要为专利、商标、著作,以及商业秘密、集成电路布图设计等其他类知识产权。其中,专利还涉及专利权申请和授权。中国高铁知识产权风险因素具体见图7-1。需要说明的是,中国高铁企业国际工程承包知识产权态势风险因素可概括为专利、商标、著作以及其他类知识产权,且当然的是指这些客体的数量、质量、结构和在海内外的布局,及其使用、管理与保护,以及这些客体的市场运营,进而需要结合中国高铁企业"走出去"的国际工程承包、高铁产品国际贸易中的知识产权加以分析,其专门的保护也需要结合知识产权国际争议解决、争议处理来把握。

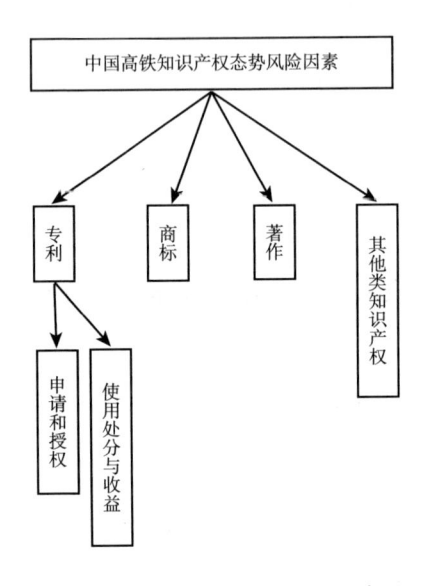

图7-1 中国高铁知识产权风险因素(1)

2. 国际工程承包知识产权风险因素

本课题第 4 章，以 FIDIC 为线索，将高铁国际工程承包分为招投标、勘察设计和工程施工三方面并分类进行了知识产权风险状况分析。在国外进行铁路（高铁）线的新建、改建或修建是中国高铁企业"走出去"的基本路径之一。然而，"每根钢筋都充满了法律"，国际工程承包的风险因素较多且复杂，包括政治风险、法律风险等诸多不确定因素，许多国家的承包人在国际工程承包中都对法律风险予以高度重视，国际工程承包一般通过勘察设计、工程施工活动来实现，而且两类活动都需要进行招投标，我们以此分类进行知识产权风险因素分析，以便识别和分类管理达到预防和化解风险的目的。

国际工程承包中知识产权风险主要包括以下几方面：招投标知识产权风险有方案著作权、方案新颖性、方案许诺销售权、方案商业秘密权。工程勘察设计知识产权风险有档案资料著作权、建筑作品保护、外观设计保护、新材料新工艺和新方法保护、勘察设计职务作品保护。工程施工知识产权风险有工料采购专利、商标侵权，工程施工中工法，技术标准，绿色专利。其中，招投标知识产权风险因素中围绕投标方案的知识产权保护，侧重于投标方案著作权、专利权（方案新颖性、方案许诺销售权）、方案秘密保护权。工程勘察设计知识产权风险因素主要是与工程勘察设计资料相关的知识产权，如设计方案的著作权、建筑作品著作权等。工程施工知识产权风险因素重点在工料采购中的商标权、工程施工中的工法保护，参见图 7 - 2。

这里需要专门说明的，一是自这一章开始，所谓知识产权，强调的是知识产权权能行使，乃至知识产权具体营运，包括知识产权的实施、许可与转让等，其内容是多种多样、极其丰富多彩的，所分析的仅仅是其中大部分常见现象，难免挂一漏万；二是新材料新工艺和新方法、技术标准与绿色专利，在国际工程招投标、勘察设计以及施工中，体现的是国际工程特别是高铁工程规划、设计、施工的新理念、新科技和人类的文明进步。高铁工程的规划、设计与施工本身就集合了高科技成果、经济社会综合实力，是一项公

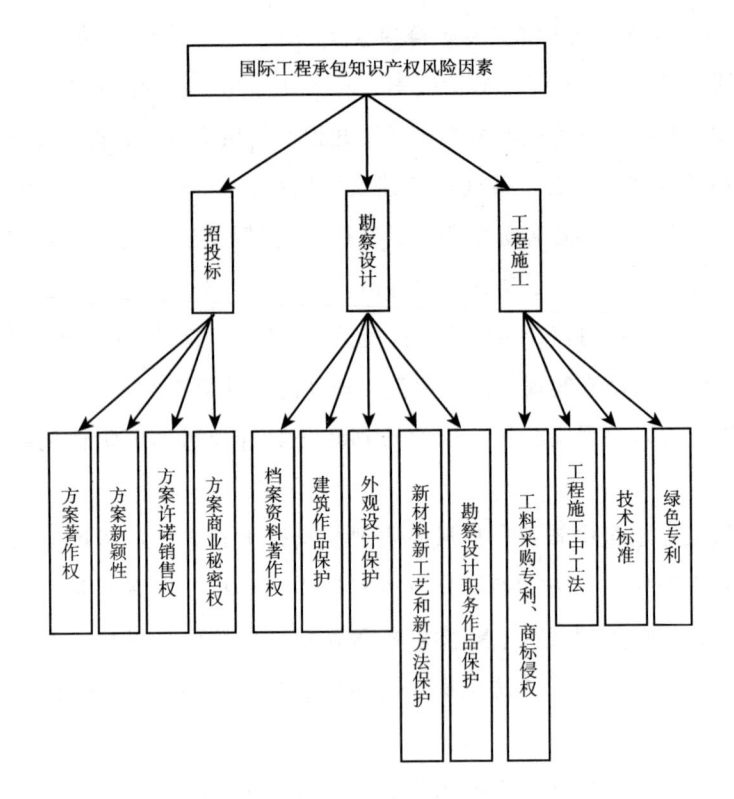

```
                    国际工程承包知识产权风险因素
                    ┌───────────┼───────────┐
                  招投标       勘察设计      工程施工
                ┌──┼──┐    ┌──┬──┬──┐    ┌──┬──┐
              方  方  方    档  建  外  新  勘   工  工  技  绿
              案  案  案    案  筑  观  材  察   料  程  术  色
              著  新  许    资  作  设  料  设   采  施  标  专
              作  颖  诺    料  品  计  新  计   购  工  准  利
              权  性  销    著  保  保  工  职   专  中
                     售    作  护  护  艺  务   利、 工
                     、         和  作        商  法
                     商         新  品        标
                     业         方  保        侵
                     秘         法  护        权
                     密         保
                     权         护
```

图 7-2　中国高铁知识产权风险因素

共政策，是一个国家发展新趋势的体现。

3. 高铁产品国际贸易知识产权风险因素

中国高铁国际工程承包中包含施工（重大）设备、部分材料，以及铁路（高铁）整车、重大设备和铁路（高铁）相关零部件国际贸易，概括起来可称为高铁产品。高铁产品国际贸易既有跨境货物贸易，由此也带动服务国际贸易、知识产权国际贸易、国际投融资等。中国高铁产品国际贸易知识产权风险，既指工程施工设备、部分材料，以及高铁整车、设备和零部件跨境贸易中的知识产权风险，又指高铁产品包括且不限于高铁车体、重大设备和关键零部件中包含知识产权的引进消化吸收再创新产品、原始创新产品以及集成产品在跨境贸易中的知识产权风险。

高铁产品国际贸易知识产权风险因素：国际贸易执法风险有知识产权主

管执法、海关执法；CISG知识产权担保风险有法律适用、任何权利或要求、有关知道的双方义务、预期货物、许诺销售；专门风险有早期技术转让协议、平行进口、标准必要专利，参见图7-3。

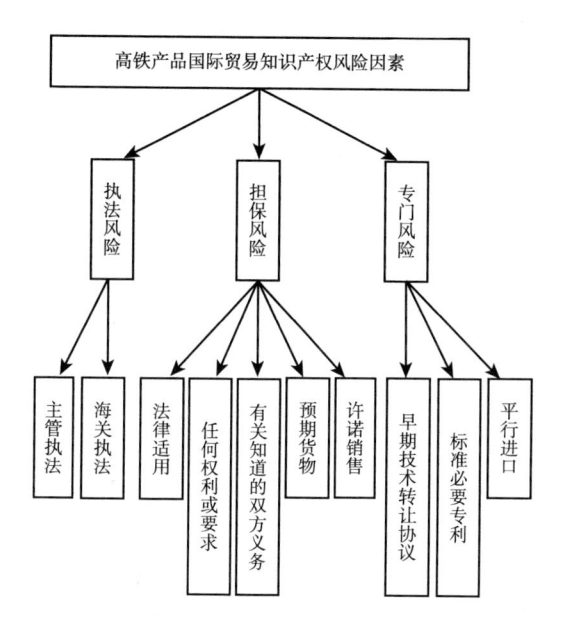

图7-3 中国高铁知识产权风险因素（2）

4. 知识产权国际争议解决风险因素

中国高铁企业国际工程承包涉及知识产权风险主要有两方面，一是知识产权国际争端，是指作为国际法主体的国家（包括独立关税区）、国际组织及其相互间有关高铁知识产权的争端。这类争端一般不会因单一的高铁知识产权争议而发生，但可能包含或因高铁知识产权争议而引起。该类争端一般通过斡旋、调解、调停，以及争端解决机制来解决，具有相对独立性。二是知识产权国际纠纷，是指平等的民事主体之间以及民事主体与国家行政机构之间在权利主体资格、权利确定、权利内容、权利行使、权利救济等方面发生的知识产权国际纠纷。该类知识产权国际纠纷一般通过协商、调解、仲裁，即非诉方式解决或称替代方式解决（ADR），也可诉讼解决。

第6章在知识产权国际纠纷解决中，分析了中国高铁知识产权国际纠纷解决风险因素，主要有国际争端解决；纠纷非诉解决，包括替代机构选择、仲裁准据法、承认与执行；纠纷诉讼解决，包括法院管辖、法律适用，参见图7-4。

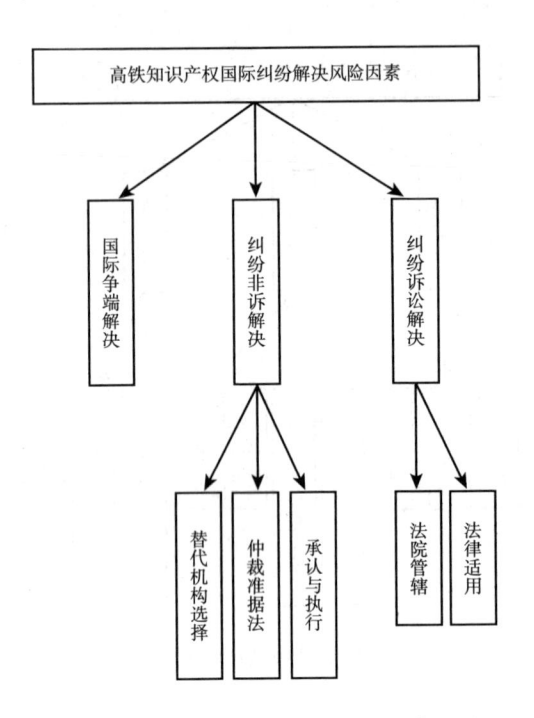

图7-4 中国高铁知识产权风险因素（3）

上述分析表明，中国高铁国际工程承包知识产权风险因素，可分成知识产权客体、国际工程承包、高铁国际贸易和国际纠纷解决4个二级风险因素，三级风险因素中知识产权客体4个、国际工程承包3个、高铁国际贸易3个、国际纠纷解决3个，各三级风险状况分别包括的四级风险因素有2个、13个、10个、5个，共30个，参见图7-5。

7.2.2 中国高铁国际工程承包知识产权风险因素类型化

1. 知识产权风险因素类型化原则

本课题第2章经研究提出中国高铁国际工程承包知识产权风险具有专门

7 中国高铁国际工程承包知识产权风险模型分析

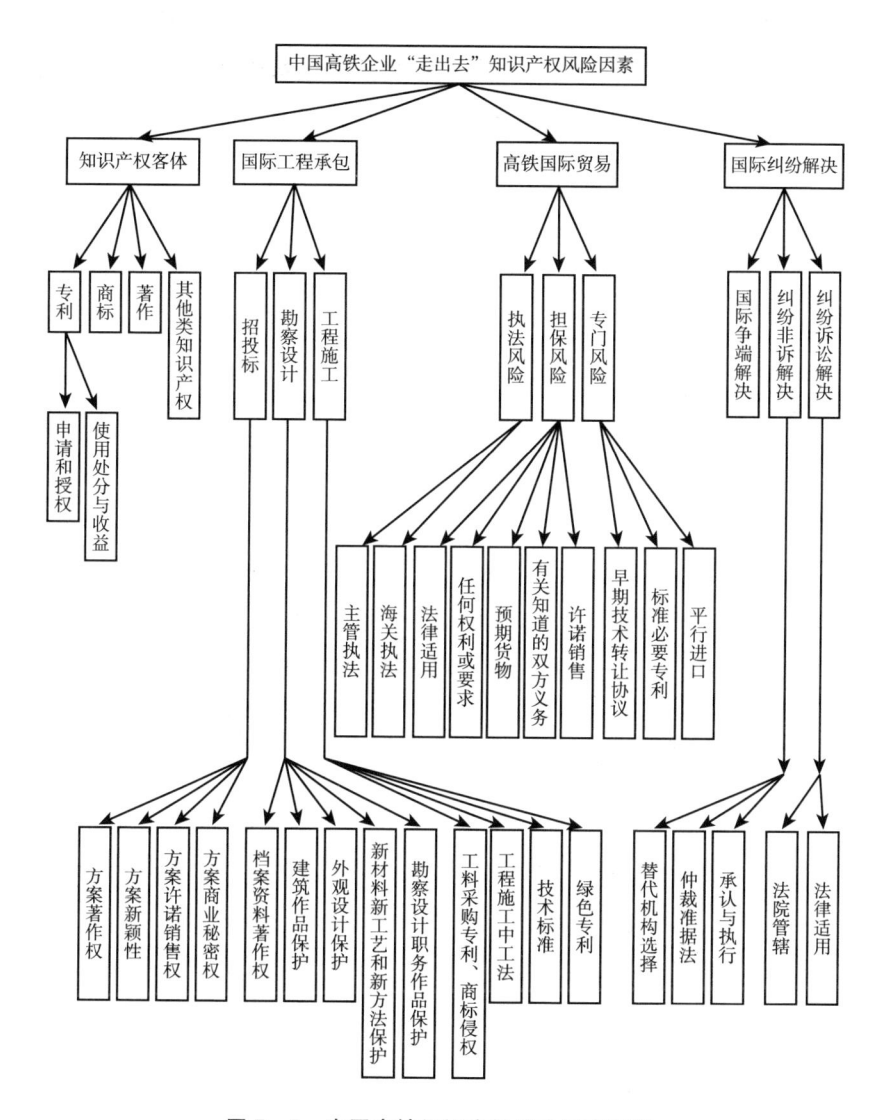

图7-5 中国高铁知识产权风险因素框架

性、涉外性、强制性和不确定性。同时,通过知识产权客体、国际工程承包、高铁国际贸易和国际纠纷解决的知识产权风险分析,中国高铁国际工程承包知识产权风险还具有多样性和关联性,既可能在知识产权客体专利、商标、著作或其他类知识产权,及其知识产权确权、使用和处置过程中发生;

也可能在国际工程承包及高铁产品国际贸易过程中各个阶段环节发生侵权、被侵权、以及合作纠纷；还可能发生在知识产权行政执法及纠纷解决中，表现出多样性。同时，有的风险因素之间可能存在引起和被引起的关系，即存在因果逻辑关系，如因发生知识产权侵权、被侵权、合作纠纷，进而才出现知识产权行政执法、纠纷解决风险。

为了结合实际有针对性地深入分析中国高铁国际工程承包知识产权风险，本课题采取了知识产权客体、国际工程承包、高铁国际贸易和国际纠纷解决的分类分别对知识产权风险因素进行阐述分析，由于分类的标准、视角和阶段等不同，分析概括的中国高铁国际工程承包知识产权风险因素难免存在相互重叠、交叉乃至不周全等状况。为此，需要依据风险知识和知识产权风险理论，特别是知识产权风险类型理论对上述风险因素进行甄别、合并与筛选，将知识产权风险因素提炼为知识产权风险因子，进而构建解释模型、开展定量分析，最后有针对性地提出风险防范对策。

法律风险是指法律规则和法律事实风险，其中法律规则风险包括法律变动（制定、修改、废止等）、法律缺陷和法律实施；行为和事件通称为法律事实，行为风险由违法风险、合同风险和怠于行使的法律或约定权利等组成，事件风险产生于不可抗力、情势变更、国际局势等。知识产权风险是指与知识产权法律本身相关以及由法律事实引起的风险。按照法的运行过程、阶段进行分类，其可分为知识产权立法、用法、执法、司法，以及政策制定及其实施风险。按照侵害的事由可以分为知识产权违约风险、知识产权违法风险、怠于行使或滥用法律或约定权利等。知识产权权利确定、权利运行、权利保护与知识产权国际保护的思路较为符合知识产权运行实际状况，知识产权风险也可分为知识产权客体认定（权利确定）、权利运行、侵权认定（权利保护），以及国际公约履行。

本课题对"中国高铁国际工程承包知识产权风险"下定义时采用逐级限缩的方式，首先对风险进行定义，风险定义中的核心在于"结果与预期目标偏离的可能性及结果与预期目标偏离的程度"。法律风险是指法律规则和法律事实风险，知识产权风险是指与知识产权法律本身相关以及由法律事实引起的风险，可分为知识产权客体认定（权利确定）、权利运行、侵权认定（权利保护）和国际公约履行。从中国高铁国际工程承包的角度出发，可将当事国家和企业这两种主体预期目标概括为：第一，符合当事国发展和实际的立法、适法及其法律被遵守；第二，当事企业相关合意获得履行，即有关知识产权合同、协议、条款得到履行；第三，知识产权权利适当行使，即不侵权或不被侵权、权利既不怠于行使也不滥用。对于国家而言，知识产权各专门法的知识产权立法、保护原则便是其价值目标，促进创新创造与创作，加快科学技术成果的转化、传播和推广应用，让知识产权合同、协议、条款得以履行，以促进科学技术进步和文化艺术繁荣。对于当事人而言，走出国门其目的有很多，但无论何种目的，都必须通过履行各类各种合意才能实现，与知识产权具体内容相关，便是知识产权合同、协议、条款的履行。除此之外，其预期目标还必须是知识产权权利适当行使，即不侵权或不被侵权、权利既不怠于行使也不滥用。为此，中国高铁国际工程承包知识产权风险涉及的基本内涵便可以概括为"有关知识产权合同、协议、条款获得履行""知识产权权利适当行使"，任何中国高铁国际工程承包知识产权风险因子应当都可以最终以这两个内涵为原则进行衡量、评估。

2. 知识产权风险因素类型化

下文便从这两个风险依据出发对上述 30 个风险因素进行类型化，对可以合并的进行合并，需要拆分的加以拆分，对于需要提升或降位的也进行相应处理，提炼出中国高铁国际工程承包风险因子。中国高铁国际工程承包知识产权风险从知识产权客体、国际工程承包、高铁国际贸易和国际纠纷解决 4 个阶段分析，便来自"知识产权权利适当行使""知识产权相关合意获得履行"依据。知识产权客体有专利、著作、商标、其他类知识产权，其他知识产权客体包括商业秘密（包括专有技术）、集成电路布图设计、地理标志等。根据 TRIPS 协定或知识产权传统分类，可以将知识产权分为著作权、工业产权。其中，著作权作为无须行政审查、审批的代表，包括计算机软件、集成电路布图设计等，而工业产权为需要"申请和授权"的代表，国际上绝大多数国家知识产权制度中专利权、商标权以及地理标志等都需要经过申请与审批才可能获得授权或注册。需要特别提出的是，商业秘密包含专有技术，一是专有技术与著作权的不同在于其存在保密性；二是在高铁车体、设备生产，以及工程勘察设计、工程施工中专有技术具有重要作用，单列为其他知识产权。"申请和授权"也是知识产权特别是专利权、商标权适当行使的前提与基础，在不同国家还有区别，或者说同一创新成果、标识在不同国家是否获得专利权、商标权因各自制度规定而定，既是各国主权体现，也是其科技、经济发展状况与水平所决定的。同时，知识产权都享有使用、处分与收益权能且因知识产权客体不同而不一样，需要视具体情况确定，为此将其归入具体知识产权客体，以及高铁国际工程承包及其产品国际贸易知识产权权利营运中。这样，知识产权客体风险因子则可归纳为：著作权，包括计算机软件等对科学、文学艺术作品所享有的专有权利，与高铁相关的著作权使用与保护的可能风险；专利权，包括发明、实用新型和外观设计专利，与高铁相关的专利权使用与保护（侵权与被侵权）的可能风险；商标权，包括商品商标、服务商标等，与高铁制造、产品销售或服务项目的商标权使用与保护的可能风险；其他知识产权（简称其他IP），包括专有技术等专有权利以及集成电路布图设计权等其他知识产权，高铁产品（车体、设备及零部件，下同）生产，以及工程勘察设计、施工等其他知识产权使用与保护的可能风险；申请授权，专利权、商标权等需经申请、各国主管部门依其法律审查并授权，与高铁相关专利权、商标权等能否获得授权的可能风险。

  从国际工程承包的招投标、勘察设计和工程施工三阶段分析中国高铁企业国际工程承包知识产权风险因素包括：方案著作权、方案新颖性、方案许诺销售权、方案商业秘密权；档案资料著作权、建筑作品保护、外观设计保护、新材料新工艺和新方法保护、勘察设计职务作品保护；工料采购专利、商标侵权、工程施工中工法，技术标准，绿色专利。对中国高铁企业知识产权风险因子进行类别化分析：方案著作权、档案资料著作权、建筑作品保护，均属于著作权及其保护范畴；这里所谓"著作权"既是指著作权本身，也包含著作权行使及其侵权或被侵权的情形，专利权、商标权、其他知识产权，均是类似含义；方案商业秘密权属于其他知识产权；外观设计保护、新材料新工艺和新方法保护属于专利权。需要说明的是，专利权还包括其他类型的专利权，如发明、实用新型和外观设计，包括授予专利权范围及其期限。方案新颖性属于专利授予条件，不作为独立因子。方案许诺销售权属于专利权具体行使，而且专属于专利权内容，作为知识产权权利及其行使的代表之一，应当单列，即产品在销售前、销售中包含专利权的宣传或承诺，高铁工程招投标中、高铁产品销售前的专利权宣传或承诺存在可能风险。勘察设计职务作品，是执行单位任务或主要利用单位物质技术条件所完成的创新创造，是企业与员工共享创新创造成果的一种形式，不限于勘察设计职务作品，还有其他形式职务成果，具有典型性，予以保留。职务成果及其保护，涉及职务专利、职务作品（软件）、职务集成电路布图设计等，高铁职务专利、作品行使、保护过程中存在可能风险。工料采购专利、商标侵权，属于工业产权，这里是指工业产权及其保护。工程施工中工法，是指施工企业一种综合配套的施工方法。施工企业在工程实践中，通常会把先进技术和科学管理结合起来开发应用新技术，提高施工效率和效能。这便是施工工法，也是企业标准化管理的重要组成部分，是企业技术水平和施工能力的重要标志，包含在企业专利技术或专有技术中，与专利权及其保护、其他知识产权保护（商业秘密等）重叠，不单独作为因子。技术标准中主要涉及标准必要专利许可制度，简称标准专利，涉及设计、制造和施工等技术标准中含有专利技术，高铁国际工程承包、产品贸易中标准必要专利的使用与被使用、许可费用等可能的风险。绿色专利强调国际社会发展趋势中更为重视环境保护、生态发展理念，在专利申请与确权，乃至知识产权执法司法中予以彰显，应当保留。绿色专利，是指专利授权、执法与司法活动中旨在保护生态与资源、保护环境等的价值导向，涉及高铁国际工程承包及其产品国际贸易相关专利在授权、执法与司法等各项活动中的可能风险。

从高铁产品国际贸易视角，对中国高铁国际工程承包知识产权风险从执法风险、担保风险和专门风险三方面进行分析，其主要风险表现为：主管执法、海关执法；法律适用、任何权利或要求、预期货物、有关知道的双方义务、许诺销售；早期技术转让协议、平行进口、标准必要专利。对中国高铁产品国际贸易知识产权风险因子进行类别化分析：主管执法、海关执法是世界大多数国家采取的行政执法措施，对于中国高铁企业"走出去"的所在国而言，该类风险在所难免。主管执法，展现一国知识产权行政部门（如中国国家知识产权局、美国知识产权办公室等）执法的水平与能力，高铁国际工程承包、产品贸易中存在一国主管执法的可能风险。海关执法，对进出口商品可能存在知识产权侵权所采取的海关措施，高铁产品进出口存在被海关执法的可能风险。早期技术转让协议是属于知识产权保护如何处理前后创新创造以促进持续创新创造的重要问题，也是中国高铁国际工程承包如何处理引进消化吸收再创新的重大问题，属于改进成果保护，是指在他人专利、专有技术基础上改进所形成的成果，高铁技术引进消化吸收再创新中的成果归属、使用存在可能风险。高铁产品国际贸易的执法法律适用合并至知识产权纠纷解决的法律适用中。任何权利或要求，是指出卖方对其出卖产品的知识产权权利瑕疵担保，知识产权产品或含有知识产权的产品贸易的专门情形，可以表述为产品知识产权权利瑕疵担保，出卖方对其在国际贸易中的产品可能存在的知识产权瑕疵承担担保责任，高铁产品出卖时可能侵犯第三人知识产权。预期货物、有关知道的双方义务是对知识产权产品或含有知识产权产品贸易中知识产权瑕疵担保的义务、责任边界，属于产品知识产权权利瑕疵担保的具体内容，也属于知识产权权利边界，含在前述瑕疵担保内容中，不单独列项。许诺销售归入前属单列项，予以合并。平行进口是影响进出口的重要知识产权制度，是指一国专利或商标权项下的商品是否被许可进口的制度。国际公约、各国知识产权法有不同规定，受到极大关注，也容易产生风险，一国专利或商标权项下的商品是否被许可进口，高铁产品在国际贸易中是否被一国法律所许可进口存在可能风险。标准必要专利并入标准专利中。

从知识产权国际争议解决来说，中国高铁国际工程承包知识产权风险涉及国际争端解决、纠纷非诉解决、纠纷诉讼解决。具体来说，包括替代机构选择、仲裁准据法、承认与执行、法院管辖、法律适用。显然，这些知识产权风险因素是直接存在的，需要特别说明的是，一是国际争端解决，虽属于成员（国家或独立关税区）间的知识产权风险但其解决的利害会直接波及法人或自然人，且是目前知识产权风险发生及解决的重要形式之一，因此必须保留；二是仲裁准据法、法律适用，两者都属于知识产权国际纠纷解决的法律适用问题，予以合并；三是替代机构选择、法院管辖，两者虽都属于知识产权国际纠纷解决方式的选择，但各自权威性、规范性仍有区别且裁决结果的执行力有明显差别，予以保留；四是仲裁准据法、承认与执行，在知识产权国际纠纷解决中，无论选择ADR解决机构还是诉讼解决，都统一为法律适用、承认执行。因此，高铁知识产权国际争议解决风险因子为：知识产权国际争端WTO解决，简称世贸组织，即世界贸易组织（WTO）各成员方发生知识产权争端及其解决（主要是指国家间，区别于企业、私人间知识产权纠纷），涉及成员方高铁国际知识产权争端及其解决的可能风险。ADR解决机构选择，简称替代机构，即通过国际仲裁、调解等解决国际争议的非诉讼替代解决方式（ADR），涉及高铁国际工程承包知识产权纠纷选择替代机构的可能风险。法院管辖，通过法院诉讼解决纠纷，涉及高铁国际工程承包知识产权纠纷的法院选择、证据举证与责任规则等的可能风险。法律适用，是指国际民事纠纷前、中都可以约定与选择适用的法律，涉及高铁国际工程承包知识产权国际纠纷解决前、中选择适用哪国法律的可能风险。承认执行，是指对一国或国际ADR仲裁调解或法院裁定、判决（简称法律文书）的承认与执行，涉及高铁国际工程承包知识产权纠纷解决前述法律文书的承认与执行的可能风险。

综上，通过中国高铁国际工程承包知识产权风险类型化分析，中国高铁国际工程承包知识产权风险因子最终简化、确定，如图7-6所示。

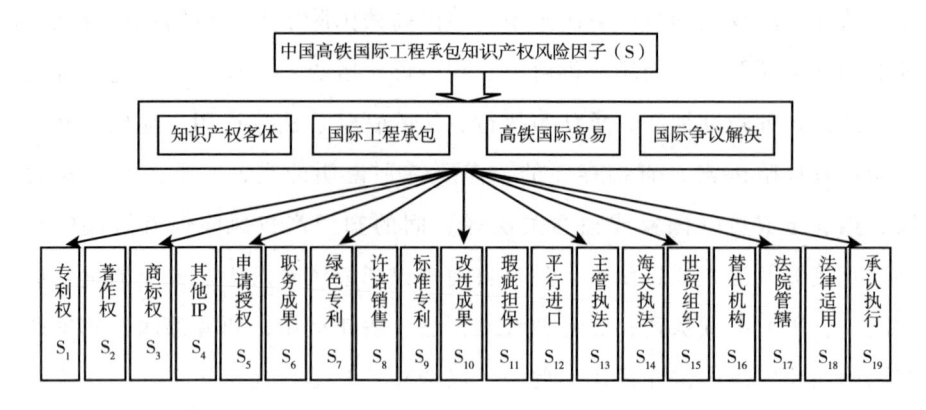

图7-6 中国高铁国际工程承包知识产权风险因子

7.2.3 知识产权风险因子界定

根据层次分析法的理论逻辑和对高铁国际工程承包知识产权风险的类型化分析，本课题通过向高铁企业管理人员和高校知识产权法律、管理专家咨询，梳理、筛选、合并同类项，对前述各章节提炼的高铁知识产权风险因子进行整理，在前述中国高铁国际工程承包知识产权风险因子的基础上构建框架描述体系（见表7-1），并依此框架进行解释结构模型分析，进一步确定各因子间的相互关系以及各因子的重要程度。

表7-1 中国高铁国际工程承包知识产权风险因子界定

风险因子	风险因子描述
专利权 S_1	包括发明、实用新型和外观设计专利，与高铁国际工程承包(本表简称高铁)相关的专利权使用与保护(侵权与被侵权)的可能风险
著作权 S_2	包括计算机软件等对科学、文学艺术作品所享有的专有权利，与高铁相关的著作权使用与保护的可能风险
商标权 S_3	包括商品商标、服务商标等，与高铁制造、产品销售或服务项目的商标权使用与保护的可能风险
其他 IP S_4	专有技术等专有权利，以及集成电路布图设计权等其他知识产权，高铁产品(设备、车体及零部件，下同)生产，以及工程勘察设计、施工等其他知识产权使用与保护的可能风险

续表

风险因子	风险因子描述
申请授权 S_5	专利权、商标权需经申请、各国主管部门依其法律审查并授权、注册,与高铁相关专利、商标权能否获得授权的可能风险
职务成果 S_6	包括职务专利、职务作品(软件)、职务集成电路布图设计等,高铁职务专利、作品等行使、保护中的可能风险
绿色专利 S_7	专利授权、执法与司法活动中旨在保护生态与资源、保护环境等的价值导向,高铁相关专利在相关各项活动中的可能风险
许诺销售 S_8	产品在销售前、中包含专利权的宣传或承诺,高铁工程招投标中、高铁产品销售前专利权宣传或承诺的可能风险
标准专利 S_9	设计、制造、施工等技术标准中含有专利技术,高铁及其产品贸易中标准必要专利的使用与禁令、许可费用等可能的风险
改进成果 S_{10}	在他人专利、专有技术基础上改进所形成的成果,高铁技术引进消化吸收再创新中的成果归属、使用的可能风险
瑕疵担保 S_{11}	出卖方对其在国际贸易中的产品可能存在的知识产权瑕疵承担担保责任,高铁相关产品出卖时可能侵犯第三人知识产权的风险
平行进口 S_{12}	一国专利权或商标权项下的商品是否被许可进口,高铁产品在国际贸易中是否被一国法律所许可进口的可能风险
主管执法 S_{13}	一国知识产权行政部门(如中国国家知识产权局、美国知识产权办公室等)执法的水平与能力,高铁及其产品国际贸易中存在一国主管执法的可能风险
海关措施 S_{14}	对进出口商品可能存在知识产权侵权所采取的措施(海关执法),高铁相关产品进出口存在被海关执法的可能风险
世贸组织 S_{15}	世界贸易组织(WTO)各成员方发生知识产权争端及其解决(主要是指国家间,区别于企业、私人间知识产权纠纷),成员方高铁国际知识产权争端及其解决的可能风险
替代机构 S_{16}	通过国际仲裁、调解等解决国际争议的非诉讼替代解决方式(ARD),高铁知识产权纠纷替代解决的机构选择的可能风险
法院管辖 S_{17}	通过法院诉讼解决纠纷,高铁知识产权国际纠纷的法院管辖、证据举证与责任规则等的可能风险
法律选择 S_{18}	国际民事纠纷前、中都可以约定与选择适用的法律,高铁知识产权国际纠纷前、中选择适用哪国法律的可能风险
承认执行 S_{19}	对一国或国际仲裁调解的承认与执行,高铁知识产权国际纠纷一国或国际仲裁调解的裁决、调解书的承认与执行的可能风险

7.3 知识产权风险因子解释结构模型(ISM)分析

通常而言,一个系统由诸多直接、间接相关或无关的单个要素构成,当要素过多且未进行层次划分时,仅靠现有知识与经验,往往会造成人们对各要素的认知混乱，聚类结果的可靠性无法得到保证。解释结构模型法是借助计算机软件将关系模糊不清的因素进行结构化梳理，建立结构体系清晰、层次关系分明的多因素体系框架。在研究中国高铁国际工程承包知识产权风险因子的重要程度时，解释结构模型法可有效降低专家的主观性及其对结果的影响，计算出客观有效的因子化层次结果。因此，应用 ISM 法进行因子指标体系的关系运算能较为客观地揭示中国高铁"走出去"知识产权风险因子的主要类别及其相互关系，具有较强的理论基础和量化依据。

7.3.1 风险因子 ISM 分析步骤

用 ISM 法对中国高铁国际工程承包知识产权风险因子进行类型化分析的过程如下。

①ISM 专家小组的组建与实施。首先，构建中国高铁国际工程承包知识产权风险因子关系调查问卷，即在前述中国高铁国际工程承包知识产权风险因子图与知识产权风险因子界定的基础上，构建"中国高铁国际工程承包知识产权风险调查问卷"（见附件 12）。其次，选择 ISM 专家。专家小组成员的构成要充分考虑参与人群的广泛性，且具有较丰富的高铁知识产权风险理论知识与管理实践。ISM 专家小组经选择包括知识产权理论专家 10 人、知识产权实务专家（法官、律师、专利代理人）7 人、高铁研发机构与高铁企业管理人员 3 人，共计 20 人。[①] 最后，实施专家打分。经过专家对因子矩阵的打分，再综合充分讨论、补正打分结果，得出原始邻接矩阵。

②对相关因子进行解释说明，具体内容参见表 7 - 1。

③确定因子的邻接矩阵。判断邻接矩阵中每两个因素之间是否存在相互作用关系，也就是说，邻接矩阵 A 的元素 a_{ij} 定义为：

$$a_{ij} = \{0, S_i 与 S_j 无相互作用关系 \qquad (公式 7-1)$$

④计算可达矩阵。布尔代数运算规则：0 + 0 = 0，0 + 1 = 1，1 + 1 = 1，0

---

① 参见附录 13 结构模型打分专家统计表。

×0＝0，0×1＝0，1×1＝1。对邻接矩阵 A 进行布尔代数运算后，便得可达矩阵：

$$R = (A+I)^n = I + A + A^2 + \cdots A^n \quad (公式 7-2, I 为单位矩阵)$$

当 n 足够大时，有以下关系：

$$R = (A+I)^n = (A+I)^{n-1} = (A+I)^{n+1} \quad (公式 7-3)$$

⑤分解可达矩阵。求出可达集合 $R(S_i)$、先行集合 $Q(S_i)$ 和共同集合 M。具体而言，可达集合 $R(S_i)$ 是指可达矩阵中要素 S_i 所在行中含有"1"元素所对应列要素的集合；先行集合 $Q(S_i)$ 是指可达矩阵中要素 S_i 所在列中含有"1"元素所对应行要素的集合。共同集合 $M = R(S_i) \cap Q(S_i)$。当 $M = R(S_i) \cap Q(S_i) = R(S_i)$ 时，则将这一元素抽取出来，进而确定该结构的最高一级要素，然后将其从可达矩阵中剔除，以此类推，将所有元素进行分级。

⑥构建中国高铁国际工程承包知识产权风险因子 ISM 框架模型。

7.3.2 风险因子 ISM 分析过程

中国高铁国际工程承包知识产权风险因子 ISM 分析如下。

（1）因子的相关性分析

第一，确定系统（S）的构成，$S =（S_1, S_2, \cdots, S_{19}）$；第二，统计专家问卷中的数据，综合确定参与问卷打分的一致意见。

（2）建立高铁国际工程承包知识产权风险因子的邻接矩阵

邻接矩阵用于描述系统内各要素两两之间的关系。定义 $S_i \to S_j$ 为元素 S_i 对 S_j 有直接影响，$S_i \cdot S_j$ 为两元素之间无直接影响，依据专家问卷结果构建邻接矩阵，邻接矩阵 A 的元素 a_{ij} 为：

$$a_{ij} = \begin{cases} 1, & S_i \to S_j \\ 0 & S_i \cdot S_j \end{cases} \quad (同公式 7-1)$$

	S_1	S_2	S_3	S_4	S_5	S_6	S_7	S_8	S_9	S_{10}	S_{11}	S_{12}	S_{13}	S_{14}	S_{15}	S_{16}	S_{17}	S_{18}	S_{19}
S_1	0	0	0	0	1	1	0	1	1	0	1	0	0	0	0	0	0	0	0
S_2	0	0	0	0	1	0	0	0	0	0	0	0	0	0	0	0	0	0	0
S_3	0	0	0	0	0	1	0	0	0	1	0	0	0	0	0	0	0	0	0
S_4	0	0	0	0	0	1	0	0	0	0	0	0	0	0	0	0	0	0	0
S_5	0	0	0	0	0	0	0	0	0	0	0	0	0	0	0	1	0	0	0
S_6	0	0	0	0	0	0	0	0	0	0	0	0	0	0	1	1	0	0	0
S_7	0	0	0	0	1	0	0	0	0	0	0	0	0	0	1	1	0	0	0
S_8	0	0	0	0	0	0	0	0	0	0	0	0	0	0	1	1	0	0	0
S_9	0	0	0	0	0	0	0	0	0	0	0	0	0	0	1	1	0	0	0
S_{10}	0	0	0	0	0	0	0	0	0	0	0	0	0	0	1	1	0	0	0
S_{11}	0	0	0	0	0	0	0	0	0	0	0	0	0	0	1	1	0	0	0
S_{12}	0	0	0	0	0	0	0	0	0	0	0	0	0	0	1	1	0	0	0
S_{13}	0	0	0	0	0	0	0	0	0	0	0	0	0	0	0	1	0	0	0
S_{14}	0	0	0	0	0	0	0	0	0	0	0	0	0	0	0	1	0	0	0
S_{15}	0	0	0	0	0	0	0	0	0	0	0	0	0	0	0	0	0	0	0
S_{16}	0	0	0	0	0	0	0	0	0	0	0	0	0	0	0	0	0	1	1
S_{17}	0	0	0	0	0	0	0	0	0	0	0	0	0	0	0	0	0	1	1
S_{18}	0	0	0	0	0	0	0	0	0	0	0	0	0	0	0	0	0	0	0
S_{19}	0	0	0	0	0	0	0	0	0	0	0	0	0	0	0	0	0	0	0

具体而言，上述19个风险因子之间邻接矩阵的建立是基于本领域专家对于因子之间影响关系的看法，经过对专家意见的集合与充分论证，最终确定唯一的邻接矩阵，因子间的关系符合理论与实务界对高铁国际工程承包知识产权风险因子的事实界定。需要特别说明的是，邻接矩阵中的"1"代表行因子对列因子有直接的影响而非间接影响或者概念上的相关关系，这样的赋值原则能够更为清晰地反映因子之间的结构关系。

（3）建立高铁国际工程承包知识产权风险因子可达矩阵

通过对邻接矩阵 A 和单位矩阵 I 求和，可得矩阵 $A+I$。采用布尔代数运算规则对 $A+I$ 进行幂运算至公式7-3成立，即运算输出的矩阵中不产生新的"1"为止。此时，矩阵 $M = (A+I)^n$ 称为可达矩阵。$M = (m_{ij})$ 中为1的元素表示 S_i 到 S_j 之间存在可达路径，反之则不存在。可达矩阵 M 揭示了高铁国际工程承包知识产权风险因子之间所有的影响关系。对以上所构建的中国高铁国际工程承包知识产权风险因子邻接矩阵 A 进行 $A+I$ 的幂运算，然后结合应用 Matlab 软件计算求得可达矩阵 M，结果显示，当 $n=3$ 时：

$$M = (A+I)^3 = (A+I)^2 \neq (A+I) \quad \text{（公式 7-4）}$$

可达矩阵如下：

	S_1	S_2	S_3	S_4	S_5	S_6	S_7	S_8	S_9	S_{10}	S_{11}	S_{12}	S_{13}	S_{14}	S_{15}	S_{16}	S_{17}	S_{18}	S_{19}
S_1	1	0	0	0	1	1	0	0	1	1	0	0	0	0	0	1	1	1	1
S_2	0	1	0	0	1	0	0	0	0	0	0	0	0	0	0	0	1	1	1
S_3	0	0	1	0	0	1	0	0	0	1	0	0	0	0	0	1	1	1	1
S_4	0	0	0	1	0	1	0	0	0	0	0	0	0	0	0	1	1	1	1
S_5	0	0	0	0	1	0	0	0	0	0	0	0	0	0	0	0	1	1	1
S_6	0	0	0	0	0	1	0	0	0	0	0	0	0	0	0	1	1	1	1
S_7	0	0	0	0	1	0	1	0	0	0	0	0	0	0	0	1	1	1	1
S_8	0	0	0	0	0	0	0	1	0	0	0	0	0	0	0	1	1	1	1
S_9	0	0	0	0	0	0	0	0	1	0	0	0	0	0	0	1	1	1	1
S_{10}	0	0	0	0	0	0	0	0	0	1	0	0	0	0	0	1	1	1	1
S_{11}	0	0	0	0	0	0	0	0	0	0	1	0	0	0	0	1	1	1	1
S_{12}	0	0	0	0	0	0	0	0	0	0	0	1	0	0	0	1	1	1	1
S_{13}	0	0	0	0	0	0	0	0	0	0	0	0	1	0	0	0	1	1	1
S_{14}	0	0	0	0	0	0	0	0	0	0	0	0	0	1	0	0	1	1	1
S_{15}	0	0	0	0	0	0	0	0	0	0	0	0	0	0	1	0	0	0	0
S_{16}	0	0	0	0	0	0	0	0	0	0	0	0	0	0	0	1	0	1	1
S_{17}	0	0	0	0	0	0	0	0	0	0	0	0	0	0	0	0	1	1	1
S_{18}	0	0	0	0	0	0	0	0	0	0	0	0	0	0	0	0	0	1	0
S_{19}	0	0	0	0	0	0	0	0	0	0	0	0	0	0	0	0	0	0	1

（4）可达矩阵 M 的区间分解

对可达矩阵进行区域分解、级间分解和强连通域分解，区间划分的目的是将系统各要素划分为不同层次。由可达矩阵 M 求出各因素的可达集 $R(S_i)$、先行集 $A(S_i)$ 以及它们的交集 $R(S_i) \cap A(S_i)$（见表 7-2），进一步可以得到共同集 T 和最高要素集 L，其中：

$$R(S_i) = \{S_j \in N \mid m_{ij} = 1\} \quad \text{(公式 7-5)}$$

$$A(S_i) = \{S_j \in N \mid m_{ji} = 1\} \quad \text{(公式 7-6)}$$

$$T = \{S_j \in N \mid R(S_i) \cap A(S_i) = A(S_i)\} \quad \text{(公式 7-7)}$$

$$L = \{S_j \in N \mid R(S_i) \cap A(S_i) = R(S_i)\} \quad \text{(公式 7-8)}$$

表7-2 基于 ISM 的可达集、先行集和共同集

要素 S_i	$R(S_i)$ 可达集	$A(S_i)$ 先行集	$R(S_i)$ 的 $A(S_i)$
S_1	1、5、6、9、10、16、17、18、19	1	1
S_2	2、5、17、18、19	2	2
S_3	3、6、10、16、17、18、19	3	3
S_4	4、6、16、17、18、19	4	4
S_5	5、17、18、19	1、2、5、7	5
S_6	6、16、17、18、19	1、3、4、6	6
S_7	5、7、16、17、18、19	7	7
S_8	8、16、17、18、19	8	8
S_9	9、16、17、18、19	1、9	9
S_{10}	10、16、17、18、19	1、3、10	10
S_{11}	11、16、17、18、19	11	11
S_{12}	12、16、17、18、19	12	12
S_{13}	13、17、18、19	13	13
S_{14}	14、17、18、19	14	14
S_{15}	15	15	15
S_{16}	16、18、19	1、3、4、5、6、7、8、9、10、11、12、16	16
S_{17}	17、18、19	1、2、3、4、5、6、7、8、9、10、11、12、13、14、17	17
S_{18}	18	1、2、3、4、5、6、7、8、9、10、11、12、13、14、16、17、18	18
S_{19}	19	1、2、3、4、5、6、7、8、9、10、11、12、13、14、16、17、19	19

由表7-2可知，共同集合 $T = \{1, 2, 3, 4, 7, 8, 11, 12, 13, 14, 15\}$，底层元素包含 S_1、S_2、S_3、S_4、S_7、S_8、S_{11}、S_{12}、S_{13}、S_{14}、S_{15}，该系统有两个连通域。由 $R(S_i) \cap A(S_i)$ 为单因素集可知系统无强连通域。级间划分中，首先求得最高要素集合 L_1。根据 L 的定义，表7-2中可见 L_1

= $\{S_{15}, S_{18}, S_{19}\}$，然后在可达矩阵 M 中将 S_{15}、S_{18}、S_{19} 所对应的行列删去，得到可达矩阵 M_1，继续对可达矩阵 M_1 重复上述操作，依次可得 L_2、L_3、L_4 直至对所有元素都进行级间划分，参见表 7-3。

表 7-3 因子的级间分解汇总

层次	ISM 节点
L_1	S_{15}, S_{18}, S_{19}
L_2	S_{16}, S_{17}
L_3	$S_5, S_6, S_8, S_9, S_{10}, S_{11}, S_{12}, S_{13}, S_{14}$
L_4	S_1, S_2, S_3, S_4, S_7

7.3.3 知识产权风险 ISM 分析结果

通过上述 ISM 步骤与分析，获得因子间分解结果及其关系，用有向图连接相邻层级的因子，可得到如图 7-7 所示的 ISM 因子模型。该因子模型可直观地揭示中国高铁国际工程承包知识产权风险因子的不同级别及因子间的相互作用关系。中国高铁国际工程承包知识产权风险因子 ISM 结构、特点，具体阐述如下。

1. 风险因子的结构特点

影响中国高铁国际工程承包的 19 个知识产权风险因子可划分为 4 个层级、3 个因子群。其中，位于最底层即第一层次，也是最重要的层级包含专利权、商标权、著作权、其他知识产权和绿色专利共 5 个因子，该层级由知识产权权利及其内容的因子群组成。

第二层次由申请授权、职务成果、许诺销售、标准专利、改进成果、瑕疵担保、平行进口、主管执法、海关执法共 9 个因子组成因子群。这 9 个因子包含知识产权的权利取得、权利行使和行政执法等因素。这一层次的因子群以权利行使为主，涉及职务成果、许诺销售、标准专利、改进成果、瑕疵担保、平行进口 6 个因子；权利取得有申请授权 1 个风险因子；行政执法有主管执法、海关执法 2 个风险因子。

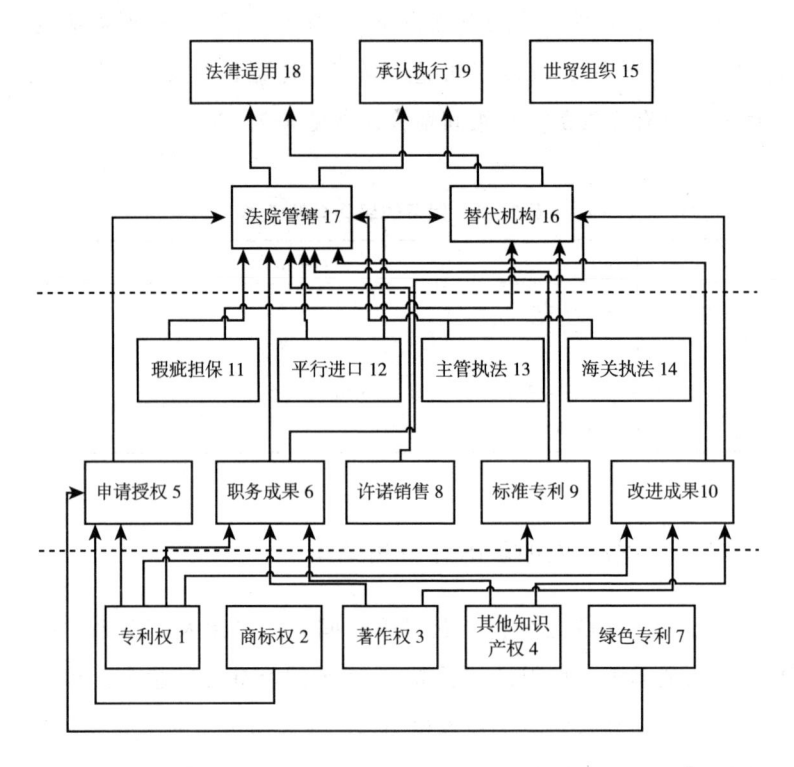

图7-7 中国高铁国际工程承包知识产权风险ISM因子模型

第三、四层是由知识产权权利纠纷与解决的因子构成的权利救济因子群，主要包括第三层次的法院管辖、替代机构、世贸组织和第四层次的法律适用、承认执行共5个因子。这两个层次因其都属于知识产权国际纠纷的权利救济而合并为一个因子群。

2. 关键风险因子的提取

在解释结构模型中，关键因子往往是指那些处于关键节点上的因子，这类因子可能受下一层诸多因子的影响，也可能影响上一层的诸多因子，它们的存在影响着ISM结构通路的形成。高铁知识产权风险因子的结构体系中，改进成果、职务成果、法院管辖、替代机构连接了5个及以上其他因子，申请授权、专利权、标准专利连接了3个及以上其他因子，这些因子可被界定为关键知识产权风险因子。

3. 对个别因子间影响路径的延展解释

可以注意到，在图 7-7 中，在知识产权权利救济与纠纷解决层面，即 ISM 的第三、四层，有 8 个下一级因子指向法院管辖，4 个下一级因子指向替代机构，这两个因子又进一步影响法律适用与承认执行，而世贸组织这一因子从目前来看处于孤立状态。

4. 关于特殊风险因子的说明

（1）关于选取"瑕疵担保""平行进口""许诺销售"作为因子的原因

前文归纳的中国高铁知识产权风险因子在国际工程承包和高铁产品国际贸易中有数个，问卷中选取了 3 个类型——"瑕疵担保""平行进口""许诺销售"作为知识产权行使（国际工程承包及其产品贸易）环节中的风险因子，这是基于以下两种考虑：第一，为了便于分析，本课题已经将国际工程承包及其产品国际贸易中的风险要素进行类型化、因子化，在类型化的过程中，其他要素已经被整合到其他因子中，而"瑕疵担保""平行进口""许诺销售"是显著区别于其他因子的；第二，"瑕疵担保"覆盖高铁产品国际贸易中所有知识产权，"平行进口""许诺销售"是知识产权特别是工业产权中的新型权利代表，在高铁国际工程承包的语境之下，这些知识产权风险更为典型，因此问卷设计从实际出发，针对性地选取这 3 个因子。

（2）"其他知识产权"因子与"改进成果"因子之间具有高度相关性

专家问卷的结论反映出"其他知识产权"因子与"改进成果"因子之间具有高度相关性。诚然，"其他知识产权"通常意义上应当包括"商业秘密"，商业秘密既可能是某些专业技术也可能是经营信息，从这一定义上来说，经营信息一般是无法进行"成果的改进"的。但应当特别说明的是，本课题对"其他知识产权"的定义为："专有技术等专有权利以及集成电路布图设计权等其他知识产权，高铁产品（车体、设备及零部件，下同）生产，以及工程勘察设计、工程施工等其他知识产权使用与保护的可能风险"，基于"高铁知识产权"这一研究背景，此定义中特别强调商业秘密中的专业技术等其他知识产权，与高铁技术不断发展的实际情况是相符的。因此，本部分采纳了专家问卷的结论，"其他知识产权"因子与"改进成果"因子之间存在高度相关性。

（3）"主管执法"与"法院管辖"有明显的相关关系

本课题对于主管执法风险因子的定义为："一国知识产权行政部门（如中国国家知识产权局、美国知识产权办公室等）执法的水平与能力，高铁国际工程承包及其产品国际贸易中存在一国主管执法的可能风险"，从专家问卷的统计结果来看，专家普遍认为法院管辖（诉讼）风险因素与之有明显的相关关系，即法院管辖可以影响主管执法。显然，一国司法理念会影响该国的行政执法；同时当"主管执法"具有可诉性时，会影响到法院管辖（诉讼）。因此，对于二者具有相关关系的结论应当有一定的限制。

（4）关于"世贸组织"因子的问题

如前文所述，在中国高铁国际工程承包知识产权风险因素分析中展开了"国际纠纷解决"的风险因素分析。"国际纠纷解决"分为"国际争端解决""纠纷非诉讼解决""纠纷诉讼解决"。对于"纠纷非诉讼解决""纠纷诉讼解决"而言，主要的方式为司法和替代组织（非诉）解决；而"国际争端解决"，应当由国际组织进行争端解决，例如世界贸易组织争端解决机制。其显著区别在于，世界贸易组织争端解决机制主要解决国家间的争端，而诉讼和替代组织解决主要解决企业、私人间的纠纷。在进行问卷设计、评估时已经预料到"世贸组织争端解决"（简称世贸组织）与其他风险因子之间可能不存在明显相关关系，但考虑到"国际纠纷解决"体系的完整性，明确"世贸组织"因子为"世界贸易组织（WTO）各成员方发生知识产权争端及其解决（主要是指国家间，区别于企业、私人间知识产权纠纷），成员方高铁国际知识产权争端及其解决的可能风险"，问卷仍将"世贸组织"因子纳入其中。

5. 关于ISM的局限性说明

ISM为多因子结构分析提供了一种重要的方法，借助数学模型和矩阵运算的方法能够快速梳理出不同因子间的相关关系及其作为一个整体的层次和优先级关系。但作为一种较主观的研究方法，ISM 也存在一定的局限性，例如不同专家对于不同因子及其相互关系方式、程度的主观认识存在差异，就会导致分析结果的不唯一性，这就要求在研究过程中尽量通过统一赋值标准和原则，克服由多位专家主观认识差异带来的系统误差，这也是本课题在推进过程中始终予以重点关注的部分。

8
中国高铁国际工程承包知识产权风险研究结论与对策

本章在前述 ISM 研究结果的基础上，提炼出中国高铁国际工程承包知识产权风险的研究结论，梳理出知识产权风险对策原则，并依据研究结论、对策原则提出中国高铁国际工程承包知识产权风险的针对性对策。

8.1 中国高铁国际工程承包知识产权风险研究结论

通过前述研究以及 ISM 分析结果，我们可以得出以下有关中国高铁国际工程承包知识产权风险的研究结论。

第一，中国高铁国际工程承包知识产权风险因子结构体系包括 19 个风险因子，主要由基础性、高发性和救济性知识产权风险因子层三个层次构成。该结构体系可分为知识产权权利 5 个风险因子，知识产权获得、行使与行政执法 9 个风险因子，以及权利救济 5 个风险因子三个层次风险因子群。其中，最为重要的是第一层次中知识产权权利 5 个风险因子。

①专利权、商标权、著作权和其他知识产权等的拥有是知识产权权利行使、收益与处分的基础，进而才可能开展知识产权运营、管理与保护，是一个基础性知识产权风险。知识产权是相对垄断权，知识产权拥有私权和地域性属性，拥有知识产权才可能通过其行使、处分和收益获得可能的市场垄

断、市场竞争力。知识产权权利的拥有是基础。当然，高铁知识产权既是中国高铁企业进行国际工程承包的竞争优势与利器，也是构成知识产权风险的基础因子。绿色专利，是指专利授权、行使、执法与司法活动中具有保护生态与资源、保护环境等价值导向。一个国家发展高铁当然会在其相关公共政策包括专利申请、审查、执法乃至司法保护等各项活动中体现政府管理导向，如加快绿色专利审查与授权、推进绿色专利技术相关产业快速发展等。因此，绿色专利代表目标市场国知识产权的政策方向和价值取向，也是中国高铁企业应当关注的基础性知识产权风险——知识产权政策，是符合国际社会科技进步、经济发展现实的。

②申请授权是知识产权权利取得的前提，职务成果、许诺销售、标准专利、平行进口、改进成果、瑕疵担保等权利行使最为根本，主管执法、海关执法是一国知识产权前置保护措施，该层次是中国高铁国际工程承包知识产权风险最可能产生的部分，即高发性知识产权风险。第二层次的因子群以权利获得为前提、以权利行使为主体，涉及企业创新创造内部成果形式的职务成果，专利权行使的专门权利许诺销售权，以专利为代表的知识产权政策取向、国家导向的标准专利，专利权和商标权行使的特殊情形平行进口，以及协调原始创新与集成创新、引进消化吸收再创新、基础创新与持续创新之间成果权利关系的改进成果权，国际贸易中知识产权权利完整性担保的瑕疵担保。权利行使是知识产权价值实现的主要环节，权利被行使才有价值，知识产权客体多样、权利内容丰富、权利行使形式多种多样，以及不同国家法律制度的差异性，使得知识产权权利行使风险最为变化多端，该层级的风险因子也就最多。

③法院管辖、替代机构和世贸组织，以及法律适用、承认执行构成的权利救济风险因子群，是处分知识产权风险，减少损失、表明责任承担的知识产权风险，即救济性知识产权风险。权利救济意味着侵权与被侵权的风险。国家（包括独立关税区）间因其知识产权发生争端通过以世界贸易组织为代表的争端解决机制获得的救济，其结果也必将间接或直接波及企业利用其知识产权，风险明显。企业间虽不必然发生知识产权纠纷，但是一旦发生知

识产权纠纷，无论是选择诉讼解决还是替代机构解决，都必然存在法律风险，而且存在法律适用、承认与执行的风险。同时，知识产权制度不仅预示着一国的投资环境，而且是国际市场竞争的共同规则，知识产权保护已逐渐为包括中国在内的许多国家高度重视并摆在鼓励创新、规制竞争、维护市场秩序、强化司法保护的首要位置，也是未来包括新兴经济体在内的一些国家知识产权制度发展的新动向。

第二，"申请授权、专利权、标准专利"，"改进成果、职务成果"，以及"法院管辖、替代机构"，即中国高铁技术构成逻辑、自身特点特色与知识产权权利特征三个因子群，组成中国高铁国际工程承包知识产权风险因子结构体系中的关键因子群。

①"申请授权—专利权—标准专利"构成中国高铁国际工程承包知识产权风险关键因子群是由高铁技术构成及其内在逻辑所决定的。铁路发展至高速铁路的过程中，先后出现了日本新干线、法国TGV及德国ICE等高速铁路，同时日本、法国、德国以高速铁路为主形成了自己的国际高铁制造标准体系。世界高铁速度不断被刷新，世界高铁理论、技术与材料也不断改进、发展，世界高铁已形成完整的复杂综合的高新科技理论与技术体系。其技术体系中已经由先行者对专有技术进行了"申请授权"，取得"专利权"，并在此基础上进行权利的体系构建与扩张使之成为"标准专利"。可见，一是权利获得是权利行使的前提与起点；二是专利技术在高铁技术领域的基础地位和作用；三是技术标准在高铁技术发展中的价值与先行者利益的关联。足见，高铁技术的发展决定专门技术的"申请授权—专利权—标准专利"体系在中国高铁国际工程承包风险中的地位是至高无上的。

②"职务成果、改进成果"构成中国高铁国际工程承包知识产权风险关键因子群是由中国高铁自身特点特色所决定的。中国高铁发展建立在政府主导下的原始创新基础上，走的是引进消化吸收再创新的"市场换技术"道路。中国高铁企业知识产权能力具有行业知识产权能力的政府主导性。中国高铁实现高新技术创新的追赶与跨越，关键在于发挥了政府的主导作用，将中国铁路的人力、财力、物力乃至企业家才能等各项资源与国外先进技术

结合才可能在短期内掌握先进技术,其集中体现便是中国高铁技术的很多知识产权为职务成果。这意味着一方面在中国高铁面向未来的发展中如何让"市场在资源配置中起决定性作用"以及如何适应目标市场国家的"市场经济",另一方面如何进一步发挥员工的创造性、积极性,都将存在很大风险。同时,中国高铁基于其特有的创新路径与发展模式,拥有许多改进成果,也可能成为未来潜在竞争对手的改进对象,从专利战略视角出发,如何有效规避改进成果的侵权风险,并采取合理手段防范他人模仿是维持中国高铁技术竞争优势的关键,是重大风险所在。

③"法院管辖、替代机构"构成中国高铁国际工程承包知识产权风险关键因子群是由知识产权权利特征所决定的。知识产权是权利,权利被行使才有价值,更何况知识产权设立的价值之一便是通过知识产权权利的行使促进科学技术进步和文学艺术繁荣,权利行使的过程中难免产生冲突与纠纷;知识产权是权利,权利只有受到救济才是真正的权利;知识产权是垄断权,涉及权利人利益和竞争者利益,侵权与被侵权是人类发展的正常现象。然而,知识产权国际纠纷既不同于内国纠纷也不同于其他民商事纠纷,知识产权客体多样、权利内容丰富、权利行使形式多种多样,加之不同国家法律制度的差异性,这些知识产权权利特征决定其被救济的风险复杂。

第三,知识产权风险中政策风险尤其值得关注。绿色专利在模型中成为第一层次(基础)风险因子,为专家们所重视;同时,高铁建设是一个国家科技进步、经济社会发展综合实力的体现,也是一个国家制定公共政策的导向。这一公共政策导向甚至不限于绿色专利,还包括知识产权管理、保护所展现的国家价值、理念,而且越来越受到各国知识产权管理部门、产业与企业的高度重视。尽管主管执法在各国的法律地位、执法内容与方式存在差异,但各国都明显加大了力度,如美国知识产权保护办公室加强对其他国家特别是中国的"301调查",美国国际贸易委员会展开"337调查"进而采取相应措施;各国都存在海关执法,发达国家进入21世纪后还先后采取了知识产权各类战略性措施等,也印证了世界各国特别重视知识产权政策措施这一点。

8.2 中国高铁国际工程承包知识产权风险对策

8.2.1 中国高铁国际工程承包知识产权风险对策原则

中国高铁企业在国际工程承包中的知识产权风险预防与应对，需要结合中国企业知识产权现实，针对知识产权风险特征，依据国际工程承包原则进行。中国高铁企业国际工程承包知识产权风险对策原则包括以下几方面。

1. 对策的战略性

中国高铁国际工程承包知识产权风险对策应着眼于中国高铁行业的长远发展和整体发展。着眼于长远发展，是指中国高铁国际工程承包知识产权风险对策应当从高铁技术发展、高铁产业长远发展的视角出发，着眼于发展中国高铁技术，实施"制造强国"战略、"创新强国"战略，以及让中国高铁产业惠及我国和目标国人民，不是就风险而应对风险；着眼于整体发展，是指中国高铁国际工程承包知识产权风险对策不限于个别企业、个别项目，不限于目前、单个知识产权风险事件，甚至不限于个别目标国知识产权风险，应当从中国高铁产业乃至交通产业、"交通强国"战略的视角应对知识产权风险。

2. 对策的法律性

知识产权权利特性决定了中国高铁国际工程承包知识产权风险应对的法律性。法律性表现为中国高铁国际工程承包知识产权风险对策必须建立在"有约必守"的国际公约、"有法必依"的各国法律基础之上。不遵守或有违国际公约、各国法律，乃至与国际公约、各国法律不一致的知识产权风险预防与处置对策都是枉然的或是存在隐患的。只有"有约必守""有法必依"的知识产权风险对策才是唯一正确可行的对策。同时，中国高铁国际工程承包知识产权风险对策既要重视风险事件发生缘由的法律性，也要关注风险事件过程、后果的法律性。

3. 对策的专业性

高铁技术的复杂、综合与"高精尖"和风险属性共同决定了中国高铁国际工程承包知识产权风险对策的专业性。高铁技术在中国发展并产业化不仅是中国社会经济发展到一定阶段的需要,也是原始创新基础上引进消化吸收再创新达到一定阶段的结果,是经济、社会和科技综合发展的产物。高铁技术的复杂、综合与"高精尖"决定了中国高铁国际工程承包知识产权风险具有以技术成果为主的专门性风险,围绕技术创新、技术成果权利化、市场化、系统化和本土化及其运用而展开。因此,知识产权风险具有综合性、垄断性和国际性属性。

4. 对策的实效性

中国高铁国际工程承包知识产权风险对策的实效性源于各国高铁发展与知识产权保护具有典型的公共政策性,以致知识产权风险对策应实时、在法律框架内有针对性地开展,保障风险对策的有效、有理和对企业有利,促进和保障高铁国际工程承包顺利进行。

8.2.2 中国高铁国际工程承包知识产权风险对策措施

中国高铁国际工程承包知识产权风险 ISM 因子模型能够较为清晰地识别各知识产权风险因子的层次结构及其相互关系,有利于我国政府、高铁产业部门以及各类高铁企业(创新主体)有效识别知识产权风险并把握风险因子中的主要矛盾,了解风险因子的优先级,即哪些是应予以优先关注的基础因子,哪些是次重要的风险因子,进而最终实现风险因子的早期预警与有效控制(预防与处分),保障我国高铁企业国际工程承包过程中安全、有效。根据中国高铁国际工程承包知识产权风险 ISM 因子模型及其研究结论,遵循中国高铁国际工程承包知识产权风险应对原则,提出以下具体对策措施。

1. 创造并拥有更多更高质量的高铁知识产权,是中国高铁"走出去"预防和控制知识产权风险的基础

研究表明专利权、商标权、著作权和其他知识产权等的拥有是知识产权

权利行使、处分与收益的基础，进而才可能开展知识产权运营、管理与保护，这是一个基础性知识产权风险。根据研究结论，结合中国高铁企业知识产权态势，中国高铁企业应当加大技术创新创造力度，重视拥有更多更高质量的知识产权，提升预防和控制知识产权风险的能力，具体来说：①重视拥有多类别中国高铁知识产权，比如集成电路布图设计权、核心关键技术的创造发明与确权；②重视通过知识产权保护，巩固提升我国高铁高原、高寒等特色技术优势；③重视知识产权数量、质量、结构、规划与布局，提高中国高铁企业预防和控制知识产权风险的能力。

同时，从知识产权风险对策的专业性、实效性出发，中国高铁企业所处行业不同，其历史文化、经济实力、自然资源与科技依赖性也不同，尤其是企业处于不同的技术发展阶段，资源依赖性、知识产权创新创造能力有显著差异。高铁企业知识产权能力建设应当从自身生产经营出发，服务、服从于企业主营业务，这是其知识产权风险应对的基础与目标。反之，离开企业自身生产经营与发展的需要，主观、擅自规划知识产权发展目标也是枉然的。为此，高铁企业首先应当做的是深入调研其知识产权种类、结构，以及其主营业务发展的知识产权需求、趋势，评估企业知识产权状态与水平，明确所处阶段，明确能做什么、要做什么，避免盲目、好大喜功，科学、准确定位。①

2. 加强高发性知识产权风险的监控和应对，精准提升中国高铁国际工程承包知识产权风险应对能力

研究结论表明，标准专利、许诺销售、平行进口、瑕疵担保等权利行使，以及主管执法、海关执法等行政执法是中国高铁国际工程承包高发性知识产权风险，知识产权客体多样、权利内容丰富、权利行使更是形式多种多样，中国高铁国际工程承包应当结合知识产权对策的战略性、法律性，积极加强高发性知识产权风险的监控和应对，精准提升中国高铁"走出去"知

---

① 企业知识产权能力发展研究课题组：《企业知识产权能力发展研究——以四川省知识产权管理示范企业为例》，知识产权出版社，2013，第4页。

识产权风险应对能力：①加强专门人才培养与作用发挥，提高对高发性知识产权风险的认识与识别能力；②研判所处行业高铁技术、知识产权态势，对其易发多发知识产权风险因子加强预警与处置；③主动掌握目标市场行政执法动态，主动对接、积极适应当地知识产权行政执法；④重视创新创造，强化权利运营，对高发性知识产权风险的积极应对与长远发展相结合，将挑战转化为机遇。

高铁行业是高技术和技术密集型行业，技术准入门槛高，产品开发周期长，需要有雄厚的技术基础作为保障。高铁企业既要积极运营既有知识产权，主动应对当前多发性知识产权风险，还要长远规划与部署，开展基础性、关键性技术研发，精准提升高风险知识产权应对能力。

3. 识别"申请授权—专利权—标准专利"高铁技术体系的关键风险因子，形成中国高铁"走出去"核心竞争力，提升中国高铁国际工程承包知识产权风险预防与控制能力

针对高铁专有技术进行"申请授权"，取得"专利权"，并在此基础上进行权利体系的构建与深化、扩张，使之成为"标准专利"（标准必要专利），这既是中国高铁国际工程承包知识产权风险识别的路径与环节，更是中国高铁国际工程承包知识产权风险预防与控制能力建设的系统和关键点。在中国高铁国际工程承包的进程中，除了以一般专利为代表的知识产权将发挥基础性作用外，专利与技术标准融合形成的标准必要专利也成为引领产业和技术发展走向的决定性因素，是知识产权风险应对的关键所在。如何有效推进我国创新主体的相关域内、域外专利发展为高铁国际标准，成为行业内高质量高水平的标志、具有国际影响力的技术方案，比获得几件专利授权或实现在相关国家的专利组合布局更加具有战略意义，这方面的前瞻性布局至关重要。

为此，中国高铁企业应当主动推动行业标准、国家标准发展，积极参与国际标准制定，在实现"走出去"战略的同时应对高铁国际工程承包知识产权风险。日本和欧洲高铁技术的研发早于我国且制定了高铁标准。因此，我国高铁企业要"走出去"势必要制定我国的行业标准。今后很长一个时

期，我国将通过主持和参加国际铁路联盟（UIC）标准、国际电工组织牵引电器标委会标准（IEC/TC9）以及国际标准化组织标准的修订，积极参与国际合作，跟踪国际标准，逐步建立完善自己的动车组标准，最终进入国际化的行业标准领域。

4. 识别"职务成果""改进成果"中国高铁自身特点特色的关键风险因子，打造中国高铁"走出去"知识产权优势，提升中国高铁国际工程承包知识产权风险预防与控制能力

我国专利技术80%以上是职务成果，高铁行业尤甚，加之高铁企业以国有企业为主体，中国铁路总公司在这样的背景下，一方面需要执行国家的战略任务，行使一定的行政职能；另一方面需要组织各个铁路企业和下属研发机构，发挥行业领导职能。[①] 应建立以中国铁路总公司为主体，联合铁路总公司的外部合作单位及其下属各路局公司，成立知识产权联盟，形成全方位的知识产权防御体系，应对国际工程承包知识产权风险。[②]

中国高铁在原始创新基础上走的是引进消化吸收再创新的"市场换技术"的道路，识别基于其特有的创新路径与发展模式的改进成果、加强保护，乃至发挥"后发优势"是维持中国高铁技术竞争优势的关键。同时，中国高铁技术发展具有政府主导性与人力、财力、企业家才能等各项资源的集中性，这是中国高铁技术的又一特点，集中表现为知识产权多为职务成果，发挥并保障员工的创造性、积极性，识别职务成果，加强职务成果的保护、管理是预防与控制知识产权风险的重要内容。

5. 识别"法院管辖""替代机构"纠纷解决风险关键因子，围绕知识产权权利保护，提升中国高铁国际工程承包知识产权风险预防与控制能力

知识产权是权利，权利被行使才有价值，权利行使中难免有冲突与纠纷；围绕知识产权权利取得、权利行使、利益分享的法律保障、救济，以及救济机构选择、法律适用与承认执行的多样性、复杂性，识别"法院管辖"

[①] 党晓捷：《我国高铁技术专利预警分析》，北京理工大学硕士学位论文，2016。
[②] 饶世权、陈家宏：《论中国高铁"走出去"的内在知识产权联盟机制》，《科技管理研究》2017年第13期。

"替代机构"纠纷解决风险关键因子,提升中国高铁国际工程承包知识产权风险处分能力。高铁创新主体在行使知识产权权利时,不必然发生国际纠纷但也成为中国企业最为薄弱的环节,一旦发生知识产权中断与纠纷,应做好充分应对准备和选择有利、合理的解决路径。为此,研判目标市场国相关法律制度、参加的相关国际公约以及与中国多边、双边协议,选择知识产权争端解决路径、纠纷解决方式,进行法律适用的预先约定或选择,以促进知识产权国际争议解决的有利有理和增加主动性。

6. 把握目标市场国知识产权的政策方向,精准定位与处置中国高铁国际工程承包知识产权风险

高铁建设是一个国家科技进步、经济社会发展综合实力的体现,也是一个国家公共政策的导向,通常体现为一国知识产权政策,表现为各国知识产权管理、保护理念,知识产权行政执法地位、执法内容与方式等。积极关注目标市场国知识产权政策动态、动向,及时有效应对国际工程承包知识产权风险。

总之,中国高铁国际工程承包知识产权风险预防与应对,应当研判知识产权 ISM 因子结构体系,重视区分知识产权权利因子群、权利行使与执法因子群与权利救济因子群三个层次 19 个风险因子,分层分类应对知识产权风险;重视识别知识产权风险关键因子,精准预防与控制知识产权风险;重视知识产权政策及其实施,有针对性地应对知识产权风险。

参考文献

[1] Gratt, L. B., *The Definition of Risk and Associated Terminology for Risk Analysis*, Risk Assessment in Setting National Priorities. Springer US, 1989.

[2] 沈之介:《加快我国高速铁路的发展》,《中国铁路》1993年第7期。

[3] 孙翔:《发展具有中国技术特色的高速铁路》,《中国铁路》1994年第10期。

[4] Langevoort, D. C., Rasmussen, R. K., "Skewing the Results: The Role of Lawyers in Transmitting Legal Rules", *S. Cal. Interdisc. L. J.*, 1996, (5).

[5] Corbin, R. M., "Managing Risk and Protecting Intellectual Property", *Ivey Business Journal*, 2002, 66 (3).

[6] M. A. Lemley, "Property, Intellectual Property, and Free Riding", *SSRN Electronic Journal*, 2004, 82 (4).

[7] 吴汉东:《后TRIPs时代知识产权制度的变革与中国的应对方略》,《法商研究》2005年第5期。

[8] Keillorb, Hauserw, Griffina, "The Relationship between Political Risk, National Culture and Foreign Direct Investment as a Market Entry Strategy: Perspectives from US Firms", *Innovative Marketing*, 2009, 5 (1).

[9] 廖柏明:《中国-东盟知识产权争端解决机制探析——兼论环境知识产权纠纷的解决》,《知识产权》2010年第5期。

[10] 徐显明:《风险社会中的法律变迁》,《法制资讯》2010年第Z1期。

[11] 李秋高:《风险法律体系:风险社会的法律应对》,《广州大学学报》(社会科学版) 2011 年第 1 期。

[12] 张冰华、李全晓、张旭波:《我国高速铁路隧道技术专利分析》,《中国发明与专利》2011 年第 8 期。

[13] 吴汉东:《知识产权的制度风险与法律控制》,《法学研究》2012 年第 4 期。

[14] H. Ward Classen, Alexis Hatzis, "Resolving Intellectual Property Disputes: Is A Bifurcated Approach Prudent?", *Computer & Internet Lawyer*, 2012, 29 (11).

[15] 付强:《我国高铁企业发展的知识产权管理对策研究》,《科学与管理》2012 年第 2 期。

[16] 董玉鹏:《结构功能理论下涉外知识产权纠纷诉调对接机制研究》,《知识产权》2013 年第 6 期。

[17] 王家德:《论国际货物贸易中卖方的知识产权权利担保义务问题——对 CISG 第 42 条的解析》,《焦作大学学报》2013 年第 1 期。

[18] 王飞、卢海君:《我国企业"走出去"战略中海外知识产权风险防范机制研究》,2014 年中华全国专利代理人协会年会第五届知识产权论坛,2014。

[19] 张林、刘永光:《日本知识产权纠纷的仲裁解决机制——兼论我国知识产权纠纷仲裁的困境与出路》,《日本研究》2014 年第 3 期。

[20] 荀亮:《中国高铁移动通信技术拥有自主知识产权》,《中国发明与专利》2014 年第 7 期。

[21] 李文超、彭茂祥、董丽等:《高速动车技术全球专利发展态势研究》,《中国发明与专利》2015 年第 1 期。

[22] 李昱晓、黄玉烨:《中国高铁驶出国门的专利战略研究》,《科技管理研究》2015 年第 22 期。

[23] 张碧文、刘妍君:《中俄高速铁路项目涉外知识产权法律问题分析》,《中国铁路》2015 年第 1 期。

[24] 曾素梅：《基于知识产权的制度风险与法律控制分析》，《人民论坛》2015年第32期。

[25] 黄陈清：《CISG卖方知识产权权利担保责任问题——对CISG第42条的解析》，《哈尔滨学院学报》2015年第1期。

[26] 徐红菊、徐晔璠：《论涉外知识产权转让合同的法律适用》，《大连海事大学学报》（社会科学版）2015年第2期。

[27] 谢凯、夏洋：《中国铁路"走出去"视角下知识产权风险防范机制研究》，《中国铁路》2016年第10期。

[28] 舒佳英：《建筑工程招投标中投标企业知识产权保护问题及对策》，《建筑施工》2016年第12期。

[29] 闫峰：《我国涉外知识产权侵权案件管辖权和法律适用问题研究》，吉林大学硕士学位论文，2015。

[30] 邓文斌：《跨国知识产权管辖权问题研究》，《中国出版》2016年第20期。

[31] Smythe, D. J., "Clearing the Clouds on the CISG's Warranty of Title", Nw. J. Int'l L. & Bus., 2016, (36).

[32] 陆婧楠、姚硕：《知识产权纠纷解决程序的利弊分析——基于TRIPS框架与国际商会仲裁院》，《中国商论》2016年第25期。

[33] 何蓉、黄玉烨：《"一带一路"战略下中国高铁企业的知识产权管理策略研究》，《科技与法律》2017年第1期。

[34] 周佳、刘铖：《铁路勘察设计领域专利现状分析》，《科技创新导报》2017年第3期。

[35] 饶世权、陈家宏：《中国高铁"走出去"的知识产权战略模式选择》，《中国科技论坛》2017年第2期。

[36] 陈家宏等：《中国高铁企业知识产权能力发展报告（1990~2016）》，社会科学文献出版社，2018。

[37] 吴汉东：《中国知识产权法院建设的理论与实践》，《知识产权》2018年第3期。

附录1
初步检索检索式

数据库：CNABS

（（（高 2W 铁）OR（（高速 OR 城际 OR 高动）W（钢轨 OR 铁路 OR 铁轨 OR 铁道 OR 轨道 OR 列车 OR 动车 OR 专列））OR CRH OR 和谐号 OR 动车组）AND（B61L OR H04 OR A61B5/+ OR E01B35/12 OR B61K9/08/LOW OR G06F OR G08B OR B60M OR G01R OR G01M17/08 OR G07C3/00/LOW OR E01B OR E01D OR E01F1/00 OR E01F5 OR E01F7 OR E01F8 OR E01F9 OR E01F11 OR B61B1 OR B61B5 OR B60M OR B61C OR B61D OR B61F OR B61G OR B61H OR B61K OR B60B OR B60K OR B60L OR H02 OR C22C OR B23K OR G01M17 OR B23Q OR F16C OR H04）/IC）NOT（提高铁 OR 高于铁 OR 高炉 OR 高 Q OR 高碳铸铁 OR 高能磁铁 OR 高频动铁 OR 高地铁 OR 高磁铁 OR 动铁 OR 高铁含量 OR 高铁血红蛋白 OR 高斯 OR 高含铁 OR 地高锌）

附录2
100家中国高铁企业名录

序号	企业名称	所属行业
1	西南交通大学	科研机构
2	北京交通大学	科研机构
3	中南大学	科研机构
4	中国铁道科学研究院	科研机构
5	吉林大学	科研机构
6	同济大学	科研机构
7	中国铁道科学研究院机车车辆研究所	科研机构
8	浙江大学	科研机构
9	清华大学	科研机构
10	上海交通大学	科研机构
11	东南大学	科研机构
12	中国铁道科学研究院铁道建筑研究所	科研机构
13	哈尔滨工业大学	科研机构
14	重庆大学	科研机构
15	燕山大学	科研机构
16	中国铁道科学研究院通信信号研究所	科研机构
17	武汉理工大学	科研机构
18	济南大学	科研机构
19	中国铁道科学研究院电子计算技术研究所	科研机构
20	南京航空航天大学	科研机构
21	北京邮电大学	科研机构

续表

序号	企业名称	所属行业
22	湖南大学	科研机构
23	北京科技大学	科研机构
24	南京理工大学	科研机构
25	西安交通大学	科研机构
26	中国铁道科学研究院金属及化学研究所	科研机构
27	华东交通大学	科研机构
28	山东理工大学	科研机构
29	高速铁路建造技术国家工程实验室	科研机构
30	北京印刷学院	科研机构
31	北京工业大学	科研机构
32	大连交通大学	科研机构
33	电信科学技术研究院	科研机构
34	中国科学院软件研究所	科研机构
35	武汉大学	科研机构
36	电子科技大学	科研机构
37	钢铁研究总院	科研机构
38	中国科学院力学研究所	科研机构
39	中国铁道科学研究院基础设施检测研究所	科研机构
40	南车青岛四方机车车辆股份有限公司	制造企业
41	中车青岛四方机车车辆股份有限公司	制造企业
42	长春轨道客车股份有限公司	制造企业
43	唐山轨道客车有限责任公司	制造企业
44	南车株洲电力机车有限公司	制造企业
45	中车唐山机车车辆有限公司	制造企业
46	株洲南车时代电气股份有限公司	制造企业
47	北京纵横机电技术开发公司	制造企业
48	青岛四方车辆研究所有限公司	制造企业
49	中车青岛四方车辆研究所有限公司	制造企业
50	株洲时代新材料科技股份有限公司	制造企业
51	永济新时速电机电器有限责任公司	制造企业
52	北京佳讯飞鸿电气股份有限公司	制造企业
53	南车株洲电力机车研究所有限公司	制造企业
54	南车长江车辆有限公司	制造企业
55	株洲变流技术国家工程研究中心有限公司	制造企业

续表

序号	企业名称	所属行业
56	齐齐哈尔轨道交通装备有限责任公司	制造企业
57	南车南京浦镇车辆有限公司	制造企业
58	南车戚墅堰机车车辆工艺研究所有限公司	制造企业
59	江苏麟龙新材料股份有限公司	制造企业
60	贵州中南交通科技有限公司	制造企业
61	上海磁浮交通发展有限公司	制造企业
62	北京二七轨道交通装备有限责任公司	制造企业
63	中车株洲电力机车有限公司	制造企业
64	上海磁浮交通工程技术研究中心	制造企业
65	马鞍山钢铁股份有限公司	制造企业
66	首钢总公司	制造企业
67	马钢(集团)控股有限公司	制造企业
68	山西太钢不锈钢股份有限公司	制造企业
69	中铁第四勘察设计院集团有限公司	建造企业
70	中铁二院工程集团有限责任公司	建造企业
71	中铁第一勘察设计院集团有限公司	建造企业
72	铁道第三勘察设计院集团有限公司	建造企业
73	中铁八局集团有限公司	建造企业
74	中铁六局集团有限公司	建造企业
75	中铁三局集团有限公司	建造企业
76	中铁四局集团有限公司	建造企业
77	中铁建电气化局集团轨道交通器材有限公司	建造企业
78	中铁电气化局集团有限公司	建造企业
79	中铁十七局集团有限公司	建造企业
80	中铁十一局集团有限公司	建造企业
81	中铁二局股份有限公司	建造企业
82	中铁工程设计咨询集团有限公司	建造企业
83	国家电网公司	建造企业
84	江苏省电力公司	建造企业
85	中国铁路总公司	运营企业
86	铁道部运输局	运营企业
87	北京锐驰国铁智能运输系统工程技术有限公司	运营企业
88	中兴通讯股份有限公司	运营企业
89	华为技术有限公司	运营企业

续表

序号	企业名称	所属行业
90	鼎桥通信技术有限公司	运营企业
91	大唐移动通信设备有限公司	运营企业
92	中国移动通信集团公司	运营企业
93	中国联合网络通信集团有限公司	运营企业
94	北京经纬信息技术公司	运营企业
95	京信通信系统(中国)有限公司	运营企业
96	普天信息技术研究院有限公司	运营企业
97	北京全路通信信号研究设计院有限公司	运营企业
98	北京市华铁信息技术开发总公司	运营企业
99	中国神华能源股份有限公司	运营企业
100	朔黄铁路发展有限责任公司	运营企业

附录3
专利总量检索式

数据库：IncoPat

合并方式：申请号合并

(AD = ［19900101 to 20161231］) AND ((FULL = ((高 2 (W) 铁) OR ((高速 OR 城际 OR 高动) (W) (钢轨 OR 铁路 OR 铁轨 OR 铁道 OR 轨道 OR 列车 OR 动车 OR 专列)) OR 和谐号 OR 动车组) NOT (提高铁 OR 高于铁 OR 高炉 OR 高 Q OR 高碳铸铁 OR 高能磁铁 OR 高频动铁 OR 高地铁 OR 高磁铁 OR 动铁 OR 高铁含量 OR 高铁血红蛋白 OR 高斯 OR 高含铁 OR 地高锌)) AND (AP = (西南交通大学 OR 北京交通大学 OR 中南大学 OR 中国铁道科学研究院 OR 吉林大学 OR 同济大学 OR 中国铁道科学研究院机车车辆研究所 OR 浙江大学 OR 清华大学 OR 上海交通大学 OR 东南大学 OR 中国铁道科学研究院铁道建筑研究所 OR 哈尔滨工业大学 OR 重庆大学 OR 燕山大学 OR 中国铁道科学研究院通信信号研究所 OR 武汉理工大学 OR 济南大学 OR 中国铁道科学研究院电子计算技术研究所 OR 南京航空航天大学 OR 北京邮电大学 OR 湖南大学 OR 北京科技大学 OR 南京理工大学 OR 西安交通大学 OR 中国铁道科学研究院金属及化学研究所 OR 华东交通大学 OR 山东理工大学 OR 高速铁路建造技术国家工程实验室 OR 北京印刷学院 OR 北京工业大学 OR 大连交通大学 OR 电信科学技术研究院 OR 中国科学院软件研究所 OR 武汉大学 OR 电子科技大学 OR 钢铁研究总院 OR

中国科学院力学研究所 OR 中国铁道科学研究院基础设施检测研究所 OR 南车青岛四方机车车辆股份有限公司 OR 中车青岛四方机车车辆股份有限公司 OR 长春轨道客车股份有限公司 OR 唐山轨道客车有限责任公司 OR 南车株洲电力机车有限公司 OR 中车唐山机车车辆有限公司 OR 株洲南车时代电气股份有限公司 OR 北京纵横机电技术开发公司 OR 青岛四方车辆研究所有限公司 OR 中车青岛四方车辆研究所有限公司 OR 株洲时代新材料科技股份有限公司 OR 永济新时速电机电器有限责任公司 OR 北京佳讯飞鸿电气股份有限公司 OR 南车株洲电力机车研究所有限公司 OR 南车长江车辆有限公司 OR 株洲变流技术国家工程研究中心有限公司 OR 齐齐哈尔轨道交通装备有限责任公司 OR 南车南京浦镇车辆有限公司 OR 南车戚墅堰机车车辆工艺研究所有限公司 OR 江苏麟龙新材料股份有限公司 OR 贵州中南交通科技有限公司 OR 上海磁浮交通发展有限公司 OR 北京二七轨道交通装备有限责任公司 OR 中车株洲电力机车有限公司 OR 上海磁浮交通工程技术研究中心 OR 马鞍山钢铁股份有限公司 OR 首钢总公司 OR 马钢（集团）控股有限公司 OR 山西太钢不锈钢股份有限公司 OR 中铁第四勘察设计院集团有限公司 OR 中铁二院工程集团有限责任公司 OR 中铁第一勘察设计院集团有限公司 OR 铁道第三勘察设计院集团有限公司 OR 中铁八局集团有限公司 OR 中铁六局集团有限公司 OR 中铁三局集团有限公司 OR 中铁四局集团有限公司 OR 中铁建电气化局集团轨道交通器材有限公司 OR 中铁电气化局集团有限公司 OR 中铁十七局集团有限公司 OR 中铁十一局集团有限公司 OR 中铁二局股份有限公司 OR 中铁工程设计咨询集团有限公司 OR 国家电网公司 OR 江苏省电力公司 OR 中国铁路总公司 OR 铁道部运输局 OR 北京锐驰国铁智能运输系统工程技术有限公司 OR 中兴通讯股份有限公司 OR 华为技术有限公司 OR 鼎桥通信技术有限公司 OR 大唐移动通信设备有限公司 OR 中国移动通信集团公司 OR 中国联合网络通信集团有限公司 OR 北京经纬信息技术公司 OR 京信通信系统（中国）有限公司 OR 普天信息技术研究院有限公司 OR 北京全路通信信号研究设计院有限公司 OR 北京市华铁信息技术开发总公司 OR 中国神华能源股份有限公司 OR 朔黄铁路发展有限责任公司)))

附录4
文献检索式

数据库：中国知网文献数据库

TI = "动车组" or KY = "动车组" or AB = "动车组" or FT = "动车组" or TI = "高速" * "铁路" or KY = "高速" * "铁路" or AB = "高速" * "铁路" or FT = "高速" * "铁路" or TI = "高速" * "火车" or KY = "高速" * "火车" or AB = "高速" * "火车" or FT = "高速" * "火车" or TI = "高速" * "列车" or KY = "高速" * "列车" or AB = "高速" * "列车" or FT = "高速" * "列车" or TI = "高速" * "轨道" or KY = "高速" * "轨道" or AB = "高速" * "轨道" or FT = "高速" * "轨道"

附录5
标准检索式

数据库：中国知网标准数据库

TI = "动车组" or KY = "动车组" or AB = "动车组" or FT = "动车组" or TI = "高速" * "铁路" or KY = "高速" * "铁路" or AB = "高速" * "铁路" or FT = "高速" * "铁路" or TI = "高速" * "火车" or KY = "高速" * "火车" or AB = "高速" * "火车" or FT = "高速" * "火车" or TI = "高速" * "列车" or KY = "高速" * "列车" or AB = "高速" * "列车" or FT = "高速" * "列车" or TI = "高速" * "轨道" or KY = "高速" * "轨道" or AB = "高速" * "轨道" or FT = "高速" * "轨道"

附录6
科研机构专利检索式

数据库：IncoPat

合并方式：申请号合并

(AD = [19900101 to 20161231]) AND ((FULL = ((高2（W）铁) OR ((高速 OR 城际 OR 高动)（W）(钢轨 OR 铁路 OR 铁轨 OR 铁道 OR 轨道 OR 列车 OR 动车 OR 专列)) OR 和谐号 OR 动车组) NOT (提高铁 OR 高于铁 OR 高炉 OR 高Q OR 高碳铸铁 OR 高能磁铁 OR 高频动铁 OR 高地铁 OR 高磁铁 OR 动铁 OR 高铁含量 OR 高铁血红蛋白 OR 高斯 OR 高含铁 OR 地高锌)) AND (AP = (西南交通大学 OR 北京交通大学 OR 中南大学 OR 中国铁道科学研究院 OR 吉林大学 OR 同济大学 OR 中国铁道科学研究院机车车辆研究所 OR 浙江大学 OR 清华大学 OR 上海交通大学 OR 东南大学 OR 中国铁道科学研究院铁道建筑研究所 OR 哈尔滨工业大学 OR 重庆大学 OR 燕山大学 OR 中国铁道科学研究院通信信号研究所 OR 武汉理工大学 OR 济南大学 OR 中国铁道科学研究院电子计算技术研究所 OR 南京航空航天大学 OR 北京邮电大学 OR 湖南大学 OR 北京科技大学 OR 南京理工大学 OR 西安交通大学 OR 中国铁道科学研究院金属及化学研究所 OR 华东交通大学 OR 山东理工大学 OR 高速铁路建造技术国家工程实验室 OR 北京印刷学院 OR 北京工业大学 OR 大连交通大学 OR 电信科学技术研究院 OR 中国科学院软件研究所 OR 武汉大学 OR 电子科技大学 OR 钢铁研究总院 OR 中国科学院力学研究所 OR 中国铁道科学研究院基础设施检测研究所)))

附录7
制造企业专利检索式

数据库：IncoPat

合并方式：申请号合并

（AD = ［19900101 to 20161231］）AND （（FULL = （（高 2（W）铁）OR （（高速 OR 城际 OR 高动）（W）（钢轨 OR 铁路 OR 铁轨 OR 铁道 OR 轨道 OR 列车 OR 动车 OR 专列））OR 和谐号 OR 动车组）NOT （提高铁 OR 高于铁 OR 高炉 OR 高 Q OR 高碳铸铁 OR 高能磁铁 OR 高频动铁 OR 高地铁 OR 高磁铁 OR 动铁 OR 高铁含量 OR 高铁血红蛋白 OR 高斯 OR 高含铁 OR 地高锌））AND （AP = （南车青岛四方机车车辆股份有限公司 OR 中车青岛四方机车车辆股份有限公司 OR 长春轨道客车股份有限公司 OR 唐山轨道客车有限责任公司 OR 南车株洲电力机车有限公司 OR 中车唐山机车车辆有限公司 OR 株洲南车时代电气股份有限公司 OR 北京纵横机电技术开发公司 OR 青岛四方车辆研究所有限公司 OR 中车青岛四方车辆研究所有限公司 OR 株洲时代新材料科技股份有限公司 OR 永济新时速电机电器有限责任公司 OR 北京佳讯飞鸿电气股份有限公司 OR 南车株洲电力机车研究所有限公司 OR 南车长江车辆有限公司 OR 株洲变流技术国家工程研究中心有限公司 OR 齐齐哈尔轨道交通装备有限责任公司 OR 南车南京浦镇车辆有限公司 OR 南车戚墅堰机车车辆工艺研究所有限公司 OR 江苏麟龙新材料股份有限公司 OR 贵州中南交通科技有限公司 OR 上海磁浮交通发展有限公司 OR 北

京二七轨道交通装备有限责任公司 OR 中车株洲电力机车有限公司 OR 上海磁浮交通工程技术研究中心 OR 马鞍山钢铁股份有限公司 OR 首钢总公司 OR 马钢（集团）控股有限公司 OR 山西太钢不锈钢股份有限公司）））

附录8
建造企业专利检索式

数据库：IncoPat

合并方式：申请号合并

(AD＝[19900101 to 20161231]) AND ((FULL＝((高2(W)铁) OR ((高速 OR 城际 OR 高动)(W)(钢轨 OR 铁路 OR 铁轨 OR 铁道 OR 轨道 OR 列车 OR 动车 OR 专列)) OR 和谐号 OR 动车组) NOT (提高铁 OR 高于铁 OR 高炉 OR 高Q OR 高碳铸铁 OR 高能磁铁 OR 高频动铁 OR 高地铁 OR 高磁铁 OR 动铁 OR 高铁含量 OR 高铁血红蛋白 OR 高斯 OR 高含铁 OR 地高锌)) AND (AP＝(中铁第四勘察设计院集团有限公司 OR 中铁二院工程集团有限责任公司 OR 中铁第一勘察设计院集团有限公司 OR 铁道第三勘察设计院集团有限公司 OR 中铁八局集团有限公司 OR 中铁六局集团有限公司 OR 中铁三局集团有限公司 OR 中铁四局集团有限公司 OR 中铁建电气化局集团轨道交通器材有限公司 OR 中铁电气化局集团有限公司 OR 中铁十七局集团有限公司 OR 中铁十一局集团有限公司 OR 中铁二局股份有限公司 OR 中铁工程设计咨询集团有限公司 OR 国家电网公司 OR 江苏省电力公司)))

附录9
营运企业专利检索式

数据库：IncoPat

合并方式：申请号合并

(AD = [19900101 to 20161231]) AND ((FULL = ((高 2 (W) 铁) OR ((高速 OR 城际 OR 高动) (W) (钢轨 OR 铁路 OR 铁轨 OR 铁道 OR 轨道 OR 列车 OR 动车 OR 专列)) OR 和谐号 OR 动车组) NOT (提高铁 OR 高于铁 OR 高炉 OR 高 Q OR 高碳铸铁 OR 高能磁铁 OR 高频动铁 OR 高地铁 OR 高磁铁 OR 动铁 OR 高铁含量 OR 高铁血红蛋白 OR 高斯 OR 高含铁 OR 地高锌)) AND (AP = (中国铁路总公司 OR 铁道部运输局 OR 北京锐驰国铁智能运输系统工程技术有限公司 OR 中兴通讯股份有限公司 OR 华为技术有限公司 OR 鼎桥通信技术有限公司 OR 大唐移动通信设备有限公司 OR 中国移动通信集团公司 OR 中国联合网络通信集团有限公司 OR 北京经纬信息技术公司 OR 京信通信系统（中国）有限公司 OR 普天信息技术研究院有限公司 OR 北京全路通信信号研究设计院有限公司 OR 北京市华铁信息技术开发总公司 OR 中国神华能源股份有限公司 OR 朔黄铁路发展有限责任公司)))

附录10
国外高铁制造企业检索式

数据库：IncoPat

合并方式：申请号合并

((FULL=(((((HIGH(W) SPEED RAILWAY$) OR (RAPID(W) TRANSIT RAILWAY$))) OR (((高2(W)铁) OR ((高速 OR 城际 OR 高动)(W)(钢轨 OR 铁路 OR 铁轨 OR 铁道 OR 轨道 OR 列车 OR 动车 OR 专列)) OR 和谐号 OR 动车组) NOT (提高铁 OR 高于铁 OR 高炉 OR 高Q OR 高碳铸铁 OR 高能磁铁 OR 高频动铁 OR 高地铁 OR 高磁铁 OR 动铁 OR 高铁含量 OR 高铁血红蛋白 OR 高斯 OR 高含铁 OR 地高锌)))))) AND (((AP=((HITACHI LTD OR 日立 OR SIEMENS OR 西门子 OR MITSUBISHI ELECTRIC CORP OR 三菱电机 OR SCHAEFFLER OR 舍弗勒 OR FAIVELEY OR 法维莱 OR ZAHNRADFABRIK FRIEDRICHSHAFEN OR 弗里德 OR DENSO OR 电装 OR BOMBARDIER OR 庞巴迪 KAWASAKI OR 川崎重工 OR ALSTOM OR 阿尔斯通 OR KNORR-BREMSE OR 克诺尔 OR WESTINGHOUSE OR 西屋))) OR (AEE=((HITACHI LTD OR 日立 OR SIEMENS OR 西门子 OR MITSUBISHI ELECTRIC CORP OR 三菱电机 OR SCHAEFFLER OR 舍弗勒 OR FAIVELEY OR 法维莱 OR ZAHNRADFABRIK FRIEDRICHSHAFEN OR 弗里德 OR DENSO OR 电装 OR BOMBARDIER OR 庞巴迪 KAWASAKI OR 川崎重工 OR ALSTOM OR 阿尔斯通 OR KNORR-

BREMSE OR 克诺尔 OR WESTINGHOUSE OR 西屋 OR GENERAL ELECTRIC OR 通用电气 OR BOSCH OR 博世 OR DAIMLER OR 戴姆勒)))))) AND (AD=［19900101 to 20161231］)

附录11
国外高铁建造企业检索式

数据库：IncoPat

合并方式：申请号合并

FULL=（（（（HIGH（W）SPEED RAILWAY$）OR（RAPID（W）TRANSIT RAILWAY$）））OR（（（高2（W）铁）OR（（高速 OR 城际 OR 高动）（W）（钢轨 OR 铁路 OR 铁轨 OR 铁道 OR 轨道 OR 列车 OR 动车 OR 专列））OR 和谐号 OR 动车组）NOT（提高铁 OR 高于铁 OR 高炉 OR 高Q OR 高碳铸铁 OR 高能磁铁 OR 高频动铁 OR 高地铁 OR 高磁铁 OR 动铁 OR 高铁含量 OR 高铁血红蛋白 OR 高斯 OR 高含铁 OR 地高锌）））））AND（IPC=（（E01B or E01D or E01C or E02D or E21D or E01F or B28B）））AND（AD=［19900101 to 20161231］）

附录12
结构模型调查专家问卷

中国高铁国际工程承包知识产权风险问卷

尊敬的专家、教授：

您好！因您的专业与卓越贡献，选择您作为国家社科基金项目"中国高铁国际工程承包知识产权风险与对策研究"问卷的法学、技术、管理专家、教授，敬请填写本问卷。

问卷通过理论分析、实地调研等方式，梳理出可能影响中国高铁国际工程承包的19个（$C_1 \sim C_{19}$）知识产权风险因子，并对相关因子的含义进行了描述（见表1）。烦请您在表2-1至表2-4中给出0分、1分，分别表示两因子间的关系度：0（无关系）；1（有关系且很重要）。

我们将回赠您一本结题专著，您还有什么需求，敬请联系！

谢谢您的支持与辛劳！

您还有什么意见、建议：

单位：_____ 姓名：_____

"中国高铁国际工程承包知识产权风险与对策研究"项目组
联系人：＊＊＊　电话　＊＊＊@sina.com 2018.06.20.

附录12 结构模型调查专家问卷

表1 中国高铁国际工程承包知识产权风险因子（A）描述

风险因子	风险因子描述
专利权 S_1	包括发明、实用新型和外观设计专利，与高铁国际工程承包（本表简称高铁）相关的专利权使用与保护（侵权与被侵权）的可能风险
著作权 S_2	包括计算机软件等对科学、文学艺术作品所享有的专有权利，与高铁相关的著作权使用与保护的可能风险
商标权 S_3	包括商品商标、服务商标等，与高铁制造、产品销售或服务项目的商标权使用与保护的可能风险
其他知识产权 S_4	专有技术等专有权利，以及集成电路布图设计权等其他知识产权，与高铁产品（设备、车体与零部件，下同）生产，以及工程勘察设计、施工等其他知识产权使用与保护的可能风险
申请授权 S_5	专利权、商标权需经申请，各国主管部门依其法律审查并授权、注册，与高铁相关专利权、商标权能否获得授权的可能风险
职务成果 S_6	有职务专利、职务作品（软件）、职务集成电路布图设计等，高铁职务专利、作品等行使、保护中的可能风险
绿色专利 S_7	专利授权、执法与司法活动中旨在保护生态与资源、保护环境等的价值导向，高铁相关专利在相关各项活动中的可能风险
许诺销售 S_8	产品在销售前、中包含专利权的宣传或承诺，高铁工程招投标中、高铁产品销售前专利权宣传或承诺的可能风险
标准专利 S_9	设计、制造、施工等技术标准中含有专利技术，高铁及其产品贸易中标准必要专利的使用与禁令、许可费用等可能的风险
改进成果 S_{10}	在他人专利、专有技术基础上改进所形成的成果，高铁技术引进消化吸收再创新中的成果归属、使用的可能风险
瑕疵担保 S_{11}	出卖方对其在国际贸易中的产品可能存在的知识产权瑕疵承担担保，高铁相关产品出卖时可能侵犯第三人知识产权的风险
平行进口 S_{12}	一国专利权或商标权项下的商品是否被许可进口，高铁产品在国际贸易中是否被一国法律所许可进口的可能风险
主管执法 S_{13}	一国知识产权行政部门（如中国国家知识产权局、美国知识产权办公室等）执法的水平与能力，高铁及其产品国际贸易中存在一国主管执法的可能风险
海关措施 S_{14}	对进出口商品可能存在知识产权侵权所采取的措施（海关执法），高铁相关产品进出口存在被海关执法的可能风险
世贸组织 S_{15}	世界贸易组织（WTO）各成员方发生知识产权争端及其解决（主要是指国家间，区别于企业、私人间知识产权纠纷），成员方高铁国际知识产权争端及其解决的可能风险
替代机构 S_{16}	通过国际仲裁、调解等解决国际争议的非诉讼替代解决方式（ARD），高铁知识产权纠纷替代解决的机构选择的可能风险

续表

风险因子	风险因子描述
法院管辖 S_{17}	通过法院诉讼解决纠纷,高铁知识产权国际纠纷的法院管辖、证据举证与责任规则等的可能风险
法律选择 S_{18}	国际民事纠纷前、中都可以约定与选择适用的法律,高铁知识产权国际纠纷前、中选择适用哪国法律的可能风险
承认执行 S_{19}	对一国或国际仲裁调解的承认与执行,高铁知识产权国际纠纷一国或国际仲裁调解的裁决、调解书的承认与执行的可能风险

请您在表2-1至表2-4中给出0分、1分,分别表示两因子间的关系度:0(无关系);1(有关系且很重要)。

表2-1 中国高铁国际工程承包知识产权风险因子关系度(专家表)

因子关系度	专利权 S_1(Y)	著作权 S_2	商标权 S_3	其他IP S_4	申请授权 S_5	职务成果 S_6	绿色专利 S_7	许诺销售 S_8	标准专利 S_9
专利权 S_1(X)	—								
著作权 S_2		—							
商标权 S_3			—						
其他IP S_4				—					
申请授权 S_5					—				
职务成果 S_6						—			
绿色专利 S_7							—		
许诺销售 S_8								—	
标准专利 S_9									—

表2-2 中国高铁国际工程承包知识产权风险因子关系度(专家表)

因子关系度	改进成果 S_{10}(Y)	瑕疵担保 S_{11}	平行进口 S_{12}	主管执法 S_{13}	海关措施 S_{14}	世贸组织 S_{15}	替代解决 S_{16}	法院诉讼 S_{17}	法律选择 S_{18}	承认执行 S_{19}
专利权 S_1(X)										
著作权 S_2										
商标权 S_3										
其他IP S_4										
申请授权 S_5										
职务成果 S_6										
绿色专利 S_7										
许诺销售 S_8										
标准专利 S_9										

表 2-3　中国高铁国际工程承包知识产权风险因子关系度（专家表）

因子关系度	专利权 S_1（Y）	著作权 S_2	商标权 S_3	其他 IP S_4	申请授权 S_5	职务成果 S_6	绿色专利 S_7	许诺销售 S_8	标准专利 S_9
改进成果 S_{10}（X）									
瑕疵担保 S_{11}									
平行进口 S_{12}									
主管执法 S_{13}									
海关措施 S_{14}									
世贸组织 S_{15}									
替代解决 S_{16}									
法院诉讼 S_{17}									
法律选择 S_{18}									
承认执行 S_{19}									

表 2-4　中国高铁国际工程承包知识产权风险因子关系度（专家表）

因子关系度	改进成果 S_{10}（Y）	瑕疵担保 S_{11}	平行进口 S_{12}	主管执法 S_{13}	海关措施 S_{14}	世贸组织 S_{15}	替代解决 S_{16}	法院诉讼 S_{17}	法律选择 S_{18}	承认执行 S_{19}
改进成果 S_{10}（X）	—									
瑕疵担保 S_{11}		—								
平行进口 S_{12}			—							
主管执法 S_{13}				—						
海关措施 S_{14}					—					
世贸组织 S_{15}						—				
替代解决 S_{16}							—			
法院诉讼 S_{17}								—		
法律选择 S_{18}									—	
承认执行 S_{19}										—

附录13
结构模型打分专家统计表

序号	姓名	单位	行业或专业	备注
01	徐*	四川法坛律师事务所	律师	
02	袁**	四川琨律师事务所	律师	
03	温*	四川琨律师事务所	律师	
04	马**	中铁科学研究院	技术	
05	陈**	中铁科学研究院	技术	
06	高**	中铁科学研究院	技术	
07	秦**	中铁二院	技术	
08	潘**	中铁二局	技术	
09	姜**	中铁二局	技术	
10	周**	中铁二局	技术	
11	罗**	成都知识产权庭	知识产权	
12	唐*	成都知识产权庭	知识产权	
13	武**	南京理工大学	知识产权	
14	詹**	浙江工业大学	知识产权	
15	张**	西华大学	知识产权	
16	魏*	西南交通大学	法学	
17	徐**	西南交通大学	知识产权	
18	范**	西南交通大学	管理学	
19	饶**	西南交通大学	知识产权	
20	常**	西南交通大学	专利代理人	

附录14
国际公约、国内法律法规条款索引

51《专利法》第22条"授予专利权的发明和实用新型,应当具备新颖性、创造性和实用性"。"新颖性,是指该发明或者实用新型不属于现有技术;也没有任何单位或者个人就同样的发明或者实用新型在申请日以前向国务院专利行政部门提出过申请,并记载在申请日以后公布的专利申请文件或者公告的专利文件中。""创造性,是指与现有技术相比,该发明具有突出的实质性特点和显著的进步,该实用新型具有实质性特点和进步。""实用性,是指该发明或者实用新型能够制造或者使用,并且能够产生积极效果。""本法所称现有技术,是指申请日以前在国内外为公众所知的技术。"

52《反不正当竞争法》第9条第3款"本法所称的商业秘密,是指不为公众所知悉、具有商业价值并经权利人采取相应保密措施的技术信息和经营信息"。

54《商标法》第43条"商标注册人可以通过签订商标使用许可合同,许可他人使用其注册商标。许可人应当监督被许可人使用其注册商标的商品质量。被许可人应当保证使用该注册商标的商品质量"。"经许可使用他人注册商标的,必须在使用该注册商标的商品上标明被许可人的名称和商品产地。""许可他人使用其注册商标的,许可人应当将其商标使用许可报商标局备案,由商标局公告。商标使用许可未经备案不得对抗善意第三人。"

60《侵权责任法》第6条"行为人因过错侵害他人民事权益,应当承担侵权责任"。

61《侵权责任法》第7条"行为人损害他人民事权益，不论行为人有无过错，法律规定应当承担侵权责任的，依照其规定"。

130《世界知识产权组织公约》第2条第8款"知识产权内容包括：关于文学、艺术和科学作品的权利；关于表演艺术家的演出、录音和广播的权利；关于人们努力在一切活动领域内发明的权利；关于科学发现的权利；关于工业品外观设计的权利；关于商标、服务标记、厂商名称和标记的权利；关于制止不正当竞争的权利；关于在工业、科学、文学和艺术领域里一切其他来自智力活动成果享有的权利"。

139 FIDIC红皮书第17.5款"雇主应保障并保证承包商免受因以下情况提出的指称侵权的任何索赔引起的损害：（a）因承包商遵从合同要求而造成的不可避免的结果或其他原因。同时，承包商应保障并保持雇主免受由如下事项产生或与之有关的任何其他索赔引起的损害：（i）任何货物的制造、使用、销售或进口，或（ii）承包商负责的任何设计"。

147《工程勘察设计咨询业知识产权保护与管理导则》第3条第3.1款"建设单位（业主）按照国家规定支付勘察、设计、咨询费后所获取的工程勘察、设计、咨询的投标方案或各类文件，仅获得在特定建设项目上的一次性使用权，其著作权仍属于勘察设计咨询企业所有"。

152《反不正当竞争法》第9条"经营者不得实施下列侵犯商业秘密的行为：（一）以盗窃、贿赂、欺诈、胁迫或者其他不正当手段获取权利人的商业秘密；（二）披露、使用或者允许他人使用以前项手段获取的权利人的商业秘密；（三）违反约定或者违反权利人有关保守商业秘密的要求，披露、使用或者允许他人使用其所掌握的商业秘密。第三人明知或者应知商业秘密权利人的员工、前员工或者其他单位、个人实施前款所列违法行为，仍获取、披露、使用或者允许他人使用该商业秘密的，视为侵犯商业秘密"。

157《建筑工程设计招标投标管理办法》第3条"建筑工程的设计，采用特定专利技术、专有技术，或者建筑艺术造型有特殊要求的，经有关部门批准，可以直接发包"。

157《建设工程设计专有技术成果管理办法》第14条"凡在工程勘察设计中采用新技术、新工艺、新设备、新材料,有利于提高建设项目的经济效益、环境效益和社会效益,按设计收费基准价上浮25%"。

第15条"凡经建设部批准的设计专有技术成果,对直接参加企业专有技术开发的工程设计人员、研究人员应由拥有该成果的单位给予物质和精神奖励"。

165《工程勘察设计咨询业知识产权保护与管理导则》第3条"执行勘察设计咨询企业的任务或主要利用企业的物质技术条件完成的,并由企业承担责任的工程勘察、设计、咨询的投标方案和各类文件等职务作品,其著作权及邻接权归企业所有。直接参加投标方案和文件编制的自然人享有署名权。建设单位按照国家规定支付勘察、设计、咨询费后所获取的工程勘察、设计、咨询的投标方案或各类文件,仅获得在特定建设项目上的一次性使用权,其著作权仍属于勘察设计咨询企业所有"。

166《建筑法》第2条第2款"本法所称建筑活动,是指各类房屋建筑及其附属设施的建造和与其配套的线路、管道、设备的安装活动"。

169《专利法》第70条"为生产经营目的使用、许诺销售或者销售不知道是未经专利权人许可而制造并售出的专利侵权产品,能证明该产品合法来源的,不承担赔偿责任"。

《商标法》第60条第3款"销售不知道是侵犯注册商标专用权的商品,能证明该商品是自己合法取得并说明提供者的,由工商行政管理部门责令停止销售"。

173《标准化法》第2条"本法所称标准(含标准样品),是指农业、工业、服务业以及社会事业等领域需要统一的技术要求。标准包括国家标准、行业标准、地方标准和团体标准、企业标准。国家标准分为强制性标准、推荐性标准,行业标准、地方标准是推荐性标准。强制性标准必须执行。国家鼓励采用推荐性标准"。

180 FIDIC《设计—建造与交钥匙工程合同条件》(橘皮书)4.18"环境保护""承包商应采取一切适当措施,保护(现场内外)环境,限制由其施工作业引起的污染、噪音和其他后果对公众和财产造成的损害和妨害。承包商应确保因其活动产生的气体排放、地面排水及排污等,不超过雇主要求中规定的数值,也不超过适用法律规定的数值"。

180 TRIPS 协定第 27 条第 2 款 "成员方可以基于某项发明在境内的商业利用对保护公共秩序或公共道德,包括保护人类、动物或植物的生命或健康或避免对环境造成严重污染是必要的,可以拒绝给予该项发明以专利权;同时,拒绝给予该项发明以专利权,也不是仅因为其国内法禁止这种利用而作出此种拒绝行为"。

188 CISG 公约第 11 条 "销售合同无须以书面订立或书面证明,在形式方面也不受任何其他条件的限制。销售合同可以用包括人证在内的任何方法证明"。

188 CISG 公约第 42 条 "(1)卖方所交付的货物,必须是第三方不能根据工业产权或其他知识产权主张任何权利或要求的货物,但以卖方在订立合同时已知道或不可能不知道的权利或要求为限,而且这种权利或要求根据以下国家的法律规定是以工业产权或其他知识产权为基础的:(a)如果双方当事人在订立合同时预期货物将在某一国境内转售或做其他使用,则根据货物将在其境内转售或做其他使用的国家的法律;或者(b)在任何其他情况下,根据买方营业地所在国家的法律。(2)卖方在上一款中的义务不适用于以下情况:(a)买方在订立合同时已知道或不可能不知道此项权利或要求;或者(b)此项权利或要求的发生,是由于卖方要遵照买方所提供的技术图样、图案、程式或其他规格"。

193 CISG 公约第 2 条 "本公约不适用于以下的销售:(a)购供私人、家人或家庭使用的货物的销售,除非卖方在订立合同前任何时候或订立合同时不知道而且没有理由知道这些货物是购供任何这种使用;(b)经由拍卖的销售;(c)根据法律执行令状或其它令状的销售;(d)公债、股票、投资证券、流通票据或货币的销售;(e)船舶、船只、气垫船或飞机的销售;(f)电力的销售"。

193 CISG 公约第 1 条 "(1)本公约适用于营业地在不同国家的当事人

之间所订立的货物销售合同：（a）如果这些国家是缔约国；或（b）如果国际私法规则导致适用某一缔约国的法律。（2）当事人营业地在不同国家的事实，如果从订立合同前任何时候或订立合同时，当事人之间的任何交易或当事人透露的情报均看不出，应不予考虑。（3）在确定本公约的适用时，当事人的国籍和当事人或合同的民事或商业性质，应不予考虑"。

194 CISG 公约第 6 条"双方当事人可以不适用本公约或在第 12 条的条件下，减损本公约的任何规定或改变其效力"。

197 CISG 公约第 42 条参见上页。第 43 条规定"（1）买方如果不在已知道或理应知道第三方的权利或要求后一段合理时间内，将此一权利或要求的性质通知卖方，就丧失援引第四十一条或第四十二条规定的权利。（2）卖方如果知道第三方的权利或要求以及此一权利或要求的性质，就无权援引上一款的规定"。

205 TRIPS 协定第 28 条第 1 款"专利应赋予其所有人下列专有权：（1）如果该专利所保护的是产品，则有权制止第三方未经许可的下列行为：制造、使用、许诺销售、销售，或为上述目的而进口该产品；（2）如果该专利保护的是方法，则有权制止第三方未经许可使用该方法的行为以及下列行为：使用、许诺销售、销售，或为上述目的进口至少是依照该方法而直接获得的产品"。

217《专利法》第 59 条"发明或者实用新型专利权的保护范围以其权利要求的内容为准，说明书及附图可以用于解释权利要求的内容"。"外观设计专利权的保护范围以表示在图片或者照片中的该产品的外观设计为准，简要说明可以用于解释图片或者照片所表示的该产品的外观设计。"

第 26 条第 4 款"权利要求书应当以说明书为依据，清楚、简要地限定要求专利保护的范围"。

233 WTO. DSU 第 22 条第 3 款第（b）项"如该方认为对相同部门中止减让或其他义务不可行或无效，则可寻求中止对同一协定项下其他部门的减让或其他义务"。第（c）项"如该方认为对同一协定项下的其他部门中止减让或其他义务不可行或无效，且情况足够重，则可寻求中止另一适用协定项下的减让或其他义务"。

239《WIPO 调解规则》第 14 条"介入调解程序的一切人，尤其包括调解员本人、争议方、争议方代表和顾问以及独立的专家都应遵守调解程序的保密性并不得向任何第三方泄露有关程序的情况或在程序进行过程中获得的信息，除非争议双方另有规定"。

246《纽约公约》第 5 条第 2 款 "如果申请承认及执行地所在国之主管机关认定有下列情形之一，可以拒不承认及执行仲裁裁决：（1）依据该国法律，争议事项系不能以仲裁解决者；（2）承认或执行裁决有违该国公共政策者"。

252《布鲁塞尔公约》第 16 条第 4 款 "有关专利、商标、设计模型或必须备案或注册的其他类似权利的注册或效力的诉讼，专属于业已申请备案或注册或已经备案或注册，或按照国际公约视为已经备案或注册的缔约国法院"。

253《民事诉讼法》第二十四章管辖第 265 条 "因合同纠纷或者其他财产权益纠纷，对在中华人民共和国领域内没有住所的被告提起的诉讼，如果合同在中华人民共和国领域内签订或者履行，或者诉讼标的物在中华人民共和国领域内，或者被告在中华人民共和国领域内有可供扣押的财产，或者被告在中华人民共和国领域内设有代表机构，可以由合同签订地、合同履行地、诉讼标的物所在地、可供扣押财产所在地、侵权行为地或者代表机构住所地人民法院管辖"。

254《涉外民事关系法律适用法》第 531 条 "涉外合同或者其他财产权益纠纷的当事人，可以书面协议选择被告住所地、合同履行地、合同签订地、原告住所地、标的物所在地、侵权行为地等与争议有实际联系地点的外国法院管辖"。

第 532 条 "涉外民事案件同时符合下列情形的，人民法院可以裁定驳回原告的起诉，告知其向更方便的外国法院提起诉讼：（一）被告提出案件应由更方便外国法院管辖的请求，或者提出管辖异议；（二）当事人之间不存在选择中华人民共和国法院管辖的协议；（三）案件不属于中华人民共和国法院专属管辖；（四）案件不涉及中华人民共和国国家、公民、法人或者其他组织的利益；（五）案件争议的主要事实不是发生在中华人民共和国境内，且案件不适用中华人民共和国法律，人民法院审理案件在认定事实和适用法律方面存在重大困难；（六）外国法院对案件享有管辖权，且审理该案件更加方便。"

第533条"中华人民共和国法院和外国法院都有管辖权的案件，一方当事人向外国法院起诉，而另一方当事人向中华人民共和国法院起诉的，人民法院可予受理。判决后，外国法院申请或者当事人请求人民法院承认和执行外国法院对本案作出的判决、裁定的，不予准许；但双方共同缔结或者参加的国际条约另有规定的除外。外国法院判决、裁定已经被人民法院承认，当事人就同一争议向人民法院起诉的，人民法院不予受理。"

《民事诉讼法》第33条"属于中华人民共和国法院专属管辖的案件，当事人不得协议选择外国法院管辖，但协议选择仲裁的除外"。

255《民事诉讼法》第257条"涉外经济贸易、运输和海事中发生的纠纷，当事人在合同中订有仲裁条款或者事后达成书面仲裁协议，提交中华人民共和国涉外仲裁机构或者其他仲裁机构仲裁的，当事人不得向人民法院起诉"。

262《涉外民事关系法律适用法》第18条"当事人可以协议选择仲裁协议适用的法律。当事人没有选择的，适用仲裁机构所在地法律或者仲裁地法律"。

262《涉外民事关系法律适用法》第2条"涉外民事关系适用的法律，依照本法确定。其他法律对涉外民事关系法律适用另有特别规定的，依照其规定"。"本法和其他法律对涉外民事关系法律适用没有规定的，适用与该涉外民事关系有最密切联系的法律。"

第6条规定"涉外民事关系适用外国法律，该国不同区域实施不同法律的，适用与该涉外民事关系有最密切联系区域的法律"。

264《民事诉讼法》第243条"因合同纠纷或其他财产权益纠纷，对在中华人民共和国领域内没有住所的被告提起的诉讼，如果合同在中华人民共和国领域内签定和履行,或者诉讼标的物在中华人民共和国领域内,或者被告在中华人民共和国领域内有可供扣押的财产,或者被告在中华人民共和国领域内设有代表机构,可以由合同签定地、合同履行地、诉讼标的物所在地、可供扣押财产所在地、侵权行为地或者代表机构所在地人民法院管辖"。

第244条"涉外合同或者涉外财产权益纠纷的当事人,可以用书面协议选择与争议有实际联系的地点的法院管辖"。

后 记

中国铁路取得了举世瞩目的成就。以高速铁路、高原高寒铁路、重载铁路为代表的技术创新成果，标志着中国铁路技术水平整体上已走在世界前列。中国铁路拥有适应不同环境条件的成套工程技术和完善的技术标准体系，具有从规划咨询、投资融资、设计施工、装备制造、运营维护到教育培训等全产业链集成优势，为推进高铁"走出去"开展国际工程承包奠定了良好基础。同时，"一带一路"建设的重心在于基础设施建设，中国高铁作为基础设施建设和中国制造中的优势项目，势必成为"一带一路"建设的"开路先锋"。中国高铁国际工程承包知识产权风险的预防与应对将逐步成为其"走出去"过程中"走得稳""走得远"的重大问题。对其知识产权风险的识别、分析、预防与控制也就成为当前学界以及实务界关注的重要问题。这便是中国高铁国际工程承包知识产权风险研究的选题与背景。

本课题通过对知识产权相关法律法规、战略政策和 CISG、FIDIC 条款等文本研判，以及对知识产权风险研究的文献梳理，探讨了风险管理与知识产权风险理论；通过现场调查、数据统计、专家访谈、情形分析等，总结分析中国高铁企业知识产权态势、国际工程承包及其产品国际贸易、知识产权国际纠纷解决风险因素，进而通过类型化研究对中国高铁国际工程承包知识产权风险因子进行提炼；最后采用解释结构模型（ISM）分析法，构建中国高铁国际工程承包知识产权风险因子的邻接矩阵，对中国高铁国际工程承包知识产权风险进行数理分析。研究认为：中国高铁国际工程承包知识产权风险因子结构体系主要由

19个因子构成，分为知识产权权利、权利行使与执法、权利救济三个层次，分别属于基础性、高发性和救济性知识产权风险，因子数为5个、9个、5个；ISM关键因子"申请授权—专利权—标准专利"构成高铁技术体系；"改进成果""职务成果"构成高铁特点特色；"法院管辖""替代机构"构成知识产权权利保护特征；以绿色专利为代表的知识产权政策风险尤其值得关注。

本课题还结合风险管理知识与知识产权风险理论提出了针对性对策：拥有更多更高质量的高铁知识产权，是中国高铁国际工程承包预防和控制知识产权风险的基础；加强高发性知识产权风险的监控和应对，通过识别高铁技术体系因子形成国际工程承包核心竞争力，识别高铁特点特色因子打造中国高铁国际工程承包知识产权优势，识别知识产权权利保护特征因子提升"走出去"知识产权风险控制能力；把握目标市场国知识产权政策方向，精准定位与处置中国高铁国际工程承包知识产权风险。

需要说明的是，为了保障数据专业、权威，第三章所有数据委托国家知识产权局四川审协中心完成；为了保障数理分析的严谨、可靠，问卷设计、调查、模型构建和分析邀请刘鑫博士、饶世权副教授等协助完成；课题组以及刁舜博士在课题中投入了大量精力，参与了多章研讨、起草工作；在此一并向付出辛苦劳动的你们表示诚挚的感谢！同时，研究过程中还得到了高铁科研院所、高校、法院、律师事务所、知识产权中介机构等专家教授，以及企业高管们的积极支持；本课题引用了大量专家学者资料、文献，对支持、付出的你们表示衷心的感谢！再者，我的研究生们，赵彦辉、杨扑、孙康、田雯杰，以及温雯、吴莉婷、王丽娟、杨淏、张佳莹等参与了研究资料的收集、整理工作，在此一并表示感谢！

同时，本课题还有很多问题有待深入：知识产权风险理论的完善与发展，与市场目标国有关知识产权双边、多边协议的研究，以及高铁企业知识产权有待精准全面分析、高铁企业具体项目协议及其履行的跟踪与分析……有待同行们进一步研究，以丰富知识产权风险理论，促进我国企业包括高铁企业更远更稳地"走出去"，进行高铁国际工程承包！

2019年3月1日

图书在版编目(CIP)数据

中国高铁国际工程承包知识产权风险与对策研究 /
陈家宏著 . -- 北京:社会科学文献出版社,2023.1
ISBN 978 - 7 - 5201 - 9136 - 4

Ⅰ.①中… Ⅱ.①陈… Ⅲ.①高速铁路 - 铁路工程 - 国际承包工程 - 知识产权 - 风险控制 - 研究 - 中国 Ⅳ.
①D923.404

中国版本图书馆 CIP 数据核字(2021)第 204366 号

中国高铁国际工程承包知识产权风险与对策研究

著　　者 / 陈家宏

出 版 人 / 王利民
组稿编辑 / 邓泳红
责任编辑 / 张　媛
责任印制 / 王京美

出　　版 / 社会科学文献出版社·皮书出版分社（010）59367127
　　　　　　地址：北京市北三环中路甲29号院华龙大厦　邮编：100029
　　　　　　网址：www.ssap.com.cn

发　　行 / 社会科学文献出版社（010）59367028
印　　装 / 唐山玺诚印务有限公司

规　　格 / 开　本：787mm×1092mm　1/16
　　　　　　印　张：21.5　字　数：330千字

版　　次 / 2023年1月第1版　2023年1月第1次印刷
书　　号 / ISBN 978 - 7 - 5201 - 9136 - 4
定　　价 / 128.00元

读者服务电话：4008918866

版权所有 翻印必究